TRABALHO E INDIVÍDUO SOCIAL

Dados Internacionais de Catalogação na Publicação (CIP)
(Câmara Brasileira do Livro, SP, Brasil)

Iamamoto, Marilda Villela
   Trabalho e indivíduo social : um estudo sobre a condição operária na agroindústria canavieira paulista / Marilda Villela Iamamoto. – 5. ed. – São Paulo : Cortez, 2012.

   Bibliografia.
   ISBN 978-85-249-0817-0

   1. Cana-de-açúcar – Cultura – São Paulo (Estado) – História 2. Cana-de-açúcar – Indústria – São Paulo (Estado) 3. Trabalhadores rurais – São Paulo (Estado) I. Título.

01-4930   CDD-338.17361098161

Índices para catálogo sistemático:

   1. Agroindústria canavieira e trabalhadores : São Paulo : Estado : Economia
      338.17361098161
   2. São Paulo : Estado : Trabalhadores e agroindústria canavieira : Economia
      338.17361098161

Marilda Villela Iamamoto

TRABALHO E INDIVÍDUO SOCIAL

5ª edição

TRABALHO E INDIVÍDUO SOCIAL
Marilda Villela Iamamoto

Conselho editorial: Ademir Alves da Silva, Dilséa Adeodata Bonetti, Maria Lúcia Carvalho da Silva,
Maria Lúcia Barroco e Maria Rosângela Batistoni

Capa: DAC sobre detalhe de *O Aguerrido Temeraire Rebocado até o seu Último Pouso para Ser Desmandrado,* 1838, de Turner. Óleo sobre tela, 91x122 cm, Londres, The National Gallery.
Preparação de Originais: Maria Vianna
Revisão: Maria de Lourdes de Almeida
Composição: Dany Editora Ltda.
Coordenação editorial: Danilo A. Q. Morales

Nenhuma parte desta obra pode ser reproduzida ou duplicada sem autorização expressa da autora e do editor

© 2001 by Autora

Direitos para esta edição
CORTEZ EDITORA
Rua Monte Alegre, 1074 – Perdizes
05014-001 – São Paulo – SP
Tel.: (11) 3864-0111   Fax: (11) 3864-4290
E-mail: cortez@cortezeditora.com.br
www.cortezeditora.com.br

Impresso no Brasil – outubro de 2012

Ao André Toshio,
minha melhor obra,
na luta por um tempo luminoso
para todos.

O Açúcar

Ferreira Gullar[1]

O branco que adoça o meu café
nesta manhã de Ipanema
não foi produzido por mim,
nem surgiu no açucareiro por milagre.

Vejo-o puro
e afável ao paladar
como beijo de moça, água
na pele, flor
que se dissolve na boca.
Mas este açúcar não foi feito por mim.

....

Este açúcar era cana
e veio dos canaviais extensos
que não nascem por acaso no regaço do vale.
Em lugares distantes, onde não há hospital
nem escola,
homens que não sabem ler e morrem de fome
aos 27 anos plantaram e colheram a cana
que viraria açúcar.

Em usinas escuras,
homens de vida amarga
e dura produziram este açúcar
branco e puro
Com que adoço meu café esta manhã em Ipanema.

---

1. FERREIRA GULLAR, "Dentro da noite veloz". *Revista Universos*, n. 2, ano I, Rio de Janeiro, SINTURFJ, nov. 1993.

SUMÁRIO

Apresentação 9

Introdução 13

1. Trabalho e indivíduo social no processo capitalista de produção 31
   1.1 O debate sobre o processo de trabalho: o sujeito em cena 31
   1.2 Trabalho e indivíduo social 37
   1.3 A forma histórica de individualidade social na sociedade
       burguesa 46
   1.4 Processo capitalista de trabalho e indivíduo social: a vivência
       do trabalho como castigo e rebeldia 64
   1.5 O reencontro com o debate contemporâneo: classe e cultura 80

2. Desenvolvimento desigual e condição operária na produção
   agroindustrial canavieira 101
   2.1 Desenvolvimento histórico desigual 101
   2.2 A produção agroindustrial canavieira 113
       2.2.1 Indústria canavieira e propriedade territorial 113
       2.2.2 A produção canavieira paulista e a regulação estatal 119
       2.2.3 O processo produtivo na sua totalidade 133
   2.3 Condição operária e migrantes sazonais 147
       2.3.1 Heterogeneidade da condição operária e indivíduos
           sociais 147
       2.3.2 A presença de migrantes sazonais na agroindústria
           canavieira paulista e os dilemas de sua qualificação 160
       2.3.3 Migrantes sazonais e processo de proletarização 181

3. A vivência do trabalho na agricultura e na indústria 195

   3.1 As formas do castigo do trabalho 195

   3.2 O corte da cana na região de Piracicaba 200

   3.3 O trabalho na agricultura 206

      3.3.1 O trabalho na colheita e sua dimensão cooperativa 206

      3.3.2 O sofrimento do trabalho: a jornada e o salário
            por produção 216

      3.3.3 As relações de trabalho e a negação dos direitos 235

   3.4 O trabalho na indústria 238

      3.4.1 Peão: a metáfora do assalariamento 238

      3.4.2 A imobilização temporária da força de trabalho pela
            moradia 254

      3.4.3 A vivência do processo de trabalho industrial 263

Considerações finais 279

Bibliografia 281

APRESENTAÇÃO

*Vera Chaia**

Estudos sobre a questão agrária merecem cada vez maior atenção, não só pela importância da produção agrícola ao se considerar a exportação e o crescimento do processo agroindustrial, mas, principalmente, pela presença de significativa parcela da sua população e dos sujeitos que aí são definidos e que vêm imprimindo inusitado significado aos movimentos sociais no país. Tanto as potencialidades das atividades econômicas do setor agrário, quanto os conflitos e outros problemas que aí emergem, exigem análises, debates e a urgente inclusão na agenda política deste setor que – só aparentemente – ficou submerso nas pesquisas das Ciências Sociais, nestas duas últimas décadas.

Num cenário que presenciou certas desistências, alguns cientistas sociais continuaram a aprofundar seus estudos em torno de temas que perpassam o agrário no Brasil e, entre eles, deve-se destacar os trabalhos cuidadosos e sistemáticos realizados por Marilda Villela Iamamoto. Esta pesquisadora vem desenvolvendo trajetória consistente e assumindo uma perspectiva intelectual crítica desde os anos 70, quando, em torno do Prof. José de Souza Martins, organizou-se um grupo de estudos para analisar a obra de Karl Marx. Foram vários anos de estudo e muita discussão sobre *O Capital* e, principalmente, sobre a Renda da Terra. Nesta ocasião enquanto deixei o grupo — e este foi o nosso primeiro contato — Marilda completou o ciclo desse grupo de estudos.

---

* Profa. Livre-Docente em Política pela Faculdade de Ciências Sociais da Pontifícia Universidade Católica de São Paulo. Vice-Coordenadora do Programa de Estudos Pós-Graduados em Ciências Sociais e coordenadora do Núcleo de Estudos em Arte, Mídia e Política da PUC-SP.

Esse esforço de reflexão crítica e análise aguçada tão cara a Marilda encontram-se substanciados neste livro *Trabalho e Indivíduo Social — um estudo sobre a condição operária na agroindústria canavieira paulista*. Nele está presente uma autora que assume visão multidisciplinar que, mesmo com um eixo básico no Serviço Social, aprofunda abordagens que trazem contribuições da Sociologia, Política, História ou de outras áreas das Ciências Humanas.

Este livro possui uma qualidade marcante: Marilda cruza fronteira de áreas de conhecimento, tornando o objeto de estudo apreensível em suas múltiplas facetas. Pode-se perceber uma análise que vai da abordagem da estrutura econômica capitalista até o enfoque da mentalidade do indivíduo no cotidiano enquanto dimensão social; do processo de deslocamento migratório enquanto fenômeno sócio-econômico até o significado e as representações do indivíduo no grupo social. Conceitualmente, movimenta-se da centralidade do trabalho até a esfera da subjetividade. E, sem engessar a abordagem científica, Marilda neste livro oferece uma generosa e bem articulada visão das diferentes relações sociais que vêm se formando no interior do setor agrário no Brasil.

Este livro originou-se de uma cuidadosa pesquisa que Marilda realizou sobre a temática da agroindústria canavieira, mostrando que a condição operária dos trabalhadores deste setor econômico era expressiva e indicando uma situação muito peculiar deste setor social, pois além de vivenciarem uma condição operária, eram migrantes sazonais oriundos principalmente de estados nordestinos.

A autora, caracterizada por possuir grande rigor científico, re-elaborou a proposta original do trabalho e resolveu re-trabalhar a temática enfatizando a questão do Trabalho e do Indivíduo Social, analisado do ponto de vista da teoria marxista. A partir desse momento Marilda muda o rumo de seu trabalho e direciona sua pesquisa empírica para compreender o cotidiano desta condição operária e suas concepções sobre o trabalho.

Esta cronologia de observações empíricas da realidade agrária deságua na feitura do livro *Trabalho e Indivíduo Social*, adensado também pelo diálogo orgânico que a autora estabelece com contribuições de Marx e de autores marxistas, resultando numa análise que avança na discussão do conceito de trabalho e na situação de indivíduo social. Neste sentido, merece ser destacado no livro a preocupação em abranger e avaliar uma vasta bibliografia sobre estas questões em autores brasileiros. Esta sistematização bibliográfica possui méritos específicos.

Para analisar a atuação destes trabalhadores, Marilda reconstrói o processo de implantação da agroindústria canavieira no Brasil, principalmente aquela da região de Piracicaba. Esse sempre foi um setor econômico dependente do Estado brasileiro e sua sustentação e crescimento ocorre exatamente num contexto de subsídios governamentais, acoplado à exploração do trabalho.

A descrição da vivência desses trabalhadores neste universo é extremamente detalhada e instigante, pois Marilda analisa o movimento desses migrantes para aquela região paulista, compreendendo as razões de sua presença na área, até suas representações a respeito de trabalho, lazer, liberdade e vida. A inspiração literária de Marilda aflora nestes capítulos, a poesia se manifesta e imprime um tom dramático à vida desses personagens que trabalham, lutam e sonham. Almeja uma vida de liberdade, abundância e, por que não de trabalho, mas um trabalho com outro conteúdo, outras relações estabelecidas e com a preservação de laços familiares e de amizade.

As entrevistas realizadas merecem destaque, devido à sua contundência e força expressiva. Somente como um exemplo, Antonio baiano, um dos entrevistados afirmou: "Trabalho em sítio próprio. Planto lavoura. Tem jaca, bananeira, até vaquinha boa. A gente vende o que sobra. Eu tenho de tudo, mas não deu nada este ano. Já está com uns três anos que não dá nada. Comprei semente cara e plantei feijão e quebrou tudo. O pessoal (a família) ficou tocando a roça lá. As terras da gente são pequenas. Só dá mesmo para viver se tiver bom tempo, mas o tempo que não dá bom tempo, a gente é obrigado a cair fora para trabalhar, para poder viver".

Além de sofrer as adversidades da natureza, que poderiam ser amenizadas com a adoção de políticas públicas adequadas, Antonio teve que sair do convívio familiar, migrar para conseguir trabalho e conviver com outros trabalhadores que possuem trajetórias pessoais semelhantes. Apesar de todas as sujeições e desgastes do trabalho enfrentado na agroindústria canavieira, o sonho de liberdade e de autonomia continua pulsante e desejado. Provavelmente muitos Antonios continuam perambulando por este país em busca de trabalho, procurando a sobrevivência pessoal e familiar — e é com eles que Marilda continua preocupada. E as idéias da autora fluem claramente pelo livro e, por isso, ele irá envolver o leitor não só com discussões teóricas sobre trabalho e indivíduo social, mas também compreenderá e acompanhará a vivência de trabalhadores de um determinado setor econômico, nos relembrando da necessidade premente de se enfrentar as origens de seus problemas.

INTRODUÇÃO

"O tempo é o campo de
desenvolvimento humano" (Marx).

"Eu tenho sede de aromas e sorrisos,
sede de cantares novos,
sem luas e sem lírios
e sem amores mortos.

Um cantar de manhã que estremeça
os remansos quietos
do porvir. E encha de esperança
suas ondas e seus lodaçais" (Lorca).

Apresentar esta obra é concluí-la. E um turbilhão de emoções invade a alma e o texto. Porque ele é parte e expressão da vida. Um pedaço de vida guardado por muitos e muitos anos. É como abrir um baú trazendo a público o resultado de um longo tempo de estudos, de pesquisas e reflexões, numa conversa silenciosa do autor com o autor. E revelar um segredo, mostrando o reverso desconhecido da trajetória profissional e acadêmica construída, que capturou o tempo de vida e a produção intelectual.

A abertura do baú é motivo de alegria, porque as flores se transformaram em frutos. E chegou o tempo da colheita, de socializar o trabalho silenciosamente realizado. E o tempo da colheita é tempo de festa. Tempo de cantar a esperança que possa estremecer os remansos quietos e remover os lodaçais, que envolvem a vida dos sujeitos que aqui têm voz.

Como diz o poeta, "eu tenho sede de aromas e sorrisos, sede de cantares novos" na vida para todos. E foi a busca de saciar esta sede que impulsionou o encontro com a questão agrária para decifrar a sociedade brasileira, o ritmo de suas mudanças e a profundidade das raízes a serem removidas em um cantar da manhã que celebre o porvir. Mas para tanto é preciso reconhecer e explicar as ondas e lodaçais que envolvem a sociabilidade no presente. E suas contradições que animam as mudanças, quando apropriadas pelos indivíduos sociais e transformadas em novas iniciativas. É este o motivo maior deste livro. Ele é uma provocação ao debate, no desafio de afirmar o potencial explicativo e a atualidade de uma teoria social, que hoje tende a ser lançada aos porões do passado. Teoria que só se frutifica se alimentada da história em fluxo, o que requer a pesquisa rigorosa, que alie a empiria ao exercício de abstração, como recurso metodológico fundamental para apreender nas situações singulares suas particularidades e as dimensões de universalidade nelas presentes.

O encontro com a questão agrária foi resultante dos desencontros das lutas políticas na década de 1970 com a realidade brasileira. Um dos legados da experiência política da juventude, que resultou na passagem pelos porões da ditadura — na prisão, tortura e condenação pelos tribunais militares a seis meses de reclusão —, foi a necessidade de compreender com maior profundidade a formação social do país. Compreender o perfil e os rumos assumidos pela revolução burguesa no Brasil, para decifrar tanto os horizontes de sua ultrapassagem, quanto os desacertos das esquerdas nessa direção. E uma das chaves desse enigma estava sediada nas raízes agrárias do Estado e da sociedade no Brasil, que imprimiam um ritmo histórico particular à expansão monopolista, consubstanciado no seu desenvolvimento desigual, tal como tratado neste trabalho no cenário particular da agroindústria canavieira paulista. Por outro lado, despertou a necessidade de se apropriar dos dilemas do pensamento social na modernidade, em especial, da tradição intelectual fundada por Marx.

Essa busca foi consubstanciada no mestrado de Sociologia Rural, sendo a sistematização de um estudo nessa temática capturada pelas provocações da vida profissional já construída em outra área. Àquela motivação herdada da história de vida acrescentou-se a trajetória intelectual trilhada e a produção acadêmica acumulada. Elas alimentaram a preocupação com o debate teórico sobre o trabalho e a sociabilidade produzida pela sociedade contemporânea, em sua vivência pelos indivíduos sociais.

Este texto propõe-se a analisar algumas particularidades do processo de constituição da condição operária na agroindústria canavieira paulista e sua vivência pelos indivíduos sociais, na década de 1980, tendo como referência empírica a microrregião açucareira de Piracicaba.[1] Não se pode perder de vista o caráter *sazonal* do funcionamento deste tipo de indústria rural, dependente do ciclo de produção da cana-de-açúcar, sua matéria-prima fundamental, que requer uma demanda diferenciada de mão-de-obra ao longo do ano agrícola. Na região estudada, o período da colheita da cana — a safra — estende-se de maio a novembro, época em que a usina trabalha sem interrupção, acionando a máxima capacidade produtiva. Na entressafra, as atividades industriais cessam temporariamente, adquirindo proeminência o trabalho de reposição e manutenção do maquinário, realizado por operários especializados, em função do elevado desgaste a que é submetido durante o tempo de trabalho.

O objeto de estudo desdobra-se em duas dimensões, quais sejam: os processos de trabalho agrícola e industrial e a constituição da condição operária nessa agroindústria, caracterizando quem são os indivíduos sociais que lhe dão vida. Considera os operários sazonais não-qualificados, homens e mulheres, trabalhadores temporários na colheita da cana e os trabalhadores não-qualificados da indústria, migrantes do sexo masculino, contratados por tempo determinado, durante a safra da cana, alojados nos territórios das usinas durante esse período. A inserção no trabalho das usinas, como operários temporários partícipes do trabalho coletivo, é o *ponto de irradiação* da análise que ilumina a leitura da heterogeneidade dos sujeitos no interior da condição operária. Para apreender a sua unidade, considera-se o processo imediato de produção. Mas, para dar conta de diversidade interna presente na condição operária, é necessário extrapolá-lo, lançando o olhar para mais longe, para a divisão do trabalho na sociedade e suas implicações no processo de formação de classes, em especial, o processo de proletarização. Isso porque dentre os trabalhadores dessa agroindústria constam aqueles já consolidados na condição de proletários "livres como pássaros" (nos termos de Marx), que dependem exclusivamente da venda de sua força de trabalho para a obtenção dos meios de vida; e os que são produtores familiares pauperizados nos locais de origem — posseiros, pequenos proprietários ou arrendatários. São migrantes sazonais cíclicos, que se metamorfoseiam pela mediação do mercado nacional de trabalho em operários industriais durante a safra da cana nas usinas em São Paulo, fazendo esse percurso há vários anos. A manutenção do vínculo com a terra representa a possibilidade de prover, ainda que parcialmente, a reprodução

---

1. A microrregião açucareira de Piracicaba abrange, a partir do censo de 1970, segundo o IBGE, os seguintes municípios do estado de São Paulo: Capivari, Charqueada, Mombuca, Raffard, Rio das Pedras e Santa Bárbara d'Oeste.

da unidade familiar. É uma estratégia de defesa frente ao pauperismo absoluto, ainda que não mais suficiente para prover integralmente as necessidades de subsistência da unidade familiar. Os trabalhadores masculinos são desafiados a buscar outras alternativas de sobrevivência — dentre elas a migração para São Paulo —, retornando ciclicamente às regiões de origem nas épocas de colheita de plantio de alimentos. *São parte de um contingente de população sobrante para as necessidades médias do capital, seja na forma de população latente, encoberta no interior da pequena propriedade agrícola, seja na forma de população intermitente e/ou flutuante.* Tais distinções tecem *experiências de vida diversas*, atribuindo-lhes particularidades sociais.

O processo de crescente concentração e centralização de capitais, acompanhado dos elevados índices de concentração fundiária verificados no país, já não mais permitem a esses trabalhadores sobreviverem exclusivamente nem como produtores familiares pauperizados, nem como operários. Estão sujeitos a trabalhos eventuais nos centros urbanos mais desenvolvidos, cuja remuneração não é suficiente para assegurar a manutenção da família. Por outro lado, através da produção mercantil simples, já não mais conseguem criar o tempo de trabalho necessário para a auto-sobrevivência e da família, a não ser pela mediação da produção de um tempo de trabalho excedente realizado na órbita da empresa capitalista. *São assim, constrangidos a se deslocarem ciclicamente, alternando suas vidas nos locais de origem e nas usinas de açúcar, nas regiões canavieiras paulistas, como seres sociais internamente partidos, visto que sua unidade lhe é dada de fora, pelo capital, e vivida como estranhamento.*

Ao longo do ano, passam a viver a dupla condição de produtores diretos e assalariados industriais, inseridos em processos de trabalho diferentes, em espaços distintos e distantes, por meio dos quais se formam e se recriam como força de trabalho para o capital. A inserção simultânea e parcial em dois mundos — da produção mercantil simples e da produção capitalista industrial — molda uma maneira original, pela qual vão se forjando como *indivíduos sociais afetando sua prática e sua subjetividade.*

Portanto, são objetivos desta pesquisa: (a) *caracterizar quem são os migrantes como indivíduos sociais e como vivem essa forma histórica de individualidade social;* (b) *descrever e analisar o processo de trabalho agroindustrial das usinas, tanto em suas determinações econômicas e sociais quanto na ótica dos sujeitos. Em outros termos, atribuir visibilidade às formas assumidas pelo trabalho e vividas pelos sujeitos — como alienação e rebeldia — no corte da cana e no processamento industrial.*

A provocação da realidade identificada no processo de pesquisa exigiu percursos analíticos de maior alcance para o tratamento teórico do objeto de estudo. Percursos que também figuram como resultados deste estudo norteando a lógica da exposição que estrutura esta obra.

O eixo teórico central recai sobre o *trabalho em seu processo de realização* como atividade do sujeito vivo: condições, meios, formas materiais e sociais assumidas. Trabalho que, sendo o selo distintivo de humanidade dos indivíduos sociais na construção de respostas às necessidades humanas, é portador de projetos a realizar, transformando simultaneamente o sujeito e a realidade. Entretanto, nas condições em que se realiza na sociedade do capital e, em particular, no caso estudado —, é subvertido no seu significado mais fundamental. A auto-objetivação do sujeito metamorfoseia-se na sua própria negação, na perda do controle de sua atividade e de seu tempo de vida, subordinada a fins que lhe são estranhos. Volta-se à valorização das coisas, do trabalho passado consubstanciado nos meios de produção e de sobrevivência, apropriados privadamente, que materializam o poder do capital. Sob seu domínio, a atividade torna-se forçada, vivida como sofrimento, prisão e perda do tempo de vida na obtenção de meios de subsistência e na produção de riqueza para outros nas condições e relações sociais historicamente determinadas. O trabalho vivo em fluxo, em sua temporalidade como atividade do sujeito, envolve a mobilização de energias físicas e mentais, emoções e sentimentos. A vivência do trabalho tem centralidade na vida dos indivíduos sociais. Extrapola o ambiente da produção e se espraia para outras dimensões da vida, envolvendo as relações familiares, a fruição dos afetos, o lazer e o tempo de descanso, comprometendo a reposição das energias físicas e mentais, a duração da vida e os limites da noite e do dia. Os operários constrangidos pela necessidade de sobrevivência mobilizam seu consentimento ante a falta de outras alternativas, porquanto partes da superpopulação relativa sobrante. Todavia, a aceitação dessas condições não é sinônimo exclusivo de submissão: resistem, mobilizam-se, expressam sua rebeldia nas condições possíveis no contexto particular das relações de poder e de classe em que se constituem como indivíduos sociais.

No tratamento do tema merece destaque a historicidade de uma forma de constituição da individualidade social — ou de produtividade humana — em que os nexos entre os produtores é reificado, soldado por meio da universalização da dependência em relação às coisas materiais. Dependência esta mediada pelo dinheiro como poder privado, que passa a representar a comunidade universal, autonomizada dos indivíduos. Essa sociedade da mercantilização universal tende ao mais alto grau de expansão das forças produtivas humanas e ao desenvolvimento das disposições, capacidades, habilidades e atividades realizadas de forma limitada, porquanto alienada. A elaboração plena do humano aparece como esvaziamento pleno do indivíduo, ainda que abra campo à emergência da livre individualidade, da universalidade efetiva de suas relações reais e ideais. Toda esta problemática requer desvendar os valores que presidem o ideário por meio do qual são elaboradas as relações entre os indivíduos no reino mercantil: liberdade, igualdade, reciprocidade e interesse privado.

Nesse contexto teórico tem lugar a análise do processo capitalista de produção, como produção de objetos úteis e de valor, com ênfase nos dilemas do trabalho. Enfatiza a tensão entre o trabalhador como objeto do capital e sujeito criativo vivo presidido pela articulação entre momentos de estrutura e de ação, dimensões inseparáveis do processo de constituição histórica dos indivíduos sociais. Esta mesma tensão se repõe na interpretação das classes e sua consciência, expressa em formas culturais tratadas em suas determinações econômicas e dimensões ético-políticas no processo de transformação do subalterno em protagonista político. Têm especial destaque as contradições entre o ser e a consciência, entre o pensar e o agir enfeixado no debate sobre a ideologia e a cultura popular apoiada na tradição gramsciana.

A construção dessa análise inicia-se no diálogo com a literatura recente sobre a sociologia do trabalho que reivindica a questão do sujeito, contestando a sua submersão no debate marxista contemporâneo. O percurso teórico é construído no embate com esta crítica, no intuito de atribuir visibilidade à presença do sujeito na construção marxiana. Este é o elo de reencontro com as preocupações presentes naquele debate, aqui partilhadas. É portanto, uma abordagem construída no embate com o antimarxismo que viveja hoje na academia, cultivado no renascimento do pensamento conservador travestido de atualidade sob o crivo da pós-modernidade. Mas, também, informado pelo desconhecimento ou dificuldade de tratamento rigoroso da complexidade do legado teórico-metodológico de Marx.

Este primeiro nível de abordagem do tema trabalho e do indivíduo social de caráter teórico sistemático — e, portanto, de maior nível de generalidade e abstração — é complementado com um percurso da análise, que inclui progressivamente determinações de maior concretude ao objeto de estudo. Outro patamar indispensável ao tratamento do objeto se refere às *particularidades históricas* que presidem o desenvolvimento desigual no país e suas expressões no *processo de produção agroindustrial canavieiro*. A trama que tece a análise são as *desigualdades do desenvolvimento histórico da sociedade brasileira*, que têm nessa agroindústria um campo privilegiado de visibilidade. Desigualdades que manifestam o descompasso de temporalidades históricas distintas, mas coetaneamente articuladas, que atribuem uma marca histórica particular à contemporaneidade brasileira, afetando a economia, a política e a cultura. Nela se mesclam o "arcaico" e o "moderno", distintos mas mutuamente referidos, reproduzidos e recriados. O novo realiza-se pela mediação de heranças históricas persistentes, atualizando-as e simultaneamente transformando-as, ao subsumi-las às novas condições de uma sociedade globalizada.

O trânsito do capitalismo competitivo à expansão monopolista no país é acompanhada de uma dissociação entre desenvolvimento econômico e regime político democrático, enraizada na feição antidemocrática que assumiu a revolução burguesa no Brasil, tendo nos proprietários territoriais um de seus protagonistas. Contribuiu para imprimir um caráter *sui generis* ao liberalismo no país, amalgamado às relações de favor e ao arbítrio, impulsionando ampla privatização da coisa pública. A formação da agroindústria canavieira é um caso exemplar desse processo. Construída sob o véu protetor dos subsídios estatais, expressa o *paradoxo do desenvolvimento desigual*: um dos setores de peso da produção capitalista agroindustrial, no processo de reprodução ampliada do capital e na captura da renda fundiária, o setor na sua heterogeneidade incorpora, de um lado, os avanços da ciência e da tecnologia — biológicas, químicas e mecânicas —; e, de outro, mantém um padrão dilapidador de consumo da força de trabalho com formas despóticas de gestão, aliadas aos mecanismos extra-econômicos de seu controle que relembram os primórdios da industrialização.

A rigidez própria de um processo de produção contínuo, condicionado tanto pelos determinantes biológicos do ciclo de crescimento da cana-de-açúcar, como pelo processo industrial de sua transformação química em açúcar e álcool, tem sido historicamente compensada por estratégias de maior flexibilização possível do emprego da força de trabalho em um mercado saturado de mão-de-obra excedente. Flexibilidade que se expressa em contratos de trabalho temporários ou por tempo determinado (contrato por safra), na maleabilidade da distribuição do trabalho nas várias funções produtivas, na duração da jornada de trabalho e dos níveis salariais, passando por cima dos acordos coletivos de trabalho firmados entre entidades de representação patronal e dos trabalhadores envolvidos neste complexo agroindustrial. Essa face "arcaica" do emprego da força de trabalho tradicional no setor e amplamente denunciada pelas lutas dos trabalhadores canavieiros na década de 1980 — ressurge com uma feição contemporânea no contexto da reestruturação produtiva.

A região de Piracicaba se destaca por seu pioneirismo na produção açucareira no estado de São Paulo, mantendo, desde a década de 1940, a liderança na produção sucroalcooleira nacional sob os influxos da abrangente ação do Estado no setor, até a emergência do Proálcool em 1975, quando a perde para a região de Ribeirão Preto. Aquela região experimenta os principais processos de produção e transformação das relações sociais de produção que foram historicamente dominantes: dos senhores de engenho aos empresários usineiros; do escravismo ao colonato desdobrando-se na formação do proletariado agrícola e industrial.

A ênfase dos estudos disponíveis, mais próximos ao tema, recai sobre a produção agrícola, a regulação estatal e o trabalho assalariado na agricultura. A esfera industrial é um campo "oculto" nas pesquisas, afora o texto já clássico de Leite Lopes (1976) e o de Ianni (1976). Esta pesquisa considera processo produtivo na sua totalidade, envolvendo *a produção e a indústria — e o trabalho no seu âmbito —*, como uma unidade de diversidades, provavelmente um dado diferencial deste estudo. As particularidades dos processos produtivos — tanto no que concerne ao processo de trabalho e ao processo de valorização são preservadas, mas redefinidas em função da integração, articulada pelo usineiro, em dupla *persona*, como empresário capitalista e proprietário fundiário.

Progressivamente o texto encaminha-se à particularização do objeto de estudo, acrescentando outras determinações e mediações ao tratamento analítico dos personagens privilegiados neste estudo: *os migrantes sazonais e seu processo de proletarização*. Percorre e discute o "estado das artes" nesse campo, recorrendo a parcela representativa do acervo de pesquisas empíricas disponíveis no país. Torna visível a representatividade do emprego deste tipo de mão-de-obra na agroindústria canavieira no período de 1970 a 1990. É importante observar que, embora esta pesquisa tenha uma nítida delimitação temporal — os anos da década de 1980 —, estudos realizados na década de 1990 referendam a presença dos migrantes sazonais em usinas de todo o país.

O texto estabelece um diálogo crítico com a literatura especializada no intuito de caracterizar, do ponto de vista teórico, quem são socialmente os migrantes sazonais e construir uma perspectiva de análise do seu processo de proletarização, no desdobramento dos elementos analíticos antes anunciados. Recusa as interpretações que se limitam à descrição empírica desse personagem — prisioneiras dos fetiches que vicejam na vida real e se refratam na análise — e aquelas que se curvam ante a complexidade desse tipo de trabalhador e derivam para as interpretações duais, caracterizando-o como "meio operário" e "meio camponês". A abordagem aqui realizada, a partir da complexa participação do migrante sazonal na condição operária, distancia-se daquelas leituras que o vêem a partir da ótica da "decadência do roçado", num lamento do passado perdido, na análise circunscrita exclusivamente à produção familiar para a subsistência. A raiz da explicação parece ser mais fundamental porque histórica e referente à constituição desses indivíduos sociais, condensando a tensão entre seu ser social e as formas sociais por meio das quais elaboram a sua condição social. A interpretação assumida é que — nas migrações identificadas nesta pesquisa —, já não é mais o ciclo agrícola da produção familiar que atribui o ritmo ao processo migratório, inteiramente subsumido pelo funcionamento sazonal da produção capitalista canavieira. O trabalho assalariado não é mais apenas complementar à recriação do produtor mercantil simples, o que contrasta com a interpretação dominante na literatura especializada. Esses trabalhadores só conseguem produzir o tempo de trabalho socialmente necessário à reprodução da unidade familiar pela mediação da produção do tempo de trabalho excedente sob a órbita do capital. Em sua trajetória adquirem valores, padrões de comportamento, maneiras de pensar referidas àquele universo de origem. Entretanto, o avanço do processo de proletarização faz com que vivam progressivamente a perda das bases materiais de sua autoreprodução e o controle de suas próprias vidas, gerando mudanças tensas na sua sociabilidade e subjetividade. Pensam-se como trabalhadores "por conta própria", mas já não podem viver como tais.

Para formular a interpretação do processo de proletarização inconcluso a que se encontram submetidos esses operários e ao qual subjetivamente resistem, foram recolhidas contribuições de estudos clássicos sobre a agricultura, de Lênin e Kautsky, além do próprio Marx. De tais leituras e sua polêmica foram extraídas sugestões no que tange aos "operários de temporada" e ao processo de constituição do proletariado rural na história da agricultura capitalista. A partir dessas provocações e ante os desafios da realidade identificada, o processo de proletarização é tratado como expressão da radicalidade de uma forma de constituição da individualidade social típica da sociedade capitalista, mas matizada com as tonalidades próprias da situação estudada, que a torna "atormentada pelos vivos e pelos mortos", por misérias herdadas e produzidas no presente. Os migrantes sazonais vivem o contínuo trânsito entre temporalidades, condições e relações sociais diferentes, apoiadas em específicas formas de propriedade e alienação coexistentes e integradas na vida dos mesmos indivíduos sociais, forjando a materialidade e subjetividade de suas vidas. Afetam as bases materiais de sua reprodução, suas lutas sociais e o terreno cultural no qual elaboram sua prática social: experiências, valores, representações e sentimentos. Ainda que vivam individualmente experiências partidas, não são seres sociais partidos, mas partícipes de uma mesma superpopulação relativa. São como as estrelas, que não têm lugar e visibilidade na escuridão desta sociedade, entretanto, estão presentes e escondidas na noite e apostam em outras noites enluaradas, e na manhã do porvir, porque acreditam na sua humanidade, tal como se busca revelar.

O processo de proletarização é abordado em várias dimensões indissolúveis que o constituem: (a) o trânsito entre duas formas históricas de propriedade privada: a que se funda na exploração e apropriação do trabalho alheio, apoiada historicamente na expropriação do produtor direto e aquela fundada no trabalho do próprio produtor, que pressupõe a fusão do trabalhador autônomo e independente com suas condições de trabalho; (b) a experiência simultânea de duas formas históricas de alienação do trabalho materializadas no fetiche do dinheiro, que media os vínculos sociais do produtor familiar na compra e venda de mercadorias produzidas e no fetiche do capital que preside a inversão sujeito e objeto no processo produtivo, subordinando o sujeito às coisas materiais nas quais o capital se expressa e pelas quais submete o trabalho vivo aos seus desígnios; (c) um tenso processo de transformação cultural que envolve a incorporação de normas de conduta e valores alheios ao universo dos trabalhadores e que se choca tanto com sua experiência pretérita quanto com seu "instinto de classe", nos termos de Gramsci. Contraditoriamente, impulsiona a resistência e a rebeldia na defesa de um modo de ser que se opõe, ainda que de modo ambíguo e parcial, à mercantilização universal e à despersonalização do humano. Entretanto, as mudanças materiais e subjetivas não transcorrem no mesmo tempo e ritmo, verificando-se um desenvolvimento desigual entre as transformações das forças produtivas e das relações sociais e as formas com que são elaboradas pelos indivíduos sociais.

Outro patamar de tratamento do objeto de estudo é a vivência por parte dos sujeitos do trabalho agrícola e industrial e a explicação de sua condição de migrantes sazonais. Condensa elementos de universalidade e particularidade nos depoimentos e situações singulares coligidos na pesquisa de campo. A preocupação que move a análise é compreender o *significado do trabalho para os operários agrícolas e industriais*, atribuindo visibilidade à *alienação do trabalho e como ela é experimentada e enfrentada pelos indivíduos concretos*. Alienação apreendida nas explicações e sentimentos revelados em relação às formas de organização, gestão e remuneração do trabalho na agricultura e na indústria, no contraponto com outras experiências acumuladas. O comum, na agricultura e indústria, é o trabalho vivido como *sacrifício da vida, como castigo* — mero meio de sobrevivência —, *implicando um máximo desgaste de tempo e forças vitais*. Os recursos mobilizados para o seu *enfrentamento são presididos pela tensão entre consentimento e rebeldia* frente às condições materiais e sociais de trabalho nos canaviais e nas usinas. Coloca-se em relevo o *reconhecimento da exploração e a indignação contra ela*, que vão desde o lamento à atividade grevista, a denúncia dos sofrimentos à explicitação de sonhos e esperanças de um outro modo de viver, forjados na luta diária pela *defesa da vida* constantemente ameaçada tanto pelo cotidiano das relações de trabalho como pela falta deste.

No corte manual da cana previamente queimada, a tônica da vivência do trabalho, expresso por parte de homens e mulheres que o realizam (jovens, adultos e idosos), recai sobre o *cansaço* que atinge os limites do tolerável pelo corpo, em função do excessivo esforço físico envolvido. Este é acentuado pelos baixos salários, a forma de remuneração da força de trabalho adotada (o salário por produção), aliada à falta de controle pelo trabalhador sobre a produtividade diária, o que dá origem a diversos mecanismos de confisco salarial. A forma social de cooperação e a divisão do trabalho impostas dependentes da habilidade do trabalhador no manejo do seu instrumento de trabalho (o "podão") reforçam a competitividade e estimulam a aparência de um trabalho meramente individual, ao qual se alia o despotismo das formas de gestão e controle do trabalho. A estes fatores somam-se as longas jornadas de trabalho (média de onze horas diárias), a precariedade dos meios de transporte, de alimentação, as condições insalubres e a periculosidade do trabalho. Tais condições de trabalho são agravadas pela ausência de formalização do contrato de trabalho e pela conseqüente inobservância dos direitos sociais e trabalhistas básicos, conquistados legalmente. Todos esses ingredientes vão compondo a *visão de um serviço "cansado", "judiado", "pesado", "sujo"*, que adquire feições peculiares para as mulheres, *denunciando ser a cidadania um estatuto ausente dos canaviais paulistas.*

Já nas *unidades fabris* — um universo essencialmente masculino —, o castigo do trabalho adquire outras características na organização do trabalho nos moldes de uma grande indústria automatizada de bases fordistas. Cabe aos trabalhadores o transporte da matéria-prima dos canaviais às usinas, o monitoramento e alimentação de máquinas e equipamentos que operam a transformação química da matéria-prima em açúcar e álcool, assim como os serviços gerais. Aí, a vivência do trabalho como sacrifício assume a forma de *denúncia da prisão da vida pelo trabalho, como cativeiro, forjado pela disciplina e pelo horário de trabalho*: as jornadas de doze horas, a ausência de descanso semanal, a inversão do dia pela noite, violentando o ritmo biológico com a imposição do trabalho noturno, premido pelas exigências do funcionamento ininterrupto do maquinismo fabril. *Estabelece-se, assim uma unidade às avessas entre trabalho e vida: o tempo de vida aprisionado pelo tempo de trabalho.* Na esfera industrial, é apresentado o ponto de vista dos sujeitos envolvidos, quanto à condição operária, trazendo à cena as versões da administração das usinas e principalmente dos próprios trabalhadores. São consideradas as suas trajetórias, os motivos que os levam a buscar este tipo de trabalho — e seus empregadores a adotá-lo —, o significado do processo migratório no percurso de suas vidas. Diferencia os trabalhadores integralmente assalariados, esses "andantes de outras caminhadas", que se autoqualificam de "peões", a metáfora do assalariamento. Figuram como contraponto àqueles que são lavradores durante parte do ano agrícola, os personagens centrais desse cenário.

Merece registro o debate em torno da "exaltação da vida liberta" na leitura do trabalho familiar das regiões de origem, que emerge no confronto com o trabalho fabril. E ainda a análise da imobilização temporária da força de trabalho pela moradia no alojamento da usina, que tem decisiva influência nas formas de consumo e controle da força de trabalho na esfera industrial, alargando esse controle para a vida privada dos migrantes, durante o tempo em que vigora o contrato de trabalho.

Esse longo percurso aqui relatado teve por base de sustentação uma pesquisa de campo realizada na microrregião açucareira de Piracicaba — com ênfase no município sede no último lustro da década de 1980. Foi circunstanciada pela vigência do Programa Nacional do Álcool — Proálcool (Decreto nº 76.593, de 14.11.1975), implantado em 1975, que impulsionou o desenvolvimento dessa agroindústria, especialmente após 1980, com sua consolidação. Nesse mesmo período ocorreu um amplo processo de mobilização dos cortadores de cana em São Paulo, que exerceu um papel pioneiro na organização dos assalariados rurais temporários na "Nova República". Resultou na primeira convenção coletiva de trabalho firmada entre as representações dos trabalhadores, empresários agrícolas e da indústria do açúcar e álcool, abrangendo todos os assalariados canavieiros paulistas. Faz parte ainda desse cenário o crescimento da violência no campo no reverso da "modernização agrária", que teve como contrapartida a intensificação da luta pela terra e, os avanços na organização sindical. Uma de suas manifestações foi a proposta do Mirad-Incra para o "1º Plano de Reforma Agrária da Nova República", divulgado no IV Congresso Nacional dos Trabalhadores Rurais, em 1985, realizado em Brasília. Os interesses econômicos e políticos em jogo no debate sobre a reforma agrária fizeram com que os proprietários territoriais e empresários rurais acionassem seus mecanismos de influência, via entidades e representação parlamentar, fazendo valer seus interesses na redação da Carta Constitucional de 1988.

A *pesquisa de campo* ocorreu nos períodos de maio a junho de 1986 e outubro a dezembro de 1987. Abrangeu visitas a bairros operários, entrevistas nas residências dos trabalhadores e em áreas agrícolas, industriais e administrativas de cinco usinas da região. Nas áreas agrícolas, foram entrevistados homens e mulheres nos canaviais, durante a atividade do corte da cana, além de turmeiros, fiscais e profissionais de nível universitário. Foram realizados contatos com estudiosos do tema na região e a presença da pesquisadora, na condição de observadora convidada, em algumas reuniões do Centro de Estudos Sociais de Serviços Sociais da Agroindústria Açucareira (Cessaic), realizadas em Piracicaba e na região de Ribeirão Preto.

Nas usinas foram contatados representantes da alta administração, técnicos, supervisores de segurança, encarregados de pessoal, profissionais dos postos de assistência médica. E principalmente operários do sexo masculino, qualificados e não-qualificados, das seções de transporte e de produção industrial. O trabalho de campo constou de entrevistas, reuniões informais com os trabalhadores nos alojamentos da usina. Procurou-se, assim, garantir uma visão globalizadora do processo de produção agroindustrial, envolvendo empresas agrícolas e industriais juridicamente independentes e trabalhadores com vínculos sindicais também diversos.[2]

A pesquisa foi *verticalizada* em uma usina de médio porte, típica da região, com as marcas da imigração italiana e do controle familiar na administração gerencial. A coleta de dados foi concentrada junto a trabalhadores assalariados agrícolas e migrantes da área industrial contratados para a safra da cana, residentes temporariamente no alojamento da empresa. Os migrantes operários da usina perfaziam, à época, 69 operários, que constituíram o universo total dos entrevistados na área industrial, ainda que em momentos anteriores da safra ali tivessem residido cerca de 120 trabalhadores. Esse grupo era composto de chefes de família, em sua maioria analfabetos ou semi-alfabetizados, com uma história de migrações cíclicas ou intermitentes para o trabalho na agroindústria canavieira no estado de São Paulo, remontando em alguns casos, a meados das décadas de 1960 e inícios de 1970. Essa população era, na sua maioria, constituída de pequenos produtores familiares pauperizados nas regiões de origem — minifundistas, posseiros, meeiros, parceiros e pequenos arrendatários. Em menor número encontravam-se trabalhadores já inteiramente proletarizados, com larga experiência de trabalho assalariado em diversos ramos de produção. Constatou-se, ainda, a presença de jovens, solteiros, oriundos de famílias de pequenos produtores familiares, que aos 18 anos iniciam sua experiência como operários temporários.

---

2. Importa esclarecer que os trabalhadores da agroindústria canavieira encontram-se organizados em sindicatos diversos: os trabalhadores agrícolas, vinculados aos Sindicatos dos Trabalhadores Rurais dos municípios e à Federação dos Trabalhadores Agrícolas do Estado de São Paulo (Fetaesp); os trabalhadores das usinas de açúcar, aos Sindicatos de Indústrias de Alimentação; os das destilarias autônomas, aos Sindicatos dos Trabalhadores das Indústrias Químicas e Farmacêuticas do Estado de São Paulo.

A população pesquisada na indústria, à época, residente no alojamento, segundo listagem fornecida pela usina, é originária dos seguintes estados e municípios: (a) *Bahia*, totalizando 39 pessoas oriundas dos seguintes municípios: Itaberaba, Cícero Danta, Mundo Novo, Casa Nova, Livramento, Baixa Grande, Ipirá; (b) *Piauí*, totalizando dezessete pessoas do município de Picos; (c) *Minas Gerais*, totalizando oito pessoas dos seguintes municípios: Três Pontas, Teófilo Otoni, Governador Valadares, Montalvania, São Pedro do Suacuí, Queixada Novo Cruzeiro; (d) *Pernambuco*, quatro pessoas dos municípios de Petrolina e Bodocó; (e) *Paraná*, com uma pessoa do município de Ivaiporã.

A aproximação ao território das usinas foi facilitada pelos assistentes sociais que trabalhavam nas usinas paulistas, legitimada pela Universidade e autorizada pela direção da empresa. Foram realizadas algumas reuniões com a administração da usina, com explícita sondagem de pontos de vista políticos da pesquisadora; em especial sobre o processo constituinte à época em curso.

Procurou-se preservar a máxima autonomia da pesquisadora ante o universo empresarial. Em relação aos operários, foi esclarecida a ausência de vínculos empregatícios com a empresa, assim como a inexistência de financiamentos patronais para o trabalho, sendo explicitado o seu caráter acadêmico, parte do processo de qualificação docente. O objetivo da pesquisa foi interpretado como o de conhecer quem são, como vivem e trabalham os operários do açúcar e do álcool na região de Piracicaba, sendo os informantes mais qualificados aqueles que vivem o trabalho nos canaviais e usinas. O produto seria um "livro" ou uma "reportagem" na leitura dos entrevistados — que divulgasse os resultados obtidos, contribuindo para que esse trabalho fosse mais conhecido na sociedade. Este foi o único "retorno" prometido. As desconfianças foram aos poucos vencidas com a convivência. Revelar os seus segredos estava condicionado aos testes e à confiança construída ao longo das reiteradas visitas ao local.

A primeira visita ocorreu com a presença da assistente social da empresa, e, posteriormente, algumas poucas vezes acompanhada da estagiária de Serviço Social da empresa. Atenciosamente, os trabalhadores se redobraram de cuidados no relacionamento, emitindo pedidos de desculpas quanto à linguagem utilizada, pois tratava-se de uma "casa de peão". A pesquisadora foi permanentemente testada. Com sabedoria, os trabalhadores mostraram suas opiniões, sentimentos e seu pensar crítico só após terem mapeando o terreno onde estavam pisando. Somente então foi possível "deixar de falar o bonito", usar "outra língua" — "não mais o português, mas o espanhol" —, ou seja: dizer o que fora deliberadamente ocultado. Um elemento decisivo para a ruptura dos bloqueios foi a assimilação, com clareza por parte de algumas lideranças, quanto aos propósitos da pesquisa, decodificando-os para os demais como sendo importante uma *"reportagem sobre o trabalhador"*.

No processo de desenvolvimento da pesquisa, algumas reuniões informais ocorreram num clima de muita alegria e descontração, interpretadas como uma agradável possibilidade de conversar, assim como depoimentos feitos, sob reserva ética, de histórias de vida dos entrevistados. Foram gravadas vinte fitas cassete no trabalho de campo, posteriormente registradas em dois volumes, constando de entrevistas e observações, além de um diário de campo. Tais recursos foram fundamentais para permitir a redação deste trabalho longo tempo depois. É digno de nota que o trabalho de campo foi todo realizado individualmente pela autora, de forma artesanal, não contando com qualquer auxiliar de pesquisa, seja na pesquisa na área, seja na transcrição das fitas gravadas.

O presente livro consta de três capítulos que condensam a problematização teórica antes apresentada. O primeiro capítulo, "Trabalho e indivíduo social no processo capitalista de produção", analisa o significado do trabalho no processo de constituição dos indivíduos sociais, eixo teórico desta obra. Parte de uma breve retrospectiva do debate contemporâneo sobre o processo de trabalho e das temáticas que o polarizam. Realiza um percurso teórico informado pelo legado de Marx, a partir de fontes hoje pouco tratadas na literatura sociológica tendo por diretriz as relações entre estrutura e ação do indivíduos sociais, trazendo o sujeito que trabalha para o centro da análise. Particulariza a forma histórica específica de individualidade social na sociedade burguesa e seus fetichismos. Atribui destaque às idéias oriundas da esfera da circulação que regem as relações entre iguais proprietários de mercadorias e que se encontram na raiz da concepção liberal, tão em voga na cena contemporânea. No processo capitalista de trabalho é privilegiado o trabalho vivo em processo de realização, como atividade do indivíduo, vivida como castigo e rebeldia. Para finalizar, retoma o reencontro com o debate contemporâneo sobre o trabalho no âmbito da tradição marxista, trazendo à luz as relações sobre classe e cultura, com ênfase na consciência das classes subalternas.

O segundo capítulo, "Desenvolvimento desigual e condição operária na produção agroindustrial canavieira", está centrado na análise da particularidade desse setor e da condição operária no seu âmbito, nos marcos do desenvolvimento desigual da sociedade brasileira. Analisa as relações sociais de produção e de propriedade, destacando a orientação político-econômica do Estado para a agroindústria canavieira a partir dos anos 1930. Aborda o processo produtivo na sua totalidade: do plantio da cana à sua transformação industrial em açúcar e álcool na década de 1980.

A condição operária é tratada em sua heterogeneidade, centralizada a atenção nos migrantes sazonais. O texto enfrenta os dilemas de sua qualificação teórica e histórica no encontro crítico com a literatura especializada. Finalmente, resgata o debate clássico sobre o processo de proletarização na agricultura, explicitando o ângulo adotado na consideração do tema.

O terceiro capítulo, "A vivência do trabalho na agricultura e na indústria", tem por base a pesquisa de campo realizada. Descreve e analisa o processo de trabalho na agricultura e na indústria, no que se refere ao seu caráter cooperativo, a jornada, o salário, as relações no trabalho e os direitos correspondentes. Apresenta o significado do trabalho do ponto de vista dos sujeitos que o realizam, atribuindo visibilidade à vivência da alienação expressa nas explicações e sentimentos daqueles que a experimentam na condição de operários canavieiros. Na agricultura, o recorte é o trabalho na colheita da cana. Na indústria, é focado o trabalho realizado pelos safristas migrantes sazonais, segundo os mesmos critérios eleitos para análise do trabalho agrícola. Aborda o significado de "ser peão" — a metáfora do assalariamento — e a imobilização temporária da força de trabalho nas usinas pela moradia. Trata as diferenças no interior do grupo de migrantes — os integralmente assalariados e os que detêm acesso à terra — resgatando a interpretação que fazem de processo migratório cíclico e a avaliação sobre a vida na usina, no contraponto com a vida nas regiões de origem.

Finalizando esta introdução, convido o leitor a percorrer os caminhos anunciados e a realizar a sua crítica.

* * *

Este livro é uma versão revista da tese de doutorado em Ciências Sociais apresentada à Pontifícia Universidade Católica de São Paulo e submetida à apreciação da banca examinadora, composta pelos professores doutores: Carlos Nelson Coutinho (UFRJ), Oriowaldo Queda (ESALQ/USP), Luiz Eduardo Wanderley (PUC-SP), Maria Carmelita Yazbek (PUC-SP) e pela orientadora, Vera Lúcia Michalany Chaia (PUC-SP). Gostaria de registrar um especial agradecimento aos professores, pela privilegiada oportunidade de debate acadêmico e valiosas sugestões:

À orientadora e amiga prof. dra. Vera Lúcia M. Chaia que, com infinita paciência, companheirismo, confiança e respeito intelectual, acreditou na viabilidade deste trabalho e estimulou decisivamente a sua conclusão;

Ao prof. dr. Carlos Nelson Coutinho, amigo e companheiro da Universidade Federal do Rio de Janeiro (UFRJ), por sua produção intelectual, intercâmbio de idéias e apoio solidário e generoso à minha vida acadêmica;

Ao prof. dr. Oriowaldo Queda, orientador do mestrado na Escola Superior de Agricultura "Luiz de Queiróz" da Universidade de São Paulo (Esalq-USP), pelo suporte bibliográfico e apoio fornecidos ao longo deste trabalho;

Ao prof. dr. Luiz Eduardo Wanderley pelas contribuições generosas e disponibilidade para participar de momentos importantes dessa etapa universitária;

À prof. dra. Maria Carmelita Yazbek, amiga e companheira na docência e nas lutas profissionais, sempre presente no trajeto de minha vida acadêmica, com sua permanente disponibilidade e amizade.

Esse trabalho contou ainda com a valiosa contribuição do prof. dr. Octávio Ianni, orientador de uma etapa da tese, que me brindou com um manancial de idéias e suporte acadêmico decisivos na formulação deste projeto.

Os meus agradecimentos aos outros componentes da banca examinadora: prof. dr. José Paulo Netto, amigo de muitos anos de vida e de lutas que, partilhando fraternalmente de minha trajetória, propiciou um apoio fundamental para o desenvolvimento desta pesquisa; e à prof. dra. Leila Blass, em nossa preocupação comum com o tema do trabalho.

Minha gratidão ao prof. dr. José de Souza Martins pela decisiva contribuição ao meu desenvolvimento intelectual com sua análise sobre a questão agrária e, especialmente, pelos oito anos de seminários sobre a obra de Marx, na Faculdade de Filosofia Ciências Humanas e Letras da USP;

Aos meus alunos e alunas — que sempre mantiveram vivo o debate de idéias — e aos amigos e amigas que partilharam dessa etapa importante de minha vida profissional, meu reconhecimento.

Aos meus familiares, que, no aconchego do convívio fraterno e no usufruto de uma rica amizade, me legaram o apoio efetivo em todo e qualquer tempo; e, em especial, ao André Toshio, a alegria e o orgulho de ter o filho que você é, atestando o quanto é belo viver.

E, para terminar, uma homenagem à memória de meus pais, Moysés e Hilda, que, se pudessem, fariam deste episódio uma festa.

1

TRABALHO E INDIVÍDUO SOCIAL NO PROCESSO CAPITALISTA DE PRODUÇÃO

> "O trabalho é fogo vivo, formador, a transitoriedade das coisas, sua temporalidade, assim como sua modelação no tempo vivo" (Marx, 1980a: 306)

1.1 O debate sobre o processo de trabalho: o sujeito em cena

Ao se privilegiar o tema trabalho, urge explicitar a ótica de análise que preside sua abordagem: o significado do trabalho no processo de constituição do indivíduo social e na produção da vida material, nos marcos da sociedade capitalista.

O tema é especialmente oportuno quando se proclama a "crise da sociedade do trabalho" (Offe, 1989) e se discute o "adeus ao trabalho" (Antunes, 1985, 1999). Contraditoriamente a preocupação com o trabalho e suas metamorfoses assume destaque na literatura especializada contemporânea. Adensa o mercado editorial com publicações as mais variadas, ante os desafios postos pelo ciclo recessivo de larga duração que assola o cenário mundial desde meados da década de 1970, que vem se desdobrando na constituição de um novo padrão de acumulação e de regulação social, traduzidos na "acumulação flexível" (Harvey, 1993) e no neoliberalismo (Anderson, 1995). Tratar o tema na ótica assinalada adquire sentido ainda frente às restrições, que atualmente assolam a academia, de ordem *teórico-metodológica* e política, ao pensamento marxiano e à tradição marxista. Assinala-se sua suposta incapacidade de fornecer sugestões férteis para a compreensão das radicais mudanças observadas na atualidade, visto que enclausurada nas amarras de seu tempo, destituindo-a da historicidade que preside a sua formulação. Freqüentemente a crítica à teoria de Marx é filtrada por versões de raiz estruturalista e/ou economicista, tomadas como "únicas". Em decorrência contesta-se a submersão do sujeito da vida social, típica dessas versões. Observa-se também restrições ao primado da totalidade, próprio da tradição marxista. Esta é tida como incapaz de dar conta das particularidades/singularidades, dos fragmentos, das esferas subjetivas da vida, entre outros inúmeros aspectos, hoje autonomizados pela perspectiva pós-moderna ao contestar as longas narrativas em resposta à "crise dos paradigmas tributários da modernidade".[1] Tais restrições atingem vários campos do conhecimento concernentes à vida social, desbordando-se nas análises referentes ao processo de trabalho.

No campo da sociologia do trabalho as preocupações voltam-se à produção do consentimento por parte dos trabalhadores aos mais sutis mecanismos de controle adotados no toyotismo ou pós-fordismo. As estratégias de resistência e negociação na esfera da produção são salientadas, em seus condicionantes no campo fabril e extrafabril, abrangendo a família, relações de gênero, étnico-raciais, as tradições culturais.[2] Acentua-se a heterogeneidade das classes trabalhadoras em suas experiências de vida e de trabalho, considerando-se a diversidade de trajetória das categorias que a compõem, além de correspondentes repercussões na subjetividade, as determinações de gênero, étnico-raciais, as distintas formas de inserção no mercado de trabalho. Na busca de apreender a diversidade das formas capitalistas de produzir, salientam-se as particularidades locais e regionais, além de diferenciações internas dos grupos de trabalhadores (Pessanha e Morel, 1991). Recusa-se o chamado "paradigma unitário na análise das classes" em favor da diversidade de experiências no interior das relações sociais, identificando variadas maneiras de viver situações de dominação, exploração e "exclusão".[3] Observa-se forte acento nas experiências dos traba-

---

1. Conferir, por exemplo, Pessis Pasternak (1993); Balandier (1988); Jameson (1994); Harvey (1993); Ianni (1990: 90-100); Santos (1995); Schaff (1990).

2. A título de ilustração, a abordagem do tema pode ser encontrada em: Silva (1966: 41-58); Castro & Leite (1994: 39-60); Neves (1995); Hirata (1986: 5-12); Martins & Ramalho (1994); Stolcke (1986); Seylferth (1987: 103-120, 1993: 31-63).

3. Os estudos sobre os processos de trabalho deram a tônica, na década de 1980, da produção da sociologia do trabalho no Brasil, documentando e descrevendo o particular e o específico no recôndito âmbito da produção na busca de reencontrar os sujeitos, homens e mulheres, suas traje-

lhadores, trazendo para o centro das análises o sujeito que trabalha, dotado de liberdade de escolhas e de subjetividade, na contramão de uma enunciada eclipse do sujeito. Verifica-se, ainda, uma preocupação em articular a dimensão propriamente econômica do processo de trabalho com suas implicações políticas e ideológicas, relacionando-o com a regulação estatal dos conflitos na órbita produtiva, por meio das políticas sociais, salariais e sindicais. Nesse contexto, a produção de Burowoy é uma destacada referência, objeto de apreciações e críticas.[4] O autor contesta a "tese da subpolitização da produção", ou seja, as teorias que ignoram as dimensões políticas da produção, bem como sua determinação pelo Estado. Contesta também aquelas teses que redundam em uma "sobrepolitização do Estado", em que sua autonomia é superestimada, desconectando-o de seus fundamentos econômicos. Segundo as suas palavras:

> A política estatal não está suspensa nas nuvens; ela nasce no chão da fábrica e quando este treme, ela é abalada. Em resumo, se a política de produção não pode ter uma presença diretamente observável no Estado, ela no entanto estabelece limites e precipita suas intervenções. Da mesma maneira, assim como o Estado fixa limites para os aparelhos fabris, estes estabelecem limites sobre as formas de intervenção estatal. (Burowoy, 1990: 41)

Sustenta, ainda, que as diferentes formas de intervenção do Estado são condicionadas pelos interesses e capacidades de classe, que se definem, primordialmente, no plano da produção. Sua dinâmica autônoma decorre de relações de produção e das forças produtivas que estabelecem a natureza do regime fabril e suas relações com o Estado.

A polêmica teórica que permeia o campo do trabalho passa necessariamente pelo debate com as teses de Braverman (1977), no seu clássico *Trabalho e capital monopolista*. Este representou um *marco decisivo* na retomada da análise do processo de trabalho na expansão monopolista, no âmbito da tradição marxista, após longo período em que essa temática central do

---

tórias de vida e suas escolhas, em um claro embate com a tradição marxista. Castro & Leite (1994: 49) apresentam a seguinte observação, ilustrativa da relação dessa produção com o marxismo: "Ora se o marxismo clássico teve a virtude de destacar a importância dessa esfera, os marxistas contemporâneos ficaram devedores de uma verdadeira sociologia das relações sociais *no* trabalho. Isto porque, uma vez iluminada pelo foco analítico, a produção era apresentada como uma instância que (a) ou carecia de sujeitos, subsumidos que estavam na lógica econômica intrínseca ao processo de valorização do capital ou (b) os transmutava em personificações das classes, cuja ação carecia de sentido fora da definição apriorística dos interesses da 'classe para si'."

4. Burowoy (1985, 1990: 29-50); Ramalho (1991: 31-48); Castro & Leite (1994: 49).

pensamento de Marx foi colocada em segundo plano.[5] Seu estudo versa sobre os processos de trabalho no capitalismo e o modo específico pelo qual eles são construídos por relações de propriedade capitalista. Em outros termos, a maneira pela qual o processo de trabalho é dominado e modelado pela acumulação do capital e a forma que atribui à estrutura da classe trabalhadora. O foco privilegiado é a gerência[6] em sua função de controle e de indução do trabalhador a cooperar no processo de trabalho tal como organizado pela engenharia industrial, função esta essencial dado o antagonismo das relações sociais.

A controvérsia incide sobre quatro aspectos centrais da análise de Braverman: (a) Contesta-se a tese por ele defendida de que sendo o trabalho realizado com fins precípuos de acumulação capitalista, exige sua máxima racionalização e, conseqüentemente, o *controle* sobre o trabalho por parte do capital por meio da gerência. Para o autor intensifica-se a *separação entre trabalho manual e intelectual*, assim como verifica-se a tendência à *desqualificação do trabalho*, o que, a longo prazo, redundaria no aumento do descontentamento, da rotinização mecânica do trabalho. Enfim, em uma verdadeira "degradação do trabalho". Tais tendências à desqualificação trazem embutida *uma crescente homogeneização das classes trabalhadoras*. A crítica considera que tais tendências são revertidas pelas novas tecnologias de base microeletrônica nos quadros da "acumulação flexível", que vêm operando um movimento de qualificação/desqualificação do trabalho, contribuindo para ampliar a *heterogeneidade do universo dos trabalhadores*, ao contrário do que sustenta Braverman; (b) O autor restringe *deliberadamente* a consideração da classe trabalhadora à *"classe em si"*[7], menosprezando seus níveis de consciência, organização e suas atividades. Uma das principais objeções refere-se a uma suposta visão de classe trabalhadora como passiva, vivendo de acordo com forças que agem sobre ela, negligenciando os caminhos que cria para sua própria organização e a resistência operária às iniciativas empresariais, que desenvolvem estratégias próprias de controle

---

5. Não se pode desconsiderar a importante contribuição de Gramsci (1974), *Americanismo e fordismo*, assim como os trabalhos de Pierre Naville, na França.

6. Considera problemas da gerência a insatisfação expressa pelos elevados níveis de abandono do emprego, o absenteísmo, a relutância ao ritmo do trabalho, a indiferença e a negligência, as restrições à produção e a hostilidade extensiva à administração.

7. "Não cuidarei do estudo da moderna classe trabalhadora no nível de sua consciência, organização ou atividades. Este livro trata da classe trabalhadora como classe *em si mesma*, não como *classe para si* mesma. Entendo que para muitos dos leitores poderá parecer que omiti a parte mais importante do tema (mas) o necessário, antes de tudo é um quadro da classe trabalhadora tal qual existe, com a forma dada à população trabalhadora pelo processo de acumulação do capital". (Braverman 1977: 33-34)

sobre o trabalho (Wood, 1982: 11-12); (c) O autor é acusado de assumir acriticamente o *taylorismo*, identificado com *a cristalização da lógica da administração capitalista*, como forma necessária do controle exercido pela gerência. Desta maneira "atribui à classe capitalista uma verdadeira onisciência e à classe trabalhadora uma infinita maleabilidade" (Wood, 1982: 16). Negligenciaria, assim, a possibilidade de emergência de outras formas de gestão do trabalho, que hoje vêm sendo estimuladas pelas gerências empresariais e que apontam para *estratégias que provêm aos trabalhadores certa autonomia na condução das tarefas*. (d) Critica-se sua "teleologia objetivista" que circunscreve restritivamente a importância da luta de classes à organização nos locais de trabalho (Castro & Guimarães, 1991), o que vem sendo revertido por pesquisas recentes, que acentuam a importância de condicionantes oriundos do mundo extrafabril que se refratam no campo das relações de trabalho.

Não podem ser desconhecidas a riqueza, a diversidade e a fecundidade do debate em curso sobre a teoria do processo de trabalho. São temas necessários à apreensão das múltiplas mediações que atribuem concretude histórica às diferentes experiências vividas por segmentos diversificados de trabalhadores, homens e mulheres, âmbito de preocupações no qual também se inscreve a presente pesquisa.

As restrições a Braverman, muitas das quais condicionadas pelo atual estágio de desenvolvimento do processo de trabalho capitalista e sua pesquisa, desdobram-se em um alvo mais central: a teoria do valor trabalho de Marx. A hipótese é de que do ponto de vista teórico-metodológico os limites identificados na análise do autor tendem a ser, explícita ou implicitamente, estendidos à fonte da qual Braverman extrai os fundamentos mais significativos de sua obra: à teoria social de Marx, tida como uma visão objetivista e determinista do processo social, que privilegiaria a estrutura sobre a ação do sujeito. Tomando o primado da economia como determinação básica em detrimento dos momentos políticos e ideológicos, tal interpretação de Marx considera que sua teoria levaria ao privilégio unilateral do trabalho ante outras esferas que tecem o universo cotidiano dos sujeitos sociais.

Por vezes, a mesma crítica refrata-se em Burowoy,[8] criticado por assumir uma "teoria essencialista da natureza humana", tributária de Marx, a

---

8. O autor sustenta ser a tradição marxista a mais bem fundamentada tentativa para compreender o desenvolvimento da produção por meio de uma análise sistemática da dinâmica e tendências do capitalismo. Entende que "o ato de produzir é simultaneamente ato de reprodução: produzem-se, ao mesmo tempo, coisas úteis e os operários produzem a base de sua subsistência e do capital". (Burowoy, 1990)

partir de uma noção ontológica de trabalho. Esta concepção no autor é entretanto articulada à concepção gramsciana de hegemonia, que o conduz à consideração da dimensão política do processo de trabalho e à preocupação com a subjetividade do trabalhador[9] (Ramalho, 1991).

A literatura, ao concentrar a atenção sobre as formas de controle, consentimento, resistência e negociação no processo de trabalho, em seus determinantes oriundos da esfera / fabril e extrafabril, parece ter como um *dado* a noção do trabalho mesmo. Aliás, Litter, citado em Ramalho (1991), observa dentre os problemas da teoria do processo de trabalho o de não haver uma clara conceituação do trabalho em si, nem de seus elementos fundamentais. Este alerta merece ser considerado, a fim de se evitar a artimanha — porque é semelhante àquela em que se enredou a economia política clássica, denunciada por Marx — de *supor* o que deveria ser *explicado*: não apenas *como se produz* dentro das relações capitalistas, isto é, o seu *funcionamento*, mas *como se produz a própria relação capitalista e reproduzida historicamente*. Relação esta considerada, pois, não como um *dado, mas como um problema*.[10] Traduzindo para o tema ora em questão: não só como *funciona* o trabalho, mas *o que é o próprio trabalho, eixo* da presente reflexão.

Em termos mais explícitos: a hipótese é de que as restrições supraanunciadas à teoria social de Marx advêm de leituras que descartam a dimensão ontológica nela presente. Esta acentua o papel do *trabalho*, enquanto componente *distintivo* do homem como um ser *prático-social* e, portanto, *histórico: produto* e *criador* da vida em sociedade. Nessa mesma trilha têm sido secundarizadas as análises sobre o *indivíduo social e as formas históricas de sociabilidade e alienação*, constantes nos *Manuscritos econômico-filosóficos de 1844* e retomadas nos escritos de maturidade de 1857-58 — os *Grundrisse* —, aqui privilegiados (Marx, 1980a). Repor o *humanismo marxista* no centro da análise é condição necessária para fazer emergir o *indivíduo social, como sujeito criativo vivo, presente no pensamento de* Marx. A existência de fortes críticas ao arsenal teórico-metodológico de raiz marxista e, de modo especial, suas expressões no acervo de pesquisas sobre mundo do trabalho reforçam a importância de explicitar a abordagem do trabalho e do indivíduo

---

9. Castro & Guimarães destacam as influências recebidas pelo autor não só de Gramsci, mas de Althusser — o que ecoa claramente na noção de "aparelho político de produção" —, de Poulantzas e Przeworski na formulação dos conceitos de hegemonia e consentimento (Castro & Guimarães, 1991).

10. O desenvolvimento desta problematização no campo da crítica da economia política encontra-se em Napoleoni (1981).

social,[11] como requisito para a análise do processo de produção na ótica daqueles que nele se inserem como trabalhadores. O propósito não é efetuar uma "exegese" dos textos de Marx sobre os temas aludidos ou mesmo uma ampla exposição teórica de cunho histórico-sistemático sobre o assunto. A pretensão é *tão-somente demarcar uma linha de interpretação da vivência do trabalho*, que enuncia a fertilidade das sugestões contidas nessa teoria social, as quais tecem os rumos da análise dos fenômenos identificados na pesquisa empírica. E, assim, reencontrar as preocupações temáticas presentes no debate atual sobre o processo de trabalho, filtradas pelo horizonte teórico-metodológico marxiano em suas dimensões de *totalidade, ontologia e historicidade*. É este o caminho tortuoso que se propõe a recorrer.

1.2 Trabalho e indivíduo social

A abordagem do tema é presidida pela diretriz, que articula, na análise histórica, *estrutura e ação do sujeito*. Como sintetiza Coutinho (1990: 27):

> O que importa é que o conjunto da reflexão marxiana é dominado pela idéia que, no social, se dá uma articulação entre o mundo da causalidade e da teleologia, ou seja, entre o fato de que as *ações humanas são determinadas por condições externas aos indivíduos singulares e o fato de que, ao mesmo tempo, o social é constituído por projetos que os homens tentam implementar na vida social. A ontologia marxista dirá que o ser social é formado por determinismo e liberdade*. Ou, em termos mais modernos utilizados pelas ciências sociais contemporâneas, que a sociedade é formada simultaneamente por *momentos de estrutura e momentos de ação*. (Grifos nossos)

O ponto de partida é a *produção material*: produção de um grau determinado de *desenvolvimento social*, em uma dada época histórica: produção *de indivíduos sociais*. Assim, "toda produção é apropriação da natureza pelo

---

11. No decorrer do processo de investigação foi feita uma ampla revisão de algumas das principais obras de Marx, revisão esta norteada por certas *problemáticas* básicas: *a do indivíduo, do trabalho, do tempo e alienação*. Foram pesquisadas, com tais preocupações, as seguintes obras do autor: *Manuscritos de 1844* (1974), *Miséria da filosofia* (1982), *A questão judaica* (s/d), *A ideologia alemã (Feuerbach)* (1977), *O Capital*, 3 vols. (1985), *Elementos fundamentales para la crítica de la economia política (Grundrisse) 1857-1858*, 2 vols. (1980) e as *Teorias sobre la plus valia*, 3 vols. (1980b). O objetivo não é o de fazer uma sistematização teórica sobre os temas supra-referidos, o que já seria outro trabalho, mas utilizar aquela revisão como recurso teórico-metodológico, que possa contribuir para iluminar as situações históricas específicas constitutivas do objeto de estudo. O desenvolvimento que se segue está baseado nessas obras e em autores representativos do campo da tradição marxista que vêm se ocupando das problemáticas consideradas.

indivíduo no interior e por meio de uma *forma determinada de sociedade"* (Marx, 1974a: 112). Cada forma de produção cria, organicamente, suas próprias relações jurídicas e políticas e as idéias que lhes correspondem.

Marx arranca sua noção de produção da autocriação de indivíduos vivos e reais socialmente determinada, ou seja, de uma *forma histórica específica de sociabilidade*. O indivíduo social é um *produto histórico* (Heller, 1982), fruto de condições e relações sociais particulares e, ao mesmo *tempo, criador da sociedade*. E não um dado da natureza, tal como pensado por Locke, Smith e Ricardo. Em suas elaborações partem da existência de sujeitos independentes e isolados por natureza, antecipando a *aparência* através da qual se manifesta o indivíduo na sociedade burguesa — na sociedade da livre concorrência, gestada nos séculos XVII e XVIII —: o indivíduo desprendido dos laços de dependência da família, da tribo e da comunidade. A época que *produz o ponto de vista do indivíduo isolado* — que se encontra na base do liberalismo — é precisamente aquela, diz Marx, na qual as relações sociais alcançaram o seu mais alto grau de desenvolvimento. A idéia do indivíduo isolado expressa uma tensão entre representação e realidade, mas tem uma *base real* para a sua construção: o terreno histórico em que o indivíduo produtor deixa de ser mero dependente, agregado de grupos humanos delimitados, tal como expresso no passado histórico. Pois só na sociedade burguesa "as diversas *formas do conjunto social* passaram a apresentar-se aos indivíduos como simples *meios* para realizar seus *fins privados*, como *necessidade exterior"*. (Marx, 1974a: 110).

Dialogando com Aristóteles, o autor sustenta ser o homem mais que um "animal social", um "ser social político", isto é, que *só pode isolar-se, individualizar-se em sociedade*, dela dependendo para viver e produzir. A *"sociedade* não consiste em indivíduos, mas expressa a súmula das relações e condições nas quais esses indivíduos encontram-se reciprocamente situados" (Marx, 1980a: 204; t. 1). Explicita-se aí o que Marx denominou de "essência humana", inseparável da noção de indivíduo social: da socialização fundamental dos indivíduos. O indivíduo é compreendido com um ser social: sua manifestação vital é expressão e confirmação da vida social, porque a vida individual e a vida genérica do homem não são diferentes, embora a vida individual seja um modo especial ou mais geral de vida genérica. (Marx, 1974b)

Essa constituição social da essência humana, indissociável da noção de indivíduo social, é claramente expressa nas *Teses sobre Feuerbach*, onde consta que "a essência humana não é algo abstrato, interior a cada indivíduo isolado. É, em sua realidade, o conjunto das relações sociais" (Marx, 1977a: 119). Ela é, portanto, concebida como "excentrada" em relação aos indivíduos isolados, mas não em relação ao homem social, centro das objetivações materiais e espirituais resultantes do trabalho. Compreende no seu conjunto desde as forças produtivas materiais até a arte e a filosofia, ou a totalidade da práxis humana (Coutinho, 1974: 12).

Portanto, desenvolver o tema trabalho e indivíduo social supõe explicitar a noção mesma de *trabalho*, elucidando a especificidade do ser social nele enraizada, no lastro do que Lukács (1978: 11) denominou de *ontologia do ser social* — "enunciados diretos sobre um tipo de ser, ou seja, afirmações ontológicas", que presidem a reflexão marxiana.[12] Markus,[13] incorporando as contribuições de Lukács, elaborou a noção ampla de "essên-. cia humana" plena de historicidade, destituída de quaisquer viéses metafísicos. Atribuir visibilidade à noção do trabalho nessa dimensão importa, tanto para distingui-la das versões de inspiração neopositivista, que recusam em princípio qualquer dimensão ontológica, identificada como "não científica", quanto de outras interpretações presentes no interior da vasta tradição marxista, em que raramente o marxismo foi entendido como uma ontologia, como lembra Lukács (1972).

Parafraseando Marx & Engels (1977a: 26-27), poder-se-ia dizer que:

os pressupostos de que partimos não são arbitrários, nem dogmas. São pressupostos reais, de que não se pode fazer abstração a não ser na imaginação. São os *indivíduos reais, sua ação e suas condições materiais de vida, tanto aquelas por eles já encontradas, como as produzidas por sua própria ação.* Estes pressupostos são pois verificáveis pela via puramente empírica (Grifos nossos).

O pressuposto é o homem, *criatura natural*, dotado de uma base orgânica, em que se encontram inscritas infinitas capacidades e possibilidades. Para prover suas necessidades interage com objetos de natureza orgânica e

---

12. Nos *Manuscritos de 1844*, Marx sustenta que "o homem não é apenas um ser natural, mas um ser *humano*, isto é, um ser para si próprio, e, por isso, ser *genérico, que enquanto tal deve atuar e confirmar-se tanto em seu ser como em seu saber*" (Marx, 1974).

13. Markus reconstrói, na perspectiva das determinações ontológicas do ser social, postas pelo trabalho e extensivas a todas as manifestações da práxis social, uma noção totalizante de essência humana e de sua história nas obras juvenis de Marx. Salienta seus componentes: *o trabalho, a sociabilidade, a universalidade, a autoconsciência e a liberdade*, mais tarde incorporados nas análises de Heller (1972, 1977). Conforme especialmente, Markus (1974b: 94-112) e, também, do mesmo autor, *Marxismo y "antropologia"* (1974a). Recuperamos a seguir alguns elementos de sua exposição juntamente com as importantes contribuições de Lukács (1978, 1972) sobre a ontologia social, Schaff (1967), Sève (1979, v. 1), Marcuse (1978), autores estes que desenvolvem suas análises norteadas pela necessidade de reavaliação dos temas referentes ao humanismo marxista, em especial os dilemas da objetivação/subjetivação, alienação e indivíduo.

inorgânica. Ainda que parte da natureza, suas atividades vitais diferenciam-se, pelo *trabalho*, dos demais seres naturais, que se limitam a consumir *diretamente* os objetos dados no meio natural. *Sendo o trabalho a atividade vital específica do homem*, ele mediatiza a satisfação de suas necessidades pela transformação prévia da realidade material, modificando a sua forma natural, produzindo valores de uso. O homem é um *agente ativo, capaz de dar respostas prático-conscientes aos seus carecimentos, através da atividade laborativa*. Como agente *ativo* amplia incessantemente o círculo de objetos que podem servir à atividade vital humana, seja para seu consumo direto, seja como meio de trabalho. Vive em um universo humanizado, ele mesmo produto da atividade humana de gerações precedentes: de objetivações de suas experiências, faculdades e necessidades.

O trabalho é *atividade racional orientada para um fim*, à produção de valores de uso, a assimilação de matérias naturais para a satisfação de necessidades humanas. É originalmente metabolismo entre o homem e a natureza, da qual se apropria para satisfação das necessidades humanas. A natureza é o terreno dos valores de usos sociais ou a produção de valores de uso em forma de "natureza produzida", isto é, construída e modificada pela ação humana (Harvey, 1990). O trabalho concreto, formador de valores de uso, é *condição da vida humana*, independente de todas as formas de sociedade. É atividade existencial do homem, sua atividade livre e consciente.

Algumas características são distintivas do trabalho humano, como assinala Marx ao tratar do processo de trabalho: sua dimensão teleológica, o uso e criação de instrumentos e de novas necessidades.

A *dimensão teleológica* é a capacidade do homem de projetar antecipadamente na sua imaginação o resultado a ser alcançado pelo trabalho, de modo que, ao realizá-lo, não apenas provoca uma mudança de forma da matéria natural, mas nela realiza seus próprios fins:

> Uma aranha executa operações semelhantes às do tecelão, e a abelha envergonha mais de um arquiteto humano com a construção dos favos de suas colméias. Mas o que distingue, de antemão, o pior arquiteto da abelha é que ele construiu o favo em sua cabeça, antes de construí-lo em cera. (Marx, 1985: 149, t. 1)

Uma segunda característica do trabalho humano é o *uso e a criação de meios de trabalho*, que se interpõem entre o homem e o objeto, servem de *veículo da ação* conforme *objetivos antecipados*. Nos meios de trabalho encontram-se objetivadas formas de atividades e necessidades humanas. Esses meios são indicadores das condições sociais sob as quais se efetua o trabalho especificamente humano e do grau de desenvolvimento da força de trabalho humana. Os meios de trabalho são distintivos das "épocas econômicas", pois "não o que se faz, mas como, com que meios de trabalho se faz, é o que distingue as épocas econômicas" (idem: 151).

O trabalho humano, portanto, libera e domina forças e qualidades existentes objetivamente na natureza — que independem da consciência humana —, apropriando-se dessas forças naturais e irradiando-as por meio do trabalho. Forças essas que ao mesmo tempo, desenvolvem, em níveis mais elevados, as próprias capacidades dos homens que trabalham.

Merece ser salientado que o trabalho é *também criação de novas necessidades e, neste sentido, um ato histórico*. A ação de satisfazê-las e os instrumentos criados para a sua consecução desdobram-se em novas necessidades sociais e na produção de impulsos para o consumo.

Com o trabalho, o homem afirma-se como ser *criador: não só como indivíduo pensante, mas como indivíduo que age consciente e racionalmente, visto que o trabalho é atividade prático-concreta e não só espiritual*. Como afirmava Fausto, de Goethe: "no começo era a ação!" (idem: 80). Ao transformar a realidade, o homem transforma a si próprio: o processo de criação, do ponto de vista do sujeito, é processo de autocriação humana.

O trabalho implica, pois, mudanças também no *sujeito* — homem — e não só no *objeto-natureza* (Markus, 1974b). Sob o ângulo *material, é produção de objetos aptos a serem utilizados pelo homem, produção de meios de vida, através dos quais os homens produzem indiretamente a sua vida material* (Marx & Engels, 1977a: 29). Sob o ângulo *subjetivo, é processo de criação e acumulação de novas capacidades e qualidades humanas,* desenvolvendo aquelas inscritas na natureza orgânica do homem, humanizando-as e criando novas necessidades. Enfim, é *produção objetiva e subjetiva, de coisas materiais e de subjetividade humana.*

Destarte, através do trabalho o homem vai além da competição biológica dos seres vivos com o meio ambiente. E o

> momento essencialmente separatório é constituído não pela fabricação dos produtos, mas pelo *papel da consciência*, a qual precisamente aqui deixa de ser epifenômeno da reprodução biológica: o produto é um produto que já existia na 'representação do trabalhador', isto é, de modo ideal. (Marx, 1985; Lukács, 1978: 4).

A consciência, a que se atribui um papel *ativo* no ato de trabalho, delimita o ser de natureza orgânica e o ser social, tornando o homem um "ser que dá respostas" aos seus carecimentos. Mas o homem também transforma os carecimentos e as possibilidades de satisfazê-los em perguntas, cujas respostas prático-sociais enriquecem sua própria atividade. Perguntas e respostas *produtos da consciência, que guiam sua atividade* (Lukács, 1978: 5). Ao desenvolvimento do trabalho corresponde, paralelamente, o *nascimento da consciência e do conhecimento humano*: as necessidades espirituais mais elevadas do homem são elaboradas e precisadas durante a evolução do trabalho, no percurso da qual a realidade vai se apresentando aos indivíduos em face de seu universo afetivo e espiritual, dos seus desejos e projetos. Sendo o trabalho uma atividade *programática e de realização*, seu produto é objetivação, simultaneamente, das mãos e do cérebro, das aptidões corporais e intelectuais do homem (Markus, 1974b). A criação de novas necessidades, por meio do trabalho, se traduz na criação do homem com ricas e múltiplas faculdades, com sentimentos profundos, dotado de curiosidade científica, aspirações religiosas, estéticas, do conhecimento prático cotidiano. O trabalho (e a linguagem, enquanto *exterioriza* os resultados da produção intelectual), objetivação de forças essenciais humanas (faculdades e necessidades), cria, pois, a possibilidade permanente de evolução humana: *a própria história*.

Uma vez que o trabalho é um ato de acionar *consciente*, põe e supõe o *conhecimento concreto de finalidades e meios*. Todo trabalho implica um certo saber sobre os homens em suas relações sociais e pessoais, como condição de induzir o sujeito a efetuar os propósitos desejados. Saber este que assume as formas de costumes, hábitos, tradições desdobrando-se em procedimentos racionalizados (Lukács, 1978). O trabalho é, portanto, inseparável do conhecimento, de idéias e concepções de mundo, isto é, *de formas de pensar a vida real*. O ser que trabalha *constrói para si, através de sua atividade, modos de agir e de pensar*, ou seja, uma maneira especificamente humana de se relacionar com as circunstâncias objetivamente existentes, delas se apropriando tendo em vista a consecução de fins propostos pelo sujeito na criação de objetos capazes de desempenhar funções sociais, fazendo nascer valores de uso.

Assim, o trabalho objetiva conjuntamente *valores e o dever ser*, o comportamento do homem orientado para finalidades sociais. Contem uma *dimensão de conhecimento* e uma *dimensão ético-moral*, implicadas na natureza teleológica do trabalho: "o essencial ao trabalho é que nele não apenas todos os movimentos, mas também os homens que o realizam devem ser dirigidos por finalidades determinadas previamente. Portanto todo movimento é submetido ao dever ser" (idem; 1978: 7), afetando *o campo da ação puramente espiritual*.

Com o desenvolvimento social tem lugar a divisão do trabalho, fazendo com que a atividade ideal-consciente deixe de ser inteiramente subordinada à atividade prático-material e a atividade intelectual dela se diferencie (Marx & Engels, 1977a; Markus, 1974b). Com a progressiva divisão do trabalho, este torna-se cada vez mais social, aprofundando-se a dimensão de *universalidade* do homem como *ente genérico*, isto é, *social e histórico*. De outra parte, a divisão do trabalho e com ela a emergência da propriedade privada[14] geram a repartição desigual do trabalho e de seus produtos. O indivíduo, separado de seu produto, não é capaz de apropriar-se das objetivações (atividades, produtos, meios de trabalho) por ele produzidas como parte do trabalhador coletivo: da ação conjugada de vários indivíduos, reciprocamente dependentes, entre os quais é partilhado o trabalho social.

Constitui-se a humanidade socializada ao tempo em que se estabelece a discrepância — historicamente criada e por isto transitória — entre a riqueza genérico-social do homem e a existência do indivíduo singular, expressa no fenômeno da alienação. A divisão do trabalho traz em seu seio a contradição entre o interesse do indivíduo singular e o interesse coletivo de todos os indivíduos, fazendo com que este último adquira formas independentes, fixadas num poder objetivo superior aos indivíduos e separadas dos seus interesses reais, particulares e gerais. Nesse sentido, o interesse coletivo aparece como "comunidade ilusória" expressa no Estado, no dinheiro, na religião, ainda que sobre a base concreta dos laços existentes entre os homens, encobrindo as lutas efetivas entre as diferentes classes. (Marx & Engels, 1977a: 28-29)

A dimensão genérica do ser social é dada pelo trabalho, *só possível como atividade coletiva*: o próprio ato individual do trabalho é essencialmente histórico-social. Ora o trabalho vivo só se realiza mediante o consumo de instrumentos, matérias e conhecimentos legados por gerações anteriores. Resultados esses que trazem em si condensação de trabalho corporificado já realizado ou trabalho passado, atestando o *caráter social do trabalho*. Este expressa-se essencialmente no fato de que o homem *só pode realizá-lo através da relação com outros homens*. E só pode tornar-se homem *ao incorporar à sua vida, à sua própria atividade formas de comportamento e idéias criadas por gera-*

---

14. "... com a divisão do trabalho fica dada a possibilidade, ainda mais, a realidade, de que a atividade espiritual do homem e a material — a fruição e o trabalho, a produção e o consumo — caibam a indivíduos diferentes. Com a divisão do trabalho dá-se ao mesmo tempo, a *distribuição*, e com efeito a distribuição *desigual*, tanto quantitativa, como qualitativamente do trabalho e dos seus produtos: ou seja a propriedade, que aliás aqui já corresponde à definição dos economistas modernos, segundo a *qual a propriedade é o poder de dispor da força de trabalho de outros*. Além disso, a divisão do trabalho e a propriedade são idênticas: a primeira enuncia em relação à atividade aquilo que se enuncia, na segunda, em relação ao produto da atividade" (Marx & Engels, 1977: 46).

ções precedentes. É neste sentido que o indivíduo concreto é, em si mesmo, um produto histórico-social. Afirma-se a *historicidade do homem*: um traço determinante *do gênero humano, da existência humana na sua genericidade.* Existência esta que não se limita à esfera da produção material, mas engloba sua *atividade vital completa*: a ciência, a filosofia, a arte, a religião. Por isso a essência humana na análise marxiana não se resolve em traços imutáveis e eternos, independentes do processo histórico em curso, mas com um vir a ser no movimento das relações entre os indivíduos sociais por eles criadas ao longo do curso da história. Ou, nos termos de Markus (1974b), a noção de essência humana "não é um afastamento abstrato da história, mas a abstração da história": uma categoria teórica, uma relação pensada. Categoria na qual o *sujeito* — a sociedade moderna — *"esta dado, tanto na realidade efetiva como no pensamento,* [uma vez que] que as categorias teóricas exprimem portanto *formas de modos de ser, determinações de existência"* (Marx, 1974a: 127).

A história é aí captada no seu *resultado essencial*: como um *processo necessário da formação da personalidade humana e de sua liberdade,* calcadas na história real, retirando o véu de toda a ilusão ideológica (Rosdolsky, 1983: 459). A história é o processo pelo qual o homem se forma e se transforma a si mesmo, graças à sua própria atividade, ao seu trabalho; e a característica maior do homem é precisamente sua atividade espontânea que modela a sua subjetividade, em conseqüência da qual ele se encontra em um "eterno movimento do vir a ser" (Markus, 1974b: 91). Nesta perspectiva o homem é compreendido como um *ser universal e livre*. Liberdade como força criada por ele mesmo, ao desenvolver o controle e poder humanos sobre as forças naturais, exteriores ou íntimas, fazendo com que o homem se supere constantemente no movimento de construção de sua humanidade na história. Esclarecer esta questão conduz ao processo social global, à *práxis social*. Esta, como qualquer ato social, é uma decisão entre alternativas efetuada pelo indivíduo singular, que faz suas escolhas acerca de propósitos futuros visados. Porém, não faz escolhas independentes das pressões que as necessidades sociais exercem sobre os indivíduos singulares, interferindo nos rumos e orientações de suas decisões. Ao contrário, é por meio deles, que aquelas necessidades são afirmadas. Ao lançar o olhar para o processo social global da sociedade, verifica-se que este tem em seu movimento suas *próprias legalidades tendenciais*, normatividades, que ultrapassam o indivíduo singular. Aquele processo social global (a sociedade) é portador de causalidades, mas não é objetivamente dirigido para a realização de finalidades. Estabelece-se freqüentemente uma defasagem entre intenções dos indivíduos e resultados produzidos, entre posições teleológicas e efeitos causais, o que se amplia com a complexificação da vida em sociedade. Leis tendenciais que em seu movimento realizam-se contraditoriamente, contendo contratendências,[15] sofrendo a interferência da ação humana — fator *subjetivo* —, como um *componente modificador das mesmas, por vezes decisivo.*

Em termos mais explícitos, a noção de práxis, assentada no trabalho humano, exclui qualquer dicotomização entre estrutura e ação, sujeito e objeto, liberdade e necessidade. A perspectiva assumida implode as análises economicistas, que superestimam o papel das condições exteriores sobre os sujeitos sociais, que redundam em apreciações fatalistas sobre o processo histórico, minimizando o fato de que o social é construído por projetos que os homens buscam coletivamente implementar na vida social. A noção de práxis assinalada implode também as interpretações de cunho voluntarista, que, ao realçarem a vontade e a consciência dos indivíduos isolados, desconhecem os determinantes histórico-sociais, os quais ultrapassam os propósitos individuais, condicionando as escolhas efetuadas e os resultados das ações. Ora, se os objetivos visados no nível *individual* são produtos da vontade, não o são necessariamente os resultados que dela decorrem, os quais, sem dúvida, devem passar pelos múltiplos vínculos sociais no âmbito dos quais se realiza a ação.

> "A história é precisamente o resultado dessas imensas vontades projetadas em diferentes direções e em sua múltipla influência sobre o exterior. Também tem importância o que os múltiplos indivíduos desejam. A vontade move-se pelo impulso da reflexão e da paixão. Mas as *alavancas* que, por sua vez, determinam a reflexão e a paixão são de natureza muito diversa"... Devem ser descobertas "as forças propulsoras que agem, por seu turno, por detrás desses objetivos e quais as causas históricas que, na consciência dos homens, se transformam nesses objetivos". (Engels, 1977: 108)

As tensas relações entre a ação dos sujeitos singulares e a mediação propriamente *social* que informa os seus resultados presidem os dilemas inicialmente anunciados entre estrutura e ação do sujeito. Até o momento a relação entre trabalho e indivíduo social foi desenvolvida em seus elementos mais simples e abstratos: o trabalho como condição da produção da vida humana, de produção de indivíduos sociais. Cabe elucidar a seguir as determinações históricas particulares que adquirem na sociedade burguesa.

---

15. Sobre a noção de lei tendencial e suas contratendências, conferir no Livro III, de *O capital*, a primeira seção: "A transformação da mais-valia em lucro e da taxa de mais-valia em taxa de lucro". (Marx, 1985)

1.3 A forma histórica de individualidade social na sociedade burguesa

O propósito é atribuir visibilidade às *mediações particulares através das quais as relações entre trabalho e indivíduo social se expressam na sociedade mercantil*. Em outros termos, apreender *a forma específica de individualidade ou de sociabilidade humana que aí é construída*, indissociável do caráter histórico-social que demarca as relações sociais e o trabalho dos produtores mercantis. As condições sociais em que a riqueza social é produzida e a forma social que assume — a forma do valor de troca — imprimem particularidades às relações sociais, que, sem ferir a lei de troca entre livres proprietários privados, desdobram — se no capital, na propriedade territorial capitalista e no trabalho assalariado — inseparável de um contingente de população excedentária. Como em Marx tais categorias econômicas expressam relações entre os homens, expressam os fundamentos históricos do processo de constituição das classes sociais fundamentais na ordem burguesa. A noção de *indivíduo social é transversal* aos *Gründrisse*,[16] onde as forças produtivas e as relações sociais são tratadas como *formas de produtividade humana ou faces diversas do desenvolvimento de um tipo histórico de individualidade social*. Encontram-se nessa obra, como já registrou Sève (1979: 142)[17] ricas sugestões

---

16. Existe uma polêmica no interior dos intérpretes de Marx preocupados em resgatar o humanismo marxista, quanto às relações de continuidade e ruptura entre as análises da juventude e da maturidade em Marx. Assumo a posição, sustentada por diversos autores — Markus (1974b), Nicolai (1983), Coutinho (1974), Bermudo (1975), Schaff (1967), Netto (1983), Sève (1979) —, de que existe uma "ruptura de continuidade" no pensamento de Marx em relação às suas obras de 1843 a 1845, articulando, em uma unidade processual, pontos de vista que foram sendo enriquecidos, precisados, modificados nos seus detalhes. No interior desta posição, os autores datam a inflexão mais significativa em momentos diferenciados: para alguns, em 1843 (Markus e Netto) e para outros, em 1845-46 (Sève). Tal posição ao afirmar o humanismo marxista se confronta com "o neopositivismo envergonhado de Althusser e sua escola" (Coutinho In: Markus, 1974b: 14) ao sustentarem que, em 1845, Marx teria feito uma ruptura com a problemática do homem e da essência humana. Nesta perspectiva, o humanismo é identificado com ideologia, alicerçando o anti-humanismo teórico de Marx. É interessante demarcar que Althusser — que ainda dispõe de ampla influência no pensamento francês mais recente — desconhecia os *Grundrisse*.

17. "De acordo com Sève (1979: 142), os *Manuscritos* de Marx, de 1857-1858, fornecem todo um conjunto de indicações concretas e *"materiais para uma teoria das formas históricas da individualidades humana.*" Para o autor, o princípio consiste em que o indivíduo é um produto da história e as categorias através das quais se analisa a existência pessoal devem ser pensadas a partir das relações sociais, que constituem sua base real. Acredita ser impossível fundar uma "ciência dos indivíduo'" em outra base que não a 'ciência da história'. Esta, por sua vez, implica uma teoria da produção histórica dos indivíduos, como momento essencial e não subproduto contingente da história. Ressalta, porém, que uma *teoria das formas sociais de individualidade não pode ser confundida com a história do indivíduo concreto, com uma teoria da personalidade, embora esta não possa ser concebida sem uma articulação com a precedente.*

para uma *teoria das formas sociais da individualidade humana*. Sugestões que presidem a construção das hipóteses de análise sobre o tema em foco, expostas a seguir.

A *hipótese diretriz* é a de que a forma de produtividade humana, que se afirma na sociedade burguesa, expressa uma *forma histórica particular tanto de desenvolvimento humano universal, quanto de alienação dos indivíduos sociais: uma forma específica de produção da vida humana, de sociabilidade, forjada na temporalidade do capital*. Enfim, uma *forma histórica particular de individualidade social*. O seu selo distintivo é tributário do *caráter social assumido pelo trabalho como valor* e da *forma* por ele assumida:[18] *a forma mercantil* (e seus desdobramentos na forma dinheiro, na forma capital e na forma da propriedade territorial), que inaugura uma *qualidade de conexão social entre os indivíduos*, sem precedentes anteriores. Este *nexo social é mediatizado pelo valor de troca* (forma do valor), que se autonomiza frente aos indivíduos e dissimula suas relações sociais reais. Faz com que estas apareçam de maneira fetichizada em coisas sociais, forjando um amplo processo de reificação. A contrapartida é a submersão do sujeito criativo vivo, gerando uma relação de estranhamento do indivíduo produtor frente às suas próprias objetivações: capacidades, atividades, idéias, produtos. Tais nexos sociais, cujos mistérios residem na forma mercadoria assumida pelos produtos do trabalho, têm sua representação traduzida pelas idéias de *igualdade, liberdade, reciprocidade e interesse privado*, que encontram no *mercado o seu fundamento*, mas cujo *desvendamento implica em dar um mergulho no processo imediato de produção*. Isto é, no processo capitalista de trabalho, elucidando aí o *papel do trabalho vivo na criação da riqueza social* e o significado da vivência do trabalho para os indivíduos concretos:[19] a maneira como experimentam, contraditoriamente, a alienação do trabalho e a universalização de suas atividades no cotidiano da vida social.

Encontra-se na explicitação dessas hipóteses, feita a seguir, o suporte teórico-metodológico que ilumina a leitura dos dados empíricos recolhidos no processo de pesquisa referentes à vivência do processo de trabalho agrí-

---

18. "A forma valor do produto do trabalho é a forma mais abstrata, contudo também a forma mais geral do modo burguês de produção, que, por meio dela, se caracteriza como uma espécie particular de produção social e, com isso, ao mesmo tempo histórica. Se no entanto for vista de maneira errônea como a forma natural eterna da produção social, deixa-se também de ver o específico da forma valor, portanto, da forma mercadoria, de modo mais desenvolvido na forma dinheiro, na forma capital etc.". (Marx, 1985: 46, nota 32, t. 1)

19. Trata-se de garantir o ponto de vista da *totalidade social*, isto é, o predomínio multifacético e determinante do todo sobre as partes (Lukács, 1974).

cola e industrial pelos indivíduos que trabalham na produção sucroalcooleira na região estudada.

A *forma histórica de produtividade humana peculiar à ordem capitalista* implica um tipo especial *de nexo social entre os indivíduos*,[20] e, portanto, de *individualidade social*. Para elucidá-la, Marx utiliza-se do recurso comparativo,[21] que permite dar relevo ao caráter *particular dessa forma de individualidade*: a independência pessoal fundada na dependência entre as coisas, que permite tanto a universalização de relações, necessidades e capacidades humanas, quanto bloqueia sua apropriação como patrimônio comum. Recorre ao confronto com outras formas históricas de individualidade, tanto aquelas que tiveram vigência no passado, moldadas por laços de dependência natural e pessoal, como as que se prefiguram no movimento de vir a ser do presente: o processo de constituição da livre individualidade social.[22]

---

20. É interessante destacar o capítulo sobre o dinheiro nos *Grundrisse* como o mais rico na análise da sociabilidade peculiar à sociedade capitalista. O dinheiro como a expressão do nexo propriamente social entre os indivíduos, como equivalente geral, forma geral do valor, isto é, do trabalho social abstrato, representante universal da riqueza, e, portanto, da *comunidade universal*.

21. Aliás, o método comparativo ocupa um *lugar-chave* na exposição marxiana, em função de sua preocupação com as leis históricas. É amplamente utilizado em *O capital*. Seu sentido é claramente explicitado na *Introdução de 1857-58*, ao discutir a noção de produção no embate com a economia clássica, que tendia a diluir as particularidades históricas a favor das leis gerais, e portanto eternas, aplicáveis a qualquer estágio da vida social. Os economistas insinuavam assim, dissimuladamente, serem as relações burguesas naturais, imutáveis, típicas de uma sociedade *in abstrato*. Marx afirma ser a produção "em geral" uma abstração, ainda que esta noção possa ser útil para sublinhar os traços comuns a todas as sociedades. Entretanto o seu caráter geral só pode ser destacado através da comparação, visto ser ele próprio um conjunto complexo de determinações divergentes e diferentes. Assim, "se as linguagens menos desenvolvidas têm leis e determinações comuns às menos desenvolvidas, o que constitui o seu desenvolvimento é o que *as diferencia* desses elementos gerais e comuns" (Marx, 1980a: 111, t. 1). Dessa forma, não se pode relegar a diferença essencial por causa da unidade. Este é o caminho para o resgate das *particularidades históricas e de suas legalidades*.

22. Elucida o autor: "Nosso método põe em manifesto os pontos nos quais tem que ser introduzida a análise histórica e nos quais a economia burguesa, como mera forma histórica do processo de produção, aponta, para além de si mesma, aos precedentes modos de produção históricos. *Para analisar as leis da economia burguesa não é necessário pois escrever a história real das relações de produção*. Porém a correta concepção e dedução das mesmas, enquanto relações originadas historicamente, conduz sempre as primeiras equações — como os números empíricos por exemplo nas ciências naturais, que apontam para um passado que subjaz por detrás deste sistema. Tais indícios, conjuntamente com a concepção certeira do presente, oferecem a chave para a compreensão do passado. Esta análise correta leva assim mesmo a pontos nos quais, *foreshadowing* (prefigurando) o movimento nascente do futuro, insinua-se a abolição da forma presente das relações de produção. Se, por um lado, as fases pré-burguesas apresentam-se como supostos puramente históricos, ou seja, abolidos; por outro lado as condições atuais de produção apresentam-se como abolindo-se a si mesmas e, portanto, criando os supostos históricos para um novo ordenamento da sociedade" (Marx, 1980a: 442, t. 1; grifos do autor).

O objetivo é, pois, salientar a *qualidade histórica específica da conexão social que se estabelece, no ordenamento capitalista, entre os indivíduos sociais, tecendo as condições e relações sociais nas quais se conformam os indivíduos concretos.* O mote da análise é a seguinte afirmativa:

As relações de dependência pessoal (no início sobre um todo natural) são as primeiras formas sociais nas quais a produtividade humana desenvolveu-se somente em âmbito restrito e em lugares isolados. A *independência pessoal fundada na dependência com as coisas é a segunda forma importante na qual chega a constituir-se um sistema de metabolismo geral, um sistema de relações universais, de necessidades universais e de capacidades universais.* A livre individualidade, fundada no desenvolvimento universal dos indivíduos e na subordinação de sua produtividade coletiva, social, como patrimônio social, constitui o terceiro estágio. O segundo cria as condições para o terceiro. (Marx, 1980a: 85)[23]

A forma histórica particular de individualidade social, distintiva da sociedade burguesa, encontra-se diretamente relacionada ao desenvolvimento da divisão do trabalho e à universalização dos laços de *dependência* que se estabelecem entre os indivíduos produtores na sociedade mercantil: "não só a *produção de cada indivíduo* depende da produção de todos, mas [também] *a transformação de seu produto em meios de vida passa a depender de todos*" (idem: 83).

A divisão do trabalho torna o trabalho do indivíduo produtor tão unilateral, quanto multilaterais as suas necessidades, fazendo com que seu produto sirva-lhe apenas como meio de troca — e, portanto, valor de troca. Como o trabalho não é diretamente social, a coesão social passa a ser estabelecida através do mercado, visto que o indivíduo produz valores de uso para outros, valores de uso que respondem a necessidades sociais. Exige, por sua vez, que seu produto seja trocável por qualquer outro: um produto universal. E "*só nesta sociedade o trabalho dos indivíduos deve apresentar-se como contrário do que é: como um trabalho carente de individualidade, abstratamente geral, na sua forma geral*" (idem: 71).

Portanto, o *trabalho privado dos produtores mercantis assume um caráter social, sob duplo ângulo.* De um lado, são trabalhos concretos, qualitativamente determinados, voltados à produção de objetos de uso, que têm que satisfazer uma *necessidade social*, como partícipes da divisão social do trabalho. De outro lado, *só podem satisfazer as múltiplas necessidades sociais à medida que possam ser trocados por qualquer outro tipo de trabalho privado útil.* Neste

---

23. Conferir também o fetiche da mercadoria, em *O Capital.* (Marx 1985: 70-78, t. 1)

sentido, torna-se necessário abstrair as desigualdades reais dos vários tipos de trabalho — de seu caráter concreto — e identificar neles a igualdade comum: o fato de serem dispêndio de força humana de trabalho, isto é, trabalho humano social indistinto, portanto, valor. Mas não é qualquer trabalho que imprime valor às mercadorias, pois o trabalho humano abstrato não pode ser reduzido a um conceito *fisiológico* do trabalho — mero dispêndio de energia humana independente da forma mercantil de produção, que teria existido em todas as épocas. Como acentua Rubin (1987: 153-154):

> Somente sobre a base da economia mercantil, caracterizada por um amplo desenvolvimento da troca, uma transferência em massa de indivíduos de uma atividade a outra e a indiferença do indivíduo para com a forma concreta de trabalho, é possível desenvolver-se o caráter homogêneo de todas as atividades de trabalho enquanto trabalho humano em geral.

As mercadorias contêm valor por serem materialização de trabalho humano abstrato, que é a substância mesma do valor. Enquanto o trabalho abstrato é pensado em sua quantidade e, neste sentido, abstraído do caráter concreto do trabalho contido nas mercadorias. A medida da grandeza do valor é dada pelo *tempo*:[24] tempo de trabalho socialmente necessário investido em sua produção, condicionado pelo desenvolvimento da capacidade produtiva, o que torna cada mercadoria um exemplar médio de sua espécie.[25] Decorre daí o caráter essencialmente social e histórico da noção de trabalho abstrato, indissociável da produção mercantil. As mercadorias só se materializam como valores por serem expressão de uma mesma *unidade social*: trabalho humano. Assim, *sua objetividade como valores é puramente social*, só podendo revelar-se *na relação* de uma mercadoria com as demais, abstraindo-se da forma natural concreta, tangível que assumem, uma vez que no valor objetivado na mercadoria "não se encerra um átomo de matéria natural". (Marx, 1985: 54, t. 1)

A característica de valor contido nas mercadorias não aparece imediatamente na superfície da vida social, na representação dos produtores indi-

---

24. Já na *Miséria da filosofia*, Marx sustentava sinteticamente que: o trabalho é a fonte do valor. A medida do trabalho é o tempo. O valor relativo dos produtos é determinado pelo tempo de trabalho que foi preciso empregar para produzi-los. O preço é a expressão monetária do valor relativo de um produto. Enfim, o valor constituído de um produto é, simplesmente, o valor que se constitui pelo tempo de trabalho nele cristalizado. (Marx, 1982: 49)

25. "Todo trabalho é, por um lado, dispêndio da força de trabalho do homem no sentido fisiológico e nessa qualidade de *trabalho humano igual ou trabalho abstrato gera o valor da mercadoria.* Todo trabalho é, por outro lado, *dispêndio da força de trabalho do homem sob forma especificamente adequada a um fim e nessa qualidade de trabalho concreto útil produz valores de uso.*" (Marx, 1985: 53, t. 1)

viduais. Nelas, o *duplo caráter social de seus trabalhos* é visto a partir do duplo caráter social dos *produtos do trabalho*: a sua condição de serem úteis aos demais e o caráter de valor que tais produtos contêm. O que é velado, para os indivíduos, é o fato de serem as coisas meros invólucros materiais de trabalho humano da mesma espécie. Mas na prática da vida social cotidiana, ao equipararem seus produtos como valores estão equiparando os seus diversos trabalhos, embora não o saibam, o que torna o valor um "hieróglifo social". (Marx, 1985, t. 1)

Ora, sendo toda mercadoria objetivação de um determinado tempo de trabalho socialmente determinado, seu valor só se expressa na relação de troca entre mercadorias, sendo igual ao tempo de trabalho nelas realizado. O valor da mercadoria é sua relação social: sua qualidade econômica. Como valor, a mercadoria é universal, como mercadoria real, é uma particularidade. A expressão do valor exige que a mercadoria seja *convertida em tempo de trabalho*, em algo distinto dela, porque ela não é tempo de trabalho em processo, em movimento, mas tempo de trabalho materializado, em repouso, um resultado já obtido. Exige uma *forma do valor*, diferente do próprio valor, objetivada no valor de troca. Este é expresso em uma *mercadoria que representa partes alíquotas de tempo de trabalho*, o *dinheiro*, forma autonomizada de *equivalente geral*. Para que o trabalho do indivíduo possa resultar num valor de troca requer um equivalente geral, que permita a representação do tempo de trabalho do indivíduo em tempo de trabalho geral e do trabalho privado como seu contrário: como trabalho social, universal. A função do equivalente é a de *manifestar* o caráter geral humano do trabalho contido em mercadorias qualitativamente distintas e sua quantidade relativa, viabilizando a troca.

É a *dependência recíproca de todos os produtores* que gera a necessidade de um mediador generalizado: a necessidade permanente da troca e do valor de troca, fazendo com que os produtos do trabalho assumam a forma de mercadoria.

Os objetos úteis, frutos de trabalhos concretos, qualitativamente determinados, de produtores privados independentes assumem a forma mercadoria porque *necessitam* ser trocados. *Podem* ser trocados, porque contêm uma substância comum, mais além de sua qualidade determinada: trabalho humano coagulado, medido pelo tempo — tempo de trabalho socialmente necessário —, o que permite estabelecer a relação de equivalência entre mercadorias qualitativamente distintas, relacionando-as entre si. Este *caráter social do trabalho*, entretanto, só *se mostra* dentro do intercâmbio de mercadorias. Ou seja, os trabalhos privados dos produtores mercantis só atuam como membros de um trabalho coletivo da sociedade por meio das relações que a troca estabelece entre os produtos, e, através deles, entre os seus produtores. "Por isto, as relações que se estabelecem entre os produtores parecem como são, isto é, não como relações diretamente sociais das pessoas travadas nos seus trabalhos, mas como relações materiais entre pessoas e relações sociais entre coisas". (Marx, 1985: 71, t. 1)

O processo de troca atribui à mercadoria não o seu valor, mas sua *forma valor específica*: *o valor de troca*, que, representado por uma mercadoria particular — o dinheiro —, permite estabelecer as relações de equivalência de valor com todas as demais mercadorias, por espelhar o valor nelas contido.

A mercadoria eleita socialmente para representar a forma de equivalente geral das demais mercadorias — exercer a função de dinheiro — apresenta peculiaridades. O seu valor de uso converte-se em forma de expressão de sua antítese, o valor. A *forma natural* da mercadoria se converte, pois, na *forma geral do valor*. O trabalho concreto nela dispendido torna-se uma forma de manifestação de seu contrário, ou seja, o trabalho humano abstrato. E o trabalho privado dos indivíduos produtores reveste a forma antitética de trabalho na sua expressão diretamente social. Como todas as mercadorias manifestam seu valor no mesmo equivalente, é fortalecida a falsa aparência de que o objeto, no qual se representa a magnitude do valor dos demais, assume a função de equivalente além dessa relação, como se fosse uma propriedade natural de caráter social. A fonte de tal inversão encontra-se no próprio caráter das relações sociais: os indivíduos não podem comportar-se ante seu próprio trabalho como diante de um trabalho diretamente social, porque perderam o controle de suas próprias relações de produção. Seus produtos se convertem em mercadorias porque são produtos de trabalhos privados exercidos independentemente uns dos outros. Como os produtores não entram em contato social até que troquem os produtos de seus trabalhos, os atributos sociais de seus trabalhos só se manifestam nos marcos de tal intercâmbio. E se manifestam como são: não como relações sociais entre pessoas, travadas por elas em seu trabalho, mas como relações próprias de coisas e relações sociais entre coisas.

Encontra-se, portanto, na forma do valor, a fonte dos *mistérios* que preside a mercadoria, "tornando-a um objeto endemoniado, rico em sutilezas metafísicas e manhas teológicas", uma "coisa, fisicamente metafísica", que parece adquirir vida própria, como se dançasse por sua própria iniciativa (Marx, 1985, t. 1). Este caráter misterioso da mercadoria não provém de seu valor de uso — de sua utilidade social — e nem de suas determinações como valor, enquanto representa gasto essencial do cérebro, nervos, músculos e sentidos humanos. É, neste aspecto, igual a todas as demais mercadorias congêneres por conter trabalho humano corporificado. Aquele caráter misterioso também não é oriundo das determinações de sua grandeza de valor, medida pela duração do trabalho no tempo — não qualquer tempo, mas o tempo de trabalho socialmente necessário à sua produção, o que varia ao longo do processo de desenvolvimento. A fonte do mistério encontra-se na *forma social do trabalho, pois tão logo os homens trabalham para outros o seu trabalho assume uma forma social: a forma mercantil.*

O seu mistério, como o já indicado, está em encobrir, para os indivíduos produtores, as características próprias de trabalho humano, *de sua atividade,* como se fossem características objetivas das próprias coisas, isto é, dos produtos do trabalho. Porque ao permitir que o caráter social do trabalho se evidencie no mundo de relações entre as mercadorias, vela-o para os sujeitos, reificando-o, como se fosse característica própria das coisas e, portanto, *externo* ao sujeito que a produz.

Na mercadoria,

> a igualdade dos trabalhos humanos assume a forma material de igual objetividade de valor dos produtos do trabalho; a medida do dispêndio do trabalho humano, por sua duração no tempo, assume a forma de grandeza de valor dos produtos do trabalho. Finalmente, as relações que se estabelecem entre os produtores, em que aquelas características sociais de seus trabalhos são ativadas, assumem a forma de grandeza de valor dos produtos de trabalho. (Marx, 1985: 71, t. 1)

Dessa maneira, *reflete a relação entre os indivíduos produtores como uma relação existente fora e independente deles: entre objetos materiais, escondendo a relação que é estabelecida, através dos objetos produzidos, entre os seus próprios produtores.* Esta forma reificada em que se expressa o trabalho humano, o fetiche da mercadoria, é inseparável deste modo de produzir. Encontra-se enraizada no próprio caráter social peculiar do trabalho que produz mercadorias. Como expressa Marx: "O intercâmbio geral das atividades e dos produtos, que se tornaram *condição de vida para cada indivíduo particular e é sua conexão recíproca* (com os outros), apresenta-se frente a eles como *algo alheio, independente, como coisa.* No valor de troca o vínculo social entre as pessoas se transforma *em relação entre coisas"* (Marx, 1980a: 85, t. 1; grifos nossos). Implica uma *reificação do nexo social entre os indivíduos,* embora o valor de troca não seja mais que a relação recíproca da atividade produtiva das pessoas.

No ato da troca os produtos do trabalho adquirem uma *objetividade de valor, socialmente igual e independente de sua materialidade física de objetos úteis.* Tal desdobramento dos produtos do trabalho em objetos úteis e objetividade de valor implica historicamente um desenvolvimento das relações de intercâmbio, de maneira que o caráter de valor dos objetos já seja considerado na sua própria produção: sejam produzidos como mercadorias, o que atinge a própria força de trabalho, que se converte em mercadoria muito especial, como será salientado a seguir.

A mercadoria como categoria simples — simplicidade essa que só se expressa plenamente na maturidade histórica da própria sociedade capitalista (Marx, 1985, t. 1) — *encerra, pois, um feixe de contradições internas assentado nas características de particularidade e generalidade do trabalho do indivíduo produtor: as contradições entre valor de uso e valor, entre trabalho concreto e abstrato, entre trabalho privado e social, entre objetividade natural e objetividade social, entre forma natural e forma social, entre personificação de coisas e reificação de pessoas.*[26] Feixe de contradições que em seu movimento se desdobram, adquirindo formas através das quais o valor pode se mover e se realizar[27] e que se exteriorizam de maneira transversal na vida social, espraiando-se em suas várias esferas e dimensões.

A produção dos indivíduos sociais baseada no valor de troca cria, pela primeira vez e ao mesmo tempo, tanto a *universalidade da alienação do indivíduo frente a si mesmo e frente aos demais, quanto a universalidade e multilateralidade de suas relações e habilidades* (Marx, 1980a: 90).

Como acentua Marx, a beleza e a grandeza desta sociedade consiste nesse metabolismo material e espiritual, criado independentemente do saber e da vontade dos indivíduos isolados e que pressupõe sua *indiferença e dependência recíproca, nexo este expresso no valor de troca.* Este nexo social é

inseparável da natureza da individualidade. Este nexo é produto dos indivíduos. É um produto histórico. Pertence a uma fase determinada da indi-

---

26. Tais aspectos são decisivos na análise da mercadoria: "Que os processos que se conformam autonomamente formem uma unidade interna, significa por outro lado que a sua *unidade interna se move por antíteses externas.* Se a autonomização externa dos internamente não autônomos por serem mutuamente complementares se prolonga até certo ponto, a unidade se faz valer de forma violenta, por meio de uma crise. A antítese, imanente à mercadoria, *entre valor de uso e valor, de trabalho privado, que ao mesmo tempo tem que se apresentar como trabalho diretamente social, de trabalho concreto particular, que ao mesmo tempo funciona apenas como trabalho social abstrato, de personificação de coisas e reificação de pessoas — essa contradição imanente assume nas antíteses da metamorfose das mercadorias suas formas desenvolvidas de movimento.* Essas formas encerram, por isso, a possibilidade, e somente a possibilidade, das crises". (Marx, 1985: 100, t. 1)

27. "O processo de troca das mercadorias encerra relações contraditórias e mutuamente exclusivas. O desenvolvimento da mercadoria não suprime tais contradições, mas gera a forma dentro da qual elas podem mover-se. Esse é, em geral, o método com o qual as contradições reais se resolvem". (Marx, 1985: 93, t. 1)

vidualidade. O alheiamento e a autonomia com este nexo existe frente aos indivíduos, demonstra somente que estes estão em condições de criar suas condições de vida social, em lugar de tê-las iniciado a partir destas condições. (Marx, 1980a: 89)

Nessa forma histórica de individualidade, *os indivíduos parecem independentes*. Independência esta que é mais uma ilusão, podendo ser mais precisamente qualificada de indiferença, já que emerge apenas quando se abstrai das condições de existência nas quais os indivíduos entram em contato. *Parecem livres* para se enfrentar mutuamente uns aos outros e para trocar seus produtos, mediante *um ato de vontade comum* (Marx, 1980a: 91, t. 1), porquanto livres proprietários privados de si mesmos e de seus produtos. Essas relações de troca são também relações jurídicas que *assumem a forma de contrato entre possuidores de mercadorias*, mas cujo conteúdo é a relação econômica mesma, conformando o seu intercâmbio (Marx, 1985: 79, t. 1). Intercâmbio mediatizado pelo dinheiro, cujo desenvolvimento conduz à separação entre as esferas de produção e circulação de mercadorias,[28] desenvolvendo a antítese interna à mercadoria entre valor de uso e valor, que se desdobra externamente em mercadoria e dinheiro. Efetua-se a cisão da própria troca em atos independentes de compra e venda, separados espacial e temporalmente, adquirindo o caráter de um *processo social*.

Originalmente o dinheiro é um meio de promover o intercâmbio entre os produtos, como forma de manifestação necessária da medida do valor imanente às mercadorias — o tempo de trabalho —, tornando as mercadorias comensuráveis. Todavia, à medida que se desenvolve a circulação, cresce o poder do dinheiro. Este vai se transformando em uma *relação estranha aos produtores, autonomizando-se frente aos sujeitos*. O dinheiro torna-se o *"indivíduo da riqueza universal"* (Marx, 1980a: 156, t. 1), resultado puramente social,

---

28. "A circulação é o movimento em que a alienação geral se apresenta como apropriação geral e a apropriação geral como alienação geral. Ainda que agora o conjunto desse movimento se apresente como processo social e ainda que os distintos momentos desse movimento *provenham da vontade consciente e dos fins particulares dos indivíduos, sem dúvida a totalidade do processo se apresenta como um nexo objetivo, que nasce naturalmente e que é certamente o resultado da interação recíproca dos indivíduos conscientes, porém não está presente em sua consciência, nem como totalidade é subsumido a ela. Sua própria colisão social recíproca produz um poder social alheio, situado além deles;* sua ação é recíproca, como um processo e uma força independente deles. A circulação, por ser uma totalidade do processo social, é também a primeira forma na qual a relação social — como ocorre, por exemplo na peça da moeda ou no valor de troca — se apresenta como algo independente dos indivíduos, mas como o conjunto do movimento social. *A relação social dos indivíduos entre si, como poder sobre os indivíduos, que se tornou independente* — seja representado como força natural, como azar ou qualquer outra forma — *é resultado necessário do fato de que o ponto de partida não é o indivíduo livre"*. (Marx, 1980a: 130-131, t. 1).

que supõe apenas um vínculo fortuito, acidental com seu possuidor, não implicando o desenvolvimento de dimensões essenciais de sua individualidade. No dinheiro, o *poder social* transforma-se em *poder privado*. O poder que cada indivíduo dispõe sobre as atividades dos outros e sobre as riquezas sociais deriva de sua condição de proprietário privado de valores de troca, de dinheiro: "seu poder social, assim como seu nexo com a sociedade, carrega-o no bolso". (Marx, 1980a: 84, t. 1). Porque, se

> o dinheiro é originalmente o representante de todos os valores, na prática as coisas se invertem e todos os trabalhos, os produtos reais, tornam-se representantes do dinheiro: de sua função de servo, como simples meio de circulação, torna-se soberano e deus das mercadorias. Representa a existência celestial das mercadorias enquanto estas representam sua existência terrena.[29] (Marx, 1980a: 156, t. 1)

O dinheiro expressa, pois, *a universalização das relações de dependência entre os produtores*. Isto porque a redução de todos os produtos e de todas as atividades a valores de troca pressupõe a dissolução das relações de *dependência pessoal* vigentes no passado (alicerçadas em laços de sangue, educação etc.), que faziam com que a produtividade humana só pudesse desenvolver-se em âmbitos restritos e lugares isolados. Esses sistemas precedentes de produção, mais simples e transparentes perante a sociedade burguesa, baseavam-se "na imaturidade do homem individual" (Marx, 1985: 75, t. 1), porque não desprendido ainda do cordão umbilical que o ligava aos demais, através de laços naturais ou de relações diretas de domínio e servidão. A imaturidade do homem individual era condicionada pelo precário desenvolvimento das forças sociais produtivas do trabalho e das relações entre os homens dentro do processo material de produção de sua vida, correspondentes àquele desenvolvimento.[30] Em tais estágios precedentes, *o indivíduo aparece com maior plenitude,* porque ainda não tinha desenvolvido a plenitude de suas relações sociais, as quais não se colocavam frente aos

---

29. O fetiche da mercadoria e do dinheiro são dois aspectos da *mesma realidade,* qual seja na sociedade produtora de mercadorias a possibilidade da troca implica algo dela distinto, isto é, na forma do valor de troca, que deve se tornar independente frente à mercadoria, assumindo uma forma autônoma de dinheiro ou capital dinheiro. "O processo de troca de mercadorias encerra relações contraditórias e mutuamente exclusivas. *O desenvolvimento da mercadoria não suprime tais contradições, mas gera a forma dentro da qual podem mover-se. Este é, em geral, o método com o qual as contradições se resolvem".* (Marx, 1985: 93, t. 1)

30. Tais considerações serão retomadas em capítulo subseqüente, ao se analisar as diferentes formas por meio das quais trabalhadores assalariados e produtores mercantis simples vivenciam a individualidade social na temporalidade do capital.

indivíduos como autônomas. Na sociedade burguesa, a universalização das relações de dependência requer a *superação daquelas formas de dependência do passado*. Tal ocorre *generalizando a dependência*, ao destituí-la de seu caráter pessoal, atribuindo-lhe uma *forma geral*, como *dependência material* recíproca entre os produtores: "a dependência mútua e generalizada dos indivíduos reciprocamente indiferentes constitui o seu nexo social", expresso no valor de troca. (Marx, 1980a: 75, t. 1)

Esta *forma de individualidade é historicamente particular*, visto que

> nos estágios de desenvolvimento precedentes, o indivíduo se apresenta com maior plenitude precisamente porque não elaborou ainda a plenitude de suas relações e não as colocou frente a si como potências e relações autônomas. É tão ridículo sentir nostalgia daquela plenitude primitiva como crer que é preciso deter-se neste esvaziamento completo. A visão burguesa jamais se elevou acima da oposição a dita visão romântica e é por isso que esta a acompanhará até a sua morte piedosa". (Idem: 80)

A crítica romântica[31] envolve uma condenação *moral* do mundo burguês, incapaz tanto de compreender o caráter histórico progressivo da ordem social burguesa,[32] quanto de criticá-la em suas bases históricas, porque estas são soterradas das análises. Não apreende o seu caráter universal, seu impulso constante ao revolucionamento das forças produtivas materiais, o que distingue fundamentalmente a produção capitalista de outros modos anteriores de produzir. Esta produção permite a criação do trabalho excedente que vai mais além do trabalho socialmente necessário. Ou, em outros termos, cria trabalho supérfluo do ponto de vista da mera subsistência. O *trabalho excedente*, do ponto de vista do valor de uso, torna-se uma *necessidade geral*, que surge das próprias necessidades individuais, como autocriação do indivíduo. Por outro lado, a produção capitalista instaura a *laboriosidade universal* como posse das novas gerações. Faz com que a apropriação e a

---

31. Sobre a crítica romântica conferir Marx, K. & Engels, F. "O Manifesto do Partido Comunista". In: Marx, K. & Engels, F. *Textos III*. São Paulo, Sociais, 1977, p. 21-51. Sobre o romantismo alemão, ver o texto clássico de Mannheim, K. *Ensayos de Sociología y Psicologia Aplicada*. México, Fondo de Cultura Econômica, 1963, especialmente o cap. II: "El pensamiento conservador". Uma provocativa análise do romantismo, na contramão da modernidade, encontra-se em Lowy M & Sayre, R. *Revolta e melancolia*. Petrópolis, Vozes, 1995. Conforme também Lowy, M. *Para uma sociologia dos intelectuais revolucionários*. São Paulo, Livraria Ciências Humanas, 1979.

32. O que Marx reprovava nos românticos não eram só "suas lágrimas sentimentais mas sim que os românticos eram incapazes de compreender o andar da história moderna, isto é, a necessidade e o caráter histórico progressivo da ordem social que criticavam, limitando-se em lugar disso a uma condenação de tipo moral". (Rosdolsky 1983: 466)

conservação da riqueza reduzam a um mínimo o tempo de trabalho necessário da sociedade, viabilizado pelo desenvolvimento científico, ao qual corresponde a formação artística, científica, cultural dos indivíduos, graças ao tempo que se tornou livre e aos meios criados para todos. (Rosdolsky, 1983: 471, Marx, 1980a)

A crítica romântica não vislumbra que nessa forma histórica de individualidade são criadas *as possibilidades materiais da riqueza humanizada, da riqueza como tempo disponível para o desenvolvimento pleno dos indivíduos, pois "a riqueza é tempo disponível e não outra coisa"*.[33] Tempo disponível *social* para reduzir a um mínimo o tempo de trabalho de *toda* a sociedade e assim tornar livre o *tempo de todos para o seu próprio desenvolvimento*: a riqueza como *força produtiva para o desenvolvimento de todos os indivíduos*. Entretanto, na sociedade burguesa, a tendência é, por um lado, criar tempo disponível e, por outro, convertê-lo em mais trabalho (Marx, 1985; Rosdolsky, 1983: 472). Aumenta o sobretrabalho de massa mediante os recursos da arte e da ciência, pois nessa sociedade o dinheiro passa a ser não só o representante material da riqueza, mas *seu próprio objetivo*: torna-se a fonte da "sede do enriquecimento", distinta do desejo particular de pessoas e objetos individualizados. Ou, como sustenta Shakespeare, *auri sacra fames* (depreciável sede de ouro), a qual só é possível quando a riqueza é individualizada em um objeto particular, produto de determinado desenvolvimento social e, portanto, histórico (Marx, 1980a: 156-157). O dinheiro torna-se a própria *"comunidade universal"*, como substância universal da existência de todos, sendo que, para o indivíduo, a comunidade torna-se pura abstração, mera *coisa externa* e, simultaneamente, simples *meio* para satisfazer o indivíduo isolado.

Como toda a produção é objetivação do indivíduo, no dinheiro ocorre o esvaziamento das particularidades naturais dos indivíduos, de seus desejos e prazeres, porque o dinheiro é a equiparação do heterogêneo, como magnificamente caracteriza Shakespeare o dinheiro. A *indiferença entre os sujeitos* é a condição da troca. (Marx, 1985: 80, t. 1)

No valor de troca, as objetivações do indivíduo só se expressam em uma relação social que é, ao mesmo tempo, *externa* ao indivíduo e dele independente, ainda que nele se apóie (Marx, 1980a: 161, t. 1). Relação social que se apresenta como a globalidade do próprio movimento social, tornando o indivíduo subordinado à sociedade: "os indivíduos estão subordina-

---

33. Esta citação, constante nos *Grundrisse*, é extraída por Marx de um escrito anônimo londrino de 1821: "*The Scorse and Remedy of the National Difficulties, Deduced from Principles of Political Economy etc*. Reafirma o autor que "todo o desenvolvimento da riqueza se funda na produção de tempo disponível". (Marx, 1980a: 348)

dos à produção social que pesa sobre eles como uma fatalidade, porém a produção social não está subordinada aos indivíduos e controlada por eles como patrimônio comum"[34] (idem: 86). Ora, o que move as relações sociais é *a antítese dos interesses privados, ou seja, dos interesses de classe*: cada um busca seu próprio interesse privado. Nesse contexto, o interesse geral não é mais que o interesse privado de todos, ou seja, a totalidade dos interesses privados. A idéia de que cada um, perseguindo seu próprio interesse privado, contribui para a efetivação do interesse geral, como unilateralidade dos interesses egoístas, transforma-se em dogma do liberalismo, da economia de mercado. Porém, o interesse privado já é um interesse socialmente determinado, no sentido de que só pode ser alcançado no âmbito das relações fixadas pela sociedade, dos meios e formas de realização por ela oferecidos, que ultrapassam cada indivíduo.

Assim, a autonomização do valor de troca no dinheiro e seus desdobramentos no capital fazem com que o *indivíduo particular seja separado da representação do ser genérico, reificado no dinheiro e no capital dinheiro, fonte das alienações*. Mas, também, o dinheiro é uma "roda motriz" para o desenvolvimento de todas as forças produtivas materiais e espirituais. O desenvolvimento das relações monetárias — e com elas o capital — tende a um *desenvolvimento universal das forças produtivas humanas, e, portanto, "ao mais alto grau de desenvolvimento dos indivíduos"*, ainda que os realize de *forma limitada*. Limitada porque este desenvolvimento se efetua de maneira antagônica: a elaboração das forças produtivas, da riqueza universal e do saber aparecem de tal modo que o indivíduo produtor se aliena. Comporta-se frente às condições produzidas a partir dele não como condições de sua própria riqueza, mas da riqueza alheia e de sua própria pobreza (Marx, 1980a: 33, t. 2). A elaboração plena do humano aparece como esvaziamento pleno do indivíduo; a laboriosidade universal como a venalidade e corrupção gerais, na sociedade em que tem lugar a mercantilização universal. Tal "prostituição geral" apresenta-se como uma fase necessária ao caráter geral das disposições, capacidades, habilidades e atividades pessoais. Nela são criados os elementos materiais para o desenvolvimento de uma rica individualidade, multilateral tanto em sua produção como em seu consumo, tão logo a riqueza seja despojada de sua forma burguesa. Abre campo à emergência

---

34. "Uma análise mais precisa dessas relações externas mostra a impossibilidade por parte dos indivíduos de uma classe etc., de superar em massa tais relações sem suprimi-las. Um indivíduo pode acidentalmente acabar com elas, porém isso não ocorre com a massa daqueles que são dominados por elas, já que sua mera persistência expressa a subordinação necessária dos indivíduos às suas próprias relações". (Marx, 1980a: 91, t. 1)

da *livre individualidade*, isto é, da universalidade do indivíduo, não apenas imaginada, mas como universalidade de suas relações reais e ideais (idem: 33, t. 2); à elaboração da atividade criadora do homem com o desenvolvimento do pleno domínio humano sobre as forças da natureza; à livre troca entre indivíduos associados à base da apropriação e controle comum dos meios de produção (idem: 80 e 87).

Do ponto de vista da circulação de mercadorias e dinheiro, o trabalho aparece como o modo original de apropriação, visto só ser possível apropriar mercadorias alheias — e o trabalho alheio nelas contido — mediante alienação do próprio trabalho. A lei de apropriação baseada no trabalho próprio tem, pois, bases reais na economia mercantil simples. No universo do capital, fundado na apropriação do trabalho alheio, aquela lei torna-se o reino idealizado da igualdade, da liberdade, da reciprocidade e do primado do interesse privado, que funda o ideário liberal da sociedade burguesa e a ideologia do trabalho que lhe é característica. Esse reino imaginário funda-se na relação entre iguais e livres proprietários de mercadorias e de dinheiro, o que tem lugar na esfera da circulação. Mas ele obscurece o que sucede nos subterrâneos do processo imediato de produção, onde é possível desvelar aquele "édem dos direitos humanos inatos",[35] que tem lugar na superfície da vida social, regida pela troca de mercadorias equivalentes.

Nessa visão paradisíaca da sociedade burguesa, as relações entre os indivíduos aparecem como regidas pela *liberdade*: a apropriação das mercadorias prescinde de qualquer violência, uma vez que os indivíduos se reconhecerem como livres proprietários, os quais, mediante um ato de vontade, trocam suas mercadorias, cuja expressão jurídica é o contrato. Não se vêem submetidos a qualquer coação externa, apenas movidos pelas suas diferentes necessidades e impulsos aos quais são indiferentes os demais. Portanto, cada um aliena livremente sua propriedade.

---

35. "A esfera da circulação ou do intercâmbio entre as mercadorias, dentro de cujos limites se movimentam a compra e venda da força de trabalho, era de fato um verdadeiro édem dos direitos naturais do homem. O que reina aqui é unicamente Liberdade, Igualdade, Propriedade e Bentham. Liberdade! Pois comprador e vendedor de uma mercadoria, por exemplo da força de trabalho, são determinados apenas por sua livre vontade. Contratam como pessoas livres, juridicamente iguais. O contrato é o resultado final, no qual as vontades se dão uma expressão jurídica em comum. Igualdade! Pois eles se relacionam um com o outro apenas como possuidores de mercadorias e trocam equivalente por equivalente. Propriedade! Pois cada um dispõe apenas sobre o seu. Bentham! Pois cada um dos dois só cuida de si mesmo. O único poder que os junta e leva um relacionamento é o proveito próprio, a vantagem particular, os seus interesses privados. E justamente porque cada um só cuida de si e nenhum de outro, realizam todos, em decorrência de uma harmonia pré-estabelecida das coisas ou sob os auspícios de uma previdência toda esperta, tão somente a obra de sua vantagem mútua, do bem comum, do interesse geral". (Marx, 1985: 145, t. 1)

Outro valor que preside o reino mercantil é o da igualdade. Os indivíduos que trocam são iguais nessa determinação econômica — enquanto livres proprietários —, desaparecendo as diferenças existentes entre eles. A disparidade dos valores de uso das mercadorias que são portadores, a diversidade das necessidades e da sua produção é o que dá margem ao intercâmbio de mercadorias. Ou em outros termos, a desigualdade na esfera das necessidades, dos valores de uso impulsiona o intercâmbio. É, entretanto, a igualdade na esfera do valor que torna idênticas as mercadorias e seus possuidores, como iguais possuidores de produtos de idêntico valor, porquanto equivalentes. Destarte, o conteúdo da troca é dado pelas particularidades das mercadorias trocadas, pela disparidade das necessidades específicas daqueles que a efetuam, mas esta não ameaça a igualdade formal dos indivíduos; ao contrário, *as diferenças de suas necessidades convertem-se na razão de sua igualdade social.*

As relações sociais na sociedade mercantil são ainda presididas pela *reciprocidade*: cada qual se serve do outro reciprocamente como meio e fim. Reconhecem um interesse comum, mas cujo móvel são *interesses particulares.* O interesse comum é, neste sentido a "generalidade dos interesses egoístas" (Marx, 1980a: 183, t. 1).

A liberdade que se instaura a partir das relações mercantis tende a ser vista como a absolutização da evolução da individualidade de uma época, erigida como liberdade plena, como encarnação da liberdade "em geral", elidindo as limitações da sociedade que a gerou. Porém, *a livre concorrência não libera os indivíduos, mas sim o capital* (Rosdolsky, 1983: 463). Os indivíduos são submetidos às condições sociais que adotam a forma de poderes objetivos, de coisas poderosíssimas, expressando *um desenvolvimento livre sobre uma base limitada: a base da dominação do capital.* Daí a *ilusão da liberdade,* quando pensada na sua dimensão humano-genérica: alguns indivíduos podem dela se livrar, mas não o conjunto dos indivíduos sociais sem abolir as relações sociais que conformam esta forma particular de sociabilidade.

A universalização da forma mercantil dos produtos do trabalho tem lugar à medida que atinge a própria capacidade de trabalho humana. Trata-se de uma mercadoria muito especial, que existe na corporeidade física e mental do trabalhador e que, ao ser consumida, ativada como trabalho, tem a particular função de ser fonte de valor, o que lhe atribui uma singularidade no mundo das mercadorias. Remete, assim, o debate ao processo capitalista de trabalho, porquanto o que

> caracteriza a época capitalista é que a *força de trabalho assume,* para o próprio trabalhador, *a forma de mercadoria que pertence a ele* que, por conseguinte, seu

trabalho assume a *forma de trabalho assalariado*. Por outro lado, só a partir desse instante se *universaliza a forma mercadoria dos produtos do trabalho*. (Marx, 1985: 141, nota 41, t. 1)

A tensão entre *existência individual e o indivíduo como membro de uma classe, pensado como coletividade*, é fruto do decurso do desenvolvimento histórico, próprio da sociedade burguesa. É nesta sociedade, produto da divisão de trabalho desenvolvida, que passa a existir a diferença entre a vida de cada indivíduo, como particular e pessoal, e sua vida como trabalhador, subordinada a um ramo de atividade e às condições a ele inerentes. Sua personalidade passa a ser condicionada por relações de classe muito determinadas. Essa distinção entre indivíduo pessoal e indivíduo social, na sociedade mercantil desenvolvida, *encontra-se enraizada no próprio caráter social, assumido pelo trabalho particular do indivíduo produtor, expresso na forma mercantil*. Em outros termos, a tensão entre indivíduo pessoal e social, como membro de uma classe, só *pode* aparecer na sociedade que generaliza a forma mercadoria assumida pelos produtos do trabalho, como condição de atender às necessidades sociais, sejam estas do "estômago ou da fantasia" (idem: 45). É possível aí aparecer porque só a mercadoria é capaz de fazer o malabarismo, antes inimaginável, de converter o trabalho pessoal do indivíduo produtor em trabalho social. Como o já salientado, nessa sociedade, o trabalho pessoal não é diretamente social e só adquire este caráter por intermédio de uma forma social, ainda que dele distinta, — a forma valor — mediante a qual possa expressar-se enquanto trabalho social. Exclusivamente nessa sociedade, o produto da objetivação humana é, ao mesmo tempo, afirmação da particularidade do indivíduo e de sua genericidade, o que ocorre por meio do processo social, que foge ao controle dos indivíduos isolados, autonomizando-se frente aos mesmos. É esta condição histórica — condensada na mercadoria como célula básica da sociedade —, produto da ação histórica dos indivíduos, que permite tornar distintas sua vida pessoal e social.

> A divisão entre *indivíduo pessoal e indivíduo de classe*, a contingência das condições de vida para o indivíduo, *aparecem apenas com a emergência da classe, que é ela mesma produto da burguesia*. Esta contingência é apenas engendrada e desenvolvida pela concorrência e pela luta dos indivíduos entre si. Assim, na imaginação, os indivíduos parecem ser mais livres sob a dominação da burguesia do que antes, porque suas condições de vida parecem acidentais; mas na realidade não são livres, pois estão submetidos ao poder das coisas (...) Para os proletários, ao contrário, a condição de sua existência, o trabalho, e com ela todas as condições de existência que governam a sociedade moderna tornaram-se algo acidental, que eles não controlam e sobre o qual nenhuma organização social pode dar-lhes o controle. A contradição entre [...] a *persona-*

lidade de cada proletário isolado e as condições de vida a ele imposta, o trabalho, torna-se evidente para ele mesmo, pois ele é sacrificado desde a juventude e porque, no interior de sua própria classe, não tem chance de alcançar as condições que o coloquem na outra classe". (Marx & Engels, 1977a: 119-121)

O que está em jogo nesta distinção entre vida pessoal e vida social, amalgamadas na existência do mesmo indivíduo, é a *alienação do trabalho*. Alienação enraizada no desenvolvimento da divisão do trabalho, que determina relações distintas entre os indivíduos no que se refere a matérias, instrumentos e produtos do trabalho. A divisão social do trabalho gera formas históricas de repartição do trabalho e de seus produtos. Ou seja, *a distribuição desigual da propriedade*, isto é, da livre disposição sobre o trabalho de outrem. Implica a *contradição entre o interesse do indivíduo e da família* e o interesse *coletivo de todos os indivíduos* que se relacionam mutuamente. Como o já explicitado, esse interesse coletivo existe como *dependência recíproca* dos indivíduos entre os quais é partilhado o trabalho. Entretanto, nessa rede de relações, buscam apenas o seu interesse privado, particular, fazendo com que o interesse geral se afirme como estranho aos indivíduos, deles independente, como ilusório interesse geral.

Esses conflitos de interesses de classes são enfrentados *na prática cotidiana*, por meio da qual enfrentam a alienação, elucidada na citação a seguir:

À medida que a burguesia se desenvolve, desenvolve-se no seu interior um proletariado moderno: desenvolve-se uma *luta* entre a classe operária e a classe burguesa, luta que, *antes de ser sentida por ambos os lados, percebida, avaliada, compreendida, confessada e proclamada abertamente, manifesta-se previamente apenas por conflitos parciais e momentâneos, por episódios subversivos*. Por outro lado, se todos os membros da burguesia moderna têm o mesmo interesse, enquanto formam uma classe frente a outra classe, eles têm interesses opostos, antagônicos, quando defrontam-se entre si (...) As condições econômicas, inicialmente, transformaram a massa do país em trabalhadores. *A situação do capital cria, para essa massa, uma situação comum, de interesses comuns. Essa massa, pois, é já frente ao capital uma classe, mas não o é para si mesma. Na luta* (...) essa massa se reúne, se *constitui numa classe para si mesma. Os interesses que defende se tornam* interesses de classe. Mas *a luta entre classes é uma luta política*. (Marx, 1982: 117-119; grifos nossos).

As tensas relações entre indivíduo concreto e individualidade social se explicitam na trama da constituição da qualidade específica do nexo social considerado como um produto histórico. Portanto, tratar o indivíduo social na sociedade capitalista implica analisá-lo na totalidade das relações e condições sociais em que são esculturados os *indivíduos concretos, condensando em si um modo histórico de expressão da sua genericidade e particularidade*. Afirmam-se como sujeitos *na luta social*, na qual se expressa a sua rebeldia à alienação do trabalho, na busca de resgate de sua própria humanidade, como patrimônio comum de cada um e de todos. A clarificação desta questão, nos limites dos propósitos da presente análise, supõe considerar o processo de trabalho e sua vivência por parte dos sujeitos que o realizam tanto em suas implicações econômicas quanto político-culturais.

1.4 Processo capitalista de trabalho e indivíduo social: a vivência do trabalho como castigo e rebeldia

> O tempo é tudo, o homem é nada, quando muito é a carcaça do tempo. (Marx, 1982: 58)

O foco deste segmento é a análise do processo capitalista de produção, com destaque para o próprio trabalho em seu processo de realização. A preocupação incide sobre a atividade social dos indivíduos produtores e sua vivência da alienação do trabalho, como castigo e rebeldia. Objetiva, pois, apreender o processo de produção capitalista de mercadorias como movimento que se realiza sob o comando do capital, congregando e reproduzindo forças produtivas, relações sociais de produção e concepções espirituais de mundo.[36] Movimento esse que abrange as esferas da produção e da distribuição de produtos, a criação de valores e mais-valia e sua realização no mercado.

Na sociedade do capital, *a forma mercantil torna-se a forma necessária e geral dos produtos do trabalho, das condições de trabalho e dos meios de vida*. Espraia-se no conjunto da vida social, atingindo *a força de trabalho do trabalhador "livre"*, tornando o *trabalho assalariado*. Este, entretanto, só é criado em sua plenitude quando a ação do capital alcança também a *propriedade da terra*, expressa através da renda fundiária capitalista. Em outros termos, quando a terra, enquanto natureza, deixa de ser *fonte direta* de subsistência, *arrancando os "filhos da terra do seio que os criou"*, para torná-la *fonte mediada de subsistência, completamente dependente das relações sociais*. Transforma a agricultura, possibilitando a difusão do trabalho assalariado e a aplicação dos resultados acumulados pela ciência no desenvolvimento das forças produtivas. (Marx, 1980a: 217, t. 1).[37]

---

36. Em 1982, já trabalhei teoricamente esta idéia. (Iamamoto & Carvalho, 1982: 29-70)

37. A idéia completa é a seguinte: "Vale dizer, que o trabalho assalariado não é criado em sua plenitude senão pela ação do capital sobre a propriedade da terra. Este, como diz Steuart, *clears* a terra de suas bocas supérfluas, arranca os filhos da terra do seio que os criou. Transforma deste modo

Assim como a mercadoria é unidade imediata de valor de uso e valor, o processo de produção capitalista de mercadorias é *unidade imediata de processo de trabalho e de criação de valor e de mais-valia*. É esta unidade porque é *criação de trabalho concreto* por parte dos indivíduos produtores, na sua qualidade específica requerida pela particularidade do processo produtivo de determinados produtos. E, de outro ângulo, esse *mesmo trabalho*, pensado em sua quantidade, é *criação de trabalho humano social médio* — independentemente de suas especificações qualitativas. Esse trabalho abstrato é fonte de valor e de mais-valia contidos nas mercadorias, produto do capital, tornando o processo produtivo uma unidade de processo de trabalho e de valorização. Em síntese: "o processo imediato de produção é, aqui, de maneira indissoluvelmente ligada, processo de trabalho e processo de valorização, assim como o produto é unidade imediata de valor de uso e de valor de troca, isto é, mercadoria. (Idem: 113)

Salientar esta *dupla determinação do processo capitalista de trabalho* é fundamental. É preciso dar conta das *especificidades concretas da produção, enquanto processo técnico-material*, pois envolve um tipo de trabalho concreto particular, determinados meios de produção, matérias-primas e auxiliares, conforme o resultado pretendido. Mas é preciso também dar conta da *forma social do processo de trabalho*, isto é, das *relações sociais através das quais se realiza* aquele trabalho concreto, pois, nesta sociedade, o objetivo não é apenas produzir produtos ou serviços que satisfaçam necessidades sociais. O objetivo é também a produção da riqueza e a reprodução ampliada do capital inicialmente investido. No desvendamento dessas relações sociais está a chave para decifrar o processo de criação de produtos e de valor.

Freqüentemente pesquisadores que se autoproclamam críticos tendem a pensar o processo de produção exclusivamente como processo de trabalho criador de *produtos* — estes reduzidos a *coisas materiais* —, abstraindo as qualidades especificamente sociais desse mesmo processo como processo de valorização: criador de valor e de mais-valia. Muitas vezes não atribuem visibilidade às específicas relações sociais por meio das quais se realiza a

---

a própria agricultura, que, com sua natureza apresenta-se como fonte direta de subsistência, em fonte mediada de subsistência, totalmente dependente das relações sociais. Por isso, só então é possível a aplicação da ciência e se desenvolvem plenamente as forças produtivas. Não há dúvida, pois que o *trabalho assalariado em sua forma clássica*, — como aquele que impregna a sociedade em toda a sua plenitude e se converte na base da mesma em lugar da terra —, *não é criado senão pela propriedade da terra, isto é, pela propriedade da terra enquanto valor criado pelo capital*. Daí que a propriedade da terra nos torna a levar ao trabalho assalariado. Trata-se, de um ponto de vista, simplesmente *da transferência do trabalho assalariado das cidades para o campo, ou seja, do trabalho assalariado estendido à superfície inteira da sociedade*". (Marx, 1980a: 218, t. 1).

produção, nem às concepções de mundo que as informam, ambas também *reproduzidas* como *resultados* do processo de produção, juntamente com os produtos materiais,[38] como é destacado a seguir.

O ponto de partida do processo imediato de produção é o capital na forma dinheiro, de grandeza definida, empregado tendo em vista o seu crescimento, o que, para o capitalista como *persona* do capital, aparece como intenção ou finalidade do uso de algo que lhe pertence. Assim, o fim e resultado do processo de produção é a conservação do valor adiantado inicialmente e a produção de um valor excedente, mediante apropriação de trabalho não pago: a produção da mais-valia. Por meio do processo imediato de produção uma *grandeza dada* de dinheiro deve transformar-se em uma *grandeza variável* e, para tanto, o valor empregado como capital deve assumir a forma de mercadoria. Deve ser trocado no mercado não por quaisquer mercadorias, mas por aquelas portadoras de valores de uso determinados, necessários à sua operação no processo de trabalho: *objeto e meios de trabalho*, condições objetivas da produção que se pretenda efetuar. Mas não só: deve ser trocado, ainda, pela *capacidade viva de trabalho*, com uma especificidade determinada, correspondente ao particular valor de uso dos meios de produzir, que possibilite transformá-los no produto almejado. Isto é, capacidade de trabalho dotada das habilidades requeridas à transformação dos meios e objetos de trabalho no produto pretendido. Como produtor de valores de uso o processo de produção considerado no seu substrato material é *processo real de trabalho* (Marx, 1974a: 9). Mas visto unilateralmente sob o ângulo da forma útil assumida pelos meios de produção, o processo de produção capitalista adquire um caráter transistórico e, portanto, natural. Eliminam-se as diferenças que o caracterizam como *processo de produção do capital*. Ao ser apreendido exclusivamente na forma material e útil requerida pelo processo de trabalho são desconsideradas as relações sociais historicamente particulares, expressas nos componentes objetivos e subjetivos do processo real de trabalho. Passa-se a considerar o capital como um conjunto de coisas que ingressam na produção, o que está na raiz do fenômeno da *mistificação do capital: identificar como coisa, uma relação social de produção*. Mistificação esta que tem um *fundamento real* para o seu surgimento. Para produzir, o capital deve assumir a forma de objetos úteis necessários à transformação das matérias-primas e auxiliares em produtos, acionados pelo trabalho humano vivo. Entretanto, essas coisas não são em si e por si capital, independentemente das relações sociais que lhes dão vida.

---

38. A análise do processo de trabalho e de valorização, constante no manuscrito Capítulo VI, Inédito, de *O capital*, é exemplar na direção supra-aventada, ocupando um lugar privilegiado na construção da lógica de exposição deste texto. (Marx, 1974c)

O pressuposto da existência do capital é o *trabalhador livre*: "o capital tem origem nas condições do trabalhador livre. A separação do *indivíduo* com relação às condições de seu trabalho: o agrupamento de muitos em torno de um capital". (Marx, 1980a: 91, t. 2)

O processo capitalista de produção supõe a existência do trabalhador inteiramente despossuído dos meios de vida necessários à sua reprodução e de sua família. Liberto, ainda, de outros laços de dependência pessoal, que não a mera dependência econômica. O trabalhador, livre proprietário de si mesmo e, portanto, de sua força de trabalho, vê-se constrangido, para sobreviver, a vender por um determinado período de tempo aos proprietários dos meios e condições de trabalho, *a sua própria energia vital*, sua capacidade de trabalho inscrita em sua corporalidade física e mental. A venda desta mercadoria é a contrapartida necessária para a obtenção do equivalente em dinheiro à sua subsistência e educação, além da reprodução da família, fonte de oferta permanente de força de trabalho necessária à continuidade do movimento de reprodução capitalista.

Esta condição histórica torna o indivíduo que trabalha um *pobre virtual*:[39] a pobreza não compreendida apenas como resultado da distribuição de renda, como carência. A pobreza referida à própria produção (ou à distribuição, como distribuição dos meios de produção). Pobre, como trabalhador inteiramente necessitado, excluído de toda a riqueza objetiva, dotado de mera capacidade de trabalho e alijado das condições necessárias à sua realização objetiva. Desprovido, portanto, de condições para realizar autonomamente o trabalho necessário à reprodução de sua subsistência. Condenado pela divisão social do trabalho à pobreza virtual, porque destituído de qualquer propriedade que não sua força de trabalho, que em si é mera potência ou capacidade e só pode realizar-se ao encontrar lugar no mercado de trabalho quando demandado pelos proprietários de capital. *Assim, a obtenção dos meios de vida depende de um conjunto de mediações que são sociais, passando pelo intercâmbio de mercadorias, cujo controle é inteiramente alheio aos indivíduos produtores.* Essa condição de pobre tende a se ampliar para

---

39. "O conceito de trabalhador livre contém já implícito que o mesmo é *pauper: pobre virtual*. Com respeito às suas condições econômicas é mera capacidade de trabalho, e, por isto, dotado de necessidades vitais. Qualidade de necessitado em todos os sentidos, sem existência objetiva enquanto capacidade de trabalho para a realização da mesma. Se ocorre que o capitalista não necessita mais do trabalho do operário, este não pode realizar trabalho necessário, produzir seus meios de subsistência. Então, se não pode consegui-los através do intercâmbio, os obterá, no caso de obtê-los, só por esmolas que sobrem para ele da renda (de todas as classes)" (Marx, 1980a: 110, t. 2). Esta noção de pobreza se distingue daquela normalmente difundida, vista apenas como resultado da distribuição dos rendimentos do trabalho.

parcelas cada vez maiores da população, dada a tendência do capital de reduzir o trabalho necessário como condição de ampliar o trabalho excedente, fazendo crescer conseqüentemente a população sobrante para as necessidades médias da produção capitalista. *O pauperismo, como resultado do trabalho, do desenvolvimento das forças produtivas do trabalho, é uma especificidade da produção fundada no capital.* (Marx, 1980a: 110, t. 2)

O desencadeamento do processo imediato de produção ocorre na *esfera da circulação,*[40] no mercado de mercadorias e de trabalho, onde se efetua a metamorfose do valor capital na forma dinheiro para a forma mercadoria requerida pelo movimento da produção. Depende, ainda, da esfera da circulação para a realização dos valores contidos nos produtos criados no processo de produção, como etapa necessária ao seu ingresso no âmbito do consumo propriamente dito. No processo de produção, considerado em sua globalidade — como unidade de produção, distribuição, troca e consumo —,[41] interessa, entretanto, focar o elemento *subjetivo* do processo de produção: o *significado da compra e venda da força de trabalho, sua particularidade no mundo das mercadorias e o seu uso no processo produtivo.* Ou seja, trazer para a cena da análise o *sujeito que trabalha: o significado, para o indivíduo produtor, do trabalho e a vivência das relações sociais, através das quais, o trabalho se realiza.*

A compra e venda da força de trabalho não foge às características da troca de mercadorias: uma relação entre *livres* e *iguais* proprietários de mercadorias equivalentes, *reciprocamente necessários,* movidos por seus *interesses privados.* Esta aparência formal apresenta-se como *relação jurídico-*

---

40. "A transformação do dinheiro em capital tem que ser desenvolvida com base nas leis imanentes ao intercâmbio de mercadorias, de modo que a troca de equivalentes sirva de ponto de partida. Nosso possuidor de dinheiro, por enquanto ainda presente apenas como capitalista larvar, tem que comprar as mercadorias por seu valor, vendê-las por seu valor e, mesmo assim extrair no final do processo mais valor do que lançou nele. Sua metamorfose em borboleta tem que ocorrer no processo de circulação e não tem que ocorrer no processo de circulação. São essas as condições do problema. Hic Rhodus, hic salta!". (Marx 1985: 138, t. 1)

41. Para a análise do processo de produção na sua globalidade, conferir a Introdução à Crítica da Economia Política (Marx, 1974a). Nos *Grundrisse,* Marx afirma: "O processo total de produção do capital inclui, tanto o processo de circulação propriamente dito, como o processo de produção propriamente dito. Constituem os dois grandes capítulos do seu movimento, que se apresenta como totalidade desses dois processos. Por um lado, está o tempo de trabalho e por outro o tempo de circulação. E o conjunto do movimento aparece como unidade do tempo de trabalho e do tempo de circulação, como unidade de produção e de circulação. Essa unidade mesma é movimento, é processo. O capital se apresenta como essa unidade, em processo, de produção e circulação, uma unidade que se pode considerar o conjunto do processo de produção do capital e, também, como processo determinado ou uma rotação daquele, como um movimento que retorna a si mesmo". (Marx 1980a: 130, t. 2)

contratual. Mas o que necessita ser desvendado é o *conteúdo* dessa troca e o seu *significado para os sujeitos que dela participam.*

O que o trabalhador vende é sempre "uma medida determinada e particular da *manifestação de sua própria energia* a um capitalista particular, ao qual o trabalhador se contrapõe independentemente como indivíduo" (Marx, 1980a: 425, t. 1). Como esta mercadoria não existe fora de seu proprietário, mas em sua corporalidade viva, ele cede a sua disposição de trabalho por um *tempo determinado.* Caso contrário venderia a si próprio, a sua pessoa, perdendo o seu estatuto de proprietário, como ocorria com o escravo. Vende, pois, um *determinado tempo de vida,* visto que o valor de uso que oferece no mercado existe unicamente como *capacidade de sua constituição corporal.* Sendo a força criadora de trabalho *"condição vital do operário",* alienada como meio de assegurar sua própria vida, *não existe como coisa objetiva mas como subjetividade,* como *capacidade de um ser vivo,* cuja manifestação não se faz real até que o capital a solicite, porque a atividade sem objeto não é nada. Tão logo a força de trabalho é colocada em movimento pelo capital se converte em *atividade produtiva — o trabalho —, manifestação de existência vital do trabalhador,* orientada para um determinado fim, o que só ocorre no processo produtivo. Esta é uma das características distintivas da mercadoria força de trabalho do ponto de vista de seu valor de uso (idem: 207 e 264). No que diz respeito à *pessoa individual* do trabalhador essa venda permite-lhe um *amplo campo para suas escolhas,* preservando a sua liberdade formal.

O que move a venda da força de trabalho é que ela só tem valor de uso para o seu possuidor quando é valor de troca, quando é passível de ser trocada por dinheiro para a satisfação de suas necessidades. Assim, para o trabalhador, a venda de sua força de trabalho é um ato de circulação mercantil simples: vender para comprar, o que impregna sua visão do trabalho e a sua subjetividade. Busca por meio desta venda o valor de troca como simples meio de transformá-lo em mercadorias para as suas necessidades — e não o valor de troca como tal. O que produz para si é o salário: o tempo de trabalho socialmente necessário à sua sobrevivência e reprodução. Logo, o objeto de sua troca é objeto direto de suas necessidades (idem: 225). Esta determinação histórica da constituição do indivíduo que trabalha se expressa para o sujeito como motivação para a venda de sua força de trabalho. Faz com que seja indiferente o que qualitativamente produz, porque simples meio para a obtenção do salário.

"Como o trabalhador troca o seu valor de uso pela forma universal da riqueza, converte-se em co-partícipe da riqueza universal *até o limite de seu equivalente"* (idem: 255), qual seja, o preço de sua força de trabalho. Para o trabalhador o dinheiro tem a função de meio de troca, "mediação evanescente" para a obtenção de meios de subsistência necessários à manutenção de sua condição vital. A mediação do dinheiro faz com que a esfera dos seus desfrutes não seja limitada *qualitativamente*, porque sujeita ao livre arbítrio do indivíduo na esfera do consumo, permitindo-lhe a participação em fruições superiores, como a ciência, a arte, a criação cultural *até o seu limite quantitativo de seu valor de troca. A limitação de seus desfrutes não está dada qualitativamente, mas sim quantitativamente.* O trabalhador livre não está ligado a objetos particulares, nem a um modo particular de satisfação de suas necessidades. Daí o caráter *progressista* do trabalho assalariado frente a formas anteriores de trabalho forjadas por elos de dependência pessoal que restringiam a liberdade individual, imprimindo um limite qualitativo à satisfação das necessidades do indivíduo.

Para o capitalista, possuidor do capital-dinheiro, o objetivo é distinto ao ingressar na relação com força de trabalho. Seu interesse prioritário é o *peculiar valor de uso da mercadoria almejada: o de "ser fonte de valor, de mais valor do que ela mesmo tem"* (Marx, 1985: 160, t. 1) *isto é, ser fonte de produção de mais-valia. Busca uma mercadoria especial que, ao ser colocada em ação aliada aos meios de produzir, tem a peculiaridade de criar, além do tempo de trabalho socialmente necessário para a reprodução do trabalhador — equivalente ao valor de troca pago pela força de trabalho —, um tempo de trabalho excedente apropriado gratuitamente pelo capitalista, que se traduz em um incremento de todo o seu capital.* É esse *serviço específico* que o capitalista espera da força de trabalho ao adquiri-la, procedendo consoante às leis do intercâmbio mercantil. Encontrar uma mercadoria com essa *qualidade específica* é uma sorte para o comprador, porém não é uma injustiça ou um prejuízo para seu vendedor, visto que as leis de troca de mercadorias não são infringidas.

A força de trabalho é uma mercadoria que, ao ser colocada em atividade, aliada aos meios e instrumentos de produção, transforma-se em trabalho. Logo, ao ser consumida, sob o controle do capitalista, como parte se suas mercadorias adquiridas no mercado, exerce o específico papel de *repor e fazer crescer o capital adiantado. Atualiza* o valor dos elementos materiais empregados no processo de produção — também de propriedade do capitalista empreendedor —, transferindo-o para as mercadorias produzidas e assim conservando-o. Todavia, estas mercadorias não contêm apenas a reposição do capital adiantado, pois, se assim ocorresse, não teria sentido o investimento do capital efetuado, cujo objetivo é acrescentá-lo, *produzir mais capital.* As mercadorias produtos do capital contêm também tempo de trabalho não pago que se expressa no acréscimo do capital investido como lucro. Conseqüentemente, a *ótica do capitalista perante a relação de troca é o inverso/reverso do trabalhador*: não a satisfação de necessidades, mas o dinheiro acrescido, o que faz com que a forma material dos elementos constitutivos do processo de produção e das mercadorias produzidas sejam *simples meios para seus fins de acumulação.* "Produz-se aqui valores de uso porque e na medida em que sejam substrato material, portadores de valores de troca". (Idem: 155)

Esta *tensão* entre *motivações sociais* que impulsionam a relação de troca expressa interesses de classes distintos, que se corporificam nas ações dos indivíduos no âmbito da esfera produtiva e afetam suas subjetividades. Cria visões sociais de mundo, específicas concepções espirituais através das quais representam os significados distintos que atribuem à sua participação na mesma relação social. Mobiliza sentimentos também distintos, que impregnam a vivência de suas ações no interior do processo de produção e fora dele.

Interessa acentuar o *papel exercido pelo trabalho no processo imediato de produção e o significado do trabalho para o trabalhador,* a partir de sua vivência do mesmo no processo capitalista de produção. A força de trabalho em ação é *trabalho vivo* "Enquanto deve existir como *algo temporal,* como algo vivo, *só pode existir no sujeito vivo*, no qual existe como faculdade, como possibilidade e, por fim, como trabalhador" (Marx, 1980a: 213, t. 1). O trabalho vivo existe como processo de realização de capacidades, faculdades e possibilidades do indivíduo trabalhador. Como força de trabalho em ação, existe em fluxo como *movimento do sujeito*, que impregna e mobiliza todas as suas funções vitais, a totalidade do indivíduo: suas capacidades, emoções, ritmos do corpo, faculdades da mente, sua atenção, sua personalidade, seus sentimentos. Como o já referido, a força de trabalho transformada em mercadoria não tem existência independente da pessoa do trabalhador, não se autonomizando do indivíduo que a vende. Realizar trabalho é consumir produtivamente a força de trabalho, operando um desgaste das atividades vitais do indivíduo durante um determinado tempo, no qual está implicada a totalidade da pessoa individual. *O trabalho em fluxo é um componente subjetivo do processo de produção, porquanto componente da humanidade do indivíduo em processo de realização.* As condições sociais do trabalho são também condições de exteriorização do indivíduo que trabalha e através dela também se modifica, se cria e recria. O trabalho, como *atividade* do sujeito que age, é objetivação de capacidades do sujeito e subjetivação por ele da realidade sócio-histórica: sua apropriação, através do que se constitui como indivíduo social. Em síntese, tem-se a objetivação do sujeito e a subjetivação da realidade pelo sujeito.

O *trabalho como subjetividade* é diferente do *trabalho passado*, objetivado em produtos, trabalho em repouso, já autonomizado do indivíduo. A este trabalho *existente no espaço* contrapõe-se o *trabalho existente no tempo.*

A substância comum a todas as mercadorias é o fato de serem trabalho objetivado, mais além de sua qualidades físicas e/ou materiais. O único diferente do trabalho objetivado é o não objetivado, *que ainda está se realizando, o trabalho como subjetividade. O trabalho como algo temporal, com algo vivo*, só pode existir no *sujeito vivo* como faculdade, possibilidade. *O único valor de uso que pode constituir um termo oposto ao capital é o trabalho* (e precisamente o trabalho que cria valor, o trabalho produtivo. (Marx, 1980a: 183, t. 1)

Portanto, *o trabalho vivo* é *não-capital*, uma vez que este *é tempo de trabalho objetivado* em mercadorias constantes do processo produtivo. Contrapõe-se ao capital porque não é matéria-prima, não é instrumento de trabalho, não é produto do trabalho. É dissociado de todos os meios e objetos de trabalho (Marx, 1980a), como *tempo de trabalho vivo*, a existência *puramente subjetiva do trabalho*. Neste sentido é fonte de produção de valor, de dispêndio de tempo de trabalho abstrato coagulado nas mercadorias, visto que "como cristalizações dessa substância comum a todas elas, são valores — valores mercantis". (Marx, 1985: 47, t. 1)[42]

Mediante a troca com o operário, o capitalista se apropria do próprio *trabalho*, que se converte em um de *seus* elementos e opera agora "como *vitalidade frutífera* sobre a objetividade do capital existente" (Marx, 1980a: 237, t. 2). Mas o tempo de trabalho vivo é *simples recurso para valorizar o trabalho já objetivado, passado, materializado nos elementos objetivos do processo de produção, os meios e instrumentos de trabalho*. Simples recurso "para impregná-lo de um sopro vivificante e nele perder sua alma" (idem: 442, t. 2). Ao incorporar a força de trabalho viva à objetividade morta dos fatores do processo de trabalho, o capital "transforma valor-trabalho passado, morto, em capital, em valor que se valoriza a si mesmo, em um monstro animado que começa a 'trabalhar', como se tivesse dentro do seu corpo o

---

42. "Um valor de uso ou bem possui valor apenas porque nele está objetivado ou materializado trabalho humano abstrato. Como medir então a grandeza do valor? Por meio do quantum nele contido dessa "substância constituinte do valor, o trabalho. A própria quantidade de trabalho é medida pelo seu tempo de duração, e o tempo de trabalho possui, por sua vez, sua unidade de medida nas determinadas frações do tempo, como dia, hora, etc.(...) A força conjunta de trabalho da sociedade, que se apresenta nos valores no mundo das mercadorias, vale aqui como uma única e mesma força de trabalho do homem, não obstante ela ser composta de forças de trabalho individuais. Cada uma dessas forças de trabalho individuais é a mesma força de trabalho do homem como a outra, à medida que possui o caráter de uma força média de trabalho social e opera como força de trabalho social média, contando que na produção de uma mercadoria não se consuma mais que o tempo de trabalho socialmente necessário. Tempo de trabalho socialmente necessário é aquele requerido para produzir um valor de uso qualquer, nas condições dadas de produção socialmente normais, e com grau médio de habilidade e intensidade do trabalho". (Marx, 1985: 47-48, t. 1)

amor" (Marx, 1985: 161, t. 1). Durante o processo de trabalho, o trabalho se transpõe de movimento para objetividade. "O que *do lado do trabalhador aparecia na forma de mobilidade*, aparece agora como *propriedade imóvel na forma do ser, do lado do produto*". (Idem: 151)

Se o trabalho para os capitalistas é fonte de valor, ele é também a *possibilidade universal da riqueza como atividade*, capturada pelo capital para seus próprios fins.

Em síntese, o trabalho ao realizar-se é uma atividade do trabalhador como gasto de força vital, mas como criador de valor é um modo de existência do valor do capital, a este incorporado (Marx, 1974c: 17). Esta tensão interna presente no processo produtivo é inseparável das relações sociais através das quais se realiza.

> O que do ponto de vista do capital se apresenta como mais-valia, do ponto de vista do trabalhador se apresenta exatamente como mais-trabalho para além das necessidades do trabalhador, ou seja, além da necessidade imediata para a manutenção de sua condição vital. *O grande sentido histórico do capital é o de criar este tempo de trabalho excedente, trabalho supérfluo do ponto de vista do valor de uso, da mera subsistência.* (Marx, 1980a: 266, t. 1)

A contrapartida é o permanente revolucionamento das forças produtivas, que provoca o impulso ao desenvolvimento da ciência e da tecnologia incorporada ao processo produtivo no afã de criar mais trabalho. Todo o desenvolvimento da riqueza se funda em tempo disponível (idem: 349), modificando-se com o desenvolvimento das forças produtivas a proporção entre tempo de trabalho necessário e tempo a ele supérfluo. Nos estágios primitivos do intercâmbio os homens só trocam o tempo de trabalho supérfluo, que é a medida de sua troca, presente nos produtos supérfluos do ponto de vista da mera subsistência. Na produção fundada sobre o capital esse processo se inverte. Nela, o trabalho necessário à subsistência do trabalhador tem sua produção condicionada à criação do tempo de trabalho supérfluo. É lei do capital criar tempo disponível ou mais-trabalho, e só pode fazê-lo ao colocar em movimento trabalho necessário ao entrar em relação com o trabalhador. Assim o capital tem contraditoriamente a tendência de criar a maior quantidade possível de trabalho, bem como de reduzir o trabalho necessário a um mínimo. Isto se traduz na tendência de aumentar a população trabalhadora e colocar uma parte da mesma como superpopulação: população que é inútil no momento, até que o capital possa valorizá-la. (Idem: 349-350)

É característica essencial desse modo de produzir *a constante transformação das condições sociais e técnicas do processo de trabalho,* desprendendo-o cada vez mais dos limites naturais originários do tempo de trabalho necessário, estendendo ampliadamente os domínios do tempo de trabalho excedente (Rosdolsky, 1983: 262). Assim, o trabalhador assalariado, ao ser incorporado no processo produtivo, vê-se constrangido a trabalhar além do tempo de trabalho socialmente necessário para produzir o seu sustento. Na realidade *"só pode viver se, ao mesmo tempo, sacrifica uma parte de seu tempo de vida ao capital.* Só desta maneira pode-se valorizar o capital, criar valor" (idem: 456). Em outros termos, o trabalhador só pode criar tempo de trabalho necessário à sua subsistência à medida que produz tempo de trabalho excedente para o capital. Encontra-se aí o segredo da produção de excedentes, uma vez que o tempo de trabalho (ou a quantidade de trabalho mediada pelo tempo) objetivado no produto é maior que o existente nos componentes originais do capital: matérias-primas, instrumentos de trabalho e no preço do trabalho. O trabalho vivo, dada a sua qualidade de trabalho social — pensado na sua quantidade, medida pelo tempo de trabalho —, não só *reproduz* o tempo de trabalho objetivado nas matérias-primas e instrumentos de trabalho (capital constante), mas *produz nova criação de valores*: o valor equivalente ao custo da força de trabalho (capital variável) e o valor excedente ou mais-valia.

Esse incessante crescimento da riqueza dá-se via ampliação da jornada coletiva de trabalho (mais-valia absoluta) e/ou via elevação da produtividade do trabalho social, reduzindo o tempo de trabalho necessário e ampliando o tempo de trabalho excedente (mais-valia relativa). Requer, por sua vez, uma expansão quantitativa do consumo existente, a produção e difusão de novas necessidades em um círculo mais amplo do mercado e a descoberta de novos valores de uso, concomitantemente à ampliação do circuito produtivo. O desenvolvimento do capital é acompanhado da expansão e conquista de novos mercados, onde se dá a *circulação espacial* das mercadorias. Se o tempo de trabalho é tempo em que se cria valor, o *tempo de circulação é tempo de desvalorização* (Marx, 1980a), uma barreira à valorização, a qual depende da velocidade em que se opera a circulação, onde se opera a realização dos valores criados. É na circulação que se verifica a metamorfose do valor capital, da forma mercadoria — expressa nos produtos resultantes da produção — para a forma de dinheiro, necessária ao reinício do ciclo produtivo. Assim, a tendência é acelerar ao máximo possível o tempo de circulação; uma *anulação do espaço através do tempo.* Ou seja, "quanto mais desenvolvido o capital, quanto mais extenso é o mercado em que circula —, mercado que constitui a trajetória espacial de sua circulação —, tanto mais tende a estender o mercado e a uma maior anulação do espaço através do tempo" (idem: 31, t. 2). A mundialização da produção e dos mercados é a expressão desse processo na sua maturidade. Entretanto, todos os avanços da civilização, o aumento das forças produtivas sociais — "forças produtivas do trabalho social — derivadas da ciência, dos inventos, da combinação do trabalho, dos meios de comunicação aperfeiçoados, da criação do mercado mundial, da maquinaria, etc. — *não enriquecem o trabalhador, mas o capital, uma vez que só acrescenta o poder que domina o trabalho; aumenta só a força produtiva do capital. Como o capital é a antítese do operário, aumenta unicamente o poder objetivo sobre o trabalhador"* (idem: 248, grifos nossos).[43]

O desenvolvimento das forças produtivas sociais do trabalho realiza-se *contraditoriamente*: por um lado, o capital tende a criar a maior quantidade possível de trabalho excedente, mas só pode fazê-lo colocando em movimento o tempo de trabalho necessário; por outro lado, tende a reduzir a um mínimo este tempo, para criar sobretrabalho, tornando relativamente supérfluo o trabalho humano, sem o qual não é possível reproduzir e valorizar o capital. *A ampliação da produtividade do trabalho não libera o trabalhador do trabalho, mas amplia o trabalho excedente para o capital, mantendo o trabalho sob o seu domínio. O desenvolvimento das forças produtivas enriquece o capital e não os indivíduos que trabalham, ampliando, assim, o poder do capital sobre o trabalho.*

A citação que se segue, ainda que longa, sintetiza, de maneira lapidar, o processo contraditório do desenvolvimento do capital, o que a justifica:

> O capital mesmo é a contradição em processo [pelo fato de] que tende a reduzir a um mínimo o tempo de trabalho, enquanto, por outro lado, coloca o tempo de trabalho como única medida da riqueza. Diminui, pois, o tempo de trabalho na forma de tempo de trabalho necessário, para aumentá-lo na forma

---

43. Em um outro momento dos *Grundrisse*, o autor retoma a mesma idéia, carregada de atualidade, explicitando-a de forma lapidar: "Assim como a produção fundada sobre o capital cria por um lado a *indústria universal* — isto é mais trabalho, trabalho criador de valor — por outro cria um *sistema de exploração geral das propriedades naturais e humanas*, um sistema de utilidade geral; como suporte desse sistema encontra-se a ciência com todas as propriedades físicas e espirituais, enquanto que fora dessa esfera da produção e da troca sociais nada se apresenta como superior em-si como justificada para-si mesmo. O capital cria assim *a sociedade burguesa e a apropriação universal tanto da natureza como da relação social mesma dos membros da sociedade. Hence the great civilising influence of capital.* [Daí a grande influência civilizadora do capital]; sua produção de um nível de sociedade, frente ao qual todas as anteriores aparecem como desenvolvimento puramente locais da humanidade e como idolatria da natureza. (...) *Opera destrutivamente contra tudo isto, é permanentemente revolucionário, derruba todas as barreiras que obstaculizam o desenvolvimento das forças produtivas, a ampliação das necessidades, a diversidade da produção e da exploração e intercâmbio das forças naturais e espirituais".* (Marx, 1980a: 361-362, t. 1.; grifos nossos)

de tempo de trabalho excedente; põe, portanto, o trabalho excedente como condição — *question de vie et de mort* — do necessário. De uma parte, desperta todos os poderes da ciência e da natureza, assim como da cooperação e do intercâmbio sociais, para fazer com que a criação da riqueza seja (relativamente) independente do trabalho empregado nela. De outra parte, propõe-se a medir com o tempo de trabalho essas gigantescas forças sociais criadas dessa maneira e reduzi-las aos limites requeridos para que o valor já criado conserve-se como valor. *As forças produtivas e as relações sociais — umas e outras aspectos diversos do desenvolvimento do indivíduo social —* aparecem ao capital unicamente como meios, e não são para ele mais do que meios para produzir, fundando-se em sua mesquinha base. De fato, constituem as condições materiais para fazer explodir esta base pelos ares" (Idem: 598, t. 2).

A redução do trabalho relativamente necessário aparece como aumento da capacidade de trabalho relativamente supérflua, isto é, cria *uma população excedente*: excedente de capacidade de trabalho para as necessidades médias do capital.[44] Como o trabalhador só pode criar o tempo de trabalho necessário à sua reprodução quando seu sobretrabalho tem valor para o capital, o capital opera em direções contrapostas. Transforma a maior parte da população em população trabalhadora e simultaneamente cria uma parte da mesma como superpopulação. População que é inútil até que o capital possa valorizá-la, mantida com a renda de todas as classes, "por compaixão, enquanto ser vivente". Em outras palavras, o capital tem a tendência de *"criar e abolir o pauperismo"* (idem: 117, t. 2). Assim a explicação das leis que regem o aumento da população — e sua parcela excedente — referem-se às diferentes maneiras como os indivíduos se relacionam com as condições de produção ou, em relação ao indivíduo vivente, a reprodução de si mesmo e como membro da sociedade (idem: 110-111, t. 2).

Na análise do processo de produção como processo de formação do valor, importa *colocar em relevo* a específica *alienação do trabalho* que aí tem lugar[45] e como ela afeta os indivíduos que a vivenciam e contra ela se rebelam.

Como já foi destacado, as condições objetivas do trabalho vivo — matérias, instrumentos e meios de subsistência — existem monopoliza-

---

44. Importa salientar que nos *Grundrisse* as leis da população particulares ao regime capitalista de produção são tratadas teoricamente em decorrência direta da mais-valia relativa. Já em *O capital*, surgem no contexto de análise da lei geral da acumulação capitalista.

45. O tema da alienação do trabalho, desenvolvido nos primeiros escritos econômicos de 1844, são retomados amplamente nos rascunhos de *O capital*. Aparecem de forma privilegiada nos *Grundrisse* e *no Capítulo VI, Inédito*, em uma etapa de maturidade do desenvolvimento do pensamento de Marx, base das referências que se seguem.

das pelo capital, alheias aos trabalhadores e a eles contrapostas, autonomizadas frente à capacidade viva de trabalho. Uma vez pressuposta tal dissociação, *o processo de produção a produz de maneira nova e a reproduz em uma escala cada vez maior.*

O que se reproduz e produz de maneira nova não é só a existência dessas condições objetivas de trabalho vivo, mas sua existência *como valores autônomos, isto é, pertencentes a um sujeito estranho e alheio, contrapostas à capacidade de trabalho.* As condições objetivas de trabalho adquirem uma existência subjetiva frente à capacidade de trabalho: *do capital nasce o capitalista* (idem: 424, t. 1; grifos nossos).

Para o trabalhador, o processo produtivo ocorre por meio de uma *relação de estranhamento*, em que *tudo lhe é alheio*: os materiais que elabora, os instrumentos com que trabalha e o próprio trabalho vivo, sua manifestação vital específica que foi cedida ao capital para seu uso durante a jornada de trabalho. O trabalhador, portanto, relaciona-se com sua atividade como algo alheio, submetido à supervisão e aos planos de outrem, mero meio de valorização de valores existentes materializados em condições de trabalho, que dominam o trabalho vivo. O trabalho só pertence ao indivíduo produtor como *esforço*, mas como *substância criadora de valor* é propriedade do capital. (Marx, 1974c: 18). Em conseqüência,

o produto apresenta-se como uma combinação de material alheio, instrumento alheio e trabalho alheio: como propriedade alheia. Finalizada a produção, a capacidade de trabalho empobreceu-se, pela força vital gasta. Porém deve recomeçar a tarefa penosa e fazê-lo como capacidade de trabalho existente de maneira puramente subjetiva, separada de suas condições de vida. (Marx, 1980a: 424, t. 2)

A dominação do capitalista sobre o trabalhador é, portanto, o domínio da coisa sobre o homem, do trabalho morto sobre o trabalho vivo. E o processo de produção e reprodução do capital é o processo de produção e reprodução dessa *alienação*. Esta é experimentada de *maneira diferente* pelos capitalistas e por aqueles que trabalham. Nesse processo, *o capitalista realiza seus próprios fins — a valorização do capital empregado — e nele encontra a sua satisfação, por estar a serviço das coisas que possui. É,* neste sentido, *servo do capital, submetendo sua pessoa ao movimento de autovalorização do capital,* personificando-o. Já o trabalhador, na condição de criador e vítima desse processo, experimenta o trabalho como *castigo*, ao mesmo tempo que tem também nele a fonte de sua *rebeldia* (Marx, 1974d: 20) e, portanto, *das possibilidades de desalienação.*

Esta tensa dinâmica da experiência do trabalho como *castigo e rebeldia* merece destaque. A idéia do trabalho criador de valor como *sacrifício*, como *maldição*, foi posta por Adam Smith, na contraposição ao *repouso*, tido por ele como o estado adequado de liberdade e felicidade. Desconsiderava que o indivíduo, em condições de saúde, vigor, habilidade e destreza tem necessidade da supressão do repouso e de uma porção de trabalho. O trabalho concebido meramente como sacrifício fica destituído de sua função criadora, produtiva, enquanto substância dos produtos na qualidade de valores, cuja medida é o tempo.[46] Entretanto a concepção de Adam Smith sobre o trabalho como sacrifício, *"expressa acertadamente a relação subjetiva do assalariado com sua própria atividade"* (Marx, 1980a: 122, t. 2). Tanto o trabalho escravo quanto o trabalho assalariado apresentam-se como trabalho forçado, imposto do exterior, e não como "liberdade e felicidade". Mas para que o trabalho seja *atrativo, auto-realização para o indivíduo*, não pode ser reduzido a mera diversão ou jogo, tal como concebia Fourier, visto que precisamente os trabalhos livres (por exemplo a composição musical, a descoberta científica) exigem o mais intenso dos esforços (idem: 122).

É essa mesma experiência objetiva e subjetiva do trabalho, tal como vivenciada pelo indivíduo que trabalha, que move sua rebeldia ao castigo do trabalho: à *fadiga*, fruto do máximo gasto de energias e ao constrangimento de ter que *dedicar a maior parte de seu tempo de vida ao trabalho para o capital*, isto é, de *"relacionar-se com a maior parte de seu tempo, como um tempo que não lhe pertence"* (Marx, 1980). E a tendência do capital é a de unir a máxima extensão da jornada de trabalho de inúmeros trabalhadores, com a redução ao mínimo de trabalho necessário através da elevação da produtividade do trabalho para ampliar a produção de tempo de trabalho excedente. Noutros termos, *articular a mais-valia absoluta à relativa* (idem: 307-308).

O enfrentamento da alienação do trabalho pelos trabalhadores vem implicando historicamente a luta por seus interesses coletivos e por seus direitos como livres proprietários contra a dilapidação de sua força de trabalho, de sua condição vital, passando pelo reconhecimento jurídico dos direitos relativos ao trabalho por parte do Estado, através de árdua batalha por uma legislação que os proteja:

---

46. "Dizer que o tempo de trabalho ou a quantidade de trabalho é a medida dos valores, equivale a dizer que a medida do trabalho é a medida dos valores. Duas coisas são mensuráveis com a mesma medida só se são de *natureza igual*. Os produtos só podem ser medidos com a medida do trabalho — o tempo de trabalho — porque conforme a sua natureza são *trabalho. São trabalho objetivado"*. (Marx, 1980a: 121, t. 2)

Como "proteção" contra a serpente de martírios, os trabalhadores têm que *reunir suas cabeças e como classes conquistar uma lei estatal*, uma barreira intransponível, que os impeça de venderem a si e a sua descendência, por meio de um contrato voluntário com o capital, à noite e à escravidão. No lugar do pomposo catálogo dos "direitos inalienáveis do homem" entra a modesta Magna Carta de uma jornada de trabalho legalmente limitada que "finalmente *esclarece quando termina o tempo que o trabalhador vende e quando começa o tempo que a ele mesmo pertence*" (Marx, 1985: 238, t. 1; grifos nossos).

A *rebeldia do trabalho* manifesta-se desde conflitos parciais e momentâneos, até serem explicitamente assumidos através das *coligações dos trabalhadores*, expressas em comissões, sindicatos, movimentos sociais organizados e partidos. Reunidos como força coletiva pelo capital, divididos pela concorrência por seus interesses, *descobrem, na luta, sua situação comum. "Nesta luta — uma verdadeira guerra civil — se reúnem e desenvolvem todos os elementos necessários a uma batalha futura. Uma vez chegado a este ponto, a associação assume um caráter político*" (Marx, 1982: 159). Criam-se elos que unificam sua força coletiva como classe, na defesa de seus interesses econômicos e políticos comuns.

À medida que cresce a força produtiva do trabalho social, cresce a riqueza que domina o trabalhador como capital e cresce sua *pobreza, indigência e sujeição subjetiva*. Resulta na reprodução das *contradições de classes* — e dos conflitos a ela inerentes — e da *consciência alienada* que viabiliza essa reprodução.

O crescimento do capital e o aumento do proletariado são resultados contraditórios do mesmo processo (Marx, 1974c: 103). Logo, a produção capitalista é reprodução ampliada de relações sociais contraditórias, através das quais se realiza. Enfim, o resultado imediato da produção social, ao se considerar a sociedade burguesa no seu conjunto, é *"a sociedade mesma, vale dizer o próprio homem em suas relações sociais"*, em seu movimento de renovação. "Como sujeitos desse processo aparecem os *indivíduos*, porém os *indivíduos em suas relações recíprocas"*, que *se produzem e reproduzem*, junto com a riqueza por eles criada. (Marx, 1980a: 236-237, t. 2)

A análise aqui efetuada destitui de fundamento as críticas que atribuem à perspectiva marxiana a submersão do sujeito. A crítica tende a dialogar com a caricatura de Marx, como se fosse o próprio autor. A máscara vestida no personagem passa a ser com ele confundida. E o resultado é simplificar e diluir os fundamentos da teoria do valor-trabalho, reposta em suas versões vulgares como recurso para a sua desqualificação. Desqualificação esta movida não só por dificuldades de ordem teórica, mas por motivações de caráter político, enrustidas no discurso dito científico, tido como superior, porque aparentemente situado no limbo da ciência. A tônica predominante da avaliação sobre a teoria social de Marx, presente na academia, é o descrédito de seu potencial explicativo para compreender a sociedade de nosso tempo. Elide o rico manancial de sugestões ali contidas que necessariamente devem ser acompanhadas da pesquisa sobre os processos sociais contemporâneos, de modo a atribuir densidade histórica às complexas formas de expressão das legalidades por ela apreendidas.

Concluindo, poder-se-ia afirmar que a teoria do valor trabalho apreendida em suas dimensões histórico-ontológicas permite e impõe o reconhecimento de implicações de *ordem ética*: a defesa do trabalho, como defesa da humanidade dos indivíduos sociais, contra a sua dilapidação.

O *foco* da exposição efetuada — *a tensão presente no pensamento de* Marx *sobre o trabalhador como "objeto do capital" e como "sujeito criativo vivo"* —, presidida pela diretriz que articula estrutura e ação, sujeito e objeto, merece ser novamente *considerado* como *resultado da análise*, que buscou trazer o indivíduo que trabalha para o centro do cenário da exposição feita. Agora, no reencontro com o polêmico debate contemporâneo que, também, busca restaurar a centralidade do sujeito no mundo do trabalho.

1.5 O reencontro com o debate contemporâneo: classe e cultura

O ponto de partida da exposição foi a compreensão do social em Marx é presidida pela articulação entre causalidade e teleologia, entre momentos de estrutura e momentos de ação, sendo a ação dos indivíduos singulares condicionada por fatores a eles externos, ao mesmo tempo que os projetos que indivíduos sociais buscam realizar criam a vida social. Esta tensão entre *sujeito e objeto*, presente na construção teórica de Marx, não é uma criação aleatória do processo de pensar, mas a re-tradução, no campo da análise, do movimento histórico-concreto na constituição dos indivíduos sociais. Em outros termos, como se conforma a sociabilidade humana na sociedade burguesa *moderna*, tal como o explicitado.

O processo de produção como reprodução ampliada de relações sociais recria, simultaneamente, a consciência como alienação e a possibilidade de rebeldia por parte daqueles que vivem do trabalho ou dele são excluídos. O seu fundamento concreto está na tensão entre o trabalhador coletivo como objeto do capital, porquanto expressão do capital variável — neste sentido, sua propriedade —, e o trabalhador como sujeito criativo vivo e "livre", capaz de reagir ao castigo do trabalho, de lutar contra a sua alienação no processo de sua afirmação como sujeito político-coletivo. A particularidade histórica está em que o processo de criação de valor e mais-valia gera formas sociais necessárias à sua expressão que encobrem, para os sujeitos, o caráter social de seu trabalho, reificando suas relações sob a forma do fetiche da mercadoria (e do dinheiro) ou da mistificação do capital. Todavia como resultado do mesmo processo recria potenciadamente as desigualdades sociais, fundadas na reprodução ampliada do capital e da pauperização. Conduz ao alijamento da riqueza material e espiritual parte de parcelas cada vez mais amplas dos indivíduos sociais, o que move a luta pelo resgate de sua humanidade alienada. Reproduz o conflito entre ser e consciência — entre a história e a consciência que dela têm seus participantes — não como fatalidade, mas como resultado recíproco do processo histórico no movimento do seu devir: "a consciência não só como alienação, mas como mediação crítica da história, produto e interpretação da experiência, isto é das contradições e lutas sociais". (Martins, 1989b: 103)

Aquela tensão referida tem sido freqüentemente lida e apreendida pela literatura contemporânea como *dualidade* ou *ambigüidade* do legado teórico-metodológico de Marx. A contradição das relações entre classes e as formas de consciência que constroem historicamente passam a ser tratadas como *unilateralidades*, ora enfatizando a estrutura, ora a ação. O raciocínio dual conduz a apreciações que reforçam o viés economista no trato das classes deduzidas mecanicamente das leis gerais do movimento do capital. O resultado é a redução do trabalhador a mero objeto do capital, a submersão do sujeito e, ainda, a impossibilidade de se contemplar os indivíduos singulares a partir dessa teoria social. Provoca também uma reação contrária, voltada ao privilégio da intencionalidade da ação dos sujeitos, solapando os determinantes histórico-sociais que conformam essas ações. Determinantes esses que se transformam, nos indivíduos, em componentes de suas motivações, traduzidos em projetos a serem realizados, os quais são deslocados do terreno histórico que os torna possíveis e viáveis. Os resultados da referida segmentação no nível da análise desbordam-se para o economicismo, politicismo ou o culturalismo, em detrimento da totalidade concreta em sua processualidade, densa de contradições e mediações.

Nesse lastro analítico, a distinção analítica de "classe em si" e "classe para si" tende a ser tomada como uma *dupla e distinta consideração da noção de classe* e não como momentos ou *dimensões inseparáveis de sua formação histórica*. O *processo histórico de formação das classes* encontra-se presente em conhecida passagem sobre os camponeses:

> Na medida em que milhões de famílias camponesas vivem em condições econômicas que as separam umas das outras, e opõem o seu modo de vida, os

seus interesses, a sua cultura aos das demais classes da sociedade, esses milhões constituem uma classe. Mas na medida em que existe entre os pequenos camponeses apenas uma ligação local e em que a similitude de seus interesses não crie entre eles comunidade, ligação nacional alguma, nem organização política, nessa exata medida não constituem uma classe. São pois incapazes de fazer valer seu interesse de classe em seu próprio nome, quer através de um parlamento, quer através de uma convenção" (Marx, 1978: 116).[47]

A expressão política das classes supõe sua existência social objetiva, isto é, *condições históricas* que tornem *possível interesses sociais comuns* e sua *apropriação* coletiva pelos indivíduos sociais. Interesses que ultrapassam a mera dimensão econômico-corporativa, elevando-se a uma dimensão universal. Esse *movimento* dos sujeitos sociais, de *apropriação coletiva e organização de seus interesses*, revela-se como processo de *luta* e de formação da *consciência de classe*. Adquire visibilidade pública através da ação voltada à defesa de seus interesses comuns ante os das demais classes, dotando-os de universalidade. É nessa perspectiva que adquire sentido a noção de *catarse*, em Gramsci, para qualificar, em sentido amplo, a *política*:

> Pode-se empregar o termo catarse para indicar a passagem do momento meramente econômico (ou egoístico passional) para o momento ético-político, ou seja, a elaboração superior da estrutura em superestrutura na consciência dos homens. Isso significa também a passagem do "objetivo ao subjetivo" da "necessidade à liberdade". A estrutura, de força exterior que esmaga o homem, que o assimila a si, que o torna passivo, transforma-se em meio de sua liberdade, em instrumento para criar uma nova forma ético-política, em origem de novas iniciativas (Gramsci, in: Coutinho, 1989: 183; grifos nossos).

Esse momento de "salto" entre o determinismo econômico e a liberdade política ocorre no processo em que a classe deixa de ser um fato puramente econômico para tornar-se um sujeito consciente da história, elaborando sua vontade coletiva, condição para se tornar uma classe nacional em luta pela hegemonia na sociedade. Em outros termos, o que está em jogo é a transição da classe em si — da esfera da manipulação imediata do mundo — para a classe para si — para a esfera da totalidade, da participa-

---

47. No *Dezoito Brumário de Luís Bonaparte* esses condicionantes históricos são claramente explicitados: "Enquanto o *domínio da burguesia não tivesse se organizado completamente*, enquanto não tivesse adquirido sua pura expressão política *o antagonismo das outras classes não podia, igualmente mostrar-se em sua forma pura,* e onde parecia não podia assumir o aspecto perigoso que converte toda luta contra o poder de estado em luta contra o capital". (Marx, 1978: 62)

ção na generecidade humana (Coutinho, 1989: 53). Esse processo de ruptura com a alienação é mediatizado pela ética e pela política.

Tal perspectiva recusa a suposta *dualidade* — como excludência exterior — da noção de classe em Marx, a favor da compreensão de seu *fazer-se histórico*, em seus condicionantes econômicos, ético-políticos e culturais. Fazer-se este que se expressa em todas as formas de práxis.

É baseado nesta compreensão do processo de formação de classe que Thompson (1979, 1987) desenvolve suas análises sobre a formação da classe trabalhadora inglesa, partindo da *premissa que a noção de classe, como categoria histórica, é inseparável da luta de classes.*[48]

> Para expressá-lo claramente: as classes não existem como entidades separadas, que olham ao seu redor, encontram uma classe inimiga e começam a lutar. Pelo contrário, as pessoas se encontram em uma sociedade estruturada em moldes determinados (crucialmente, porém não exclusivamente em relações de produção), experimentam a exploração (ou a necessidade de manter o poder sobre os explorados), identificam pontos de interesse antagônico, começam a lutar e no processo de luta se descobrem como classe. A classe e a consciência de classe são sempre as últimas e não as primeiras fases do processo histórico real. (Thompson, 1979: 37)

O autor sustenta a tese polêmica de que a luta de classe é um conceito prévio e muito mais universal, pois considera que a noção de classe pode ser empregada em dois sentidos diferentes. De uma parte, referida a um *conteúdo histórico correspondente*, empiricamente observável, tal como surge na sociedade industrial capitalista do século XIX. De outra parte, pode ser empregada também como *categoria heurística ou analítica* para organizar a evidência histórica. Nesse caso, apresenta uma correspondência muito menos direta entre categoria teórica e evidência histórica, como é utilizada pelo próprio autor na análise de sociedades prévias à sociedade industrial.[49]

A classe como categoria histórica é "derivada da observação do processo social ao longo do tempo" e "definida pelos homens ao viverem sua própria história". Isso não supõe que as classes possam existir indepen-

---

48. A tensão, presente nas análises de Marx, expressa na consideração da *"classe em si"* e da *"classe para si"* é polemizada teoricamente por Hobsbawm. (1987: 37-57)

49. O apoio em Hobsbawm é explícito. Sustenta este autor que: "Em outras palavras, no capitalismo a classe é uma realidade histórica imediata e, em certo sentido, *vivenciada* diretamente, enquanto nas épocas pré-capitalistas ela pode ser meramente um conceito analítico que dá sentido a um complexo de fatos que de outro modo seriam inexplicáveis". (Hobsbawm, 1987: 39)

dentemente dos determinantes objetivos — do conjunto das relações sociais —, e nem que possam ser definidas simplesmente como formação cultural, ainda que experimentadas por homens e mulheres ao viverem suas relações de produção, portadores de cultura e expectativas herdadas, permitindo-lhes modelar essas experiências em formas culturais (Thompson,1979: 38). Assim, a noção de *experiência do sujeito* ganha uma centralidade na interpretação do autor, *trazendo à tona o componente cultural no processo de formação das classes*, com forte irradiação na literatura histórica e sociológica contemporânea.[50]

Verifica-se uma reação às análises de cunho estruturalistas, colocando o sujeito no centro da cena histórica. Mas a tensão entre estrutura e sujeito pode derivar no culturalismo relativista, quando a experiência é desconectada de seus determinantes históricos, estruturais e conjunturais, como acentua Viotti da Costa (1990). Aliás, a autora aponta uma questão da maior relevância: a necessidade de se qualificar quais são os componentes que sobressaem da experiência, explicitando a hierarquização dos mesmos na formação da consciência de classe.[51] Indica a necessidade de ultrapassar uma visão meramente fenomênica da mesma, articulando experiência e estrutura.

O primado da experiência abriu um amplo leque temático para a pesquisa, que passa a abranger objetos que até então não haviam obtido prevalência nos tradicionais estudos sobre as classes trabalhadoras,[52] (Paoli & Sader, 1986). Mas é também suscetível aos riscos do empirismo e fragmentações, em detrimento de vôos de maior alcance analítico.

Nessa direção, o pensamento sociológico brasileiro na década de 1980, em uma conjuntura de ascenso das lutas sociais, amplia os estudos sobre as classes "populares". Volta-se à compreensão do cotidiano — como espaço simbólico de vivência da dominação e formulação de projetos direcionados a sua ruptura —, à politização do espaço fabril e das esferas da reprodução social. Os trabalhadores passam a ser tratados não apenas no espaço da produção, mas em suas múltiplas dimensões e formas de expressão política

---

50. Conferir, por exemplo, o rico balanço da literatura de língua inglesa sobre os estudos das classes trabalhadoras na América Latina efetuado por Viotti da Costa (1990: 3-16); Durand (1990) e Wanderley (1992: 141-156).

51. A autora salienta ter sido esta questão formulada por Florência Mallan em 1980, para quem a formação da consciência de classe depende da forma de investimento do capital, das relações de trabalho, da cultura que os trabalhadores trazem consigo e o do curso das lutas nos locais de trabalho. (Viotti da Costa, 1990).

52. Uma das obras que marcou esta inflexão nos estudos sobre as classes trabalhadoras foi a de Sader (1988). Ver, também, De Decca (1981) e Paoli (1987).

(idem). São acentuados os dilemas da heterogeneidade e identidade, estimulando os estudos sobre relações de gênero, etnias, ecologia e meio ambiente, espaço e tempo, dentre muitos outros.

Harvey (1990), em seu livro *Los limites del capitalismo y la teoria marxista*, traz o problema da tensão entre *estrutura e experiência* especificamente para o âmbito da teoria marxista sobre o processo de trabalho considerando as mudanças que nela se processaram na etapa do monopólio, dialogando com as análises de Braverman.[53] Reconhece que um dos grandes méritos de Marx foi o de ter demonstrado que o mundo não pode ser compreendido unicamente através da experiência subjetiva que dele se tenha. *Do ponto de vista do capital*, os trabalhadores tornam-se objetos, mero "fator de produção" para a geração de mais-valia, expressão da forma variável do capital. E a teoria espelha, frente aos próprios sujeitos, as condições objetivas de sua alienação, a qual obscurece para o capitalista e para o trabalhador a origem da mais-valia. A teoria desnuda as forças que dominam sua existência social, embora a experiência cotidiana imediata do processo de trabalho não leve necessariamente às conclusões expressas por Marx — pelas razões por ele próprio salientadas — e, nem por isto, seja menos real (Harvey, 1990: 120). Não significa negar a validade das experiências subjetivas dos trabalhadores e nem que a variedade de suas respostas não mereça ser estudada.

> É vital entender *como os trabalhadores enfrentam sua situação, os '"jogos" que inventam para tornar suportável o processo de trabalho*, as formas particulares de camaradagem e competição através das quais se relacionam, as táticas de co-

---

53. As principais críticas a Braverman são assim resumidas por Harvey, que as enfrenta apurando sua leitura de Marx: "Os críticos de Braverman acusam-no de diversos delitos. Apesar de sua compaixão e preocupação com os trabalhadores, tanto Braverman como Marx os tratam dentro do processo de trabalho como objetos dominados pelo capital, subordinados à sua vontade. Passam por alto pelo fato de que os trabalhadores são seres humanos, dotados de consciência e vontade, capazes de expressar suas preferências ideológicas, políticas e econômicas no lugar de trabalho, capazes (quando lhes convêm) de se adaptar e fazer concessões, mas também preparados, quando necessário, para desencadear uma guerra perpétua contra o capital a fim de proteger seus direitos dentro da produção. A luta de classes dentro do processo de trabalho se reduz assim a assunto transitório, de menor importância e a resistência do trabalhador que gera mudanças no modo de produção capitalista ficou totalmente descuidada. Marx e Braverman mostram erroneamente a mudança tecnológica e organizacional como uma resposta inevitável ao funcionamento da lei do valor, às regras que governam a circulação e acumulação do capital, quando as lutas levadas pelos trabalhadores nos locais de trabalho têm afetado o curso da história do capitalismo". Frente à luta dos trabalhadores "os capitalistas tiveram que ceder e buscar a cooperação voluntária dos trabalhadores. O resultado foi transformar o discutido terreno do local de trabalho como um *'terreno de concessões'*". (Harvey, 1990: 119)

operação, de confrontação e como se esquivam de maneira sutil na relação com a autoridade. E, sobretudo, as aspirações e o sentido de moralidade que colocam em suas próprias vidas. É preciso compreender como os trabalhadores constroem uma cultura distinta, como criam instituições e a elas integram outras instituições construindo sua própria defesa. (idem, ibid.)

É o tratamento do trabalhador como "sujeito criativo vivo" que torna possível salientar o *papel da luta de classes* na modificação e nos rumos imprimidos ao processo de trabalho, reconhecendo nos trabalhadores a condição de autores de sua própria história, que resistem às dilapidações do capital.[54]

A cultura é uma dimensão essencial na conformação da sociabilidade, como campo de expressão da alienação e da rebeldia, dos refúgios encontrados pelas classes subalternas para se preservarem do castigo do trabalho, presentes no seu universo simbólico e na organização da vida cotidiana. A preocupação é explicar as formas de protesto e reiteração à alienação do trabalho expressas a partir da vivência do trabalho, procurando desvelar o conteúdo *crítico* das práticas culturais[55] — materiais e simbólicas — que nem sempre se traduzem na esfera da política *stricto sensu*.

A cultura, sendo parte e expressão das forças políticas em luta pela hegemonia no seio da sociedade nacional, em conjunturas históricas determinadas, contém elementos simultaneamente reprodutores e questionadores da ordem (Sartriani, 1986). Observa-se, também, na literatura especializada uma tendência de tratar os fenômenos da cultura popular em termos de

---

54. Harvey considera que a *dualidade* do trabalhador como "objeto do capital" e como "sujeito criativo vivo" nunca ficou adequadamente resolvida na teoria marxista. Observa em Marx uma inclinação para negar a autenticidade da experiência e impor como grande força reveladora o poder da teoria. Reagindo contra os socialistas que teciam redes utópicas de subjetivismo e fantasia, tornou difícil criar um espaço em seu próprio pensamento no qual a experiência subjetiva da classe trabalhadora pudesse desempenhar o papel que lhe correspondia. Em conseqüência, não pode resolver o problema da consciência política. É interessante mencionar que Braverman também acreditou ser prudente evitar essa questão "Aqueles que como E. P. Thompson, em sua epopéia *The Making of the English Working Class*, considera o trabalhador sobretudo como um sujeito criativo, encontram-se freqüentemente castigados e jogados no ostracismo como 'moralistas' e 'utópicos', por colegas de mentalidade mais teórica cuja preocupação principal parece ser a preservação da integridade e rigor da ciência materialista marxista". (Harvey, 1990: 121)

55. Privilegia-se a dimensão político-cultural do processo de constituição das classes, com especial destaque para a contribuição gramsciana e de autores que nela se apóiam. O ponto de partida é uma noção ampla de cultura, como "momento da práxis social, como fazer humano de classes sociais contraditórias na relação determinada pelas condições materiais e como história da luta de classes. No sentido amplo, cultura é o campo material e simbólico das atividades humanas". (Chauí, 1986: 14)

... NO PROCESSO CAPITALISTA DE PRODUÇÃO

dualidade, em detrimento da tensão própria que os caracteriza.[56] Dentre as polarizações mais freqüentes que vêm informando a interpretação desse tema,[57] destaca-se *a perspectiva anticapitalista romântica ou conservadora*,[58] fundada na idealização do passado erigido como ótica de leitura do presente e como programa de ação para a sociedade capitalista. Nesta acepção, a cultura "popular" é pensada como guardiã do passado, portadora de uma visão idílica do homem anônimo, marcada por traços primitivistas e/ou comunitários. Uma visão purista das classes subalternas, não-imaculada pela cultura oficial, é terreno fértil aos populismos. Essa perspectiva é polarizada por outra análise da cultura popular, fundada em parâmetros da Ilustração européia, que tende a derivar na desqualificação e infantilização dos "de baixo". Distingue o *povo* — instância jurídico-política legisladora, soberana e que atribui legitimidade aos governos por meio de sua participação política — da *plebe*, desprovida de cidadania, "massa perigosa" e ignorante a quem cabe, no máximo, a filantropia.

A ruptura com esses viéses analíticos aponta para a fertilidade da análise gramsciana (Gramsci, 1981, 1978, 1974; Coutinho, 1990: 21-40; Coutinho & Nogueira, 1988) que, considerando a cultura parte do processo social global, transporta as relações de poder e de classe para o centro do debate da questão cultural. Nesse veio analítico Chauí (1986: 24) propõe uma aproximação à "cultura popular"[59] como "expressão dos dominados, buscando as

---

56. Ortiz trata essa questão em termos de ambivalência, contestando o foco dualista. "Tudo se passa como se os pólos da positividade e da negatividade fossem excludentes, heterogêneos, partes antagônicas de um fenômeno idêntico, mas jamais analisado em sua ambigüidade própria. Fragmenta-se a totalidade para ambivalência para apreendê-la enquanto dualidade". (Ortiz, 1980)

57. O texto parte de sugestões oferecidas por Chauí (1982, 1986) que faz a crítica da polarização entre as perspectivas românticas e a Ilustração européia.

58. Em outros dois momentos já trabalhei a questão do pensamento conservador. (Iamamoto, 1992 e 1998; Lukács apud Netto, 1983b).

59. Nos *Seminários* (1984: 17) a autora apresenta inúmeras situações que revelam o significado do popular em Gramsci, tais como: a capacidade de um artista ou intelectual de apresentar idéias, situações, paixões, anseios que, por serem universais, o povo reconhece, identifica e compreende (é o caso de Shakespeare); a capacidade de captar no saber e na consciência populares instantes de revelação que alteram a visão de mundo do artista ou intelectual (é o caso de Victor Hugo e Tolstói); a capacidade de transformar situações em temas de crítica social identificável pelo povo (como Goldoni e Dostoiévski). Significa, por fim, a sensibilidade capaz de "ligar-se aos sentimentos populares", exprimi-los artisticamente pouco importando o valor artístico da obra, como o caso do melodrama e dos folhetins. Segundo a autora, "na perspectiva gramsciana, o popular na cultura significa, portanto, a transfiguração expressiva de realidades vividas, conhecidas, reconhecidas e identificáveis, cuja interpretação pela artista e pelo povo coincidem". Popular como "expressão da consciência e do sentimento populares, seja feita por aqueles que se identificam com o povo, seja por aqueles saídos organicamente do próprio povo".

formas pelas quais a cultura dominante é aceita, interiorizada, reproduzida e transformada, quanto as formas pelas quais é recusada, negada e afastada, implícita ou explicitamente pelos dominados". Não se trata de uma totalidade antagônica à dominante, mas "um conjunto disperso de práticas, representações, formas de consciência que possuem lógica própria (o jogo interno de conformismo, de inconformismo e de resistência), distinguindo-se da cultura dominante por essa lógica de práticas, representações e formas de consciência". Segundo a autora o fio que perpassa a cultura popular é a *ambigüidade*, porquanto tecida de ignorância e saber, de atraso e desejo de emancipação, capaz de conformismo ao resistir, capaz de resistência ao se conformar (idem: 124). Ambigüidade que não pode ser confundida com "defeito" ou "incoerência", manifestando-se sob *forma da consciência trágica*: a que opera com paradoxos, tecida de saber e não-saber simultâneos, marca profunda da dominação. O sentido da consciência trágica não é o do embate com um destino inelutável, mas é dado pela tragédia grega: aquela *que descobre a diferença entre o que é e o que poderia ser, mas não chega a constituir uma outra existência social, aprisionada nas malhas do instituído*. Diz sim e não ao mesmo tempo, adere e resiste ao que pesa como a força da lei, do uso e do costume e que parece, por seu peso, ter a força de um destino" (idem: 177).

Para Gramsci a *ideologia* é um tipo de conhecimento próprio da práxis interativa, a qual não mobiliza apenas *conhecimentos*, mas um *conjunto de normas e valores para* dirigir a ação aos fins pretendidos. Envolve a capacidade de convencimento, de influir no comportamento dos demais, mesmo que seja necessária, como último recurso, a coerção, tendo em vista a constituição de um *sujeito coletivo*: atores que partilhem um conjunto de noções, valores e crenças subjetivas igualmente comuns ou que sejam movidos por uma *vontade coletiva* (Coutinho, 1989: 67). Portanto, a ideologia — *como concepção de mundo articulada a uma ética correspondente* — "transcende o conhecimento e se liga diretamente com a ação voltada para influir no comportamento dos homens" (idem: 65). É assim *uma força real que altera e modifica a vida humana*, mesmo quando seu conteúdo cognitivo não seja "científico", no sentido de não corresponder adequadamente à reprodução objetiva da realidade, abrangendo o folclore, o senso comum e a filosofia da práxis.[60] É um componente fundamental na luta pela *hegemonia*, que requer *a constru-*

---

60. Coutinho salienta a indissolúvel relação entre teoria e prática, sujeito e objeto, no pensamento de Gramsci, o que leva-o a identificar conhecimento e ideologia. No seu pensamento não há uma incompatibilidade entre a possibilidade da ciência (do conhecimento objetivo) e a realidade da práxis (do agir). Todo conhecimento objetivo — que esclarece os nexos causais e, neste sentido, científico — reflete aspirações e projetos dos sujeitos que atuam, nele operando uma teleologia e, portanto, a iniciativa do sujeito, contendo um componente ideológico.

... NO PROCESSO CAPITALISTA DE PRODUÇÃO

ção de um universo intersubjetivo de crença e valores, pressuposto para uma ação voltada para resultados objetivos no plano social.

Em sua análise da cultura popular,[61], Gramsci (1981:11) parte da idéia de que na "filosofia espontânea" do povo estão contidas "concepções de mundo" que se expressam nas crenças, nas superstições, nas opiniões, na linguagem, no senso comum, enfim, nos "modos de ver e de agir". Tais concepções de mundo são indicativas da pertença a determinadas classes, elos de união com todos aqueles que partilham de um mesmo modo de pensar e de agir.[62] O que atribui um *caráter distintivo ao popular é o modo de conceber a vida e o mundo, em contraste implícito ou explícito com a sociedade oficial*, concepção presente em suas análises sobre o folclore e o canto popular. É nesse modo peculiar de conceber a vida que se encontra a *coletividade* do próprio povo,[63] que, por não expressar uma cultura homogênea, não pode ser reduzida a critérios de unidade e coerência. Contém estratificações culturais, concepções de mundo não-elaboradas, assistemáticas e múltiplas, portadoras de elementos diversos e justapostos. O caráter fragmentário e desagregado dessas concepções de mundo decorre do fato de que se conformam como "um aglomerado indigesto de todas as concepções que se sucederam na história". Incorporam do pensamento e da ciência moderna "certas noções científicas e opiniões desligadas de seu contexto e mais ou menos desfiguradas", que caem "no domínio popular e são inseridas no mosaico da tradição (Gramsci, 1978a: 184). Ao referir-se à *moral do povo*, isto é, às máximas de costumes e para a conduta prática dela derivados ou por ela produzidos — e que atuam como imperativos mais fortes que a moral oficial —, distingue a existência de diversos estratos:

> os fossilizados, que refletem as condições de vida passada e são conservadores e irracionais; e uma série de inovações, freqüentemente criadoras e pro-

---

61. Canclini constata uma ausência de Gramsci na maioria das investigações sobre cultura popular, trabalhos que discutam globalmente seu pensamento e *o vinculem com pesquisas de campo*. (Coutinho & Nogueira, 1988: 62)

62. "Pela própria concepção de mundo pertencemos sempre a um determinado grupo, precisamente o de todos os elementos sociais que partilham do mesmo modo de pensar e de agir". (Gramsci, 1981, p. 12, nota 11)

63. "O que distingue o canto popular, no quadro de uma nação e de uma cultura, não é o fato artístico, nem a origem histórica, mas seu modo de conceber o mundo e a vida, em contraste com a sociedade oficial. Nisto — e não somente nisto — deve ser buscada a "coletividade do canto popular e do próprio povo". Essa mesma idéia é apresentada no estudo do folclore que deveria ser apreendido como "concepção do mundo e da vida", em grande medida implícita, de determinados estratos (determinados no tempo e no espaço) da sociedade em contraposição (também, na maioria das vezes, implícita, mecânica e objetiva) com as concepções de mundo oficiais (ou em sentido mais amplo, das partes cultas da sociedade historicamente determinadas) que se sucederam no desenvolvimento histórico". (Gramsci, 1978b: 190 e 184 respectivamente)

gressistas, espontaneamente determinadas por formas e condições de vida em processo de desenvolvimento e que estão em contradição (ou são apenas diferentes) com a moral dos estratos dirigentes (idem: 185).

Contudo, a cultura popular não incorpora apenas elementos tradicionais, mas fragmentos do pensamento e da cultura moderna, além de "intuições de uma futura filosofia, que será própria do gênero humano unificado".[64] O caráter fragmentado, incoerente dessas concepções de mundo se expressa numa *defasagem entre o pensar e o agir*.[65] Uma concepção embrionária manifesta-se na ação quando a classe se movimenta como um conjunto orgânico. Outra concepção é afirmada por palavras que a classe acredita seguir, mas que lhe é estranha, porque incorporada de outras classes por razões de submissão e subordinação intelectual. (Gramsci, 1981: 15)

Assim, se as classes subalternas apresentam uma *consciência partida*, um contraste entre o pensar e o agir, esse não pode ser atribuído à má-fé, porque expressão de *contrastes mais profundos da natureza histórico-social*. Inscreve-se

---

64. "Quando a concepção de mundo não é coerente e crítica, mas ocasional e desagregada — pertencemos simultaneamente a uma multiplicidade de homens-massa. Nossa própria personalidade é composta de uma maneira bizarra: nela se encontram elementos do homem das cavernas e princípios da ciência moderna progressista, preconceitos de todas as fases históricas passadas grosseiramente localistas e intuições de uma futura filosofia que será própria do gênero humano unificado. *Criticar a própria concepção de mundo significa torná-la unitária e coerente*, elevá-la ao ponto atingido pelo pensamento mundial mais desenvolvido. Significa, portanto, *criticar toda a filosofia até hoje existente*, na medida em que ela deixou estratificações consolidadas na filosofia popular. *O início da elaboração crítica é a consciência daquilo que realmente somos, isto é, um 'conhecer-te a ti mesmo' como produto do processo histórico até hoje desenvolvido*, que deixou em ti uma infinidade de traços recebidos sem benefício no inventário. Deve-se fazer, inicialmente, este inventário". (Gramsci, 1981: 12, nota 1)

65. "O homem ativo de massa atua praticamente, mas não tem clara consciência desta sua ação, que, não obstante, é um conhecimento do mundo na medida em que o transforma. É quase possível que ele *tenha duas consciências (ou uma consciência contraditória): uma implícita na ação* e que realmente o une a todos os seus colaboradores na transformação prática da realidade; e, *outra, superficialmente explícita ou verbal, que ele herdou do passado e acolheu sem crítica*. Todavia essa concepção 'verbal' não é inconseqüente: ela liga a um grupo social determinado, influi sobre a conduta moral, sob a direção da vontade, de uma maneira mais ou menos intensa, que, pode, inclusive, atingir um ponto no qual a contrariedade da consciência não permita nenhuma ação, nenhuma escolha e produza um estado de passividade moral e política. A compreensão crítica de si mesmo é obtida, portanto, através de uma luta de 'hegemonias' políticas, de direções contrastantes, primeiro no campo da ética, depois no da política, atingindo finalmente uma elaboração superior da própria concepção do real. A consciência de fazer parte de uma determinada força hegemônica (isto é, a consciência política) é a primeira fase de uma ulterior e progressiva autoconsciência, na qual teoria e prática finalmente se unificam. Portanto, também, a *unidade teoria e prática* não é um fato mecânico, mas um *devenir histórico*, que tem a sua fase elementar e primitiva no senso de 'distinção', de 'separação', de independência apenas instintiva e progride até a possessão real e completa de uma concepção do mundo coerente e unitária." (Gramsci, 1981: 20-21)

dentro da luta pela hegemonia em que a cultura das classes subalternas tende a ser polarizada e subordinada à cultura oficial e dominante. Porém, como na acepção do povo a filosofia é tida como um *"convite à reflexão"*, através dela busca fornecer à própria ação uma direção consciente: "é este o núcleo sadio do senso comum, o que poderia ser chamado de *bom senso*, merecendo ser desenvolvido e transformado em algo coerente" (Gramsci, 1981: 16). É na direção do desenvolvimento do bom senso que se dá a ultrapassagem daquele vínculo de subordinação, caminho que conduz à criação de uma *nova cultura*. Nova cultura que supere o pensar desagregado e ocasional e os componentes nele presentes que foram impostos mecanicamente do exterior. E permita às classes subalternas elaborarem sua própria concepção de mundo de maneira crítica e consciente, participando de sua própria história como *guias de si mesmas*. Esse processo cultural que constrói a independência e a autoconsciência das classes, requer sua *difusão*: que as descobertas sejam socializadas, *transformando-se em bases de ações vitais* (idem: 13, nota 4). E desdobre-se em um *movimento cultural* que expresse uma prática e uma vontade, tendo como premissa teórica "a conservação da unidade ideológica de todo o bloco social, unificado e cimentado por aquela ideologia" (idem: 20-21). Ideologia no sentido *de concepção do mundo*, que se manifesta implicitamente na arte, no direito, na atividade econômica, em todas as manifestações de vida individuais e coletivas. A criação de uma nova cultura implica, assim, a elaboração de um pensamento superior ao senso comum, coerente, com bases científicas sólidas, que, permanecendo em contato com os "simples", encontra aí a *fonte dos problemas a serem pesquisados e resolvidos.*[66] Este vínculo permanente com a prática é o segredo da possibilidade de sua difusão nos rumos da criação de um senso comum renovado.

Essa nova cultura é a "filosofia da práxis". Apresenta-se como superação de um modo *de pensar precedente, como crítica do senso comum e da herança intelectual acumulada*. Essa é condição para inovar criticamente a atividade já existente, o que implica a necessidade histórica e política de criação de uma elite de intelectuais, isto é, de especialistas, dirigentes e organizadores, organicamente vinculada às massas. Na formação desses intelectuais o *partido* — como "intelectual coletivo" — tem um papel decisivo: o de elaborar e tornar coerentes os problemas colocados pelas massas na sua atividade prática, de modo que os intelectuais e a massa constituam um só bloco social e cultural, confrontando-se com as forças dominantes em luta pela hegemonia, pela direção política da sociedade.

---

66. "Só através desse contato que uma filosofia se torna 'histórica, depura-se dos elementos intelectuais de natureza individual e transforma-se em vida". (Gramsci, 1981)

Tendo em vista o exposto, a análise gramsciana não pode ser confundida com a perspectiva romântica ou com o jesuitismo, uma vez que

"filosofia da práxis" não busca manter os "simplórios" na sua filosofia primitiva do senso comum. Ao contrário, procura conduzi-los a uma concepção de vida superior. A exigência de contato entre os intelectuais e os "simplórios" não é para limitar a atividade científica e para manter a unidade no nível inferior das massas, mas justamente, para forjar um bloco intelectual moral, que torne politicamente possível um progresso intelectual de massa e não apenas de pequenos grupos intelectuais" (idem: 20).

A transformação do subalterno em dirigente é sua transfiguração em *pessoa histórica, em protagonista político,*[67] operando-se toda uma revisão no seu modo de pensar decorrente das mudanças verificadas no seu ser social. Contudo, antes de tornar-se dirigente, o subalterno não poderia ser considerado como um mero "paciente", pois *"o fatalismo não é senão a maneira pela qual os fracos se revestem de uma vontade ativa e real"* (idem: 24).

Essa rápida e parcial retrospectiva do pensamento de Gramsci sobre a cultura popular acentua a *heterogeneidade da consciência das classes subalternas,* expressão das condições culturais da vida de um povo, tratada de modo inseparável da política.

A análise de Gramsci está fundada na situação italiana, em que o peso da questão camponesa — indissociável da questão meridional e da questão vaticana (Gramsci, 1977) — é decisivo, levando-o a considerar as *"ideologias não orgânicas",* uma vez que o proletariado só poderia tornar-se classe dirigente à proporção que conseguisse obter o consenso das amplas massas camponesas.

Rudé (1982), preocupado com a luta dos grupos tradicionais não consolidados em classes sociais — camponeses, pequenos comerciantes e artesãos da sociedade pré-industrial e industrial —, desenvolve a análise da "ideologia do protesto popular". Considera que Gramsci, ainda que reconhecendo a necessidade de estudar historicamente a "ideologia não orgânica" (idéias inerentes) das classes tradicionais, não mostra como ela se relaciona e se funde com as idéias mais estruturadas ou sofisticadas das classes fundamentais. Entretanto é essencial saber como essa ideologia se

---

67. "(...) quando o subalterno torna-se dirigente e responsável pela atividade econômica de massa (...) opera-se, então, *uma revisão de todo o seu modo de pensar, já que ocorreu uma modificação no seu ser social.* Os limites e o domínio da 'força das coisas' são restringidos. Por quê? Porque se o subalterno era ontem uma 'coisa' hoje não mais o é: tornou-se *uma pessoa histórica, um protagonista;* se antes era irresponsável, já que era 'paciente' de uma vontade estranha, hoje sente-se responsável, já que não é mais paciente, mas sim agente e empreendedor". (Gramsci, 1978: 23-24)

compõe e como historicamente os seus componentes se reuniram, isto é a "ideologia inerente" e a "teoria vinda de fora", especialmente quando se busca decifrar a "ideologia do protesto".

Para Rudé, a ideologia popular diferencia-se da consciência de classe à medida que é algo "interno" e "exclusivo" de uma classe. Ela apresenta-se como um amálgama de suas concepções freqüentemente díspares, o que torna difícil distinguir os elementos inerentes e derivados. É o que Gramsci chama de uma mistura de lealdades, elemento contraditório presente na ideologia comum do povo italiano. Ao analisar a fusão dos elementos que constituem a ideologia popular, distingue dois componentes: o *inerente ou tradicional*, propriedade peculiar das "classes populares", baseado na experiência direta, na tradição oral, na memória folclórica; e as *idéias e crenças derivadas*, impostas de cima, incorporadas de um sistema mais estruturado de idéias filosóficas, políticas ou religiosas absorvidas em diferentes graus de sofisticação pela cultura "especificamente popular" (como o nacionalismo, socialismo, a Doutrina dos direitos do homem etc.). Reconhece haver uma constante interação entre esses dois componentes, uma vez que as idéias derivadas tendem, com muita freqüência, a ser a distilação mais elaborada da experiência popular e das crenças inerentes ao povo. As crenças *inerentes*, comuns à maioria dos protestos camponeses, se traduzem em *reivindicações persistentes, tais como*: o direito à terra, ao salário "justo", o direito do consumidor de comprar o pão pelo preço justo etc. São parte das crenças inerentes ou da mentalidade e sensibilidade coletivas do povo comum que não se limitam a atitudes de protesto, abrangendo atitudes frente à religião e à morte, comportamentos em festivais populares, entre outras manifestações.

Segundo a interpretação de Rudé, os limites de *ideologia inerente* são claros: podem levar a greves, motins, rebeliões camponesas e até à necessidade da mudança radical, mas não à revolução, o que supõe, necessariamente, a incorporação da ideologia derivada. A feição militante ou contra-revolucionária de que tomou forma a ideologia derivada dependeu menos das crenças inerentes do que das derivadas. A incorporação de novas idéias pelas classes populares depende das circunstâncias e das experiências vividas, uma vez que as idéias inerentes não constituem um mero "recipiente passivo". No curso de sua transmissão e adoção, as idéias derivadas sofrem uma *transformação*, cuja natureza dependerá das necessidades sociais ou dos objetivos políticos das classes que estão prontas e absorvê-las. (Rudé, 1982: 33)

Na linha de análise que reconhece a complexidade da cultura das classes subalternas, Thompson (1979 e 1987), ao estudar a sociedade inglesa do século XVIII, trata as implicações dessa formação histórica para o estudo da "luta de classe" e sua correspondente dialética da cultura, atribuindo uma especial atenção ao que qualifica de *cultura plebéia*. O estudo tem referência no conceito de classe como *categoria histórica*, derivada da observação do processo social ao longo do tempo,[68] que unifica uma série de acontecimentos díspares e aparentemente desconectados, tanto na matéria-prima da experiência, como na consciência.

> A classe acontece quando alguns homens, como resultado de experiência comuns (herdadas ou partilhadas), sentem e articulam a identidade de seus interesses entre si, e contra outros homens cujos interesses diferem (e geralmente se opõem) dos seus. A experiência de classe é determinada, em grande medida, pelas relações de produção em que os homens nasceram ou ingressaram involuntariamente. A consciência de classe é a forma como essas experiências são tratadas em termos culturais: encarnadas em tradições, sistemas de valores, idéias e formas institucionais. (Thompson, 1987: 10, v. 1)

A discussão da cultura plebéia encontra-se emoldurada por uma situação histórica especial: uma sociedade que apresenta poucos traços autenticamente paternalistas ante a expansão da mão-de-obra livre; um Estado com força externa, mas débil internamente, marcado pelo desuso dos poderes paternais, burocráticos e protecionistas, delegando ao capitalismo agrário, mercantil e fabril a realização de sua auto-reprodução. A esses traços alia-se a fragilidade da autoridade espiritual da Igreja, permitindo emergir, no campo de forças entre *"gentry-plebe"*, uma cultura plebéia fora do alcance de controles externos. Nesse quadro particular analisa a cultura plebéia, dentro dos limites estabelecidos pela hegemonia da *gentry*. A *cultura plebéia* contém certas características atribuídas à "cultura tradicional", tais como: o forte peso das expectativas e definições consuetudinárias, a aprendizagem como iniciação às destrezas dos adultos, a introdução na experiência social e na sabedoria da comunidade, a pouca interferência da educação

---

68. Na discussão da noção de classe Thompson investe contra aqueles que, partindo de uma análise estrutural estática, chegam à noção de classe por meio de uma dedução lógica de uma teoria geral das classes sociais e, não como conclusão de equações históricas. Assim "de um modelo estático de relação de produção capitalista são derivadas as classes, que têm que corresponder ao mesmo, e a consciência que corresponde às classes e às suas posições relativas". Em decorrência, verifica-se a justificativa da "política de substituição": a "vanguarda" sabe melhor que a classe quais são seus verdadeiros interesses e sua consciência, sendo-lhe atribuída uma falsa consciência ou ideologia (Thompson, 1979). O autor estuda a cultura polarizada pela relação "gentry-plebe", que, segundo ele, é difícil não analisar em termos de relações de classe. Porém, o termo *plebe* decorre do fato de que os artesãos urbanos revelavam uma consciência "vertical" do "ofício", distinta de uma consciência "horizontal" da classe industrial madura. "As polarizações da sociedade não se produziam entre patrões e assalariados, como nas classes 'horizontais', mas por questões que dão origem à maioria dos motins (...) Não era só a consciência da plebe distinta da classe trabalhadora industrial, mas também suas *formas características de revolta* (...)." (idem: 31).

formal; as tradições perpetuando-se especialmente através da transmissão oral, sendo a legitimação da prática buscada nos costumes. Trata-se de uma cultura que estabelece prioridade às sanções e motivações não-econômicas perante as diretamente monetárias.

Porém, a cultura plebéia não é só uma cultura "tradicional", uma vez que *as normas que transmite são definidas no interior dessa própria cultura*, não sendo idênticas àquelas proclamadas pela Igreja e pelas autoridades. Essa cultura é conservadora em suas formas, pois apela mais aos costumes que à razão, impondo sanções à base da força, do ridículo, da vergonha, da intimidação. Porém, o *conteúdo* dessa cultura não pode ser descrito como conservador com tanta facilidade. Daí "o *paradoxo de uma cultura tradicional que não está sujeita, em suas operações cotidianas, ao domínio ideológico dos poderosos*" (Thompson, 1979: 44-45).

Essa conclusão é indissociável da Inglaterra do século XVIII, quando o trabalho se liberava progressivamente dos controles senhoriais, paroquiais e corporativos, distanciando-se das relações diretas de clientelismo com a *gentry*. Os instrumentos de controle e hegemonia já eram predominantemente a lei, em detrimento do poder monárquico e da Igreja. O resultado é uma *cultura tradicional e rebelde em defesa dos costumes do povo*. Para legitimar o protesto recorre a regulações paternalistas de uma sociedade autoritária, aí selecionando alternativas para os interesses imediatos. Verifica-se um conflito entre a *lógica capitalista, a economia mercantil e o comportamento não-econômico da plebe ou a "economia moral da multidão"*. Esta se traduz na resistência à disciplina do tempo, à inovação técnica e à racionalização do trabalho quando ameaçam a organização familiar, a destruição das relações e das práticas tradicionais vivenciadas.

O que polariza essa análise é a luta pela *hegemonia cultural*, no confronto entre a "cultura refinada" e a "cultura plebéia". A hegemonia da *gentry* não envolvia integralmente a vida dos pobres, não se edificando como uma impossibilidade de defesa de seus modos de descanso e de trabalho, de formulação de sua visão da vida, do modo de satisfação das necessidades e do estabelecimento de seus próprios ritos. À medida que a hegemonia cultural implica a luta de classes, ela estabelece limites às expectativas alternativas alimentadas pela cultura plebéia, mas não impede o seu surgimento e a sua defesa. "Tal processo nada tem de determinado e de automático; a hegemonia não impõe uma visão de vida totalizadora. Obscurece a visão em certas direções, mas a deixa livre em outras" (Thompson, 1979: 60). Assim, a hegemonia cultural *da gentry* pode coexistir *com uma cultura do povo vigorosa e auto-atuante*, derivada de suas próprias expectativas e recursos. Tal cultura, ao resistir ao domínio exterior, representa uma ameaça constante às definições oficiais da sociedade.[69] Para apreendê-la, no entanto, faz-se necessário decifrar o *simbolismo do protesto*, no contexto das relações sociais particulares nas quais se gesta e se desenvolve, visto que suas definições são, em certos aspectos, antagônicas às da "cultura educada".

Incorporar as provocativas contribuições do autor ao caso brasileiro supõe uma "filtragem histórica",[70] reconhecendo o contexto específico das relações sociais em que adquirem significado.

No caso brasileiro Martins (1973), em seu estudo sobre a imigração italiana, indica um fio analítico diferenciado na compreensão dos dilemas da constituição da consciência camponesa e de suas ambigüidades. Sua análise está calcada na noção de processo social, compreendido no sentido de que "a dinâmica da sociedade expressa-se não só pelas relações entre os sujeitos, mas pelas relações dos sujeitos com a produção da história" (Martins, 1973: 27). Considera não *só as relações entre os sujeitos, mas como tais relações foram produzidas historicamente* nos quadros de expansão e crise do capitalismo no país. Exatamente porque a produção da imigração é *social*, mediatizada pelos quadros complexos da crise do Brasil agrário, *nem todos os aspectos da situação são apreendidos e desvendados pela consciência dos personagens*.[71] As transforma-

---

69. Reage o autor à visão dos círculos estruturalistas e marxistas da Europa Ocidental que sustentam ser a hegemonia capaz de imprimir um domínio total sobre os governados, impondo-lhes categorias de subordinação das quais são incapazes de liberar-se, sendo sua experiência impotente nesse sentido. O autor reconhece que, sendo tal ocorrência possível, não é o que se verifica na sociedade inglesa na época estudada.

70. Os rumos assumidos pela revolução burguesa no Brasil são substancialmente distintos no contexto em que Thompson elabora sua análise, como será objeto de atenção em momentos subseqüentes. Ao contrário do caso inglês no século XVIII, os momentos mais marcantes da história republicana brasileira contaram com uma decisiva ação do Estado na moldagem das feições da sociedade nacional, seja através do uso do aparelho repressivo ou do envolvimento nas atividades econômicas, antecipando-se politicamente às decisões da sociedade civil no estilo prussiano, a que se aliaram mecanismos de controle cuja eficácia não se encontra basicamente na lei — como nas sociedades liberais clássicas — mas sim no mandonismo oligárquico e na hipertrofia do poder privado articulado à troca de proveitos com o poder público, sendo o coronelismo uma de suas expressões. Uma sociedade de passado escravista recente, em que o ideário liberal é incorporado pela burguesia na defesa de seus interesses econômicos, mas as relações sociopolíticas são marcadas pela " ideologia do favor" (Schwarz, 1981). A isso se alia a força da Igreja na conformação do mundo privado da população. Assim sendo, não se gesta uma cultura das classes subalternas inteiramente isenta de controles externos, das autoridades e da Igreja, ainda que a hegemonia cultural, ao estabelecer limites às alternativas críticas presentes no universo cultural dos trabalhadores, não impeça o seu surgimento e a sua defesa.

71. A partir da crítica dos enfoques correntes explicativos da imigração trabalha a noção de migração, sob dupla dimensão: de um lado, como *mobilidade e remanejamento da força de trabalho* no mercado internacional; de outro, como *movimento social*, visto que subjetivamente tem sentido como preservação ou conservação de um modo de vida. Trata-se de um *movimento social expressivo* no sentido de que "o projeto de vida alternativa que ele contém ou o projeto de vida social que antecipa e busca realizar *não abrange os domínios concretos de sua gênese*". (Martins, 1973: 27)

ções econômicas, sociais e institucionais promovidas pela expansão de capitalismo redefinem categorias sociais não caracteristicamente capitalistas — como o camponês — que passam a se determinar pelas mediações fundamentais desta sociedade. A existência do camponês não mais se estabelece pela sua relação direta com a natureza, mas pela renda territorial capitaliza-da que envolve o conjunto das relações da sociedade capitalista. Todavia essa mediação entre o camponês e a terra não é por ele apreendida, continuando a trabalhar a terra sem dar-se conta das mudanças sociais ocorridas. As condições nas quais ocorreu a imigração no Brasil situava objetivamente o camponês como um proprietário potencial, destinado a viver a pauperização — expropriação e exploração — nos quadros da crise da sociedade agrária brasileira. Todavia, no *nível da consciência*, o imigrante-camponês interpretava a sua situação de vida a partir do modo de vida camponês: a conservação de sua comunidade, marcada pelas relações diretas de pessoa a pessoa, sem apreender as mediações pelas quais o seu contexto de vida já foi historicamente redefinido. O movimento social norteia-se pela *utopia comunitária*. "*Intersubjetivamente* a comunidade utópica constitui uma *forma de resistência*, passiva ou não, às rupturas estruturais da sociedade; *objetivamente*, porém, a utopia comunitária se insere dinamicamente nas relações sociais como resistência aos *efeitos* estruturais dessas rupturas. Isto é, inverte o seu sentido. Alienadamente, o camponês formula e desencadeia a sua oposição à sociedade capitalista" (Martins, 1973: 27-28). A *forma de consciência* se mantém fundada no modo de vida camponês que ele busca preservar, não apreendendo a redefinição que esse modo de vida sofre pela sua integração à sociedade capitalista. O que se percebe são os *efeitos* daquela redefinição que busca neutralizar e resistir numa oposição anticapitalista, porque anti-societária. A viabilidade histórica desse modo de vida é determinada pela superação do próprio capitalismo: pela supressão da mediação coisificadora de mercadoria na relação entre os homens.

O nascimento da utopia comunitária[72] —elemento central da realidade do camponês — encontra-se enraizado na contradição da realidade própria por ele vivida: a de trabalhador independente, embora não mais se encontre naquilo que produz, cujos resultado, vão se acumular pela mediação da renda territorial, do capital e do mercado em outros setores dominantes da sociedade. O seu trabalho independente não é mais que a

---

72. A utopia comunitária "enquanto visão do mundo que norteia o relacionamento na formação social concreta ela explica integradamente a vida camponesa, estabelecendo nexos entre os elementos de situação como se não fossem referidos a outros componentes da formação capitalista. A comunidade constitui, portanto, o *elemento central da realidade do camponês*, pois ela exprime o modo possível de conceber sua existência". (Martins, 1973: 29)

proletarização virtual e a defesa, intersubjetivamente, de sua independência responde à forma peculiar como resiste a esse desafio histórico.

Poder-se-ia afirmar que a questão da consciência, tal como analisada pelo autor, está inscrita na *tensão entre a aparência das relações sociais e sua efetividade histórica*. Ela só pode ocorrer numa sociedade que apresenta tais características, ou seja, uma separação histórica entre ato e resultado, o que tem seu fundamento na própria organização capitalista de produção: o trabalho social e a apropriação privada. Portanto, os mecanismos da ilusão são *objetivos*, não podendo ser atribuídos a mero "erro" ou "incapacidade" das classes subalternas de apreensão desse processo. A raiz dessa questão é trabalhada por Marx na análise das relações entre valor e preço da força de trabalho: a troca aparentemente igual da força de trabalho por salário é, de fato, uma troca desigual e essa desigualdade só se torna possível porque está encoberta pela igualdade necessária à troca de mercadorias equivalentes.

Nessa sociedade a consciência se conforma, necessariamente, como uma *"consciência ambígua"*:[73] nem inteiramente falsa, nem inteiramente verdadeira. O que tem de "falso" é resultante de um determinante histórico, inscrito objetivamente na organização do modo de viver e de trabalhar nessa sociedade. A recusa da situação ou de aspectos da situação não conduz a uma elaboração científica ou filosófica que coloque tal recusa nos quadros da história. É uma consciência ambígua, porque dividida, orientando-se, ao mesmo tempo, como recusa e justificação da vida. A recusa é organizada a partir de critérios de reflexão tomados do senso comum, sendo proposta de forma tal que adquire sentido nos parâmetros da ordem. Assim, a rejeição subjetiva se metamorfoseia em alternativas que confirmam a ordem estabelecida, pois esta não é desvendada nos seus fundamentos históricos. "A ambigüidade se resolve desencadeando formas individuais ou coletivas de negação da sociedade e, ao mesmo tempo, articulando essas formas dentro da ordem estabelecida". Segundo Martins, é nos limites da consciência ambígua que se organiza a consciência na vida cotidiana, podendo ser crítica no sentido de *constituição* da sociedade e não de sua *superação*. A ultrapassagem da ambigüidade dá-se a partir da apropriação de uma teoria crítica da sociedade e da prática política que permita avançar na apreensão dos fundamentos concretos da vida social.

---

73. Tal noção foi desenvolvida no Curso de Sociologia da Vida Cotidiana — FFCHL/USP, Departamento de Ciências Sociais, em 1975. Anotações de aula.

O presente estudo soma-se a esse universo contemporâneo de preocupações por parte das pesquisas sobre as classes trabalhadoras, ao mesmo tempo que com ele polemiza, visto que os elos desse encontro são construídos por meio do legado teórico-metodológico da tradição marxista, cuja fertilidade analítica é salientada como recurso para a releitura de uma das dimensões da sociedade brasileira dos anos 1980.

2

DESENVOLVIMENTO DESIGUAL E CONDIÇÃO OPERÁRIA NA PRODUÇÃO AGROINDUSTRIAL CANAVIEIRA

2.1 Desenvolvimento histórico desigual

A trama que tece a análise são as desigualdades do desenvolvimento histórico da sociedade brasileira, que têm na agroindústria canavieira um campo de visibilidade privilegiado. Setor importante da industrialização da agricultura no país articula uma tensa aliança entre expansão das forças produtivas mediante lenta incorporação dos avanços da ciência e da tecnologia na produção e arcaísmo no trato da força de trabalho. O propósito é salientar algumas mediações sociais que imprimem uma cadência histórica particular à produção canavieira paulista — aos processos de trabalho agrícola e industrial que a integram — e ao desenvolvimento da condição operária no seu âmbito.

As desigualdades que presidem o processo de desenvolvimento do país têm sido uma de suas particularidades históricas. O "moderno" se constrói por meio do "arcaico", recriando nossa herança histórica patrimonialista ao atualizar marcas persistentes e, ao mesmo tempo, transformando-as no contexto de mundialização do capital sob a hegemonia financeira. As marcas históricas persistentes ao serem atualizadas se repõem modificadas ante as inéditas condições históricas presentes, ao mesmo tempo que imprimem uma dinâmica própria aos processos contemporâneos. O novo surge pela mediação do passado, transformado e recriado em novas formas nos processos sociais do presente. A atual inserção do país na divisão internacional do trabalho, como um país de economia dita "emergente" em um mercado mundializado, carrega a história de sua formação social, imprimindo um caráter peculiar à organização da produção, às relações entre o Estado e a sociedade, atingindo a formação do universo político-cultural das classes, grupos e indivíduos sociais.[1]

Tais desigualdades revelam o descompasso entre temporalidades históricas distintas, mas coetaneamente articuladas, atribuindo uma marca histórica particular à formação social do país. Afetam a economia, a política e a cultura, redimensionando simultaneamente nossa herança histórica e o presente. Imprimem um ritmo particular ao processo de mudanças em que tanto o novo quanto o velho se alteram em direções contrapostas: a modernidade das forças produtivas do trabalho social convive com padrões retrógrados nas relações no trabalho, radicalizando a "questão social".[2]

A noção de desenvolvimento desigual é utilizada em sua acepção clássica[3] (Marx, 1985): a desigualdade entre o desenvolvimento econômico e o desenvolvimento social, entre a expansão das forças produtivas e as relações sociais na formação capitalista. Revela-se como reprodução ampliada da riqueza e das desigualdades sociais, fazendo crescer a pobreza relativa à concentração e centralização do capital, alijando segmentos majoritários da sociedade do usufruto das conquistas da trabalho social. Desenvolvimento desigual em outra dimensão não menos fundamental: os tempos desiguais entre as mudanças ocorridas na produção material e as formas culturais, artísticas, jurídicas etc., que expressam as alterações da vida material.[4] A

---

1. Nem de longe tal preocupação assemelha-se a uma ressurreição anacrônica do dualismo dos "Dois Brasis" (Lambert, 1960), nos moldes de interpretação das ciências sociais de base estrutural funcionalista dos anos 1960. Ao contrário do dualismo, o que se coloca em relevo são as mútuas mediações entre "arcaísmo" e "modernidade": distintos, mas interpenetrados, à proporção em que um nega o outro, realiza-se e transforma-se através do outro, fazendo com que o resultado produzido seja *historicamente específico*.

2. Para a análise da questão social na atualidade, conferir as interpretações de Castel (1999); Rosanvallon (1998); Fitoussi & Rosanvallon (1997); Wanderley (1997); Costa (2000: 5-26). Em outros momentos já tratei o tema: Iamamoto & Carvalho (1982); Iamamoto (1998); Iamamoto (2000:45-70).

3. A contradição entre desigualdades históricas fundamentais da sociedade do capital estão tratadas por Marx na "Lei geral da acumulação capitalista" (Marx, 1985).

4. A referida dimensão do desenvolvimento desigual é exposta por Marx na conhecida Introdução aos *Grundrisse*, de 1857: "a desigual relação do desenvolvimento da produção material frente à produção artística, por exemplo. De uma maneira geral não tomar o progresso no sentido habitual. Arte moderna etc. Esta desproporção está longe de ser importante e tão difícil de apreender

tensão entre o movimento da realidade e as representações sociais que o expressam estabelece descompassos entre o ser e o aparecer. Atualiza fetichismos e mistificações que acobertam as desigualdades e sua reprodução social.[5]

Martins (1994), ao discutir o 'poder do atraso" na sociedade brasileira, considera estar seu núcleo sediado na propriedade territorial capitalista. Na interpretação do autor, a propriedade é responsável pela persistência de constrangimentos históricos que *freiam* o alcance das transformações históricas do presente, porque se realizam por meio de instituições, concepções e valores enraizados em relações que tiveram sentido pleno no passado e que são ressuscitadas na atualidade. Preocupado em identificar as condições históricas particulares que estabelecem o ritmo do progresso na sociedade brasileira, sugere como perspectiva de interpretação o que chama de *sociologia da história lenta*: "a que permite fazer uma leitura dos fatos e acontecimentos orientada pela necessidade de distinguir no contemporâneo a presença viva e ativa de estruturas sociais do passado" (Martins, 1994: 14). A modernização conservadora articula o progresso no marco da ordem e atribui um ritmo lento às transformações operadas de modo que o novo surja como um desdobramento do velho (Martins, 1994: 30). Permite explicar a incorporação e/ou criação de relações sociais arcaicas ou atrasadas nos setores de ponta na economia, que adquirem força nos anos recentes, como a peonagem, a escravidão por dívida, a clandestinidade nas relações de trabalho e sua precarização mediante a regressão dos direitos sociais e trabalhistas. O desafio é, pois, compreender o

> modo como o capital articula essa diversidade de relações, trazendo para as determinações de seu tempo, isto é, do seu ritmo e de sua reprodução ampliada, os tempos de diferentes relações que foi reproduzindo na sua lógica ou mesmo produzindo. (Martins, 1989a: 20)

A produção canavieira esteve historicamente submetida a forte regulação estatal, até os anos 1990, quando desencadeia-se a relativa desregulamentação do setor sucroalcooleiro no Brasil (Moraes: 2000). Aquela regulamentação — indissociável das estreitas relações mantidas pelos proprietários fundiários e empresários capitalistas do setor com o bloco de poder, através de suas entidades corporativas — viabilizou a canalização de

---

como *a que se produz no interior das relações sociais práticas*. Por exemplo, a cultura. *O propriamente difícil nesse caso é discutir o seguinte: de que modo as relações sociais de produção, como relações jurídicas, seguem um desenvolvimento desigual.* (Marx, 1974a: 129; grifos nossos)

5. Cf. Capítulo 1 desta obra: Trabalho e indivíduo social no processo capitalista de produção.

parcelas importantes do "fundo público"[6] para o setor, incidindo diretamente na feição dos processos de trabalho. As relações sociais através das quais se forja o trabalho no "mundo das usinas", amalgamadas à racionalidade capitalista, são também atravessadas pela cultura política de cariz patrimonialista, enraizada na propriedade fundiária, incidente na formação e na ação das classes e grupos que se fazem presentes no universo agroindustrial. Tais componentes incidem no poder de mando sobre o trabalho exercido pelos usineiros e na sua contrapartida por parte dos trabalhadores. Na década de 1980, os empresários agrícolas viram-se constrangidos a enfrentar mobilização e organização sindical dos canavieiros paulistas (Alves, 1991). Data daquela década a instauração das primeiras Convenções Coletivas de Trabalho no setor, o que permitiu atribuir uma face pública às tradicionais relações de trabalho na esfera agrícola, até então enclausuradas no espaço privado das usinas e do poder aí vigente, reguladas predominantemente pelo arbítrio patronal.

Tais processos macroscópicos, fruto da ação dos sujeitos sociais, criam o cenário social da vivência do trabalho pelos operários da cana, do açúcar e do álcool e condicionam as formas de organização, gestão e remuneração do trabalho. São sensíveis à *performance* do mercado de trabalho, visto que dele depende a oferta de mão-de-obra requerida, com fortes incidências nos níveis salariais, especialmente nos momentos de pico da demanda consubstanciado na fase do corte e moagem da cana.

O paradoxo do desenvolvimento desigual nesse ramo de produção pode ser assim sintetizado: um dos setores de peso da produção capitalista agroindustrial, fartamente acobertado por subsídios públicos na sustentação da taxa média de lucro dos empreendimentos, recria um padrão de consumo da força de trabalho fundado na desmedida extensão da jornada e em mecanismos favorecedores de intensificação do trabalho, acompanhados da precária observância dos direitos trabalhistas e sociais reguladores das relações de trabalho. Em outros termos, no processo de reprodução ampliada do capital industrial e na captura da renda fundiária, o usineiro utiliza-se, por um lado, de processos modernos de produção, incorporando forças produtivas

---

6. Os dados fornecidos por Novaes (1989: 22) são ilustrativos dessa relação dos usineiros com o Estado e da privatização de fundos públicos para o setor nos anos 1980: "Em 1982, a sociedade brasileira assumiu explicitamente a manutenção dos lucros dos usineiros, quando o IAA adquiriu açúcar ao preço de Cr$ 1747/saca (que somados aos custos de comercialização, chegou a 2078/saca) e o vendeu no exterior a Cr$ 1573/saca, transferindo para a sociedade um prejuízo de 505/saca exportada (...). "Em 1985, os empréstimos dos usineiros junto às agências internacionais atingiam Cr$ 657,4 milhões. Deste montante, o Estado pagou, por ser avalista, US$ 211,3 milhões, correspondentes a 36% da dívida, e os usineiros pagaram apenas US$ 72 milhões de seus débitos, ou seja, 12,5%. (*Gazeta mercantil*, 14.3.1985)

sociais materializadas na ciência e tecnologia de bases biológicas, químicas e mecânicas e de um padrão de organização do processo de trabalho assentado em padrões tayloristas e fordistas de produção. Por outro lado, recorre à formas despóticas de gestão da força de trabalho (Burowoy, 1990) *e à recriação de mecanismos extra-econômicos de seu controle* — de que são ilustrativos os alojamentos das usinas —, *evocando similitudes com momentos iniciais da industrialização, tal como retratadas no exemplo clássico inglês* (Marx, 1985; Engels, 1975). *Tais desigualdades internas, trazem para o processo de reprodução capitalista recente padrões de consumo produtivo da força de trabalho agrícola e industrial que foram dominantes em momentos pregressos da expansão capitalista, redimensionando-os e atualizando-os, tornando o processo produtivo um amálgama de temporalidades históricas distintas.*

A desigualdade de temporalidades históricas assinalada tem na feição antidemocrática assumida pela revolução burguesa no Brasil um de seus pilares. As soluções políticas para as grandes decisões que presidiram a condução da vida nacional têm sido orientadas por deliberações "de cima para baixo" e pela reiterada exclusão das classes subalternas, historicamente destituídas da cidadania social e política.[7]

Segundo Fernandes (1975), a transição do capitalismo competitivo ao monopolista no Brasil ocorre por caminhos que fogem ao *modelo universal da democracia burguesa*. A economia brasileira se relacionou com a expansão monopolista segundo a forma típica que assumiu na periferia dos centros mundiais. As grandes corporações, operando diretamente ou por meio de filiais, surgem aqui quase simultaneamente ao seu aparecimento nas economias centrais. Até o início da segunda Grande Guerra, dispõem de um controle segmentar de uma gama de setores da produção, contando com o espaço econômico que elas conseguiram conquistar. Drenam parcelas do excedente econômico para fora, vitalizando a expansão do capitalismo monopolista nas economias centrais. Segundo o autor referido, é na década de 1950 que a economia brasileira já não concorre apenas para intensificar o crescimento monopolista no exterior: "ela se incorpora e este crescimento, aparecendo, daí em diante, como um dos seus pólos dinâmicos na periferia" (Fernandes, 1975: 255-256).

No país essa transição não foi presidida por uma burguesia com forte orientação democrática e nacionalista voltada à construção de um desen-

---

7. Como ressalta Ianni (1984b): "Todas as formas históricas do Estado, desde a Independência até o presente, denotam a continuidade e reiteração de soluções autoritárias, de cima para baixo, pelo alto, organizando o Estado segundo os interesses oligárquicos, burgueses e imperialistas. O que se revela, ao longo da história, é o desenvolvimento de uma espécie de *contra-revolução burguesa permanente*".

volvimento capitalista interno autônomo. Ao contrário, é marcada por uma forma de dominação burguesa que Fernandes qualifica de *"democracia restrita"* — restrita aos membros das classes dominantes que universalizam seus interesses de classe a toda a nação, pela mediação do Estado e de seus organismos privados de hegemonia. O país transitou da "democracia dos oligarcas" à "democracia do grande capital", com clara *dissociação entre desenvolvimento capitalista e regime político democrático*. Esse processo manteve e aprofundou os laços de dependência em relação ao exterior e ocorreu sem uma desagregação radical da herança colonial na conformação da estrutura agrária brasileira. Permaneceram tanto a subordinação da produção agrícola aos interesses predominantes de exportação, quanto os componentes não-capitalistas nas relações de produção e nas formas de propriedade, redimensionados e incorporados à expansão capitalista. Esta gradualmente moderniza a grande propriedade territorial que assume a face racional de empresa capitalista, convivendo com as vantagens da apropriação da renda fundiária. É acompanhada da concentração da propriedade territorial e de uma ampla expropriação de trabalhadores. Cresce o contingente dos assalariados rurais necessário à expansão do mercado interno e às exigências de ampliar a produção e a produtividade. Esse mesmo desenvolvimento incorpora e recria a pequena produção mercantil simples: parceiros, pequenos arrendatários, posseiros, submetendo-os ao jugo do capital (comercial, industrial, financeiro) e à renda fundiária. Assalariados agrícolas e camponeses experimentam uma permanente privação dos direitos sociais, trabalhistas e políticos — especialmente o direito de voto —, aprofundando sua exclusão do bloco do poder e dos pactos políticos.

Em síntese, no caso brasileiro, a expansão monopolista faz-se mantendo, de um lado, a dominação imperialista e, de outro, a desigualdade interna do desenvolvimento da sociedade nacional. Aprofunda as disparidades econômicas, sociais e regionais, à medida que favorece a concentração social, regional e racial de renda, prestígio e poder. Engendra uma forma típica de dominação política, de cunho contra-revolucionário, em que o Estado assume um papel decisivo não só na unificação dos interesses das frações e classes burguesas, como na imposição e irradiação de seus interesses, valores e ideologias para o conjunto da sociedade. O Estado é capturado historicamente pelo bloco do poder, por meio da violência ou da cooptação de interesses. Perfila-se, em conseqüência, um *divórcio crescente entre o Estado e as classes subalternas,* "em que o povo se sente estrangeiro em seu próprio país e emigra para dentro de si mesmo" apesar das fórmulas político-jurídicas liberais estabelecidas nas constituições republicanas (Ianni, 1984a).

Foi decisivo o papel do Estado nos caminhos trilhados pela modernização "pelo alto", em que as classes dominantes se antecipam às pressões

DESENVOLVIMENTO DESIGUAL E CONDIÇÃO OPERÁRIA ...

populares, realizando mudanças para preservar a ordem. Evitam qualquer ruptura radical com o passado, conservando traços essenciais das relações sociais e a dependência ampliada do capital internacional. Os traços elitista e antipopular da transformação política e da modernização econômica se expressam na conciliação entre as frações das classes dominantes com a exclusão das forças populares, no recurso freqüente aos aparelhos repressivos e à intervenção econômica do Estado (Coutinho, 1989: 122)[8]:

> Ao contrário do que supunha a tradição marxista-leninista, o Brasil experimentou um processo de modernização capitalista sem por isso ser obrigado a realizar uma "revolução democrático burguesa" ou de "libertação nacional" segundo o modelo jacobino — o latifúndio pré-capitalista e a dependência face ao imperialismo não se revelaram como obstáculos insuperáveis ao completo desenvolvimento capitalista do país. Por um lado, gradualmente e "pelo alto", a grande propriedade transformou-se em empresa capitalista agrária e, por outro, com a internacionalização do mercado interno, a participação do capital estrangeiro contribuiu para reforçar a conversão do Brasil em país moderno com alta taxa de urbanização e complexa estrutura social. Ambos os processos foram incrementados pela ação do Estado, ao invés de serem resultados de movimentos populares, ou seja, de um processo dirigido por uma burguesia revolucionária que arrastasse consigo as massas camponesas e os trabalhadores urbanos. A transformação capitalista teve lugar graças a um acordo entre as frações de classe economicamente dominantes, à exclusão das forças populares e à utilização permanente dos aparelhos repressivos e de intervenção econômica do Estado. Nesse sentido todas as opções concretas enfrentadas pelo Brasil, direta ou indiretamente ligadas à transição do capitalismo (desde a Independência política ao golpe de 64, passando pela Proclamação da República e pela Revolução de 1930) encontraram uma solução "pelo alto", ou seja, etilista e antipopular (Idem).

Esse processo evoca o tipo clássico de transformação agrária na *forma prussiana*, tal como qualificada por Lênin (1980).[9] Para salientar as particu-

---

8. Cf. também Coutinho (1984).

9. Lênin (1980: 31-32), analisando os dois tipos de revolução agrária burguesa, ressalta duas formas clássicas desse desenvolvimento: *a via prussiana e a via americana*. O autor atribui um grau de universalidade à sua análise do caso russo ao afirmar que "os traços fundamentais de uma e de outra forma aparecem também com absoluta clareza em *todos* os lugares onde existam, lado a lado, a economia latifundiária e camponesa". O autor assim caracteriza esses caminhos de desenvolvimento agrário: "Os restos do feudalismo podem desaparecer quer mediante a transformação dos domínios latifundiários, quer mediante a destruição dos latifúndios feudais, isto é, por meio da *reforma ou da revolução*. O desenvolvimento burguês pode verificar-se tendo à frente as grandes propriedades dos latifundiários que, paulatinamente, se tornarão mais burguesas, que, paulatinamente, substituirão os métodos feudais de exploração pelos métodos burgueses; e pode verificar-se,

laridades econômicas e políticas dessas transformações históricas, o autor integra a noção de "via prussiana" para análise da estrutura agrária à concepção gramsciana de "revolução passiva". Esta indica a prática restauradora das classes dominantes, que ao defrontarem-se com pressões populares carentes de iniciativa articulada unitariamente, introduzem mudanças reais, que derivam progressivamente em alterações na composição anterior das forças ante o poder. A revolução passiva inclui um vetor de "restauração" — por ser uma reação à possibilidade de uma efetiva e radical transformação de "baixo para cima"— e outro vetor de "renovação" — uma vez que várias demandas populares são incorporadas e implementadas pelos antigos grupos dominantes (Coutinho, 1989: 122).

A *debilidade histórica da democracia no Brasil que se expressa no* fortalecimento do Estado e na subalternidade da sociedade civil, é indissociável do perfil da revolução burguesa no país.[10] O amplo uso de instrumentos coercitivos por parte do Estado restringiu a participação política e o exercício da cidadania para os setores majoritários da população, derivando em uma rede de relações autoritárias que atravessa a própria sociedade civil "incorporada" pelo Estado.

A burguesia brasileira tem suas raízes profundamente imbricadas às bases do poder oligárquico e à sua renovação diante da expansão dos interesses comerciais, financeiros e industriais. Essa expansão determinou uma diferenciação e reintegração do poder — qualificado impropriamente de "crise do poder oligárquico" — que anuncia o início da era da modernidade

---

também, tendo à frente as pequenas explorações camponesas que, por via revolucionária, extirparão do organismo social a "excrescência" dos latifúndios feudais e, sem eles, desenvolver-se-ão livremente pelo caminho da agricultura capitalista dos granjeiros (*farmmers*). A estes dois caminhos possíveis do desenvolvimento burguês chamaríamos de caminho do tipo *prussiano* e caminho do tipo *americano*. No primeiro caso, a exploração feudal do latifundiário transforma-se *lentamente* numa exploração *burguesa-junker,* condenando os camponeses a decênios inteiros da mais dolorosa expropriação e do mais doloroso jugo, ao mesmo tempo em que distingue uma minoria dos *"Grosbaeuers"* (lavradores abastados). No segundo caso, ou não existem domínios feudais, ou são liquidados pela revolução, que confisca e fragmenta as propriedades feudais. Neste caso, predomina o camponês, que passa a ser o agente exclusivo da agricultura e vai evoluindo até converter-se num granjeiro capitalista". (Idem: 29-30)

10. Gramsci diria da sociedade política em sentido restrito, isto é, dos aparelhos militares e burocráticos de dominação e coerção. A sociedade civil é compreendida enquanto o conjunto dos aparelhos 'privados' de hegemonia, que supõe adesão voluntária e através dos quais o bloco do poder imprime uma direção política e moral ao conjunto da sociedade. Tais organizações têm a função de elaboração e difusão das ideologias, meio de criação de um consenso que atribua legitimidade à direção política imprimida, ampliando o arco de alianças em que se sustenta o poder: o sistema escolar, as organizações profissionais, as igrejas, os partidos políticos, os sindicatos, os meios de comunicação de massa. (Coutinho, 1989)

no país (Fernandes, 1975: 30). A velha oligarquia agrária se recompõe, moderniza-se economicamente, refaz alianças para se manter no bloco do poder, influenciando decisivamente as bases conservadoras da dominação burguesa no Brasil. Esse vínculo de origem marca profundamente o *horizonte cultural da burguesia*, que se socializa polarizada por um forte conservantismo sociocultural e político, traduzido no mandonismo oligárquico. A ele se aliam as representações ideais da burguesia, segundo o modelo francês, como símbolo da modernidade e da civilização, restritas à condução de suas atividades econômicas, nas quais são incorporados os princípios da livre concorrência.

> Portanto, estamos diante de uma burguesia dotada de moderado espírito modernizador e que, além do mais, tendia a circunscrever a modernização ao âmbito empresarial e às condições imediatas de sua atividade econômica ou do crescimento econômico. Ir além, representaria um risco: o de acordar o homem nativo para os sonhos de independência e revolução social, que estavam em conflito com a dominação externa (idem: 51).

Com a República são estabelecidos os requisitos formais para a universalização dos direitos dos cidadãos eliminando-se, em tese, as fronteiras jurídico-políticas entre as classes e estratos sociais, com a abolição da escravatura, a generalização do trabalho livre e a instauração da propriedade privada da terra (Lei de terras, de 1850). Essas medidas permitem o estabelecimento dos pressupostos para a organização capitalista da produção e do mercado de trabalho, cujas virtualidades não foram homogeneamente incorporadas na formação econômica e política brasileira.

A revolução burguesa no país nasce marcada com o selo do mundo rural, sendo a classe dos proprietários de terra um de seus protagonistas. Foi a agricultura que viabilizou historicamente a acumulação de capital de âmbito do comércio e da indústria. Aos fazendeiros juntaram-se os imigrantes que vinham cobrir as necessidades de suprimentos de mão-de-obra no campo e na cidade. Uma vez desfeitas as ilusões do enriquecimento rápido e do sonho de retorno às regiões de origem, os imigrantes deslocam-se do meio rural mas levam consigo as concepções rurais de organização de vida. Assim, as origens e o desenvolvimento da revolução burguesa explicam a persistência e tenacidade de um horizonte que colide com as formas de concepção do mundo e organização de vida inerentes à uma sociedade capitalista, verificando-se uma *combinação entre a ordem tradicionalista e as concepções de cunho liberal que sustentam, no nível ideológico, o ordenamento competitivo da economia* (Fernandes, 1975: 105). A burguesia brasileira aceita o princípio da livre concorrência nas relações econômicas estratégicas, todavia, repele, na prática, a igualdade jurídico-política proclamada nas cartas constitucionais. Apega-se às formas tradicionais de mandonismo, recurso para preservar suas posições na estrutura de poder no nível nacional. Estabelece-se pois uma *estranha articulação entre o forte conservantismo no plano político — do qual o mandonismo oligárquico é expressão — e a incorporação do ideário liberal e sua defesa no campo de seus interesses econômicos.*

Aquela articulação adquire inteligibilidade ao se considerar o papel desempenhado pela propriedade territorial na organização política brasileira. No país, a questão agrária é decisiva para a compreensão das formas históricas assumidas pelo Estado ante a permanente presença dos interesses vinculados à propriedade territorial na composição política do poder, interferindo nas grandes transformações operadas na vida da nação (Camargo, 1983; Ianni, 1984a). Também as lutas sociais no campo passam pela *propriedade fundiária*:[11] Salientar o papel da propriedade territorial não significa subestimar a interferência do grande capital nos negócios do Estado, uma vez que os interesses do capital e da renda da terra tenderam aqui a se fundir numa única e mesma figura, metamorfoseando o proprietário de terras em capitalista e vice-versa. As composições do bloco do poder, ao longo da história política republicana, contaram com alianças que, ao excluírem os trabalhadores rurais — inclusive dos pactos populistas —, tornaram possível a manutenção da velha oligarquia fundiária nas alianças do poder. Ao mesmo tempo a burguesia industrial era beneficiada com o aumento da população sobrante, rebaixando os salários urbanos (Coutinho, 1984). Os interesses atinentes à propriedade fundiária foram preservados sem impedir a modernização capitalista, dando forma à modernidade arcaica no Brasil.

A combinação entre o forte teor conservantista no plano político cultural das elites dirigentes e a incorporação ornamental do ideário liberal na defesa de suas atividades econômicas passa pelo *caráter particular do liberalismo* no Brasil, com amplas repercussões na questão democrática. Schwarz (1981), analisando o liberalismo brasileiro, fala "das idéias fora do lugar."[12]

---

11. "É particularmente essencial compreender que a forma assumida pela propriedade territorial 'amarra'" as relações sociais, organiza as relações de classe, sustenta relações econômicas e políticas, edifica uma determinada estrutura de poder, alimenta relações de dominação, define limites *para a participação democrática das diferentes classes sociais, especialmente das classes trabalhadoras. A propriedade territorial constitui mediação essencial da organização política brasileira e da história da exclusão política dos trabalhadores rurais"*. (Martins, 1986: 67)

12. Schwarz (1981: 23-25). Ver também: Vianna (1978); Viotti da Costa (1977, cap. 3) e Mercadante (1965).

As idéias do universalismo, da liberdade do trabalho, da igualdade perante a lei — bases da cidadania liberal — correspondiam, na Europa, à igualdade formal necessária à mercantilização da vida social, ainda que encobrindo a exploração do trabalho. No Brasil, o ideário liberal incorporado na Constituição de 1824 chega de braços dados com a escravidão e com a prática geral do favor que, embora contrapostos, se unem na história política brasileira. O favor atravessou o conjunto da existência nacional nas relações entre os homens livres: "o favor torna-se a nossa mediação quase universal" (Schwarz, 1981). As elites dominantes brasileiras envolvidas nas atividades comerciais agroexportadoras identificam-se no mercado internacional com a lógica do lucro e com as idéias de liberdade e igualdade que supõem. Inclusive a independência do país foi feita em nome das idéias francesa e inglesa. Porém, tal conjunto ideológico defronta-se com a força e a violência nas relações básicas de produção e com "homens-livres" — mas na verdade dependentes —, cujo acesso à vida social dependia do favor de um grande, sendo a figura do *agregado* a caricatura. A ideologia do mando e do favor traz embutidos as relações de subordinação, o arbítrio, os serviços pessoais, a cumplicidade contra a postulação, pela civilização burguesa, da autonomia da pessoa, da remuneração objetiva, da ética do trabalho. Os "incompatíveis saem de mãos dadas" e o liberalismo passa a legitimar o arbítrio. O favorecido engrandece a si e a seu benfeitor, havendo uma compensação simbólica: só é favorecido porque não é escravo. Inclui uma cumplicidade sempre renovada que assegura serem ambas as partes "livres". "Aí a novidade: adotadas as idéias e razões européias, elas podem servir e muitas vezes serviram de justificação, nominalmente "objetiva" para o momento do arbítrio que é da natureza do favor" (Schwarz, 1981: 17). A burguesia incorpora no discurso as elaborações européias contra o arbítrio e a escravidão, mas na prática afirma o favor e o clientelismo em instituições que proclamavam formas e teorias do Estado burguês moderno.

Viotti da Costa (1977) também acentua a especificidade do liberalismo no Brasil com relação ao padrão europeu. Aqui os princípios liberais não se forjaram na luta da burguesia contra a aristocracia e a realeza e não evoluíram em função da revolução industrial. A industrialização no Brasil só se consolida tardiamente no século XX. Diferentemente da Europa, os *limites* do liberalismo no Brasil, nas suas origens, foram definidos pela escravidão, pela sobrevivência das estruturas arcaicas de produção e pela dependência colonial nos quadros do sistema capitalista internacional. Liberalismo que nasceu tendo como base social as classes de extração rural e sua clientela. Antes da Independência foi um "liberalismo heróico", que tinha como ponto de convergência a denúncia do pacto colonial, em que as aspirações dos grupos de elite confundiam-se com os demais grupos sociais. A escravatura era o ponto de controvérsia. Após a Independência evoluiu para o "liberalismo regressista" com feição antidemocrática e anti-revolucionária, presidido pela conciliação da liberdade com a ordem. Teme os "excessos" das pressões democráticas, tidas como radicais, indicando uma clara dissociação entre *liberalismo e democracia*. Portanto, o *liberalismo no Brasil não se constrói sobre a universalidade da figura de cidadão*.

As raízes oligárquicas e estamentais de base municipalista redundaram no "coronelismo", fenômeno que indica a rarefação do poder público frente ao poder privado ou a privatização de funções e de recursos públicos em função de interesses privados. Os 'coronéis', cuja sustentação do poder radicava na propriedade da terra e na riqueza, passavam a exercer funções públicas através de um sistema de reciprocidades e de troca de favores em relação aos seus dependentes, mediante recursos do Estado.

No desenvolvimento da contra-revolução burguesa as elites ajustam suas formas de dominação à defesa da "civilização ocidental". A burguesia, no seu horizonte cultural e no seu circuito político, se adapta à industrialização intensiva na consolidação da economia brasileira como uma economia de regulação monopolista, agravando o desenvolvimento desigual interno e intensificando a dominação externa. Esse quadro se adere à sua tradição cultural e política conservadora, de defesa do progresso dentro da ordem, prevenindo e antecipando-se às ameaças revolucionárias na história brasileira. Para fazer frente à "crise do poder burguês", a burguesia realiza uma recomposição de suas frações internas, preservando a aliança com a grande propriedade territorial e uma sólida união com o grande capital internacional, tendo no Estado o eixo da recomposição ao poder burguês, apartado do conjunto de nação (Fernandes, 1975: 289-366).

A constante dessa trajetória tem sido a permanente exclusão dos camponeses e do proletariado rural das decisões do Estado e do bloco do poder, sujeitos à repressão centralizadora do Estado e ao arbítrio do poder privado dos chefes políticos locais e regionais. A contrapartida da força, do arbítrio, da anulação da cidadania, da exclusão política e econômica dos trabalhadores rurais tem sido o caráter explosivo das lutas sociais, assim como a presença da violência no cotidiano das classes subalternas, manifesta nas mais triviais situações (Mello Franco, 1976). O amadurecimento político dos trabalhadores rurais é resultante de um longo e intermitente processo de lutas, expressas nos quilombos, nas greves do colonato, no cangaço, nos movimentos messiânicos, nas ligas camponesas, no sindicalismo rural, nas

DESENVOLVIMENTO DESIGUAL E CONDIÇÃO OPERÁRIA ...

greves dos assalariados permanentes e temporários e na luta pela terra dos posseiros, parceiros arrendatários.[13]

2.2 A produção agroindustrial canavieira

2.2.1 Indústria canavieira e propriedade territorial

Os empresários da agroindústria canavieira paulista representaram historicamente a fusão de duas figuras sociais: *a de capitalista e proprietário fundiário*, o que impõe a necessidade de apreender as articulações entre *capital e renda fundiária na submissão do trabalho*. O ponto de partida da análise é de que o processo de produção capitalista é uma *forma historicamente determinada* tanto de produção e reprodução das *condições materiais de existência da vida humana*, quanto de *relações de produção e dos sujeitos desse processo*: suas condições materiais de existência e suas relações sociais recíprocas. Tais condições e relações são pressupostos e resultados, criações do processo de produção capitalista. São por ele produzidos e reproduzidos (Marx, 1985: 273, livro III).

A história da agroindústria canavieira tem suas raízes na instalação dos engenhos centrais, que expressam a centralização industrial. Foi antecedida da instauração jurídica da propriedade privada da terra e da abolição da escravatura, impulsionando a formação de um mercado livre de terras e de força de trabalho. Estavam assim dadas algumas das precondições essenciais para a acumulação de capitais, a constituição da renda capitalista e a subordinação do trabalho.

O advento das usinas, no final do século XIX, representou uma revolução no modo de produzir, quando comparado aos engenhos de açúcar. Expressa *a transição da manufatura à grande indústria no setor canavieiro*. A fábrica emerge como unidade de produção baseada no maquinismo, emancipada dos entraves e limites próprios da força humana, típicos da manufatura. Os instrumentos de trabalho adquirem independência frente ao trabalho vivo, consumando-se o divórcio entre potências materiais do processo de produção e o seu elemento subjetivo, a força de trabalho. As habilidades e a perícia do trabalhador individual se transformaram em detalhes secundários ante a ciência, a tecnologia, as forças naturais e o trabalho em massa,

---

13. Ver, entre outros: Ianni (1984a: 116-131); Martins (1983; 1980a); Queiroz (1977); Paiva (1985); Grzybowski (1987); Bastos (1984).

apropriados privadamente como força produtiva. A cooperação entre os trabalhadores — o caráter combinado de seu trabalho — passa a realizar-se por meio da integração de várias máquinas diferenciadas e complementares, junto às quais exercem a vigilância.[14] O trabalho objetivado nos meios materiais de produção, ao tornar-se independente do trabalhador como propriedade alheia, aparece fisicamente como força objetiva que domina o trabalho vivo.

É característica da produção açucareira a exigência de elevados investimentos em capital fixo, representado por máquinas e equipamentos. Sua depreciação também é alta, em função dos intensos desgastes a que são submetidos pelo uso intensivo em curtos períodos sazonais. A isso alia-se a necessidade de imobilização de capital em terras, tendo em vista garantir às usinas o suprimento autônomo de matéria-prima, além da compra de terras como reserva de valor. Em outros termos, este é de um ramo de produção que, em função de suas particularidades industriais e agrícolas, requer elevada disponibilidade de capitais: capitais fixos imobilizados em máquinas e equipamentos, capital circulante para acionar e renovar o processo produtivo, além de capitais alocados na compra de terras, transfigurados em renda capitalizada.

Tais considerações contribuem para esclarecer as estratégias diferenciadas adotadas pelos usineiros na organização da produção industrial e agrícola. A *indústria* foi historicamente contemplada com a elevação da composição orgânica de capitais, priorizada como campo de inversões juntamente com a aquisição de extensas áreas territoriais. A produção agrícola foi levada a efeito de forma extensiva, com baixa composição técnica e de valor e o máximo de espoliação dos produtores diretos. O monopólio da comercialização pelo capital industrial e o monopólio da terra por parte das usinas foram mecanismos fundamentais, tanto para a sujeição do tempo de trabalho excedente dos produtores quanto do submetimento político dos trabalhadores por meio de mecanismos extra-econômicos.

A usina é uma expressão precoce da industrialização da agricultura, exigindo o trabalho assalariado na transformação da matéria-prima e a apropriação privada, pelo usineiro, das condições de produção agrícolas e industriais, controlando o processo de produção como uma globalidade. A imagem da usina relatada por Ianni é representativa:

---

14. "Enquanto sistema organizado de máquinas de trabalho que só recebem seu movimento de um autômato central, por meio da maquinaria de transmissão, a indústria maquinizada reveste sua figura mais desenvolvida. A máquina individual é substituída por um monstro mecânico, cujo corpo enche fábricas inteiras e cuja força demoníaca, oculta a princípio pelo movimento quase solenemente compassado de seus membros gigantescos, irrompe na dança loucamente fabril e vertiginosa de seus inúmeros órgãos de trabalho". (Marx, 1985: 464, t. 1)

A usina é uma fábrica fora do lugar, da cidade, no campo. Parece inserida no processo de reprodução do capital agrário. Na usina, o capital agrário e industrial aparecem conjugados, subsumidos um ao outro. De longe, vista no campo, a usina parece engolida pelo canavial; a fábrica pela planta; a indústria pela agricultura. Mas o que ocorre é o inverso, reverso. Na agroindústria canavieira, o capital industrial instalado no campo confere ao capital agrário as suas cores e matizes. Na usina, a cana-de-açúcar é industrializada, transformada em açúcares e álcoois, seguindo as exigências e a lógica da produção industrial. Aí comandam os processos físicos e químicos, mas sobressai a máquina e o andamento maquinizado. Na usina, a força de trabalho e a divisão social do trabalho organizam-se produtivamente, segundo os movimentos e os andamentos do capital industrial. Pouco a pouco as exigências da usina se estabelecem e se impõem nos canaviais, sobre os fazendeiros, os plantadores e os operários rurais. É verdade que a cana-de-açúcar se faz segundo o andamento da natureza, nas suas estações. Mas esse andamento pode acelerar-se algum pouco e aperfeiçoar-se, segundo determinações provenientes da usina. É nesse movimento que se aplicam e propagam o fertilizante, o defensivo, o trator, a queima das folhas, a intensidade do corte, a velocidade do transporte, a intensificação da força de trabalho. Ao desenvolver-se no campo, a usina incute no verde dos canaviais uma vibração e uma aspereza que nada têm a ver com a doçura da cana-de-açúcar." (Ianni, 1976: 36-37)

O domínio de grandes extensões de terra pelas usinas é um requisito indispensável tanto para a produção de cana própria, como para a incorporação de cana de fornecedores sem terra — que cultivavam nas áreas das usinas — para alimentar o processamento industrial. A produção da matéria-prima no passado era *completada* com a produção adquirida de fornecedores sem terra e de fornecedores autônomos, proprietários de suas terras, mas "amarrados" às usinas, a partir do Estatuto da Lavoura Canavieira, quando passam a deter o monopólio da comercialização do produto de seus fornecedores (Queda, 1972).

Na esfera industrial prevaleceu o emprego do trabalho assalariado permanente e temporário e a propriedade privada capitalista dos meios necessários à atividade industrial e de seus produtos. Na esfera da produção agrícola foram registrados diferentes tipos de produtores diretos, vinculados à usina: os *camaradas*, trabalhadores rurais assalariados, residentes e temporários; os *colonos* que produzem nas terras das fazendas das usinas; os *pequenos e médios proprietários, fornecedores de canas* para as usinas. Como já acentuara De Carli (1943: 85), as relações de trabalho nas zonas canavieiras paulistas foram *sui generis*, distintas das demais regiões, com a presença do trabalhador rural assalariado, do colono, do fornecedor de cana e da usina plantadora. Esta diversidade de relações de produção, estabelecidas no "mundo das usinas", envolveu a subordinação pelo capital industrial de formas de propriedade privada distintas, por meio das quais submetia o trabalho agrícola à propriedade mercantil simples e a propriedade capitalista.

As *relações de propriedade* articulam-se com as *relações de trabalho* como meio de subordinar o trabalho. As diversas formas de organização do trabalho — e de participação em seus frutos — condicionadas pela distribuição dos meios de produção, expressam formas diferentes de relação com o usineiro, capitalista e proprietário territorial, articulando *sujeitos sociais distintos*.

A propriedade fundiária é pressuposto histórico e fundamento permanente do regime capitalista de produção, comum a outros modos históricos de produzir. Entretanto, o capital cria a *forma histórica específica de propriedade que lhe convém, valorizando este monopólio à base da exploração capitalista, subordinando a agricultura ao capital*. Aí a propriedade privada adquire sua forma puramente econômica — despojando-se dos vínculos políticos e sociais anteriores —, na renda fundiária capitalista:[15] a forma como se realiza economicamente a propriedade territorial. A renda da terra constitui parte da *mais-valia social*, produzida pelo trabalho social assalariado no processo produtivo, que é apropriada pelos proprietários fundiários, em decorrência do fato de disporem de um título jurídico da propriedade da terra. O que é típico da renda fundiária capitalista é ser resultado do *trabalho global da sociedade e não resultado imediato do trabalho do produtor direto na agricultura, supondo a intermediação ativa do capital*. No sentido moderno, é o excedente do lucro agrícola sobre o lucro médio, fazendo com que o *preço regulador do mercado* (que repõe o capital constante e variável, além do lucro médio) *inclua a renda*. Neste sentido, a renda da terra impede o nivelamento de capitais investidos na terra, interceptando parte da mais-valia, sob a forma de renda, que em outras circunstâncias seria canalizada para formar o nivelamento da taxa geral de lucro.[16] É o capitalista quem primeiro se apropria da mais-valia, *redistribuindo* uma parcela da mesma àqueles que detêm o monopólio de um bem natural não-reprodutível, pelo direito de submetê-lo à exploração produtiva no sentido capitalista. Permite dessa maneira que o trabalho agrícola se torne subordinado ao capital, embora o proprietário da terra, como agente classicamente autônomo, não interfira diretamente

---

15. A complexa discussão sobre a renda territorial encontra-se em Marx (1985, t. 3). Ver também: Silva (1981); Martins (1980b); (Wanderley, 1979: 15-40) e Sallum (1982).

16. "A renda constitui então uma parte do valor — especificamente da mais-valia — das mercadorias, que em vez de reverter para a classe capitalista que a extraiu dos trabalhadores, é canalizada para os proprietários de terras que a extraem dos capitalistas". (Marx, 1985: 234, Livro IIII)

na produção. A terra passa a ser considerada como equivalente de capital e o título jurídico da propriedade assegura a captação da renda aos proprietários territoriais. A capitalização da renda fundiária constitui "o valor de compra ou o valor do solo, uma categoria *prima facie* irracional, exatamente como o preço do trabalho, já que a terra não é produto do trabalho, não tendo portanto nenhum valor. Sob essa forma irracional, esconde-se uma *relação real de produção*" (Marx, 1985: 129). O que é escondido pela forma é o fato de que a renda capitalizada representa não o preço da compra do solo, mas da renda fundiária que proporciona, calculada de acordo com a taxa média de juros, sendo por ela regulada. Tal capitalização supõe a existência da renda fundiária. Isto porque a renda da terra é distinta dos juros, não-passível de ser com ele confundida, embora este possa ser um componente estranho, adicional do total de rendimentos recebido pelo proprietário fundiário. Ora, na prática *aparece* como renda fundiária tudo o que é pago em forma de dinheiro de arrendamento ao dono da terra em troca da permissão para o uso do solo, quaisquer que sejam suas fontes e seus componentes. Tanto os juros do capital fixo incorporado ao solo podem estar embutidos no dinheiro do arrendamento, como este pode esconder também uma dedução do lucro médio ou do salário nominal. Porém, economicamente falando, tais componentes não constituem renda fundiária, embora na prática representem uma valorização econômica do monopólio do proprietário da terra.[17]

Assim sendo o dinheiro empregado na compra de terras não funciona como capital: "é compra de renda, direito de extrair a renda da sociedade no seu conjunto. É renda capitalizada e não capital (Martins, 1980b). Esta renda é *antecipada* no ato da compra, mediante dinheiro subtraído do processo de produção. No ato de venda da propriedade territorial aquela renda é integralmente revertida em capital. Revela a face do proprietário fundiário escondida muitas vezes sob a máscara do capitalista, especialmente quando estas duas *personae* se confundem no mesmo sujeito social,

---

17. Marx distingue claramente a renda capitalista daquelas condições em que a renda existe *formalmente* sem que exista o modo de produção capitalista, citando o caso da Irlanda. "O arrendatário aí é, em regra, um pequeno camponês. O que ele paga ao proprietário da terra como arrendamento não só absorve com freqüência parte de seu lucro, isto é, seu próprio mais trabalho, sobre o qual ele tem direito como dono de seu próprio instrumento de trabalho, mas também parte do salário normal que, em outras condições, ele receberia pela mesma quantidade de trabalho. Além disso, o proprietário da terra, que não faz nada aí para melhorar o solo, expropria-o de seu pequeno capital que ele em grande parte mediante seu próprio trabalho incorpora ao solo, exatamente como faria um usurário. Só que o usurário ao menos arrisca seu próprio capital nessa operação. (Marx, 1985: 131, Livro III)

não se estabelecendo a clássica separação entre arrendatários capitalistas e proprietários fundiários,[18] como é o caso predominante na agricultura brasileira. Tal fato não elimina entretanto as formas distintas de riqueza criadas pelo capital, lucro e a renda da terra, sendo esta última o único caso em que o capital cria um valor *diferente* de sua própria produção.[19] Sobre a fusão das duas personagens em uma mesma figura, Marx (1980) observa o seguinte:

> Se o antigo proprietário da terra é rico, não necessita de nenhum capitalista para converter-se em proprietário moderno. Basta-lhe transformar seus trabalhadores em assalariados e produzir com vistas ao lucro ao invés de fazê-lo visando a renda. Em sua *persona* estão pressupostos o arrendatário e o proprietário territorial modernos. Que se modifique a forma em que recebe sua renda ou a forma em que paga o trabalhador, não é certamente diferença formal, mas supõe uma alteração total do modo mesmo de produção (da agricultura); têm, portanto supostos que se baseiam em determinado desenvolvimento da indústria, do comércio e da ciência, em suma, das forças produtivas. (Marx, 1980a: 218-219, t. 1)

---

18. Marx, analisando a origem do sobrelucro de um fabricante que emprega uma queda-d'água, demonstra que a maior força produtiva do trabalho por ele empregado não se origina do capital nem do trabalho, mas do emprego de uma força natural monopolizável e monopolizada, que só está à disposição daqueles que detêm uma fração do globo terrestre. Afirma que, nessas circunstâncias, o sobrelucro se transforma em renda fundiária, recaindo sobre o proprietário da queda d'água. E acrescenta: "Nada se alteraria na questão se o próprio capitalista se apropriasse da queda-d'água. Ele continuaria a receber o sobrelucro de 10 libras esterlinas, não como capitalista, mas como proprietário da queda-d'água, e exatamente porque esse excedente não se origina de seu capital enquanto tal, mas da circunstância de dispor de uma força natural separável de seu capital, monopolizável, limitada em seu volume, é que se transforma em renda fundiária". (Marx, 1985: 145, Livro III)

19. Esta assertiva encontra-se clara e sinteticamente expressa nos *Grundrisse*: "En el mercado monetário el capital está puesto en su totalidad; en él determina los precios del trabajo, regula la fuente de producción, en una palabra, es fuente produtiva; pero no sólo el capital como productor de si propio, sino al mismo tiempo como criador de valores debe poner una forma de riqueza o un valor especificamente diferente del capital. Esa forma es la *renta de la tierra*. Constituye el unico caso en el cual el capital crea un valor diferente del propio capital, de su propia producción. Tanto por la naturaleza, como historicamente, el capital és el creador de la moderna propriedad de la tierra, de la renta de la tierra; por ende su acción se apresenta asimismo como disolución de la vieja forma de la propriedad de la tierra. La nueva surge a consecuencia de la acción del capital sobre la vieja. El capital — considerado bajo cierto aspecto — es el fundador de la agricultura moderna. En las relaciones económicas de la moderna propriedad de la tierra, lo que aparece como un proceso: renta de la tierra-capital — trabajo asalariado (la forma de la serie pode ser concebida de otra manera, como trabajo asalariado — capital-renta de la tierra, pero el capital debe parecer siempre como el princípio activo), constituye por ende la estructura interna de la sociedad moderna, o el capital puesto en la totalidad de sus relaciones". (Marx, 1980a: 217, t. 1)

Uma vez a agricultura dominada pelo capital industrial — e a mais-valia a forma normal de renda —, a renda da terra é o resultado de relações sociais estabelecidas entre trabalhadores assalariados, capitalistas industriais, proprietários territoriais na produção e distribuição social da riqueza. A renda capitalista da terra é assim diferente das formas de rendas originárias — renda em trabalho, em produto ou dinheiro — que supõem uma apropriação imediata do sobretrabalho do produtor direto da parte daquele que explora economicamente a propriedade fundiária, em decorrência do insuficiente desenvolvimento da mercantilização da vida social.

Esta breve incursão necessariamente parcial em alguns elementos fundantes da teoria da moderna propriedade da terra contribui para *iluminar* as relações sociais que tecem historicamente as complexas relações entre o capital industrial e a renda capitalizada na agroindústria canavieira paulista. Esse *processo de produção considerado na sua globalidade, envolve processos de trabalho distintos, presentes nas esferas agrícola e industrial*. Esses processos de trabalho são articulados pelo *capital industrial em sua lógica de trabalho excedente por ela viabilizadas à sua dinâmica*. Assim, é a mais-valia a forma dominante assumida pelo trabalho excedente e não a renda fundiária. Esta é subsumida e transfigurada em sobrelucro pelo proprietário. Torna-se meio de reprodução do capital industrial, ao ingressar no movimento daquele capital e das metamorfoses que assume, ao mesmo tempo que preserva a valorização da propriedade fundiária. A hegemonia do capital industrial no processo produtivo como um todo não exclui desconhecer a presença de elementos de formas originárias de juros e renda em trabalho e dinheiro —, recriados e combinados de maneira singular na constituição histórica das relações sociais na expansão dessa agroindústria. Expressam a tensão entre componentes não-capitalistas, de extração direta de renda e do controle da sociabilidade do trabalhador de parte dos usineiros, mediatizados pelo seu monopólio da propriedade territorial e legitimados pela política do Estado, no movimento de produção e reprodução do capital industrial e na valorização econômica da propriedade fundiária capitalista.

2.2.2 A produção canavieira paulista e a regulação estatal

A trajetória histórica da produção canavieira em Piracicaba é *exemplar* da formação e do desenvolvimento desse complexo agroindustrial, no estado de São Paulo. É pioneira na produção açucareira paulista,[20] fixada ini-

---

20. Sobre a história da agroindústria canavieira paulista no período colonial e imediatamente posterior à Independência, ver: Petrone (1968); De Carli (1943); Dean (1977); Eisenberg (1989: 317-390).

cialmente no chamado "quadrilátero do açúcar" (Campinas, Itu, Sorocaba e Piracicaba). A região de Piracicaba ingressa, ainda no século XVIII, no circuito do mercado interno e externo, através do cultivo da *primeira cultura comercial do país* no período colonial, que teve no Nordeste (Bahia e Pernambuco) o seu núcleo mais dinâmico. Esta liderança estendeu-se até a década de 1940, quando opera-se uma decisiva mudança na divisão regional do trabalho, transferindo o pólo da produção de cana, açúcar e álcool para o estado de São Paulo, que passa a concentrar o maior volume e valor da produção.

Nesse trajeto, Piracicaba marca sua presença. Experimenta *os principais processos de constituição e transformação das relações sociais articuladas ao desenvolvimento das forças produtivas na agroindústria canavieira:* do escravismo colonial ao colonato, desdobrando-se no proletariado rural; dos senhores de engenho à formação de uma fração da burguesia industrial.[21] Sofre os influxos da abrangente ação do Estado na regulação das atividades desse ramo de produção[22] e em sua modernização, em especial a partir da década de 1930, no governo Vargas, quando a intervenção estatal torna-se decisiva e constante até os anos 1990.

As bases da formação da grande indústria canavieira paulista encontram-se estreitamente vinculadas às mudanças operadas na economia paulista — e nacional — derivadas da expansão e crise da cafeicultura. O café desempenhou um papel decisivo na formação e na expansão de um novo capital financeiro e comercial, parte do qual é transferido para a produção e comercialização açucareira. Nos quadros da Primeira República (1889-1929), o Estado oligárquico contou com a forte influência dos novos segmentos cafeicultores paulistas, favorecidos pela "política dos governadores", o que permitiu a ampliação das bases para a expansão do "mundo das usinas", nas décadas subseqüentes.

Este último texto enfoca predominantemente a região de Campinas. Ver também: Davatz (1980). Sobre Piracicaba é fundamental o artigo de Canabrava & Mendes (1938: 275-238). Existem dados ainda em Milliet (1982, 4. ed.).

21. A região de Piracicaba desempenha um papel pioneiro na instalação dos engenhos centrais paulistas. Em 1877, o primeiro engenho central de São Paulo — Engenho de Porto Feliz — é criado em Piracicaba. Seguem o Engenho Central de Capivari e o Engenho Central de Piracicaba a mais importante fábrica desse período, criado em 1882.

22. Vale destacar as pesquisas pioneiras sobre a agroindústria paulista: De Carli (1943), Queda (1972) e Gnaccarini (1972, 1980). O trabalho mais completo no que se refere ao planejamento governamental no setor canavieiro, no período de 1930 a 1975, é o de Szmecsányi (1979). Ver ainda: Ramos (1983, 1991a); Wanderley (1976); Bertero (1991, 4 vols.). Sobre a intervenção do Estado na economia cabe ressaltar os trabalhos de Ianni, (1965, 1971, 1984b).

DESENVOLVIMENTO DESIGUAL E CONDIÇÃO OPERÁRIA ...

Os capitais acumulados a partir do café representaram uma das fontes da formação da burguesia industrial do açúcar. A outra, encontra-se na imigração estrangeira: imigrantes e seus descendentes fundam empreendimentos industriais, sob o controle de grupos familiares (Queda, 1972: 115-117). Pequena parcela dos descendentes de imigrantes italianos tornou-se um segmento importante da fração da burguesia canavieira, embora o destino da grande maioria dos imigrantes tenha sido o de colono no café e depois na cana-de-açúcar.

Os efeitos da crise de 1929 aliados à expansão urbano-industrial contribuem para o progressivo trânsito do eixo dinâmico da economia do setor agroexportador para o pólo urbano-industrial, desenvolvendo o mercado interno. Nos termos de Oliveira, instaura-se "um novo modo de acumulação, quantitativo e qualitativamente distinto, que dependerá substancialmente de uma realização parcial interna crescente" (Oliveira, 1976: 11). Entre 1937 e 1945 o Estado, ao mesmo tempo que resguarda posições dos grupos tradicionais numa política de acomodação de interesses entre os diversos atores políticos em confronto, favorece predominantemente a burguesia industrial (Diniz, 1983: 76-120). Encontra-se nesse giro a tônica da política de ruptura com a antiga ordem. O poder de Estado afirma-se na direção da nacionalização das decisões estratégicas, tendo como contrapartida o esvaziamento dos regionalismos e dos instrumento do poder oligárquico. Instaura-se um novo estilo de política econômica, aperfeiçoando os mecanismos de intervenção do Estado na regulação da vida econômica. Diniz (1983:11) salienta a criação de diferentes órgãos de poder ao nível do aparelho de Estado, entre os quais o Instituto do Açúcar e Álcool (IAA). Expressam uma certa ambivalência do governo, ora favorecendo setores mais tradicionais, ora os setores emergentes, revelando a complexidade da estrutura de poder. Segundo a autora, "ao nível do aparelho de Estado, a originalidade consistiria na tentativa de transpor o conflito entre os diferentes grupos dominantes para a burocracia estatal, através da auto-reprodução de interesses nos órgãos técnicos", o que atinge o setor canavieiro.

A partir dos anos 1930 a intervenção estatal tende a ser cada vez mais abrangente, como salienta Queda (1972: 8):

> A partir desse momento a ação do Estado foi-se intensificando, ao ponto de chegar a abranger inteiramente o setor açucareiro. A intervenção se faz presente desde a produção da matéria-prima (regulando o corte, transporte, pesagem e beneficiamento) até a fabricação, distribuição, consumo e exportação do produto acabado, tanto no mercado nacional quanto internacional. Disciplina as relações entre fornecedores e usineiros e destes com seus lavradores referente ao modo, ao tempo e à forma de pagamento das canas,

bem como a solução dos litígios decorrentes. Estabelece a política de equilíbrio entre produção e consumo, com vistas a garantir preços estáveis, encaminhando os excessos para o mercado exterior. Cuida do financiamento das safras a usineiros e fornecedores. Determina quotas mensais de comercialização e estabelece normas para a assistência social aos trabalhadores da agroindústria açucareira (através de Cooperativas, Associações e Sindicatos) estipulando as contribuições para o custeio dessas operações. Institui órgãos para julgar as infrações ocorridas. Dentro desta linha intervencionista, o preço da cana e o do açúcar, as quotas dos fornecedores, como das usinas do país ficam inteiramente sob o controle do Estado, através da política de contingenciamento.[23]

Essa política intervencionista no plano econômico expressa, se não a defesa, pelo menos a garantia de sobrevivência do açúcar nordestino, representativo dos interesses das frações mais tradicionais da oligarquia fundiária. Segundo Szmrecsányi (1979: 169), aquela política é instaurada por solicitação dos produtores, ameaçados pela queda dos preços, pela desorganização do mercado interno. Reforçava essa reivindicação a impossibilidade de redirecionar os excedentes para o mercado internacional, devido aos elevados custos do açúcar brasileiro ante as restrições impostas pelos países importadores, decorrentes da crise mundial.

A primeira iniciativa governamental a ser destacada é a instauração de estoques reguladores, como garantia de preços para os produtores, o que acaba por estimular o crescimento da produção, rompendo o desejado equilíbrio entre produção e consumo.[24] A segunda medida importante foi a industrialização do álcool-motor, substituindo parte da gasolina importada, utilizando excedentes da produção canavieira. Tal política só é colocada em prática com o Instituto do Açúcar e Álcool — IAA (Decreto nº 22.789, de 01.06.1933), órgão com a função de "dirigir, fomentar e controlar a produção do açúcar e álcool em todo o país". Estimula-se a implantação de destilarias de álcool anidro, com incentivos fiscais e tarifários, sendo estabelecida, em 1939, uma política de limitação da produção em todo o território nacio-

---

23. A observação é de 1971, tendo (na globalidade) validez até a extinção do Instituto do Açúcar e Álcool.

24. Gnaccarini (1972) situa diferentes fases da intervenção do Estado na agroindústria canavieira, sendo a primeira de 1930-1937, qualificada de "a ilusão do auto-equíbrio do mercado"; a segunda, de 1946-1950, expressando a "reação neoliberal" e a de 1951-1954, representando a "tentativa de planejamento nacional". Identifica as primeiras iniciativas governamentais no setor norteadas por uma "ideologia livre cambista", devendo o Estado prover para que as forças de mercado, momentaneamente bloqueadas, pudessem agir livremente, fazendo frente aos efeitos da crise.

nal.[25] Segundo Queda (1972), o que se exigia com essa limitação era uma modernização do setor industrial, facilitado pelo desenvolvimento da indústria de equipamentos. A política de limitação da produção reduziu a concorrência e estimulou a produção alcooleira. Possíveis efeitos negativos foram neutralizados através da expansão das destilarias particulares e das destilarias centrais, mantidas pelo IAA, o que permitiu o aproveitamento dos excedentes da produção.

Ramos (1991a: 142) chama a atenção para o fato de que as medidas acionadas para proteger a economia canavieira nordestina acabaram criando nos empresários "a idéia de que as empresas nunca irão quebrar e que, em conseqüência, eles não precisam se preocupar seriamente em melhorar a eficiência com que produzem". Considera este um elemento-chave para entender os baixos níveis de produtividade em relação aos padrões internacionais, que acompanham a evolução da agroindústria canavieira, sob forte proteção estatal.

É importante demarcar que a política implementada pelo IAA, voltada para a preservação da produção nordestina, acaba resultando num efeito ao reverso: no fortalecimento da agroindústria paulista. Esta beneficia-se não só da política oficial, mas da concentração urbano-industrial no Centro-Sul, que oferece mercado consumidor amplo e próximo dos centros produtores, possibilitando aos usineiros paulistas auferirem uma renda diferencial. O surto de industrialização paulista coloca à disposição dos usineiros fontes de financiamento próprias e bancárias mais acessíveis, além de equipamentos e assistência técnica. São Paulo é também favorecido pela concentração do parque industrial canavieiro. São poucos e fortes grupos capitalistas com posição dominante nas atividades de refino e comercialização do açúcar. Beneficiam-se ainda de custos médios agrícolas e industriais mais baixos que os vigentes no Nordeste e de reduzidas tarifas de transporte, o que lhes permite, sob preços administrados, acumular um lucro extraordinário frente à produção nordestina.

A Segunda Guerra Mundial, ao deprimir os preços dos produtos de exportação, estimula o processo substitutivo de importações, valorizando o parque alcooleiro em função da repentina escassez de petróleo. A guerra afeta também o comércio de cabotagem, meio pelo qual se dava o intercâmbio de mercadorias das várias regiões do país. A interrupção desse comércio gera uma superprodução no Nordeste e problemas de abastecimento no

---

25. Os textos completos do decreto de 04.12.1939, que limita a produção, e do Estatuto da Lavoura Canavieira de 21.11.1941 — referidos a seguir — podem ser encontrados em Carone. (1976: 226-250)

Centro-Sul, ainda dependente do produto daquela região (Queda, 1972, Gnaccarini, 1972; Szmrecsányi, 1979). O principal resultado desse processo foi a transferência do eixo da agroindústria canavieira da região Nordeste para o Centro-Sul.

Todavia, é no governo Dutra que os usineiros paulistas, favorecidos pela conjuntura econômica liberalizante, pressionam o Estado no sentido de reduzir os controles, a favor da utilização da capacidade instalada e da ampliação dos níveis de produção. A vitória dos usineiros paulistas é materializada no Decreto n° 9.827, de 1946, que formaliza uma revisão geral das cotas de produção. Estas passam a ser feitas de acordo com as exigências de consumo dos estados importadores, favorecendo a concessão de quotas para os engenhos turbinadores e sua transformação em usinas e a fundação de novas fábricas.

Outra iniciativa, que merece ser ressaltada, dentro da política de dirigismo estatal, refere-se ao Estatuto da Lavoura Canavieira (Decreto-lei n° 3.855, de 1941).[26] Inscrito dentro dos preceitos da ampliação das bases de legitimação do Estado junto às massas urbanas e rurais, o Estatuto é parte de uma política de redistribuição de renda em benefício dos fornecedores e trabalhadores da cana. O discurso legal expressa a defesa da pequena propriedade, da pequena exploração, dos colonos e trabalhadores assalariados. Visava "disciplinar as relações entre os usineiros e lavradores de cana", dentro do almejado propósito de "desenvolvimento equilibrado do setor". Representou uma resposta, no campo político, às tensões decorrentes de movimentos grevista dos fornecedores de Pernambuco e Rio de Janeiro que vinham se acumulando desde o início da década de 1930.[27]

---

26. Para um aprofundamento da análise do Estatuto da Lavoura Canavieira, ver: Queda (1972), Gnaccarini (1972), Szmrecsányi (1979), Ramos (1983) e Caron (1986).

27. "Em outubro e novembro de 1932, um amplo movimento grevista alastrou-se pelas usinas de Pernambuco. Tratava-se de uma greve de fornecedores de cana, os quais reclamavam contra o não-recebimento de cana, a falta ou atraso de pagamentos, preços muito baixos da cana. Atos de violência e o apoio recebido de lideranças operárias do setor açucareiro levaram as relações entre as duas classes a um estado de conflito total. Em pelo menos três municípios, as usinas foram depredadas. Para impedir a continuação da moagem os grevistas chegaram a arrancar os trilhos das linhas férreas, em várias localidades. Em represália, três grandes usinas paralisaram completamente suas atividades e despediram os seus operários, os quais somavam *vinte e sete mil trabalhadores*. A agitação social, no Estado do Rio de Janeiro, nesse período, teve início em 1931. Segundo relatório oficial os fornecedores estariam pressionando os usineiros de forma ilegal, 'ameaçando de tudo, até pôr fogo nos canaviais e desforços pessoais.' Os fornecedores fluminenses deram início em 1935 a um amplo movimento de agitação, iniciado por uma concentração em Campos, a que se seguiria a marcha sobre as usinas. Em 1936 repetem-se grandes agitações". (Gnaccarini, 1972: 73-74)

Em São Paulo, a categoria de fornecedores de cana era até então inexpressiva ante a presença do colonato herdado da expansão cafeeira. Ali, as medidas preconizadas pelo Estatuto tiveram o efeito de *prevenir e evitar a recorrência de lutas semelhantes às de outras regiões entre plantadores e donos de usinas, estimulando a expansão canavieira.* A existência do fornecedor foi estimulada pela política oficial, ao estabelecer que pelo menos 40% das canas moídas deveriam ser obrigatoriamente provenientes dos fornecedores e 60% das próprias usinas. O aumento de quotas de açúcar para cada usina passou a ser estabelecido proporcionalmente ao volume de cana dos fornecedores. Ao instituir a quota de fornecimento de cana vinculada ao "fundo agrícola",[28] o Estatuto da Lavoura Canavieira vincula necessariamente o fornecedor à usina, *garantindo uma oferta regular de matéria-prima (e de trabalho) e subordinando o plantio da cana às necessidade da indústria do açúcar e do álcool.*[29] Considerando os elevados investimentos requeridos para a ampliação das áreas de plantio simultaneamente à modernização industrial, estabelece-se uma divisão de trabalho: enquanto as usinas cuidariam do desenvolvimento industrial, a produção da matéria-prima seria dividida com os fornecedores e também os riscos do empreendimento agrícola. Monopolizando a demanda do açúcar, a empresa manipula o preço da matéria-prima, monopoliza o crédito aos fornecedores e os saldos obtidos contra a entrega da matéria-prima, subordinando os fornecedores ao seu controle.

O Estatuto teve para a agroindústria canavieira importância semelhante à da Consolidação das Leis Trabalhistas para os trabalhadores urbanos, guardadas as devidas proporções (Queda, 1972). É complementado com outro instrumento legal — Decreto-lei n° 6.969, de 1944 — por meio do qual os trabalhadores canavieiros são submetidos à tutela do IAA, sendo as relações de trabalho regulamentadas por meio de "contratos-tipo". Tais contratos garantem os direitos à estabilidade, à moradia-padrão, à assistência médico-hospitalar gratuita, à concessão de terras próximas às moradias para o plantio de subsistência, além da proibição de ter os salários reduzidos em

---

28. "Cada sítio ou fazenda, que na época fornecia (ou viesse a fornecer) cana para uma usina passou a ser, de acordo como o E.L.C, um 'fundo agrícola' e seu proprietário um 'fornecedor'". (Ramos, 1983: 145)

29. "Agora os fornecedores de cana deveriam ficar 'amarrados' às usinas sem outra alternativa, diferentemente do que aconteceu durante o período dos engenhos centrais, quando os fornecedores podiam moer suas canas nos engenhos banguês, sempre que os preços pagos pelos engenhos centrais não lhes parecessem compensadores. A maneira de se alcançar esse objetivo era através da instituição da quota de fornecimento de cana, ligada ao fundo agrícola em que foi formada e no qual a cana é cultivada". (Queda, 1972: 127)

função do eventual malogro das colheitas, uma vez que o salário mínimo já fora legalmente estabelecido pelo ELC.[30]

A ampliação do campo dos direitos relativos ao trabalho e o estímulo à desconcentração fundiária presentes nos textos legais na prática se revertem em mecanismos econômicos que favorecem os interesses dos usineiros, que não mais representam apenas os interesses da lavoura, mas da burguesia industrial (idem: 123).

Na década de 1950 os usineiros paulistas organizam *cooperativas regionais* voltadas para a comercialização de sua própria produção, aproveitando-se dos ganhos de escala possibilitados pela unificação das etapas finais de refino e distribuição. Aquelas cooperativas se unem, em 1959, na criação da Coopersucar. Os usineiros produziam grande parte da matéria-prima, eram produtores de seus equipamentos para o processamento industrial e para algumas operações agrícolas, além de comercializarem diretamente a sua produção (Ramos, 1991a: 165).[31] A expansão da agroindústria canavieira teve no crescimento do mercado interno um de seus mais importantes estímulos. Os excedentes da produção interna foram canalizados para o mer-

---

30. Gnaccarini sintetiza as principais disposições dos Decretos-Lei nº 3.855 e 6.969 nos seguintes termos: (a) estabelecimento do fundo agrícola. As disposições a ele relativas garantiram a 'integridade do fundo agrícola ao qual haja sido atribuída cota de fornecimento, proibindo a sua divisão além de um certo limite e garantindo aos detentores, seus herdeiros e sucessores a renovação de contratos de arrendamento em terra alheia, sob pena de indenização, mandando averbá-los no Registro de Imóveis; (b) o estabelecimento, pelo IAA, da 'renda normal pela utilização da terra'; (c) a fixação, pelo IAA, do preço da cana 'em correspondência ao preço do açúcar e álcool'; (d) a atribuição, pelo IAA, das cotas de fornecimento de cana. A lei fixou ainda os seguintes pontos: a aderência da cota ao respectivo fundo agrícola; a origem da cota do efetivo fornecimento de canas a uma usina ou destilaria; o fomento à disseminação de 'pequenos fornecedores, que lavram diretamente a terra, sem auxílio de assalariados'; a concessão, da totalidade dos aumentos da limitação, aos fornecedores de canas; a montagem de novas usinas exclusivamente em bases de completa separação entre agricultura e indústria (esta exclusivamente a fornecedores); a obrigatoriedade das usinas preencherem pelo menos 40% de suas cotas com cana de fornecedores, sem prejuízo de proporções maiores existentes à data da lei; a distribuição dos aumentos de limitação em correspondência à porcentagem das canas recebidas dos fornecedores. As disposições privativas dispuseram sobre os seguintes pontos: concessão de 10% da área de terras, nos contratos de fornecedores que lavrem em terra alheia para cultivos e criações de subsistência; a obrigatoriedade de as usinas proverem financiamento da safra aos seus fornecedores, em bases fixadas pelo IAA; o direito à retenção da terra pelo fornecedor não-proprietário, em caso de falta de pagamento de indenização, devido a distrato; e a caracterização da cobrança, em excesso, de renda da terra, como crime contra a economia popular, julgado por tribunal de exceção" (Gnaccarini, 1972: 79).

31. O autor, em outro trabalho, esclarece que: "Do *'trust'* de comercialização e refino configurado na Coopersucar somente estão fora hoje alguns grupos (alguns fortes, tais como Pedro Ometto, Nogueira, Maurício Biagi) que, por sua vez, estão vinculados à SOPRAL — *Sociedade dos Produtores de Açúcar e Álcool"*. (Ramos, 1983: 95)

cado internacional, fazendo com que o Brasil voltasse a figurar entre os grandes exportadores de açúcar. Impulsionou o ingresso do mesmo no mercado preferencial norte-americano, aproveitando-se do espaço aberto pela exclusão do açúcar cubano, em represália à Revolução de 1959. Viabilizou a expansão açucareira durante grande parte dos anos 1960, apesar da crise econômica que tem início em 1962. O IAA permite não só a constituição de novas usinas, como uma grande elevação dos limites já existentes, impulsionando o movimento de concentração e centralização de capitais, iniciado nos anos 1950 e intensificado na década de 1960.

A região de Piracicaba beneficia-se amplamente desse processo expansionista, uma vez que até a década de 1970 manteve a liderança da produção canavieira no estado de São Paulo. Enfrenta a crescente concorrência da região de Ribeirão Preto que, em 1975, consolida sua hegemonia no setor.

As orientações político-econômicas do Estado para o setor canavieiro, no período 1950-1964, são parte do processo de construção de novas bases para a acumulação. O papel do Estado adquire nova qualidade e extensão:[32] um Estado que investe no setor produtivo, produtor de mercadorias e serviços e que socializa os custos da industrialização, favorecendo o capital internacional e, secundariamente, a burguesia nacional. O tripé em que se apóia a base produtiva é formado por empresas estatais, burguesia nacional e capital estrangeiro no comando de importantes setores da estrutura produtiva. Nesse período, desenvolve-se um novo estágio do processo de internacionalização da economia nacional. Passa o país a figurar como um dos núcleos dinâmicos do circuito monopolista na periferia dos centros econômicos mundiais.

Dada a importância do setor sucroalcooleiro na pauta de exportações e no abastecimento do mercado interno, a ação estatal, que já vinha subsidiando a realização da taxa média de lucro das empresas, estimula a modernização tecnológica desse ramo de produção, através do apoio técnico-científico. É lançado o "Plano de Expansão da Indústria Açucareira Nacional" que aumenta as quotas de produção das usinas do país para 100 mi-

---

32. "Uma das mais marcantes características do desenvolvimento do capitalismo no Brasil diz respeito ao significativo papel do Estado como fator propulsor da industrialização. Este papel foi exercido não apenas através de suas funções fiscais e monetárias e de controle do mercado de trabalho ou de sua função de provedor dos chamados bens públicos, mas também e sobretudo pela: (i) definição, articulação e sustentação financeira dos grandes blocos de investimento que determinaram as principais modificações estruturais da economia no pós-guerra; (ii) criação de infra-estrutura e produção direta de insumos intermediários indispensáveis à industrialização pesada". (Serra, 1982: 68)

lhões de sacos. São Paulo e Paraná são beneficiados com quotas adicionais, passando a deter, em conjunto, 40% da produção nacional. A Lei nº 4.870, de dezembro de 1965, em resposta à grave crise de superprodução da safra de 1965/1966 e aos conflitos entre fornecedores e usinas, traz inovações relativas ao preço de produção da cana e seu fornecimento, que prevaleceram até a safra de 1997/1998. Além de atribuir ao Nordeste prioridade às exportações destinadas aos mercados preferenciais — compensando perda do mercado consumidor do Centro-Sul —, os preços do açúcar passam a ser fixados a partir dos custos médios de produção regionais. Com produção menos eficiente e custos maiores na regiões Norte e Nordeste, o açúcar produzido no Centro-Sul foi favorecido, concorrendo no mercado daquela região em decorrência de menores custos e preços. Essa situação é revertida em 1971, com um subsídio aos produtores nordestinos expresso na equalização dos preços em todo o território nacional.

A Lei nº 4.870 desvincula o pagamento da cana do preço do açúcar e álcool e do rendimento das usinas, conforme regia o Estatuto da Lavoura Canavieira. Passa a ser feito de acordo com o teor de sacarose e pureza da cana que chega às usinas, o que impulsiona o aperfeiçoamento técnico da produção e cuidados especiais na colheita.

O estímulo às exportações, como uma das estratégias dos governos militares para o crescimento do país a partir de 1968, refrata-se no setor, alvo de uma política nacional para o fomento da exportação do açúcar. Desdobra-se em programas de melhoria da produtividade e racionalização da produção, além dos incentivos a fusões, incorporações e relocação de usinas dentro da mesma região geoeconômica[33].

A subvenção governamental, que se ampliou após 1965, com a criação do Sistema Nacional de Crédito Rural (Lei nº 4.829, de 5.11.65), foi uma peça essencial da "modernização conservadora" da agricultura[34], apoiada

---

33. São criados o Laboratório Agroindustrial de Piracicaba e a Estação Experimental de Cana-de-Açúcar de Araras, voltados ao aperfeiçoamento dos métodos produtivos e à produção de novas variedades de cana. Com o *Programa Nacional de Melhoramento da Cana-de-açúcar* — Planalsucar — surge uma nova entidade, além de estações agronômicas em diversos estados da federação. (Moraes, 2000)

34. O amplo espectro contemplado pela política de crédito abrange: *crédito de custeio* — elo entre a produção agrícola e a indústria produtora de insumos, especialmente adubos, fertilizantes e defensivos —; *crédito de investimentos*, voltados à aquisição de máquinas e equipamentos, ampliando o mercado das indústrias de bens de capital e estimulando a mecanização agrícola —; *crédito de comercialização*. A política creditícia era complementada com uma espécie de seguro agrícola incidente sobre a dívida contraída, restrito aos mutuários do crédito rural e uma *política de preços mínimos, garantidos pelo Estado*. (Martine & Beskov, 1987; Szmrécsányi, 1983; Guedes, 1980). A po-

na tecnificação, na utilização massiva de insumos industriais e na produção voltada à exportação. O crédito estatal subsidiado impulsionou a consolidação dos *complexos agroindustriais (CAIs)*, aprofundando o perfil concentrador de terra e de capital da estrutura agrária do país (Delgado, 1985). O conjunto de interesses envolvidos nos CAIs englobava a burguesia agrária dos grandes proprietários de terra e arrendatários capitalistas, a indústria produtora de insumos e o capital bancário que opera com o crédito rural. O seu caráter concentrado pode ser sintetizado no fato de que

> 80% dos estabelecimentos agropecuários do país não recebem crédito rural oficial, enquanto 1% dos seus maiores mutuários — aproximadamente 10 mil grandes produtores — recebe nada menos que 40% do total dos recursos disponíveis. Talvez não por coincidência, esse índice de concentração é bastante similar ao da concentração fundiária constatável através do Censo Agropecuário. (Szmrécsányi, 1983: 227)

Paralela à política de crédito foi impulsionada pelo Estado uma *política de valorização fundiária*, na década de 1970, que viabilizou a expansão canavieira na década de 1980. Contribuiu para acentuar ainda mais a concentração fundiária, a expulsão de pequenos produtores e a concomitante expansão do assalariamento da força de trabalho agrícola. Provocou um êxodo rural, de quase 30 milhões de pessoas entre 1960 e 1980 (Martine, 1991). O mercado de terras é transformado em um ramo especial do sistema financeiro,[35] passando o título de propriedade da terra a ser identificado como reserva de valor na carteira de ativos das empresas, além de funcionar como garantia para o acesso ao crédito subsidiado no mercado monetário (Delgado, 1985: 106).

---

lítica de crédito tornou-se mais atrativa ainda com o crescimento das taxas inflacionárias. Contratos de financiamento com taxas de juros mantidas relativamente estáveis, adquirem a clara feição de crédito subsidiado. Como demonstra Guedes (1980) em nenhuma cultura agrícola — à exceção da soja — o aumento do crédito chegou a proporcionar um crescimento comparável do produto. Portanto, os financiamentos concedidos na década de 1970 *não redundaram nem na elevação da produtividade física por área colhida, nem no aumento da produção.*

35. "A ótica financeira de valorização torna a formação do preço da terra assemelhável à avaliação capitalista dos títulos financeiros de riqueza em geral (ações, obrigações, títulos governamentais etc.), de tal forma que a renda fundiária capitalizada, que define o preço da terra, passa a espelhar a expectativa de valorização financeira do capital dinheiro empatado na compra de terras. Isto implica que a maior ou menor demanda por terras está confrontada com a aplicação do dinheiro em ativos que rendam taxa de juros alternativa do mercado financeiro. A taxa de juros no mercado financeiro passa a ser um elemento de convergência na definição da renda e do preço da terra". (Delgado, 1985: 106)

A regulação estatal adquire novas determinações com a implantação do *Programa Nacional do Álcool (Proálcool)* (Borges, 1988; Melo e Fonseca, 1981; Fetaesp/Abra/Sindipetro, 1980; Szmrecsáyi, 1979) — (Decreto nº 76.593, de 14.11.1975), que propõe a substituição da gasolina por etanol —, estreitamente articulado à crise energética, devido às altas do preço do petróleo em 1973 e 1974. É impulsionada também pela forte queda dos preços do açúcar no mercado internacional neste período.[36] A formulação e a execução da política do álcool é autonomizada do açúcar em 1979, no governo João Figueiredo, ficando sob a responsabilidade do então recém-criado Conselho Nacional do Álcool (CNAL).

A fase de instalação do Proálcool é concluída na década de 1980, com inúmeras questões ainda pendentes: as condições de trabalho e a luta salarial dos canaveiros,[37] a distribuição e estocagem do álcool hidratado e a tecnologia de motores a álcool. Envolveu uma integração com a indústria automobilística e também com a Petrobrás, em função da compra dos estoques de álcool e mistura do álcool anidro à gasolina (Moraes, 2000). O programa trouxe nítidas repercussões na valorização das propriedades de terras dedicadas à lavoura canavieira. Favorece a concentração fundiária[38] e o conseqüente deslocamento da produção de alimentos para terras menos valorizadas, mais distantes e de pior qualidade, além da concentração e centralização de capitais, acompanhadas de um crescimento líquido de empregos (Cebrap, 1983). Como destaca Ramos (1983) a estrutura do com-

---

36. "Na realidade *o Proálcool foi desde o início um programa para os grandes usineiros*. Este setor dispunha não apenas de poder político, como sua estrututra de organização facilitava à tecnocracia encaminhar recursos para o seu âmbito". (Borges, 1988: 25). Esta é também a análise de C. Tavares: "Se o programa do Álcool é apenas para regular a taxa média de lucro da plantação da cana-de-açúcar e se o mercado que interessa para os açucareiros for o açúcar, como tudo indica, o Programa do Álcool servirá para *regular a taxa média de lucro dos canavieiros do açúcar*". (Bittar, 1980: 21; grifos nossos)

37. Verifica-se nesse período um amplo processo de mobilização dos assalariados rurais, desencadeado em 1984, em Guariba (SP), que exerceu um papel pioneiro na organização dos assalariados rurais temporários no contexto da "Nova República". Possibilitou a primeira convenção coletiva de trabalho abrangendo assim todos os assalariados canavieiros do estado, firmada entre a Federação dos Trabalhadores Rurais do Estado de São Paulo (Fetaesp) e a Federação da Agricultura do Estado de São Paulo (Faesp); envolveu, ainda, os sindicatos patronais da Indústria do Açúcar e Álcool de São Paulo e da Indústria de Fabricação de Álcool no Estado de São Paulo. Após o regime militar, só havia registro das greves dos engenhos de Pernambuco, de 1979 a 1981, que mobilizaram de 100 mil a 300 mil trabalhadores, contando com expressiva presença de assalariados temporários. (Sigaud, 1980)

38. Segundo dados da época da criação do Proálcool, conforme o Censo Agropecuário de 1975, mais de 54% da cana era cultivada em plantações com mais de quinhentos hectares e controlados por menos de 10% dos produtores.

plexo da produção integrada foi reforçada com o Proálcool, pois era a condição de proprietários fundiários que permitia o acesso a fontes de financiamento estatal e a instalação de destilarias.

O Proálcool assegurou um mercado seguro e crescente para o álcool, além de abrir campo no mercado internacional do açúcar. Permitiu não só a expansão da cultura canavieira como a sustentação econômica do setor. Como sustentam Gnaccarini e Queda (1983: 97):

> o caso do setor sucroalcooleiro é paradigmático, porque com a sua sustentação estava-se, na verdade, garantindo todo o sistema do latifúndio no Brasil — esta perversa fusão muito brasileira, única diante de padrões mais civilizados de relações vigentes na agricultura mundial entre o capital agroindustrial e a propriedade da terra, e que entre nós criou fundas raízes na grande lavoura de exportação. Com esse sustentáculo oficial, verdadeiro maná dos céus, os interesses do sistema sucroalcooleiro do Estado de São Paulo vieram a concentrar 50% da cana-de-açúcar do país destinada à moagem industrial.

Na década de 1980, a política de crédito indiscriminada subsidiado foi substituída pelo "crédito dirigido, ainda mais subsidiado" com maior seletividade dos beneficiários. A cana-de-açúcar consta dentre aqueles produtos que disputaram mecanismos de valorização, incentivos e subsídios, além de crédito e preços mínimos. Foi ainda protegida por mecanismos especiais relacionados aos esforços de ajuste externo (Martine, 1991: 12) Entre 1980 e1984 há uma significativa restrição do montante do crédito subsidiado para a agricultura — expressão da crise internacional e do desequilíbrio do setor público. Entretanto, nesse mesmo período, a agroindústria sucroalcooleira é destinatária, em 1981, de um crédito de 250 milhões de dólares por parte do Banco Mundial. Na contratendência de contenção do crédito, o programa sofre cortes relativamente pequenos durante os anos de crise (1983-1984) e é ampliado, chegando a produção de álcool a um recorde de 11,8 bilhões de litros em 1985, diminuindo ocasionalmente a 10,5 bilhões de 1986 a 1987 (Borges, 1988: 37).[39]

Já em 1985, representantes do Banco Mundial passam a enfatizar a necessidade do *aumento da eficiência* aliada à expansão da produção — o

---

39. Na mesma direção aponta Ferreira (1983:92): "Impulsionadas pelo Proálcool, na maioria das vezes, geridas pelos proprietários, em geral empresas nacionais cujos capitais têm sólidas raízes na propriedade fundiária e nos empreendimentos agropecuários. As agroindústrias açucareiras foram bem menos marcadas pela crise de recessão que atinge a economia brasileira desde o início dos anos 80, continuando a gerar regularmente empregos e manter o crescimento da produção".

que é ratificado pelo governo[40] — como condição do usufruto dos privilégios dos subsídios e financiamentos.

As orientações neoliberais, parte das políticas de ajuste recomendadas pelo Consenso de Washington e a crise fiscal do Estado impulsionam, a partir do Governo Collor de Mello, a abertura comercial aos mercados externos e a progressiva desregulamentação da economia. Realiza-se o desmonte da estrutura institucional e legal responsável pela histórica regulação do complexo sucroalcooleiro realizada pelo Estado.

A reestruturação produtiva — tecnológica e gerencial — tende a chegar com força no setor na década de 1990, exigindo a racionalização da produção — produzir mais com menores custos e maior qualidade — para enfrentar a concorrência no contexto de uma nova divisão internacional do trabalho, em que se verifica a queda da taxa média de lucros dos grandes capitais e a profunda crise fiscal dos estados. A relativa retração dos subsídios estatais vem impulsionando um novo movimento de concentração e centralização de capitais no setor, com a conseqüente falência e o fechamento de várias usinas de pequeno e médio porte, assim como a formação de grupos de pressão e *lobbies* na luta pelos incentivos do Estado. A tendência é ampliar a seletividade direcionada aos grandes grupos econômicos que atuam no setor, "depurando" o acesso aos fundos públicos consoante a privatização do Estado pelo grande capital. As políticas de racionalização produtiva vêm sendo implementadas por meio de inovações gerenciais e da incorporação, na esfera produtiva, dos progressos nos campos da mecânica, da química fina, da microeletrônica, da informática, da biotecnologia. Ampliam-se os índices de mecanização do corte da cana-de-açúcar, quando tecnicamente viável e economicamente rentável, impulsionada nas unidades produtivas de ponta da expansão capitalista no setor. Estas, fortemente concentradas na região paulista de Ribeirão Preto, vêm introduzindo profundas alterações na organização e no planejamento da produção agrícola requeridas pela mecanização da colheita (Paixão, 1994).

A racionalização produtiva, por sua vez, tem seus efeitos nas políticas de qualificação da mão-de-obra e emprego. Desencadeia um movimento de

---

40. No Simpósio Internacional Copersucar, Açúcar e Álcool, o primeiro realizado na Nova República, em junho de 1985, o então Ministro da Indústria e Comércio Roberto Gusmão declara: "o MIC tem suas metas estabelecidas para melhorar a eficiência e o crescimento racional do setor do açúcar e álcool e não permitirá que privilégios sejam estendidos àqueles que não atingirem os índices de eficiência, de produtividade e de competência, indispensáveis ao crescimento do país, e nem serão estimulados ou ampliados mecanismos de subsídios e financiamento. Para tanto, está sendo elaborado o primeiro plano trienal do setor". (Borges et al., 1988: 36-7)

diferenciação da força de trabalho, requerendo segmentos mais qualificados, estáveis e melhor remunerados, ao lado da redução dos níveis de emprego para os segmentos não-qualificados. Para estes, mantém-se a desregulamentação das relações de trabalho e a superexploração, em um contexto de ampla defensiva de todo o movimento sindical. O crescimento das chamadas "taxas naturais de desemprego" e a precarização do trabalho são acentuados e generalizados no conjunto da economia. Aumenta a oferta de mão-de-obra no mercado nacional de trabalho, criando condições favoráveis à redução dos pisos salariais. Ora, o caráter conservador da modernização neoliberal faz com que a pretendida política de estabilização monetária e a esperada recuperação econômica tenham, no seu verso, a degradação das condições sociais de vida para a maioria da população (Oliveira, 1995: 26). Ao caráter concentrado das mudanças tecnológicas operadas no âmbito da produção, com benefícios restritos a grupos e empresas, contrapõe-se a socialização de seus custos — que alimentam a crise financeira do Estado —, pagos pelos trabalhadores e países periféricos, gerando "uma estrutura produtiva e tecnológica acompanhada da maior heterogeneidade, fragmentação, insegurança e desigualdades sociais". (Mattoso, 1995)

2.2.3 O PROCESSO PRODUTIVO NA SUA TOTALIDADE

O descompasso histórico entre o desenvolvimento das forças produtivas do capital empregado no setor e o uso predatório da força de trabalho, que desconhece conquistas democráticas consubstanciadas em uma legislação protetora do trabalho, denota *um dos mecanismos utilizados pelos usineiros para buscar assegurar sua taxa média de lucro frente as características peculiares desse processo produtivo*. Busca-se compensar a rigidez própria de um processo de produção contínuo, condicionado por determinantes do ciclo biológico do crescimento e maturação da cana-de-açúcar e pelo processo industrial de sua transformação química em açúcar e álcool. *Esta rigidez do processo produtivo vem sendo historicamente compensada com estratégias de maior flexibilização possível do emprego da força de trabalho.*[41] Esta torna-se importante em função de sua demanda diferenciada nas várias etapas do processo produtivo agroindustrial dado o seu caráter sazonal, como no diferenciado desenvolvimento técnico das várias etapas da produção agrícola.

---

41. Sobre a flexibilidade do emprego da mão-de-obra, estudada pelos autores no contexto da reestruturação produtiva, Harvey (1993); Tapia (1994) e Mattoso (1994).

A *flexibilidade no emprego da mão-de-obra não-qualificada* expressa-se na imposição de *contratos de trabalho os mais "flexíveis"*: contratos de curto prazo — *contratos por safra* — e na subcontratação de mão-de-obra por terceiros, com restrição de direitos atinentes à esfera da seguridade social e do trabalho. A *distribuição do trabalho diário* nas várias funções produtivas, a *definição da duração da jornada de trabalho* e a *distribuição dos operários entre os turnos diurno e noturno na indústria é maleável, segundo as exigências imediatas da produção*. Também a duração da semana de trabalho, que inclui o trabalho nos domingos e feriados no período de safra, é estabelecida de modo a responder às necessidades variáveis das empresas. A flexibilidade se mostra também na *definição dos níveis salariais*, que primam pela inobservância dos acordos coletivos de trabalho firmados entre as entidades de representação patronais e dos trabalhadores do ramo. A flexibilização do consumo produtivo da força de trabalho é viabilizada por um mercado nacional de trabalho saturado de mão-de-obra excedente, com alta mobilidade da força de trabalho. Beneficia-se, ainda, da recente e ainda frágil tradição sindical no setor canavieiro paulista.

As estratégias patronais mencionadas têm viabilizado uma ampla economia de capital variável que aliada à máxima extração de massa de trabalho excedente permitem a ampliação da taxa de mais-valia. A redução dos custos empresariais com a mão-de-obra combina-se com o financiamento público para o setor. Possibilitam a canalização de recursos para reforço do capital fixo e circulante requeridos pela produção e permitem a economia de substanciais inversões de capital constante e variável em um empreendimento agroindustrial que requer vultuosas inversões de capital na produção e em extensas propriedades territoriais. Estes são mecanismos fundamentais para reduzir os custos da produção e assegurar as taxas de lucro em um ramo em que historicamente os preços finais dos produtos foram controlados pelo Estado (até a década de 1990). É este o panorama que emoldura a vivência do trabalho como castigo e rebeldia da parte dos operários assalariados, temporários e eventuais, semiqualificados e carentes de qualificação, nas usinas e nos canaviais.

Assim a consideração do *processo imediato de produção*[42] *na sua globalidade*[43] implica reconhecer os *elos de continuidade existentes entre os pro-

---

42. A noção de *processo imediato de produção*, distinguindo-o da produção no sentido *lato* — enquanto unidade de produção, distribuição, troca e consumo — é tratada por Marx no *Capítulo VI, Inédito de O Capital*.

43. Importa salientar que os estudos sobre os "complexos agroindustriais" (Cais) são fundamentais para compreender os processos de concentração e centralização de capitais que articulam

cessos produtivos agrícola e industrial, como atentar às suas diferenças específicas. Por meio desse processo o usineiro recria-se na sua dupla personagem econômica, *empresário capitalista* e *proprietário fundiário*, capaz de apropriar-se do lucro obtido e de parcela da riqueza social na forma de renda fundiária. Como sustenta Wanderley (1976: 2):

> A interdependência entre a produção da cana e a fabricação do açúcar é evidentemente imposta pelas condições específicas da produção, mas a *forma e natureza dessa articulação* decorrem essencialmente das relações sociais historicamente determinadas: *ela se realiza pelo controle do conjunto da atividade produtiva, através do monopólio da propriedade da terra e dos meios de produção industriais. Este fato constitui o elemento chave de toda a estrutura da economia canavieira, cuja história se confunde com a história de luta e conservação deste controle.*

Ramos (1991a), em seu estudo sobre a agroindústria canavieira e a propriedade fundiária no Brasil, constata a baixa *performance* desta agroindústria perante os padrões internacionais e o predomínio de usinas de pequenas dimensões, impossibilitadas de usufruírem de economias de escala. Diz o autor:

> Em termos internacionais, elas não se caracterizam por uma elevada eficiência quer numa atividade, quer na outra. Os estabelecimentos industriais apresentam dimensões bastante díspares e, embora se propague que no Brasil estão instaladas as maiores usinas de açúcar do mundo, a verdade é que — em média — elas são de pequenas dimensões, deixando de se beneficiar e/ou aproveitar as economias de escala e das possibilidades de diversificação inerentes aos processos produtivos. Os estabelecimentos agropecuários englobam geralmente grandes extensões de terra e, talvez por isso mesmo, costumam apresentar culturas extensivas e com baixos rendimentos de unidade por área e/ou pessoa ocupada. (Ramos, 1991: 1)

Apoiado em resultados apresentados por Pinazza & Perin (1981: 321-322), informa que, nos inícios da década de 1980, o Brasil ocupava o *último lugar* entre os principais produtores mundiais em termos de rendimento agrícola, o *nono* em termos de rendimento industrial e novamente o *último*

---

atividades agrícolas e industriais — "a montante e a jusante da agricultura", comerciais e serviços. Capitaneados por grandes oligopólios atuantes no setor, contam com o suporte econômico e político da parte do Estado e de suas políticas. Porém, o caráter macroscópico desses estudos, tende a homogeneizar as diferenças presentes no interior do processo produtivo agroindustrial, às quais se pretende aqui atribuir visibilidade. Tal recorte não desconsidera a estruturação da produção sucroalcooleira nos moldes de um complexo agroindustrial dos mais integrados.

em termos de rendimento agroindustrial. O apoio estatal vem estimulando a reiteração de práticas produtivas e gerenciais, que não redundam em aumento de produtividade, mas beneficiam o grande capital, com privatização dos lucros e socialização dos prejuízos. Assim, as políticas e medidas concentracionistas de terra e capital, que nortearam a ação estatal após 1970, se explicam menos pelos efeitos no rendimento agrícola e industrial e mais pelas vantagens concedidas às classes poderosas do setor. Esse perfil está apoiado no fato de os usineiros deterem o monopólio de algumas áreas do país, base de apoio de seu poder político de base regional e seu forte conservantismo. Agitando a bandeira da proteção do emprego e da renda regional os usineiros têm conseguido garantir políticas protecionistas do Estado em âmbito nacional (Ramos, 1991b). A obtenção de tais regalias deve-se ao fato de serem fundamentalmente *proprietários territoriais que se capitalizaram*, visto que os grandes grupos econômicos que hoje têm vínculo com a agroindústria canavieira são tradicionalmente presentes no setor (Ramos, 1983). Assim, os empresários do açúcar e do álcool não são movidos prioritariamente "pela reprodução ampliada de capitais industriais que detêm, mas *pela acumulação fundiária e monetária — ou seja, pela preservação e expansão de suas terras e de seus recursos financeiros — que podem ser aplicados em outras atividades produtivas*" (Ramos, 1991a). Em outros termos, a predominância da face de proprietários territoriais rentistas nos empresários do setor é o que explicaria a permanência daquele padrão extensivo e de baixa produtividade. Para o autor, decorre da "estrutura do complexo canavieiro": o latifúndio monocultor, a propriedade territorial fundindo-se com a propriedade industrial, os baixos rendimentos e a sustentação estatal. Ao acentuar os elementos de *continuidade histórica e o papel determinante da propriedade territorial no perfil econômico do empresariado do setor*, contesta a tese contrária, que secundariza a formação histórica deste "complexo rural" (Ramos, 1991a): de que a agroindústria canavieira seja fruto de uma *"territorialização do capital"*, isto é, de uma integração entre capital urbano e propriedade da terra sob a égide do capital financeiro, como sustenta Delgado (1985).

Segundo este último autor, o setor vem se estruturando em *grandes conglomerados econômicos*, nos quais ocorre a progressiva substituição de empresas individuais com o predomínio de *grandes grupos econômicos, articulados sob a forma de complexos intersetoriais, a partir da integração de capitais.*[44]

---

44. Assim se refere explicitamente o autor: "Com diferentes arranjos institucionais, pode-se dizer, *grosso modo* que os ramos de produção de soja, trigo, *cana-de-açúcar, álcool*, reflorestamento, avicultura, leite e laticínios, e, em menor extensão a bovinicultura, realizam, a partir do setor agrícola, as mais avançadas formas de integração de capitais. Para isto há toda uma política de incen-

DESENVOLVIMENTO DESIGUAL E CONDIÇÃO OPERÁRIA ...

Esta é entendida como "forma de fusão de capitais agrários, industriais, comerciais e bancários, conjugada com o apoio financeiro dessas corporações no âmbito da política governamental (e) representa uma maneira particular de integração do capital financeiro com a agricultura". Este novo bloco de interesses impulsionador da modernização da agricultura é formado pelo grande capital industrial e financeiro, por grandes e médios produtores rurais e pelo Estado. Em seu caráter seletivo, exclui regiões e estabelecimentos não-incorporados ao processo de modernização, além de parcelas significativas de agricultores residentes em estabelecimentos minúsculos, que formam um contingente de força de trabalho sobrante, a quem resta o assalariamento temporário na esfera produtiva (Delgado, 1981: 41-42).

As posições polarizadas e aparentemente excludentes supra-referidas, adquirem inteligibilidade ao se considerar que, nas particularidades brasileiras, a conglomeração econômica a partir de integração de capitais não é excludente aos objetivos rentistas dos proprietários territoriais. Ao contrário, os empresários perseguem tanto a valorização de seus capitais imobilizados na terra e transfigurados em renda capitalizada, quanto lançados na esfera produtiva, porque integram historicamente, na mesma pessoa, personagens sociais distintos, capitalistas e proprietários fundiários. É inclusive nessa dupla condição que sedia o poder para barganhar fundos públicos, com a força oriunda do poder político regional assentado no monopólio de vastas extensões territoriais, para impulsionar seus investimentos produtivos e interferir na formulação das políticas públicas atinentes ao setor agroindustrial canavieiro. Esta *dupla fonte* de poder dos usineiros explica também seu peso político no enfrentamento da organização dos trabalhadores e os óbices impostos à atuação da representação sindical no interior do espaço territorial das unidades produtivas onde tem lugar a já tradicional prática do desrespeito às determinações legais atinentes às relações de trabalho.

A desigualdade *do desenvolvimento capitalista do setor se expressa na heterogeneidade técnica e organizacional dessa agroindústria no país,* amplamente documentada por Paixão (1994: 126), a partir de pesquisa de campo, realizada em trinta e seis usinas de doze estados da federação. Apresenta um levantamento panorâmico da evolução do complexo agroindustrial sucroalcooleiro nas diversas regiões produtoras do país, privilegiando as relações de trabalho na lavoura canavieira. Salienta aí a existência "de distintos espectros tecno-organizacionais em várias regiões produtoras, den-

---

tivos fiscais e financeiros do Estado que dirige estrategicamente o seu apoio para as empresas que logrem integrar-se, sob a forma de complexos intersetoriais" (Delgado, 1985: 149).

tro de uma mesma região e com particularidades dentro de uma mesma usina e destilaria" (idem: 126). As formas de organização, remuneração e gestão do trabalho assalariado não-qualificado, eventual ou temporário, verificadas em São Paulo, *são muito próximas àquelas encontradas na presente pesquisa que trata da segunda metade da década de 1980.*

Apesar da heterogeneidade técnica e econômica constatada do processo produtivo, *a constante é um padrão de consumo da força de trabalho assentado na articulação da mais-valia absoluta e relativa, ou seja, na máxima ampliação da jornada de trabalho aliada à intensificação da produtividade do trabalho. A precarização das relações de trabalho é tradicional no setor e se mantém atual:* o trabalho temporário, subcontratado, carente de direitos sociais e trabalhistas ou, quando existente, marcado pela inobservância das regulamentações legais atinentes, fazendo prevalecer o poder privado do usineiro. *Os mecanismos em que se sustenta a superexploração da força de trabalho são comuns, apesar da heterogeneidade técnico-organizacional da lavoura canavieira.*[45] Em outros termos, seja o capital que se territorializa, seja a propriedade que se capitaliza, ambos se valem da superexploração da força de trabalho, como fonte de reprodução dos capitais investidos.

O processo produtivo agroindustrial canavieiro, ao incluir a *produção da matéria-prima agrícola e sua transformação industrial, apresenta-se como uma unidade repleta de diversidades.* As *particularidades dos processos produtivos — do ponto de vista do processo de trabalho e de valorização — são preservadas, mas redefinidas em função daquela integração.*

A produção agroindustrial inclui processos de trabalho de natureza distinta — agrícola e industrial —, com diferenciada *incorporação do desenvolvimento técnico-científico — biológico,* químico e de mecanização —, que atribuem feições peculiares à *organização e divisão do trabalho coletivo, às formas salariais, às relações de trabalho, tanto sua formalização contratual quanto a precarização*

---

45. Em reportagem publicada na *Folha de S. Paulo,* Cutkoski ilustra tal afirmativa, expressando sua atualidade na década de 1990: "Trabalhadores rurais cortam cana-de-açúcar das 7h às 17 h para a destilaria Caiman S/A, em Porto Franco (724 km ao sul de São Luís), Maranhão e recebem em troca duas refeições por dia — uma pequena tigela com arroz, feijão e carne, servida na plantação. No final do mês, o custo das refeições e dos demais gastos na cantina equivalem ao valor do salário de grande parte deles, que no final não recebem nada. A destilaria, construída com recursos do Banco Mundial, produz 10 milhões de litros de álcool por ano, emprega cerca de 800 trabalhadores e tem como um dos acionistas o ex-governador e atual senador Edson Lobão (PFL-MA). A empresa faz parte da lista dos 100 maiores devedores do Banco do Brasil". O periódico informa ainda no artigo "Variação do preço da cana aumenta tensão" que "o preço do metro cortado de cana na destilaria Caiman S/A oscila diariamente entre R$ 0,04 e R$ 0,11. As variações de preço e a indefinição sobre quanto vão receber pelo trabalho geram tensão entre os canavieiros".

dos direitos trabalhistas, sociais e sindicais[46]. Somam-se mecanismos extra-econômicos de controle e vigilância da força de trabalho que têm vigência no interior desse processo produtivo. Enfim, o cenário do trabalho adquire cores e tonalidades próprias nas unidades agrícolas e industriais.

Preliminarmente, há que se demarcar que o processo de trabalho na agroindústria canavieira tem sido um *campo de sombras na produção especializada*,[47] pouco tratado na literatura divulgada nas últimas décadas, como evidenciam os balanços bibliográficos sobre a questão agrária.[48] Há um acervo importante de estudos voltados para as *relações sociais de produção, mas cujo foco é a compreensão dos diferentes tipos de trabalhadores* que marcam presença nessa agroindústria — assalariados temporários e permanentes, camponeses, posseiros —, suas formas de organização e de luta.

O debate sobre os "complexos agroindustriais" (CAIs)[49] pautado em uma efetiva ruptura, no nível da análise, da segmentação entre agricultura e indústria, explicita o fluxo de relações entre ambas, incluindo a indústria produtora de meios de produção para a agricultura, como a processadora de produtos de origem agrícola. Considera as formas de ar-

---

46. Não estamos aqui considerando a figura dos pequenos fornecedores de cana independentes, que são excluídos desta análise. Conforme constatamos na pesquisa de campo, os grupos econômicos que atuam no setor têm a prática de distinguir juridicamente as firmas agropecuárias, responsáveis pela produção agrícola da cana-de-açúcar, da unidade industrial constituída por usinas e/ou destilarias. Muitas vezes aquelas empresas agropecuárias das usinas são apresentadas como fornecedoras. Trata-se de um artifício jurídico, como recurso utilizado para obtenção de vantagens fiscais, uma vez que são, de fato, uma mesma unidade agroindustrial, controlada pelo mesmo grupo econômico (Ramos, 1983: 229). Tal questão é salientada por Caron (1986: 106): "As usinas e destilarias usam também o artifício de montarem outra empresa (com razão social diferente daquela da fábrica) para tomar conta da produção agrícola. Essas empresas, conhecidas como *'agropecuárias das usinas'*, são as responsáveis pelo fornecimento da matéria-prima à indústria. Utilizam, para isto, de terras que produziam cana própria da usina, no seu todo ou em parte. Quando toda a terra passa para a agropecuária, a usina ou destilaria passa a 'não ter' cana própria ou passa a contar com um grande fornecedor capaz de sozinho suprir 50% ou mais das canas moídas numa safra. Esse grande fornecedor é, como se vê, uma empresa do mesmo grupo. Não obstante, essa agropecuária é considerada um fornecedor, constando também dos diversos cadastros e recebendo o mesmo tratamento que o Estado dispensa aos outros fornecedores".

47. Tal afirmativa não desconsidera as importantes contribuições acumuladas pela literatura especializada para a análise do tema, especialmente sobre o complexo agroindustrial, o progresso técnico na agricultura, as relações sociais de produção e a constituição das classes trabalhadoras no mundo agrário, além dos estudos centrados na reconstituição histórica e perfil atual da agroindústria canavieira em seus múltiplos aspectos.

48. Conferir, por exemplo, o estudo crítico de parcela importante da produção brasileira sobre a questão agrária de Gnaccarini (1980a) e Gnaccarini & Moura (1983).

49. É ampla e polêmica a literatura em torno do tema: Müller, (1989); Kageyama (1987); Delgado (1975); Martine (1991: 7-38) e Silva (1991: 5-34).

ticulação de capitais de diferentes origens no âmbito de grandes conglomerados (Delgado, 1985) e a "orquestração de interesses" políticos aí envolvidos (Silva, 1991). *Entretanto, as implicações daquele vínculo orgânico não têm tido a mesma transparência analítica em pesquisas empíricas diretamente centradas nos processos e nas relações de trabalho.* Estas tendem a contemplar *ou* a esfera do trabalho agrícola *ou* a esfera do trabalho industrial, com ênfase na *produção agrícola,* pensada como produção de matéria-prima para a indústria. O único estudo sobre o trabalho industrial nas usinas de açúcar identificado foi o de Leite Lopes (1976). No mesmo ano, Ianni (1976) publica sua análise sobre a agroindústria canavieira na região de Sertãozinho. Apresenta um quadro global das relações sociais agrícolas e industriais na "sociedade da usina", considerada um complexo econômico, social e político.

Ao se considerar o processo imediato de produção reafirma-se a unidade entre *processo de trabalho e de valorização.* O objetivo, do ponto de vista material, é criação de produtos — cana, açúcar e álcool —, o que *imprime determinações específicas à feição material dos processos produtivos e seus requisitos técnico-materiais. Do ponto de vista do valor,* o objetivo é assegurar a conservação do capital investido e a produção dar um lucro médio. Mas como a produção canavieira exige elevada imobilização de capital em terras, o usineiro persegue também a apropriação da renda fundiária absoluta e diferencial, ou seja, um excedente de mais-valia sobre o lucro médio. Nesta perspectiva, as políticas estatais de subsídios técnicos, financeiros, creditícios e de regulação das relações de trabalho para o setor têm sido determinantes ao longo de sua trajetória histórica.

Na direção analítica assinalada, reduzir a análise às dimensões técnicas é enredar-se nos mecanismos da mistificação do capital, tratado exclusivamente na forma útil dos meios de produção que tem que assumir no processo de produção (Marx, 1974d: 121). Todavia as forças produtivas não se reduzem ao progresso técnico, como relembra Harvey (1990: 107):

> A tecnologia é a forma material do processo de trabalho, através da qual se expressam as forças e relações sociais que servem de base para a produção. Equiparar tecnologia com forças produtivas seria o mesmo que equiparar o dinheiro, a forma do valor material, com seu próprio valor ou equiparar trabalho concreto com trabalho abstrato. Sem dúvida, da mesma maneira que a análise do dinheiro pode revelar muito sobre a natureza do valor, assim uma análise das tecnologias reais pode revelar a 'natureza' das forças produtivas e relações sociais integradas dentro do modo de produção capitalista.

A agroindústria canavieira é um setor produtivo de precoce integração vertical entre atividades agrícolas e industriais,[50] *sob o controle dos mesmos agentes sociais*: no passado os senhores de engenho e hoje os usineiros (Ramos, 1991a e 1991b). O *beneficiamento industrial da cana* — representado pelas usinas de açúcar e destilarias de álcool — *poliza o processo produtivo* (Ianni, 1984b; Alves, 1991; Paixão, 1994; Ferreira, 1983), do ponto de vista dos requisitos técnicos da produção, da reprodução do capital e da intervenção estatal. Nos termos de Ianni (1976: 37):

> A usina representa o *núcleo irradiador de intensas atividades*, objeto de legislação específica, *nela centralizando a intervenção estatal*. É o estabelecimento titular de uma quota de produção do açúcar.[51] A divisão social do trabalho e a interdependência das atividades produtivas nos canaviais e nas usinas transformaram a agroindústria canavieira em um complexo social (político-econômico), fundado na reprodução do capital agroindustrial. No processo de formação dessa agroindústria, o capital agrário foi subsumido pelo capital industrial. Ao mesmo tempo, este ganhou características singulares, assinaladas pela sazonalidade do processo produtivo, pelas particularidades sazonais do ciclo de reprodução do *capital agroindustrial e não simplesmente industrial ou agrário*. (Grifos nossos)

A contínua transformação que ocorre na base produtiva não se dá no *mesmo ritmo e intensidade* nos vários ramos e esferas produtivas. Reproduz "em sua forma capitalista, a velha divisão do trabalho com suas particularidades ossificadas".[52] A tendência do desenvolvimento do capital na sua

---

50. Consta na literatura uma polêmica quanto ao *caráter recente ou não* do complexo agroindustrial na economia brasileira. Ver, por exemplo, um extrato desta polêmica em Müller (1982-1983). O contraponto, publicado no mesmo número desta revista, é dado por Szmrécsányi (1988, p. 42-68).

51. Tal observação é pertinente até o processo de desregulamentação do setor canavieiro.

52. A idéia completa expressa por Marx, extremamente atual, é a seguinte: "A indústria moderna nunca encara nem trata a forma existente de um processo de produção como definitiva. Sua base técnica é, por isso, revolucionária, enquanto a de todos os modos de produção anteriores era conservadora. Por meio da maquinaria, de processos químicos e outros métodos ela revoluciona de forma contínua a base técnica da produção, as funções dos trabalhadores e as combinações sociais do processo de produção. Com isso ela revoluciona de modo igualmente constante a divisão do trabalho no interior da sociedade e lança sem cessar massas de capital e de trabalhadores de um ramo de produção para outro. A natureza da grande indústria condiciona, portanto, a variação do trabalho, a fluidez de função, a mobilidade em todos os sentidos, do trabalhador. Por outro lado, reproduz, em sua forma capitalista, a velha divisão do trabalho com suas particularidades ossificadas. Viu-se como essa contradição absoluta elimina toda tranqüilidade, solidez e segurança na situação de vida do trabalhador, ameaçando constantemente arrancar-lhe da mão, com o meio de trabalho, o meio de subsistência e torná-lo supérfluo, com sua função parcelar; com

maturidade é atribuir um caráter científico ao processo inteiro de produção, desvencilhando-o da dependência da habilidade direta do trabalhador em favor da aplicação tecnológica da ciência. Essa tendência expressa a *contradição do próprio capital*: colocar o tempo de trabalho — a quantidade de trabalho vivo — como o princípio determinante da produção de valor, ao mesmo tempo que tende a reduzir o trabalho imediato a proporções as mais exíguas e a um momento subalterno — ainda que imprescindível —, ante a aplicação tecnológica da ciência e a estruturação social da produção. Assim o capital "trabalha a favor de sua própria dissolução como força dominante da produção" (Marx, 1980b: 22, t. 1, v. 2). Esta complexa dinâmica se expressa também no *interior do processo produtivo agroindustrial em que ocorrem combinações distintas de modos de produzir*. Coexistem níveis diferenciados de emprego de maquinaria e formas de divisão do trabalho nas várias etapas produtivas, em que elementos *manufatureiros* se fazem presentes subsumidos e ao lado de formas típicas da divisão do trabalho da *grande indústria automatizada*, supondo a combinação de forças de trabalho e a aplicação de poder científico.[53] A conexão entre as funções realizadas pelos inúmeros trabalhadores, sua unidade como partícipes de um corpo produtivo global, reside *fora deles*, no capital, que os reúne e mantêm coesos. Aquela conexão aparece *idealmente como planejamento global da produção e praticamente como autoridade do capitalista*, isto é, como poder de uma vontade alheia que submete a si as atividades dos trabalhadores (Marx, 1985: 403, t. 1, vol. 2).

A produção agroindustrial em suas dimensões *técnico-econômicas* encontra-se estreitamente relacionada aos determinantes *naturais* da produção agrícola da cana-de-açúcar, sujeita à variações climáticas, aos recursos naturais (fertilidade dos solos e fontes de água) e aos processos biológicos

---

essa contradição desencadeia um ritual ininterrupto de sacrifício da classe trabalhadora, o mais desmesurado desperdício de forças de trabalho e as devastações da anarquia social". (Marx, 1985: 89, t. 1, v. 1)

53. "O intercâmbio de trabalho vivo pelo trabalho objetivado, isto é, colocar o trabalho social sob a forma de antítese entre o capital e o trabalho, é o *último desenvolvimento da relação de valor e da produção fundada no valor*. O suposto desta produção é, e continua sendo, *a magnitude do tempo imediato de trabalho, a quantidade de trabalho empregado como fator decisivo na produção da riqueza*. Sem dúvida, na medida em que a grande indústria se desenvolve, a criação da riqueza efetiva se torna menos dependente do tempo de trabalho e da quantidade de trabalhadores empregados, que do poder dos agentes postos em movimento durante o tempo de trabalho; poder que, em sua poderosa eficácia — sua *powerfull effetiveness* —, não guarda relação alguma com o tempo de trabalho imediato que custa sua produção, *mas que depende sobretudo do estado geral da ciência, do progresso da tecnologia, da aplicação dessa ciência na produção*. A agricultura, por exemplo, se transforma *na mera aplicação da ciência que se ocupa do intercâmbio material de substâncias*, de como regulá-la de maneira mais vantajosa para o corpo social inteiro". (Marx, 1980a: 227-228, t. 2)

relacionados ao crescimento da gramínea, o que atribui *especificidades ao progresso técnico na agricultura* (Silva, 1981). A dependência de processos biológicos faz com que *a produção tenha que ser contínua, imprimindo uma certa conexão inevitável entre as diferentes tarefas no interior do ciclo produtivo* (Hoffman, 1985). *Uma das derivações derivadas destes condicionantes naturais é a dissociação entre tempo de produção* — que envolve períodos de germinação das sementes e maturação das plantas, períodos de não-trabalho — *e tempo de trabalho,* menor que o primeiro. Este condiciona a duração do processamento industrial da cana-de-açúcar e o tempo de rotação do capital empregado nas atividades econômicas agrícolas e industriais, uma vez que o capital permanece improdutivo durante os períodos de não-trabalho.

A redução do tempo de produção e o alargamento do tempo de trabalho têm sido proporcionados pelos aperfeiçoamentos no campo da bioteconologia, através, por exemplo, da pesquisa genética voltada para a produção de variedades de um ciclo produtivo mais longo, atenuando barreiras naturais (Silva, 1981). Já as inovações físicas (combinação de espaçamentos, plantios em nível, drenagem, irrigação, rotação de cultivos), químicas (usos de defensivos químicos e adubação) alteram condições naturais do solo, com repercussão na demanda de mão-de-obra. Por exemplo, o uso de herbicidas substitui as carpas manuais e mecânicas. A maior incorporação da mecanização nas várias etapas produtivas potencia o trabalho e submete-o ao ritmo dos equipamentos utilizados.[54]

As etapas da produção da cana compreendem: (a) *preparação do solo,* que envolve tarefas como desmatamento, homogeneização topográfica, reforma do canavial, correção do índice de acidez do solo, aração e gradeação; (b) *o plantio propriamente dito,* consistindo nas tarefas de corte da cana-semente, semeio, abertura e cobertura de sulcos e adubação de fundação, isto é, dentro dos sulcos; (c) *tratos culturais,* com operações de limpas dos canaviais e adubação; *a colheita ou corte da cana,* antecedida de queima de partidos de cana, seguida do corte, carregamento em veículos de transporte e envio às unidades processadoras (Ferreira, 1982; Paixão, 1994). Tais etapas produtivas incorporam *níveis diferenciados de mecanização, com formas distintas de organização e divisão do trabalho coletivo.* Dependem do ritmo, habilidade, discernimento e experiência do trabalhador individual. Condicionam, também, a variação das formas salariais adotadas — o salário diário e por tarefa.

---

54. Para um tratamento detalhado do progresso técnico e na agricultura e, especialmente na produção da cana-de-açúcar ver: Silva (1981); Paixão (1994) e Alves (1991).

No estado de São Paulo, o sistema de corte manual, até o início dos anos 1990, era predominante, estando o corte mecânico circunscrito à região de Ribeirão Preto. Todavia este não substitui integralmente o corte manual, sendo com ele combinado, conforme o constatado em recente pesquisa (Paixão, 1994: 220-221). Assim, a tarefa da colheita, apresentava-se dependente da habilidade e destreza do trabalhador no manejo do principal instrumento utilizado no corte da cana — o podão —, sendo a intensificação do trabalho impulsionada através do sistema de pagamento por produção.

A produção na lavoura canavieira integra-se à lógica industrial, sendo programada de acordo com os requisitos do processamento industrial da cana e da capacidade de moagem instalada,[55] dado o elevado peso da matéria-prima nos custos agroindustriais. No caso do álcool, segundo estimativas da Coopersucar, de 1989, estes custos incidem em média em torno de 55% do custo total da estocagem em São Paulo (Paixão, 1994: 124).

O processamento industrial do açúcar inclui as seguintes etapas: (a) *recepção e condução da matéria-prima,* incluindo a lavagem da cana e o transporte através de esteira para (b) *moagem.* Antes a cana passa por picadores e desfibradoras de modo a facilitar a alimentação da unidade esmagadora. (c) A *fabricação* inclui a clarificação do caldo implicando a sulfitação (tratamento por gases sulfurosos), a caleação (adição de leite de cal), o aquecimento para facilitar a precipitação das impurezas, a decantação, onde se faz a clarificação do caldo; (d) a *evaporação* que resulta no xarope e cozimento onde é concentrado o mel direcionado à produção do açúcar ou do álcool; (e) *cristalização*; (f) *ensacamento e armazenagem.* Na produção do álcool, após a evaporação, tem-se a *fermentação do melaço* para a obtenção do mosto e a *destilação.*[56]

A produção de açúcar e álcool é de um tipo de *indústria de transformação química de processo contínuo, cuja expressão exemplar é dada pela indústria*

---

55. Na pesquisa efetuada na região de Piracicaba, tivemos conhecimento da existência da utilização da informática pelas usinas na montagem de programas computadorizados para o plantio da cana-de-açúcar. Alves (1991), pesquisando a região de Ribeirão Preto, informa que as usinas vêm lançando mão de sofisticados modelos de programação linear para otimizar inúmeras variedades determinantes da produção e da produtividade agrícola. Consideram-se as seguintes variáveis: 1) determinação das áreas de reforma do talhão; 2) tipos de solo disponíveis em cada uma das áreas da reforma com a variedade de cana adequada e correção de PH, de nutrientes etc.; 3) escolha da variedade de cana adequada para cada tipo de solo; 4) distância do talhão à usina, devendo estar próxima das variedades da mesma época de maturação para racionalizar tratos culturais, colheita e gasto de combustível.

56. Para um detalhamento dos procedimentos técnicos incluídos nas várias etapas da produção, ver Ferreira, (1983: 177-183).

petrolífera. Agier & Guimarães (1990: 52-53), ao estudarem a petroquímica baiana, salientam como característica do processo contínuo *a ausência de controle efetivo do trabalhador sobre o fluxo e qualidade da produção, programados previamente e instruídos automaticamente nos equipamentos*.[57]

Nas unidades fabris os operários têm a função prioritária de *monitoramento e alimentação dos equipamentos*, impedindo que se provoquem interrupções no fluxo predefinido e automatizado da produção e exercendo funções que lhes são complementares. Dedicam-se, ainda, ao *acionamento dos aparatos mecânicos* que aí atuam. Como a *dinâmica do processo produtivo não depende do trabalho vivo como unidade dominante*, faz com que "o processo de produção deixe de ser processo de trabalho, enquanto controlado predominantemente pelo trabalhador".[58] Este encontra-se 'ao lado' do processo de produção, não se afirmando como seu agente principal. Aí o trabalho vivo enfrenta *materialmente* o trabalho objetivado como corpo do trabalho vivo, autonomizado frente ao mesmo, como poder que o domina. Isto porque o desenvolvimento científico e sua incorporação nos equipamentos e máquinas, que acionam o processo produtivo, são expressão da *força produtiva em geral da sociedade*, mediatizada pelo capital fixo, e não só da força do trabalhador coletivo atuante na produção. É essa força produtiva geral da sociedade que impulsiona o desenvolvimento do capital, que dela se apropria gratuitamente. Assim, incorporada no maquinismo, a ciência confronta-se com o trabalhador como algo alheio, que ele não domina. Encontram-se condensados no maquinário habilidades e conhecimentos socialmente

---

57. Como esclarece Alves (1991: 21-22): "na produção contínua, a atividade de transformação da matéria-prima se dá em conseqüência de uma cadeia de reações que transformam o produto integralmente, alterando a qualidade das matérias-primas empregadas. O processo contínuo é típico das indústrias de transformação química, onde a matéria-prima é transformada em cadeia, sem manipulação e sem interferência direta do trabalhador, como existe nos processos de produção descontínuos, nos quais os componentes do produto final são produzidos separadamente e agrupados na fase de montagem final", como é o caso típico da indústria automobilística.

58. Marx, ao discutir o maquinismo e nele a incorporação da ciência sustenta que, com a maquinaria, "*o processo de produção deixou de ser processo de trabalho no sentido de ser controlado pelo trabalho como unidade dominante*. O trabalho se apresenta antes somente como órgão consciente disperso sob a forma de diversos operários vivos presentes em muitos pontos do sistema mecânico e subsumidos pelo processo total da maquinaria, só como membro do sistema, cuja unidade não existe nos operários vivos, mas na maquinaria viva (ativa), a qual apresenta-se frente ao operário, frente a atividade individual e insignificante deste, como um poderoso organismo. Na maquinaria, o trabalho objetivado apresenta-se ao trabalho vivo, dentro do processo de trabalho, *como poder que o domina e no qual consiste o capital* — segundo sua forma — enquanto apropriação do trabalho vivo. A inserção do processo de trabalho como mero momento do processo de valorização do capital é oposta, *do ponto de vista material, pela transformação do meio de trabalho em maquinaria e do trabalho vivo em mero acessório vivo dessa maquinaria, em meio de ação desta*". (Marx, 1980a: 219, t. 2)

acumulados. O trabalho vivo é subsumido ao trabalho objetivado nos meios de produzir, que operam de maneira autônoma, movidos por uma força-motriz central. O indivíduo que trabalha torna-se supérfluo, embora não seja desnecessário, porque sua atividade encontra-se condicionada pelas necessidades do capital (Marx, 1980a: 221).

Como os preços da cana, do açúcar e do álcool eram, até a década de 1980, administrados pelo Estado, e equalizados no nível nacional, a concorrência intercapitalista dependia da *redução dos custos de produção*. Esta é viabilizada pelo *aumento da produtividade do trabalho*, isto é, da produção de maior quantidade de produtos e de valor em uma mesma unidade de tempo: seja via extensão da jornada de trabalho — tendo por base um padrão constante de desenvolvimento das forças produtivas —, seja via elevação da composição técnica e de valor do capital. A produtividade do trabalho é assim sujeita à adequação das instalações e do aperfeiçoamento da maquinaria empregada, à qualidade e ao fluxo adequado de matéria-prima à capacidade produtiva instalada (Alves, 1991). Como explicita este autor:

> "é necessário que entre um volume regular de matéria-prima, o *qual é determinado pela escala de produção da planta industrial e não pelo processo de produção agrícola*. Cabe à parte agrícola determinar apenas o início e o final da produção industrial, que é dependente da safra da cana. Neste caso o crescimento da escala da produção industrial tem como contrapartida o crescimento também da escala da produção agrícola". (Idem: 23)

A mútua determinação entre produção agrícola e industrial requer uma significativa imobilização de capital na compra de terras e em instalações[59].

---

59. A perecibilidade da cana após o corte e a necessidade de um fluxo contínuo de matéria-prima impõem a localização das usinas nas proximidades dos canaviais. Esses fatores estimulam os usineiros a ampliar ao máximo a produção de cana própria das usinas, cujo patamar permitido, nos anos 1980, era de 60%, estipulado pelo então IAA. Os outros 40% deviam ser adquiridos de fornecedores. Entretanto a legislação viabilizava mecanismos que facilitavam reconhecer como fornecedores as próprias empresas agropecuárias das usinas, tornando a agricultura e a indústria esferas de uma mesma unidade empresarial. A Lei 4.870 de 01.12.65 amplia a qualificação de fornecedor podendo ser reconhecido como tal "as pessoas jurídicas organizadas sob a forma de sociedade de ações nominativas, quando se tratar de sociedades anônimas que, a título permanente, exerçam a exploração agrícola e das quais não participam sócios, empregados interessados ou acionistas das usinas e destilarias ou seus parentes de até segundo grau". Mas a modificação mais importante quanto a noção de fornecedor advém da Resolução 2.008/69 que reconhece a possibilidade de que os supra citados sejam reconhecidos como fornecedores, desde que respectivas quotas lhes sejam atribuídas dentro do contingente de cana própria da usina (Ramos, 1983: 238). A burla de tais preceitos legais em favor da autonomia da produção da matéria-prima por parte das usinas é um fato amplamente constatado (Caron, 1981; Alves, 1991; Ramos, 1983).

DESENVOLVIMENTO DESIGUAL E CONDIÇÃO OPERÁRIA ...

Reclama elevado montante de capital fixo, além do capital de giro para o financiamento das operações produtivas. Isto faz com que as unidades produtivas sejam beneficiadas com as economias de escala e os aperfeiçoamentos técnico-científicos, exigindo a produção em grande escala para preservarem sua rentabilidade, favorecendo os oligopólios.

A esses mecanismos, que subvencionam a taxa de lucro dos capitais empregados, alia-se a superexploração intensiva e extensiva da força de trabalho na agroindústria canavieira. No tempo de safra exige a absorção da maior quantidade possível de massa de trabalho, obtida por meio do aumento do número de trabalhadores simultaneamente empregados e da extensão da jornada coletiva de trabalho. Exige mecanismos que favoreçam a intensificação do trabalho, como, por exemplo, o salário por produtividade adotado no corte da cana. Depende também do perfil do *mercado de trabalho e da força organizativa dos trabalhadores*, visto que a oferta de mão-de-obra e de sua capacidade de pressão interferem nos custos salariais.[60]

As relações de trabalho presentes na esfera agrícola são majoritariamente destituídas de qualquer regulamentação contratual e, portanto, carentes de direitos sociais e trabalhistas básicos. Passam por fora, também, das convenções coletivas de trabalho, estabelecidas entre as entidades representativas do patronato e os sindicatos dos trabalhadores rurais. A vivência do trabalho na agroindústria canavieira evoca imagens que atualizam os primórdios da industrialização européia dos séculos XVIII e XIX, mediatizadas, entretanto, pelas políticas estatais da década de 1980 e por processos de centralização de capitais e de valorização fundiária, capitaneados por grandes grupos econômicos que fixam presença no setor, nos marcos da financeirização da economia.

2.3 Condição operária e migrantes sazonais

2.3.1 Heterogeneidade da condição operária e indivíduos sociais

O propósito deste segmento é trazer para o centro da análise alguns dos personagens sociais que protagonizam a condição operária na agroindústria canavieira paulista, na década de 1980: os trabalhadores assalariados não-qualificados, agrícolas e industriais, operários por tempo determinado, que atuam no processo produtivo no período da safra da cana

---

60. Para a análise da relação entre progresso técnico e sindicalismo: Alves (1991) e Paixão (1994).

e de seu processamento industrial em açúcar e álcool. Procura apreender as particularidades do processo de constituição da condição operária neste setor produtivo, apresentando o foco da análise e a leitura da literatura especializada. Busca responder às seguintes indagações: quem são esses trabalhadores assalariados como indivíduos sociais e como a forma histórica de individualidade social, forjada na temporalidade do capital, é vivida pelos operários canavieiros? Como vem ocorrendo o processo de proletarização e como ele se qualifica?

O ponto de partida — e de encontro com esses indivíduos — é *sua condição comum* como operários agrícolas e industriais, partícipes de um mesmo processo capitalista de produção da cana, açúcar e álcool. Encontram-se *unificados na condição operária*, contratados temporariamente pelo mesmo capital usineiro, por ocasião da safra da cana e, neste lapso temporal, integrantes da população economicamente ativa. Essa *condição comum, fruto de uma mesma inserção* no *processo imediato de produção*, atribui *unidade* aos personagens como assalariados da agroindústria canavieira, membros de um coletivo de trabalhadores, construída na relação com o capital usineiro. Tal unidade é entretanto tensionada por *diferenças que nela se ocultam mas que a constituem, traduzidas na heterogeneidade* das *formas*, através das quais aqueles mesmos personagens se inscrevem na *condição operária e no mercado de trabalho. Entretanto, aquelas diferenças só se revelam ao se ultrapassar os muros da produção agroindustrial. Em termos mais explícitos: a unidade da condição operária no interior da produção se molda através de indivíduos com inserções específicas na divisão social do trabalho, fazendo com que a condição de assalariados agroindustriais se forme como uma unidade de diferenças. A inserção dos* operários por tempo determinado na agroindústria canavieira — situação comum que os unifica como segmento do proletariado — é aqui apreendida como a "luz universal" ou "o "éter particular que determina o peso específico de todas as formas de existência que aí têm relevo" (Marx, 1980a: 27-28)[61]. A experiência de participar de um trabalho coletivo, contribuindo para a reprodução do capital no setor de açúcar e álcool, é assumida como *ponto de irradiação da análise*. Entretanto a constituição desses sujeitos envolve outras formas *de trabalhar e de viver* para além do trabalho agroindustrial nas usinas, que também forjam "visões de mundo" (nos termos de Gramsci), criadas na relação com outros personagens sociais. Tais formas distintas de ex-

---

61. A citação completa da idéia, na tradução para o português, é a seguinte: "Em todas as formas de sociedade encontra-se uma produção determinada, superior a todas as demais, e cuja situação aponta a sua posição de influência sobre todas as outras. É uma luz universal em que se embebem todas as cores e que as modifica em sua particularidade. É um éter especial, que determina o peso específico de todas as coisas, emprestando relevo ao seu modo de ser".

periência de vida e de trabalho *se mesclam e se unificam na vida social desses trabalhadores, tornando possível o retorno cíclico dos migrantes para a safra da cana.*

Se para apreender a *unidade da condição operária* é exigido focar o *processo imediato de produção* — no mundo das usinas —, para *detectar as suas diversidades* é necessário *extrapolar o universo da produção agroindustrial no sentido estrito*. Requer lançar o olhar para o processo de produção no sentido *lato*, englobando o movimento do capital como unidade entre a produção, circulação e consumo. Isto porque a mediação do *mercado nacional de compra e venda da força de trabalho, e a circulação desta mercadoria nesse espaço, é um pré-requisito para o ingresso no universo das usinas*. Considerar, assim, *os processos histórico-sociais tributários das relações entre o Estado e a sociedade civil, em especial as ações do Estado para o setor agropecuário* — que vêm *provocando metamorfoses não só da divisão do trabalho no interior da produção, mas na divisão do trabalho na sociedade*, que ampliam o assalariamento no campo: a *produção e reprodução do processo de proletarização, isto é, de formação de trabalhadores livres e despossuídos*, e a mobilidade de assalariados permanentes e por tempo determinado no território nacional, como requisito para preservar a sua reprodução social.

O esforço dirige-se na direção de *atribuir visibilidade e unir elos invisíveis e dispersos* — inclusive na literatura especializada — *que tecem a trama do encontro, viabilizado pelo poder patronal, dos operários por tempo determinado na agroindústria canaveira, encontro de indivíduos sociais distintos, que vivem formas sociais específicas de reprodução social em espaços distantes e diferentes do território nacional, ao longo do ano agrícola*. Clarificar a *heterogeneidade*, a partir da qual se forja a *unidade da condição operária nesse setor produtivo*, permite *qualificar as maneiras pelas quais diferentes indivíduos sociais se inserem na condição operária e dela participam, determinando formas também diversas de viver e pensar o trabalho nas usinas por parte daqueles que o vivenciam*. A heterogeneidade da condição operária referida se traduz, nesta pesquisa, na existência de diferentes segmentos sociais que constituem os operários canavieiros: assalariados já consolidados na condição operária, agrícolas ou industriais e aqueles que, além de operários industriais, são produtores familiares agrícolas pauperizados.

Os *assalariados já consolidados na condição de proletários* "livres como pássaros",[62] apenas dispõem de sua força de trabalho para vender como

---

62. A expressão é de Marx, ao estudar a acumulação primitiva e aparece no seguinte contexto: "O que faz a história da acumulação primitiva são todos os revolucionamentos que servem de alavanca à classe capitalista em formação; sobretudo todos os movimentos em que grandes mas-

requisito para a obtenção dos meios de vida.[63] Neste sentido, já se encontram *permanentemente inscritos na condição de proletários, ainda que com inserção eventual e intermitente no mercado local, regional ou nacional de força de trabalho, através de contratos eventuais, com diferentes níveis de formalização, na agricultura e na indústria.* O *trabalho assalariado nos canaviais* abrange homens e mulheres adultos, jovens e idosos, já inteiramente separados das condições de produção, com vínculos empregatícios precários, carentes de um contrato formal de trabalho e dos direitos a ele pertinentes, geralmente recrutados por terceiros no *mercado local de trabalho.* Vivem o que Martins (1989b: 99)[64] qualifica de *exclusão integrativa*: excluídos do processo de trabalho capitalista no mercado formal de trabalho, ainda que *incluídos*, como produtores de riqueza, no processo de valorização do capital através de formas indiretas e de relações clandestinas, informais, carente de regulamentação e de direitos sociais e trabalhistas e, nesta medida, destituídos até da "cidadania regulada".

Já nas *unidades industriais* — um universo de trabalhadores essencialmente *masculino* —, o foco de interesse incide sobre trabalhadores assalariados, não qualificados, *que são migrantes*, oriundos de pontos diversos do país, cujo ingresso no mundo fabril passa pela *intermediação do mercado nacional da força de trabalho.* Enquanto operários migrantes são também *operários por tempo determinado, residentes em alojamentos* localizados no território das usinas, especialmente construídos para tal fim. Ali permanecem durante a vigência do *contrato por safra*, formalmente estabelecido segundo as normas trabalhistas e previdenciárias. Dentre eles, existem aqueles *já consolidados na condição operária*, encontrando-se em constante deslocamento no

---

sas humanas são arrancadas súbita e violentamente de seus meios de subsistência e lançadas no mercado de trabalho como *proletários livres como pássaros*. A expropriação da base fundiária do produtor rural forma a base de todo o processo. *Sua história assume coloridos diferentes nos diversos países e percorre várias fases em seqüência diversa e em diferentes épocas históricas.* Apenas na Inglaterra, por isso tomamos como exemplo, mostra-se na sua forma *clássica"*. (Marx, 1985a: 263)

63. Importa explicitar que a *noção de trabalhador livre aqui incorporada* — como aquele que depende essencialmente da venda de sua força de trabalho para a sua reprodução social, esteja ou não empregado — *engloba a superpopulação relativa*, visto que o critério determinante da análise *se encontra na esfera da produção, isto é*, no acesso ou não aos meios de produção (ou a sua distribuição), o que tem no outro lado da moeda: a participação nas formas de rendimento.

64. Ao discutir a noção de classes subalternas sustenta que: "Subalternidade não expressa apenas a exploração, mas também a dominação e exclusão econômica e política. A teoria da *superpopulação relativa* teria mais consistência se fosse melhor examinado o seu elemento central — *a criação de excedentes populacionais úteis*, cuja utilidade está na *exclusão do trabalhador do processo de trabalho capitalista e sua inclusão no processo de valorização por meio de formas indiretas de subordinação do trabalho ao capital. E ainda, por meio da subordinação real do trabalho, mas por via de relações clandestinas.*

espaço nacional na busca de uma possibilidade de emprego, ainda que por tempo determinado. Acumulam experiências nos mais diferentes tipos de trabalho em suas trajetórias de vida. Essa *classe operária errante* representa a *"infantaria ligeira do capital*[65], que, conforme os seus interesses, é deslocada de um lado para outro. Já nomeados de *"novos nômades"* (Singer, 1975), membros das *"hostes errantes"* (Oliveira, 1981), *"operários em trânsito"* ou *"operários de temporada"* (Kautsky, 1968), esses trabalhadores se autoqualificam de *peões de trecho*, sujeitos aos mais diferentes tipos de trabalho "no trecho" ou nas quebradas da vida.

Outros segmentos de operários são, *nos locais de origem, produtores familiares minifundistas pauperizados* — pequenos proprietários, parceiros, meeiros — dispondo da posse ou propriedade de parcelas de terra em diferentes pontos do país. O acesso à terra lhes permite produzir diretamente *parte* dos meios de vida necessários à sobrevivência, ainda que insuficiente para prover integralmente a reprodução da família. *Em outros termos, a produção do tempo de trabalho necessário para a reprodução da unidade familiar já não se faz sem a mediação da produção de tempo de trabalho excedente para o capital.* Assim, passam a *viver simultaneamente a condição de produtores familiares e operários por tempo determinado ao longo do ano agrícola.* A vivência dessa dupla inserção no processo produtivo, como *lavradores* nas regiões de origem e *operários* na agroindústria canavieira paulista, envolve um *processo de migração sazonal que se repete ciclicamente, isto é*: um deslocamento da unidade produtiva familiar de trabalhadores adultos, do sexo masculino, que se dirigem para as regiões canavieiras paulistas em busca do trabalho assalariado nas empresas agropecuárias e industriais. Articulam as etapas da produção agrícola com o assalariamento industrial por tempo determinado, transferindo, durante o período de vigência deste último, as fainas do trabalho na terra para outros membros subocupados da família: mulheres, idosos, além de jovens e crianças, que permanecem no interior das propriedades.

O interesse prioritário recai sobre os operários industriais que são *migrantes sazonais* — *tanto aqueles já integralmente proletarizados como os temporariamente assalariados* —, *contratados como operários por tempo determinado residentes nos alojamentos das usinas*, durante o período da safra da cana. Na microrregião açucareira de Piracicaba, este período se prolonga por sete a oito meses ao ano, de maio a dezembro. Assim, o encontro desses indiví-

---

65. Marx, ao discutir a população nômade, ilustrando a lei geral da acumulação capitalista, afirma que: "Agora nos voltamos para uma *camada da população cuja origem é rural e cuja ocupação é em grande parte industrial.* Ela constitui a *infantaria ligeira do capital*, que, de acordo com sua necessidade, ora a lança neste ponto, ora naquele. Quando não em marcha, acampa". (Marx, 1985: 224)

duos — e o partilhamento da experiência como operários nas usinas — supõe um *prévio deslocamento espacial no território nacional dos trabalhadores*. Na ótica de análise aqui sustentada, os operários migrantes expressam a *unificação do mercado de trabalho rural e urbano*, sendo portadores de trajetórias de trabalho as mais diversificadas, em diferentes pontos do país. Aquela unificação é *o outro lado do processo de oligopolização do capital na economia brasileira*, sob a hegemonia do capital financeiro, que, sob o impulso decisivo do fundo público, passa a sediar-se na agricultura e na indústria, fundindo-se com a propriedade fundiária em seu processo de valorização. Captura, assim, o *espaço nacional como terreno de sua reprodução ampliada: de produção de mais-valia, sob as formas de lucro, juros e renda territorial*. Modifica a dinâmica regional e subsumindo-a ao movimento da acumulação capitalista[66], ao mesmo tempo que intensifica o processo de expropriação e expulsão de trabalhadores rurais da terra, o que se refletiu no fantástico contingente migratório que teve lugar nas décadas de 1960-1970.[67]

Os assalariados por tempo determinado que também são produtores familiares representam um *elo particular entre a reprodução capitalista do complexo agroindustrial e a produção agrícola familiar dispersa no território nacional — como reservatório de força de trabalho para o capital, passível de ser absorvida a um preço abaixo de seu custo social médio*. A unificação do mercado nacional de trabalho apresenta como *tendência* a igualação dos salários regionais e rurais/urbanos, mas não gera uma homogeneização total destes salários. Ao contrário, a mobilidade da força de trabalho é determinada pelo desenvolvimento desigual das empresas capitalistas, dos seus diferentes níveis de produtividade, da oferta de empregos e, ainda, da capacidade de pressão sindical, o que se reflete na existência de diferenças salariais (Sorj, 1980: 128).

Os trabalhadores das unidades familiares agrícolas, premidos pela seca, por dívidas, pela insuficiência da terra e de recursos para a continuidade da produção agrícola, passam a *vender o excedente do tempo de trabalho que é necessário à produção direta dos meios de vida no estabelecimento agrícola*.[68] As-

---

66. Araújo analisando a região Nordeste conclui que "O nordeste entendido como região autônoma *locus* de uma dinâmica própria no seu movimento de acumulação de capitais, não mais existe. Não só o Nordeste. No Brasil, nesse novo contexto, *não existem mais "economias regionais", mas uma economia nacional regionalmente localizada*. A dinâmica nacional "solidariza" as dinâmicas regionais preexistentes. Características específicas persistem existindo, mas o comportamento econômico geral foi impondo traços e movimentos comuns." (Araújo, 1995: 152)

67. "Estima-se que cerca de 28,4 milhões de pessoas deixaram as áreas rurais entre 1960 e 1989, sendo 12,8 milhões na década de 60 e 15,6 milhões na dos 70". (Martine, 1995: 61-91)

68. Esta questão encontra-se presente na análise clássica de Kautsky (1968), ao tratar a proletarização dos camponeses: "O pequeno camponês arranja o tempo necessário para realizá-lo

DESENVOLVIMENTO DESIGUAL E CONDIÇÃO OPERÁRIA ...

sim, mediatizados pelo mercado nacional da força de trabalho, transfiguram-se em operários industriais, migrantes sazonais nas usinas paulistas de açúcar e álcool.

A indagação apresentada — *quem são estes indivíduos sociais* — implica considerar *outra dimensão comum que os une:* apesar de se encontrarem provisoriamente empregados na condição de operários agrícolas e industriais, *são partícipes de um contingente de população trabalhadora sobrante*[69] *para as necessidades médias do capital,* ainda que encoberta no emprego por tempo determinado. *São parte de excedente de força de trabalho*[70] *que é* constantemente produzido e reproduzido no desenvolvimento capitalista. *São indivíduos sociais similares na sua pobreza,* quando *apreciada do ponto de vista dos resultados da apropriação da riqueza social.* Os precários rendimentos auferidos são indicativos de elevados níveis de exclusão social, não só econômica, mas política e cultural.[71] Mas desta condição comum — o fato de ser parte de um contingente de força de trabalho excedente, passível de ser mobilizada ou repelida, em função dos ciclos de crescimento e retração da atividade econômica — *irradiam novas particularidades que compõem a heterogeneidade do conjunto de operários na indústria.*

Tais particularidades derivam do fato de viverem a condição de população excedente sob *formas diversas:* como *superpopulação latente* no interior das propriedades agrícolas ou como *superpopulação intermitente ou fluente*

[o trabalho acessório], pois a exploração de sua terra só lhe reclama cuidados em determinadas épocas. *Ele enfrenta as suas necessidades de dinheiro vendendo não o excesso de seus produtos, mas o excesso de seu tempo".*

69. É importante lembrar que Marx, nos *Grundrisse*, reconhece que o trabalhador livre é um pobre virtual, pois só pode viver à medida que troque sua capacidade de trabalho pelo fundo de trabalho. Como esta troca lhe é fortuita, é virtualmente um pobre. Por outro lado, o capital só existe à medida que se produza cada vez mais sobretrabalho e se libere mais e mais trabalho necessário, aumentando conseqüentemente as possibilidades de pauperismo, pois "ao desenvolvimento do sobretrabalho, corresponde o da população excedente", que é idêntica ao pauperismo".

70. Esta condição de partícipe de população excedente, sujeita a trabalhos temporários, tem sido reiteradamente afirmada na literatura sobre o chamado "bóia-fria" ou "volante", desde a década de 1970: D'Incao (1975 e 1984), Pinsky (1977); Ianni (1984b) e Stein (1976: 72-85). Um panorama sobre os dados do trabalho volante segundo as DIRAS do estado de São Paulo, pode ser encontrado em Queda (1977). Os trabalhos mais significativos apresentados nas *Reuniões Nacionais de Mão-de-obra Volante na Agricultura* foram reunidos pela entidade promotora: (Unesp, 1982).

71. A matriz clássica desta análise sobre a *superpopulação relativa* encontra-se em Marx (1985: 187-259), e também nos *Grundrisse,* onde o autor deriva a análise da população excedente da noção de mais-valia relativa (Marx, 1980a: 348-352). Lênin, em seu estudo sobre o desenvolvimento capitalista na Rússia, introduz a noção de *exército geral de reserva* (Lênin, 1982).

com empregos eventuais ou por tempo determinado.[72] Tais distinções não podem ser descuradas, a vivência das mesmas envolve condições de vida e de trabalho particulares, tece experiências singulares de vida, criando indivíduos sociais distintos. Enfim, molda *formas específicas de viver e de pensar a vida.*

O processo de crescente concentração e centralização de capitais, necessário para enfrentar a concorrência intercapitalista em uma economia oligopolizada, acompanhado dos elevados índices de concentração fundiária no país, *não vem mais permitindo àquele segmento de produtores familiares pauperizados sobreviverem nem exclusivamente como produtores diretos, nem exclusivamente como assalariados, com emprego relativamente estável.* Enquanto isso, partes da mão-de-obra excedente estão sujeitas a trabalhos eventuais ou por tempo determinado, cuja remuneração é insuficiente para assegurar a manutenção da família nos centros urbanos mais desenvolvidos. Por outro lado, através da produção mercantil simples já não conseguem produzir o tempo de trabalho necessário para a sobrevivência da família a não ser pela mediação da produção de um tempo de trabalho excedente realizado na órbita das empresas capitalistas. Tendem a tornar-se meros proprietários formais de suas terras. São socialmente constrangidos *a se deslocar ciclicamente, alternando suas vidas nos locais de origem e nas usinas de açúcar e destilarias de álcool nas regiões canavieiras paulistas, aparecendo como seres sociais internamente partidos,[73] ora operários industriais, ora lavradores.* Seres sociais internamente partidos, porque *a unidade do processo social que forja suas vidas lhes é dada de fora, pelo movimento do capital social e da propriedade fundiária, impulsionado pelo Estado. Aquela unidade é vivida como estranhamento pelos indivíduos.* Estes tornam-se assim persistentes *passageiros entre dois universos* — o da produção familiar mercantil simples e o da produção agroindustrial capitalista. *São articulados e recriados direta e indiretamente pelo capital, ao qual estão vinculados de forma partida e incompleta e do qual não podem se livrar, vivendo simultaneamente a condição de lavradores e operários por tempo determinado.* Passageiros entre *duas temporalidades históricas, coetâneas na vida dos mesmos indivíduos,* experimentadas em espaços distintos e distantes no decorrer do mesmo ano agrícola.

---

72. Este tema será retomado adiante no debate sobre o processo de proletarização.

73. Esta análise, desdobrada a seguir, encontra-se *parcialmente* inspirada na análise de Martins sobre a migração temporária. O autor afirma que: "Migrar temporariamente é mais do que ir e vir: é viver em espaços geograficamente diferentes temporalidades dilaceradas pelas contradições sociais. Ser migrante é viver tais contradições com duplicidade: é ser duas pessoas ao mesmo tempo, cada uma constituída por específicas relações sociais, historicamente definidas; é viver como presente e sonhar como ausente. É ser e não ser ao mesmo tempo; sair quando está chegando e voltar

Atribuir destaque às *formas particulares*, através das quais os segmentos do proletariado participam do contingente da superpopulação relativa, é da maior relevância nos marcos desta pesquisa. Instiga a análise *de um processo de proletarização em curso, historicamente inconcluso* — e não *necessariamente passível de ser concluído* —, em que a constituição de trabalhadores livres não tem resultado necessariamente na sua sobrevivência exclusiva à base da forma salário, ainda que cresça a proporção do trabalho pago sobre o trabalho doméstico na absorção do tempo de trabalho da unidade familiar. O assalariamento é mesclado com a produção parcial — ainda que insuficiente — de meios de vida pelo próprio trabalhador, em outro espaço do território nacional. Processo de proletarização em curso e inconcluso, que é expressão de leis tendenciais de desenvolvimento capitalista no país, que se realizam através de contratendências, fruto da interferência dos sujeitos históricos nos processos sociais. É expressão de um *desenvolvimento histórico particular e desigual*, que apresenta cores e tonalidades próprias na expansão capitalista na periferia dos centros hegemônicos mundiais, cunhada pela modernidade econômica do grande capital, sustentada pelo Estado, que recria traços de barbárie (Hobsbawm, 1995: 15-30; Netto, 1993) no campo das condições materiais e socioculturais da vida da maioria da população, subalternizada política e culturalmente e excluída das conquistas da civilização do capital.

Modernidade econômica que não tem sido capaz de homogeneizar as normas contratuais no âmbito das relações de trabalho fazendo conviver o assalariamento com outros tipos de relações de produção informadas por vínculos de dependência pessoal, pela escravidão, além do enorme contingente de desempregados e subempregados, excedentes para as necessidades médias de valorização do capital. Relações estas produzidas e reproduzidas no *mesmo movimento* que, com o decisivo aporte das políticas estatais, favorece os grandes conglomerados industriais e bancários, no contexto de financeirização da economia e que vem imprimindo o norte ao desenvolvimento do país, integrado na divisão internacional do trabalho como uma economia de regulação monopolista "truncada", nos termos de Oliveira (1982).

Processo de proletarização inconcluso, porque nos marcos da expansão oligopolista tem-se um excedente de força de trabalho que já não encontra lugar no mercado formal de trabalho, fazendo com que o surgimento

---

quando está saindo. É necessitar, quando está saciado. É estar em dois lugares ao mesmo tempo e não estar em nenhum. É até mesmo, partir sempre e não chegar nunca". (Martins, 1986: 45)

de *trabalhadores livres não signifique necessariamente o surgimento de trabalhadores que sobrevivam fundamentalmente de rendimentos percebidos sob a forma de salário.* A expansão capitalista na era da "acumulação flexível' dissocia *o trabalhador livre da condição assalariada. Faz crescer os longos períodos de desemprego, formas de trabalho eventual e subcontratado, que se combinam com outros meios de sobrevivência através do trabalho autônomo por tarefas, do trabalho em domicílio, do artesanato, da posse provisória da terra em outras regiões etc. Produz o trabalho assalariado e não assalariado, formas de subordinação real e formal ao capital* (Harvey, 1993; Antunes; 1999; Mota, 1998).

Oliveira (1981:130), estudando as classes e identidade de classes na Bahia, afirma que na sociedade de massas tem-se *a produção de classe sem identidade de classe, em que o proletariado nunca se completa como tal.* A enormidade da reserva de força de trabalho cria uma assimetria entre a submissão real e a submissão formal ao capital, reforçada pela existência de enormes conjuntos de trabalhadores no setor dito "informal". Referindo-se às *hostes errantes* no Nordeste, o autor fala em "classes inacabadas". Na década de 1970, a expansão industrial naquela região foi presidida por importantes empresas do Centro-Sul, muitas das quais multinacionais. Verificou-se um amplo processo de formação do capital financiado por incentivos fiscais, criando uma forma de investimentos com altíssimo coeficiente de capitalização e sofisticado patamar tecnológico. A estruturação oligopolista presidida por tais características ampliou as fronteiras de recrutamento de mão-de-obra para a indústria que se implantava, abrindo as comportas que as velhas estruturas agrário-industriais represavam a população. Enormes segmentos populacionais na faixa produtiva foram incorporados ao mercado de reserva de mão-de-obra para novos empreendimentos capitalistas na região, ampliando-se a competição por postos de emprego e intensificando a migração intra-regional. Neste contexto, "a estrutura social parece ter sido reinventada pelo mesmo criador de Frankstein. As classes dominadas são uma espécie de classes "inacabadas": sua submissão real e formal ao capital, dado o enorme contingente de reserva, é sempre intermitente, interrompida periodicamente. O posseiro e o meeiro não se proletarizaram senão parcialmente; o operário das cidades não é sempre operário.

> As classes dominadas são movimentos, "massas", mais do que classes (...). As "classes inacabadas" *não cabem* dentro do padrão capitalista: estão condenadas a 'cem anos de solidão' se esperarem que a expansão capitalista absorva esse enorme contingente de reserva que ela amplia ao tempo que se expande. *A luta assume imediatamente uma dimensão política: trata-se afinal da questão do poder e da questão do Estado.* (Oliveira, 1981: 22)

Processo de proletarização que engloba trabalhadores que vivem *simultaneamente processos históricos que originalmente ocorreram em épocas distintas: o processo de expropriação*, de separação do trabalhador da terra como seu principal meio de produção e *o processo de exploração do trabalhador já expropriado, mero vendedor de sua força de trabalho.*[74]

As várias formas através das quais distintos segmentos do proletariado industrial vivem a condição de população sobrante interferem na maneira com que enfrentam o trabalho nas usinas e na avaliação dessa experiência, conformando modos particulares de viver e pensar o trabalho. São indivíduos com diferentes inserções na divisão social do trabalho, do ponto de vista do acesso ou não aos meios de produção da vida, o que molda sua socialização, valores, comportamentos, modos de pensar particulares, porque fruto de trajetórias sociais de vida diferentes.

A hipótese analítica é a de que os assalariados por tempo determinado vivem *socialmente* um *processo de proletarização*, movimento histórico de sua transfiguração em trabalhadores livres, em que progressivamente vão perdendo as condições de produzir diretamente seus meios de vida, fazendo crescer a mediação do trabalho pago — principalmente sob a forma de salário — na reprodução social da família, ainda que *individualmente resistam, material e subjetivamente a esse processo.* Contudo a posse e/ou propriedade da terra torna-os um segmento do proletariado industrial *distinto* em termos de sua reprodução social, *material e subjetiva.* Distinto enquanto tem no acesso à *terra* uma possibilidade de defesa de sua sobrevivência ante o desemprego (permanente ou por tempo determinado), à medida que lhes garante não só um *lugar para morar, mas a produção, ainda que parcial dos meios familiares de subsistência.* Enfim, ela representa recurso para a *defesa da vida e dos riscos do pauperismo absoluto, ainda que seja insuficiente para a produção do tempo de trabalho necessário à reprodução familiar.* Este, para realizar-se, passa a requerer a mediação da produção de um tempo de trabalho excedente para o capital, através da inserção dos trabalhadores mais aptos ao trabalho — nem sempre acessórios para a produção familiar agrícola — no circuito da reprodução capitalista via mercado de trabalho.

O acesso à terra é, portanto, uma proteção aos riscos do pauperismo aberto.[75] Risco este permanente para o trabalhador livre, que é um *pobre*

---

74. A análise da acumulação primitiva expressa o caso clássico do processo de expropriação dos trabalhadores, de violenta cisão entre trabalho e propriedade, entre produtores e seus meios de produção, estabelecendo-se a dissolução da propriedade fundada no trabalho próprio. Ver: "A chamada acumulação primitiva". (Marx, 1985). Sobre as distinções entre o processo de expropriação e de exploração, ver Martins (1991).

75. Parece que, na década de 1990, o *Movimento dos Sem-Terra (MST)* sinaliza isto com clareza: *a luta pela terra não é um problema exclusivamente agrário, ainda que se dê no campo.* Enquanto na década

virtual, à proporção que as injunções que interferem na possibilidade de ter garantida a reprodução de sua capacidade de trabalho fogem ao controle do trabalhador individual (Marx, 1980a: 110). Assim, a defesa da condição de produtor familiar vem com a *recusa obstinada contra a total proletarização*, que tem na migração temporária uma de suas expressões efetivas para o trabalhador individual. Essa recusa se mostra *subjetivamente*, através da idealização da vida liberta na pequena produção familiar nas regiões de origem e da exaltação do "trabalho por conta própria", assentado na posse e/ou *propriedade privada da terra*, que possibilita um certo controle do uso do tempo de trabalho do indivíduo produtor e de sua família. Propriedade privada essa, de caráter distinto da propriedade privada capitalista, que repousa sobre a exploração do trabalho alheio, ainda que formalmente livre.[76] Em outros termos, *o migrante sazonal cíclico se auto-apresenta como lavra-*

---

de 1960, a luta pela terra buscava o *apoio* dos trabalhadores urbanos, hoje são assalariados urbanos e rurais pauperizados que lutam pela terra, porque vêem nela uma precondição — ainda que não suficiente, se considerada independente das políticas agrária e agrícola — para a defesa de sua subsistência. Subsistência esta que não está sendo mais possível de ser suprida através da venda da força de trabalho em um mercado saturado, com o amplo crescimento dos níveis de subemprego e desemprego. A população excluída passa a requerer parte do patrimônio público ou privado não-produtivo para a sua sobrevivência. Em outros termos, grandes parcelas de trabalhadores livres e desempregados encontram canal de expressão de sua luta no MST. Como o monopólio da terra é expressão de poder e riqueza — hoje não apenas nas mãos de latifundiários rentistas, mas do grande capital industrial e bancário — o confronto político torna-se mais explosivo e violento. O confronto dos sem-terra com o Estado parece lembrar o papel assumido por ele no processo de lutas pela regulamentação da jornada de trabalho na Inglaterra: até certo período cabia-lhe a regulamentação da máxima jornada de trabalho e, através de "uma verdadeira guerra civil", os trabalhadores obtêm ganhos progressivos na regulamentação de uma jornada mínima de trabalho. Aqui, *o que o Estado sempre regulamentou foi a grilagem, a apropriação de terras públicas por grandes capitais privados*, expulsando lavradores e a população indígena, o que adquiriu uma face descaradamente legal na época da ditadura militar. Atualmente está sendo cobrado do poder público, pela sociedade civil — com a forte pressão dos trabalhadores rurais e urbanos pauperizados —, uma política de redistribuição fundiária e de condições para a produção agrícola para os asssentados, colocando parcela do patrimônio público e privado improdutivo ao serviço daqueles que dele necessitam para a defesa da vida: da dignidade do trabalho e do trabalhador. A luta pela terra é vista como uma esperança luminosa na escuridão de um panorama cada vez mais restrito quanto às possibilidades de uma vaga no mercado formal de trabalho na sociedade globalizada sob a hegemonia dos princípios neoliberais.

76. A propriedade privada, como antítese da propriedade social, coletiva existe apenas onde os meios de trabalho e suas condições pertencem a pessoas privadas. Porém, conforme estas pessoas privadas sejam trabalhadores ou não trabalhadores, a propriedade privada também assume caráter diferente. Os infindáveis matizes que a propriedade privada exibe à primeira vista refletem apenas as situações intermediárias entre esses dois extremos (...) a propriedade privada obtida com trabalho próprio, baseada, por assim dizer, na fusão entre o trabalhador individual isolado e independente com suas condições de trabalho, é deslocada pela propriedade privada capitalista, a qual se baseia na exploração do trabalho alheio, mas formalmente livre (...) O sistema de apropria-

dor, ainda que vivendo como operário fabril. Sustenta um *projeto de liberdade*, que tem no acesso à terra a fonte da autonomia do trabalho, do controle do tempo da vida, em contraposição ao trabalho "sujeitado", mandado por outro, tal como o experimentado como membro do trabalhador coletivo na indústria. Os trabalhadores em processo de proletarização vivem, portanto, *uma tensão entre as condições histórico-sociais objetivas nas quais constroem suas vidas* — já não podem prescindir do assalariamento para a sua reprodução social da unidade familiar — e as *representações[77] com que elaboram* essas condições sociais, em que recusam a condição de "trabalhadores alugados", vendedores da força de trabalho. Constata-se, portanto, uma tensão entre o ser e a auto-avaliação.

A complexidade da análise deste personagem — em época e contexto distintos — já era apontada no estudo clássico de Kautsky (1968: 207) sobre a questão agrária. Ao abordar a imigração temporária, diz que: "No momento não estudamos as formas de proletarização fáceis de se reconhecerem. Estudamos aquelas muito mais importantes, em que o camponês conserva o aspecto exterior, mas exercendo inteiramente as funções de proletários". O autor sugere ainda que se, por um lado, a preservação da condição de produtores diretos, mesmo em bases precárias e inseguras, permite que se tornem relativamente independentes *dos comerciantes de gêneros alimentícios,* por outro, não os protege contra a exploração dos empresários capitalistas, no campo ou nas cidades.

Atentar para a dinâmica da unidade e das diferenças que tensionam a condição operária na agroindústria canavieira é também pressuposto para explicar a demanda de determinados tipos de assalariados por parte dos usineiros — em especial os migrantes sazonais —, assim como para compreender os determinantes sociais e as motivações pessoais que os levam a aceitar as condições adversas de trabalho ofertadas pelas usinas paulistas por ocasião da colheita e processamento industrial da cana.

ção capitalista surgido do modo de produção capitalista, ou seja, a propriedade privada capitalista, é a primeira negação da propriedade privada individual, baseada no trabalho próprio (...)" (Marx, 1985: 292-294). Esta distinção analítica é fundamental e freqüentemente relegada por estudiosos, o que passa a ser fonte de inúmeros equívocos de interpretação e construção da crítica da literatura especializada. Um exemplo está em Musemeci (1988).

77. "As representações que estes indivíduos elaboram são representações a respeito de sua relação com a natureza, ou sobre suas mútuas relações, ou a respeito de sua própria natureza. É evidente que, em todos estes casos, as *representações são a expressão consciente — real ou ilusória — de suas verdadeiras relações e atividades, de sua produção, de seu intercâmbio, de sua organização política e social.* Se a expressão consciente das relações reais destes indivíduos é ilusória, se suas representações põem a realidade de cabeça para baixo, isto é conseqüência de seu modo de atividade material limitado e suas relações limitadas que daí resultaram". (Marx & Engels,1977a: 36)

Em síntese, o propósito foi salientar a *tensão* em que é construída a *unidade da condição operária no universo agroindustrial paulista, plasmada nas diferenças sociais dos sujeitos que dela participam, atribuindo particularidades a esse segmento do proletariado* e à sua *vivência do trabalho no mundo das usinas. É sobre o desenvolvimento dos rumos analíticos, aqui apenas enunciados, que se desdobram as considerações que se seguem.*

2.3.2 A presença de migrantes sazonais na agroindústria canavieira paulista e os dilemas de sua qualificação

A identificação de migrantes sazonais na agroindústria canavieira na região de Piracicaba, através da pesquisa de campo realizada, não é um caso isolado. Sua *representatividade*, como expressão de parcela do operariado agroindustrial canavieiro, é verificada em inúmeros estudos e pesquisas empíricas voltadas a este setor produtivo no país, nas décadas de 1970 a 1990.[78]

O recurso à parcela considerável do acervo de pesquisas que registra a presença desse personagem social revela não apenas sua representatividade, mas o panorama dos *dilemas envolvidos em sua qualificação analítica*. Os trabalhos identificados apresentam múltiplas óticas de interpretação e diferentes níveis de investimento na decifração do significado social desse segmento de trabalhadores. Reconhecendo o caráter social e cumulativo do trabalho científico, a construção da ótica de análise do objeto de estudo é necessariamente fruto da *incorporação* de resultados preexistentes e do *debate* com o legado de conhecimentos disponível. Sua formulação foi feita tecendo fios dispersos na produção acadêmica e compondo novas figurações analíticas em resposta às provocações apresentadas pela pesquisa de campo. O encontro com a literatura é, pois, um contraponto necessário inclusive para diferenciar a interpretação assumida em relação a esse personagem social.

A referência ao migrante sazonal tem sido *lateral e descritiva* na literatura especializada[79], não galgando uma posição de *centralidade* na maior

---

78. Dentre as pesquisas sobre a agroindústria canavieira que fazem referência a esse personagem ver, por exemplo, as seguintes: Leite Lopes (1976 e 1985); D'Incao e Botelho (1987: 53-81); D'Incao (1984); Ianni (1986); Garcia (1983, 1990 e 1988: 5-41); Maluf (1987, 1984); Sales (1982); Hoffling (1981); Ribeiro (1978); Baccarin (1985); Ferreira (1983 e 1974); Andrade (1992); Paixão (1994); Alves (1991); Costa (1993: 5-7); Scoppinho & Velarelli (1995); Silva (1993 e 1999).

79. Mais além das pesquisas voltadas especificamente para a agroindústria canavieira, o migrante sazonal é objeto de referência em vários outros estudos clássicos e contemporâneos: Kautsky (1968); Lênin (1982); Martins (1986: 44-61); Silva (1981); Kageyama (1987: 99-123); Souza (s/d: 67-111); Gorender (1994: 15-1); Oliveira (1981: 20-24); Muller (1989); Delgado (1985).

parte dos estudos identificados.[80] É geralmente abordado como um trabalhador por tempo determinado presente nas *atividades agrícolas*, em especial na colheita da cana. São raros os estudos que tratam as implicações de seu ingresso nas *atividades industriais das usinas*.[81] Assim, ao se estudar o caso específico, tem-se em mente um fenômeno de mais ampla dimensão, que atribui particularidades ao processo de proletarização no campo brasileiro e se manifesta com singularidades na presente pesquisa. Como já afirmava Cândido (1971: 20), em seu clássico estudo sobre o caipira paulista e a transformação de seus meios de vida: "quando falo dos membros do grupo que estudei, estou, a cada momento, pensando no caipira em geral; e, reciprocamente, quando procuro compor esta abstração metodologicamente útil, a experiência que a comprova é, sobretudo, a do grupo que estudei".

Apesar da pouca atenção de parte da literatura especializada, trata-se de um personagem histórico no país. Remonta à década de 1940 o registro sobre os primeiros deslocamentos de trabalhadores de diversas regiões do país para o Sudeste (Andrade, 1986; Garcia, 1990). Em meados do século passado, Gileno de Carli (1943:85), já noticiava a existência de assalariados mineiros e baianos que formavam uma grande população flutuante na microrregião açucareira de Piracicaba.

Ainda que seja um fenômeno de larga duração, *são distintos o significado e as dimensões que assume* a existência desses trabalhadores *no* contexto dos "complexos agroindustriais", que têm lugar a partir da década de 1970. Encontram-se hipotecados ao conjunto de condições socioeconômicas e políticas que tecem o cenário da "modernização conservadora" para a agricultura. Esta é decisivamente sustentada por incentivos do Estado, induzida tecnologicamente pela indústria produtora de bens de produção para a agricultura e pela indústria processadora de produtos agrícolas, em um mercado interno e externo crescentemente oligopolizado. Faz com que a reprodução do capital no setor torne-se crescentemente integrada em termos de relações interindustriais (Delgado, 1985: 41). Expressa um novo bloco de interesses atuantes no campo, onde marcam presença o grande capital industrial (nacional e estrangeiro), os grandes e médios produtores favorecidos pelas políticas estatais, com destaque para as políticas de crédito, fiscal, tecnológica e fundiária. Nos termos de Müller (1989), instaura-se um *novo*

---

80. Os trabalhos identificados que têm como foco principal o migrante sazonal na agroindústria canavieira foram os de Moraes (1993, 1999); Costa (1993); Ribeiro (1978); Hoffling (1981).

81. A presença de migrantes sazonais nas áreas industriais das usinas é, por exemplo, referido por Hofling (1981); Ribeiro (1978); Leite Lopes (1976) e Scoppinho & Velarelli (1995).

padrão agrário,[82] que incorpora a ciência na agricultura e novas formas de produção. Uma de suas conseqüências mais importantes foi a ruptura do divórcio agricultura/indústria e a mercantilização generalizada dos meios de vida entre a população rural, com fortes impactos regionais. No período 1960-1980, acentua *a politização dos processos econômicos da acumulação do capital, em que o* "Estado passa a planejar a agricultura para o lucro", "erigindo-se como o capitalista financeiro por excelência", o que atribui um perfil peculiar à agroindústria sucroalcooleira sob o guarda chuva protetor do Proálcool.

No verso desse processo constata-se a exclusão de quaisquer formas de associação com o capital financeiro, de cerca de 4 milhões de estabelecimentos com valor anual da produção de zero a nove salários mínimos, em 1980, o que representa 90,2% dos estabelecimentos, que produzem um terço do valor da produção agropecuária do país (Delgado, 1985: 183).[83] Esses lavradores tendem a ser repelidos do mercado como produtores mercantis, com rendimentos insuficientes para a sua sobrevivência social, vivendo em condições de subemprego, emprego sazonal ou desemprego aberto. Conformam um celeiro fornecedor de mão-de-obra temporária para o mercado nacional de trabalho. Encontram-se também alijados do acesso a quaisquer formas de políticas públicas. Sua integração no mercado de trabalho rural é

---

82. "A noção de padrão agrário visa salientar as *especificidades da agricultura* enquanto atividade técnico-econômica e enquanto esfera de interesses sociais e políticos a ela adstritos, além de sua condição de objeto de políticas públicas específicas. Essa noção objetiva reter as *particularidades técnicas* (climas, solos); *econômicas* (tempo de trabalho, tempo de produção, renda da terra); *sociais* (grupos sociais, capitais e pobreza exclusivamente agrárias) *e políticas* (organizações lobistas, uniões sociopolíticas). (Müller, 1989: 24)

83. O autor discute a diferencialidade da pequena produção, tendo por critério as diversas formas de sua integração com o capital financeiro, dependentes das estratégias de diversificação do grande capital consorciado com as políticas agrícolas do Estado. Distingue, assim, os produtores associados e não associados ao capital financeiro e às estratégias de seu crescimento. Polemiza com duas tendências de análise deste segmento presentes na literatura: a perspectiva que salienta a sua *funcionalidade ao processo de acumulação* de capital e a perspectiva que ressalta o *caráter necessário desse exército de reserva* tendo em vista as necessidades cíclicas da força de trabalho nos estabelecimentos agrícolas, caracterizada pela prevalência do assalariamento. Afirma que as "tendências contemporâneas de inovação incessante do capital no campo *não corroboram a tendência de proletarização crescente da força de trabalho rural, quando a produção capitalista se apodera da agricultura. Ao contrário a grande agricultura contemporânea é um ramo de produção em que muito rapidamente se manifesta a exclusão do trabalho vivo como necessidade do capital para realizar sua exploração*" (Delgado, 1985: 188-189). O autor trabalha com a identidade entre proletarização e assalariamento. Entretanto pode haver proletarização sem uma necessária incorporação dos trabalhadores livres na produção, fazendo crescer o contingente de desempregados e subempregados, tal como se verifica na atualidade.

parcial, participando da produção capitalista na condição de trabalhadores assalariados (idem: 183-184).

O assalariamento por tempo determinado de migrantes na *agroindústria canavieira nacional* na abertura dos anos 1990, é atestado por Paixão (1994) em pesquisa de campo realizada em 1992 em doze estados da federação. Constatou o emprego de migrantes em todos os estados visitados e em dezessete unidades sucroalcooleiras dentre as trinta e seis analisadas. Os principais fornecedores de migrantes eram os estados nordestinos (Sertão, Agreste e Zona da Mata) e o de Minas Gerais, especialmente o Vale do Jequitinhonha (idem: 245-6).

Também Andrade (1992: 213), ao estudar a expansão da agroindústria canavieira e seu impacto ecológico e social, apresenta um panorama da mobilidade de trabalhadores assalariados migrantes no espaço nacional, alocados nesse setor produtivo, muitos dos quais, "em sua pobreza, ainda mantêm um mínimo de propriedade". São atraentes para o empresariado porque se dedicam mais ao trabalho e são menos politizados. Segregados em alojamentos comunitários no interior das usinas, enfrentam ainda a reação dos trabalhadores locais, por não se integrarem às lutas travadas por melhores salários e condições de vida.[84]

Os migrantes sazonais na agroindústria canavieira da Zona da Mata pernambucana são conhecidos como *"corumbas"*. Provenientes do Agreste ou do Sertão, na época da safra se deslocam de seus pequenos lotes de terra própria ou arrendada para trabalhar nas plantações de açúcar como assalariados por tempo determinado. Esta denominação é utilizada para diferenciá-los dos trabalhadores desprovidos de lavoura de subsistência, que vivem exclusivamente do salário, destituídos de formalização de vínculos trabalhistas e dos direitos correspondentes — os chamados *"cassacos"*. Estudados por Suarez (1977), reaparecem em outro estudo da mesma autora dedicado à análise das transformações da produção canavieira nordestina na década de 1970 em suas relações com a produção alimentar dos "camponeses", cuja subsistência já depende totalmente do assalariamento por tempo determinado na

---

84. "No Nordeste, os trabalhadores migrantes vêm sempre do agreste e do sertão, de áreas de clima semi-árido, quando a falta de chuvas do verão interrompe o trabalho agrícola. No Rio de Janeiro, os migrantes vêm das áreas vizinhas à várzea do Paraíba, do Sul do Espírito Santo, de Minas Gerais, e do próprio Estado do Rio de Janeiro. Em São Paulo, a maior parte vem do Vale da Paraopeba, do Norte de Minas e da Bahia, mas a proporção de mineiros é tão grande que eles são chamados de 'mineiros'. Em Goiás eles vêm de Tocantins, do Pará, do Sul do Maranhão e do oeste da Bahia". Interessante observar a coincidência entre as regiões "fornecedoras" de migrantes para a agroindústria canavieira paulista identificadas pelo autor e aquelas detectadas na pesquisa de campo que foi base deste trabalho.

cana-de-açúcar (Sales, 1982). No primeiro trabalho, a explicação do processo de proletarização é feita na ótica da *desapropriação do morador e sua conseqüente expulsão da propriedade canavieira*. A instalação das usinas na região, submetidas aos processos cíclicos da demanda externa do açúcar, fora presidida por um desenvolvimento extensivo, absorvendo terra e mão-de-obra, sem substanciais alterações na base técnica da produção. Este tipo de desenvolvimento reforçou a presença dos *moradores*, que podiam dedicar-se às atividades de subsistência nos períodos de redução da demanda do trabalho na agroindústria canavieira por residirem no interior da propriedade. Mas a incorporação de novas terras para a atividade canavieira atingiu aquelas até então absorvidas pela agricultura de subsistência. É, pois, *atribuída à expansão da propriedade territorial a razão da proletarização dos antigos moradores*. Esta linha de interpretação sofre uma *inflexão* no trabalho de 1982, em que se atribui maior peso à *política governamental* para o setor açucareiro — via IAA —, que *favorece mudanças na composição orgânica do capital*, com o conseqüente aumento da produtividade do trabalho. A modernização do processo produtivo da grande exploração, impulsionada por uma política intencional do Estado para a agropecuária, torna-se o principal vetor do crescimento da proletarização. Identifica uma alteração *no caráter da migração sazonal*: se antes o assalariamento por tempo determinado era *complementar e o ciclo do roçado é que determinava o trabalho na lavoura canaveira*, na década de 1970 ocorre uma inversão neste processo. O que passa a determinar o assalariamento por tempo determinado já é o *ciclo da cana*, uma vez que o antigo *corumba* apenas detém o seu "chão de terra", insuficiente para o mínimo de subsistência da família. Vive uma situação transitória,[85] já a um passo seguro da proletarização total. Torna-se parte da reserva da força de trabalho, criada no processo de acumulação de capital na lavoura canavieira e a *mobilidade espacial permanente passa a ser um elemento constitutivo de sua reprodução social*.

---

85. "O único fator a diferenciá-los (os *corumbas*) dos outros trabalhadores clandestinos é seu 'chão de terra', alguns restritos apenas ao cultivo da mandioca, tal o desgaste do solo que já não permite o roçado de milho e feijão. No nosso entender, com a propriedade ou posse de um minifúndio dessa natureza, insuficiente para o mínimo de subsistência da família, o camponês dá um passo seguro na direção de sua proletarização total. Por insustentável, a situação parece *transitória*. Com respeito à diferença da situação passada, classificaríamos este novo personagem do Agreste como proletário, pois é do salário que depende seu sustento. E, neste sentido, seria mais apropriado nomeá-lo de trabalhador clandestino que de *corumba*. O *corumba* se acabou junto com os moradores de engenho, e, onde ainda existe, é vestígio de uma situação passada cada vez mais insustentável frente ao avanço das novas formas de trabalho na cana, em sua intensidade aumentada pela segmentação de trabalhadores em fichados e clandestinos, pelo aumento da produtividade do trabalho. Trata-se de migrantes sim, porém cuja condição de mobilidade espacial permanente é um elemento constitutivo de sua reprodução social" (Sales, 1982: 133).

Outro estudo que discute as estratégias de reprodução camponesa no Nordeste, entre meados da década de 1970 e início de 1980, é o de Garcia Jr. (1990). Analisa as relações entre o crescimento do mercado de trabalho industrial e a dinâmica das *plantations* tradicionais, apoiado em pesquisas de campo realizadas na Paraíba[86] objetivando compreender os *múltiplos efeitos dos deslocamentos de trabalhadores do Nordeste em direção ao mercado de trabalho no Sudeste*. Analisa "as práticas de inserção num mercado de trabalho longínquo e as representações mentais que as acompanham" — organizadas em torno da polarização entre *sujeitos e libertos*, ou seja, trabalhadores residentes nas plantações e os demais. Dentre as estratégias de reprodução camponesa identificadas está o *emprego* no Sul. Como esclarece o autor:

> O *emprego* no Sul pode significar a passagem definitiva à condição proletária para muitos, a fonte de acumulação de recursos para outros, para voltar e passar ou manter a condição de *agricultor e negociante*; uma virtualidade para um grupo social que tem um pé no *Sul*, outro no *Norte*, ora se apoiando em um, ora em outro, ora nos dois. Que tem a cabeça voltada para o confronto constante entre a vida no *Sul* e no *Norte*. Ou numa frase, solução e enigma, que sintetiza todo esse processo: *"O Sul hoje é o caminho do roçado"*. (Idem: 202)

Em pesquisa anterior (Garcia Jr., 1983), voltada para o *trabalho familiar de pequenos produtores* já identificara ser a migração temporária para São Paulo um dos recursos para enfrentar as dificuldades crescentes, de assegurar a subsistência através do trabalho familiar. A migração aparece como uma forma de *contrariar* a deterioração de suas condições de vida, ao mesmo tempo que se torna referência para o pequeno proprietário pensar o seu próprio processo de expropriação. Emerge como uma *estratégia familiar* diante da falta de condições de viver, de não ter mais terra onde trabalhar. Busca assegurar a subsistência familiar, contando com a possibilidade de retorno: é a própria condição de produtor por conta própria, que se encontra em jogo e, simultaneamente, a luta contra o processo expropriatório.

Como se pode observar, o tema e a ótica de sua análise são *distintos* quando comparados à presente pesquisa. Ali, o assalariamento por tempo determinado no Sudeste é visto como uma das derradeiras alternativas

---

86. Um diálogo mais intenso com este trabalho é estabelecido na parte referente à pesquisa de campo. A polarização sujeito x liberto é também identificada na presente pesquisa, mas situada em contexto distinto. Se na pesquisa de Garcia ela aparece no confronto entre o morador e o trabalhador liberto das amarras dos vínculos de dependência que presidem a vida do morador na grande *plantation*, aqui a representação de *sujeito* é reposta para *dar conta da subjugação do trabalhador no contexto do trabalho industrial*.

mobilizadas na luta pela preservação da condição de produtor familiar. Naqueles estudos, o que se busca explicar é a produção mercantil simples, aqui é a diversidade da composição do operariado industrial canavieiro e nesse trajeto dá-se o encontro com os mesmos personagens. Mas são outras as lentes através das quais se observa o cenário. Não o "fim da morada" (Sigaud, 1979; Palmeira, 1977: 103-114) ou "decadência do roçado", um processo em extinção, frente ao qual os indivíduos resistem, e sim os dilemas da heterogeneidade da constituição da condição operária. Envolve os mesmos sujeitos, partícipes de um contraditório e desigual processo da constituição do trabalhador livre, ainda que não permanentemente assalariado: um processo de proletarização historicamente particular.

No estado de São Paulo, a região de Ribeirão Preto, carro-chefe da produção sucroalcooleira nacional, tem sido foco de maior atenção por parte dos pesquisadores. Existe notificação da presença de migrantes em inúmeros trabalhos: Baccarin (1985); Baccarin e Gebara (1986: 84); Scoppinho & Velarelli (1995: 79-106); Paixão (1994: 245-295); Alves (1991: 280-329), o que tem sido ratificado por reportagens jornalísticas[87] e por dados divulgados pela Pastoral do Migrante de São Paulo.[88] Ianni (1976), em seu estudo sobre as usinas de Sertãozinho, abordadas como complexo produtivo que engloba fábricas e plantações, constata que:

> Na época da safra (junho-dezembro), agregam-se à população preexistente na usina e nos canaviais os trabalhadores contratados, por tempo determinado, provenientes das periferias da cidade de Sertãozinho, de outras cidades ou outros Estados, tais como Minas Gerais, Bahia, Pernambuco, ou outros. Esses são trabalhadores por tempo determinado da época da safra, conhecidos como *paus de arara, bóias-frias, volantes, baianos* ou outras denominações. São operários agrícolas e industriais que fazem aumentar cerca de 50 por cento, no caso da usina, a 100 por cento, no caso dos canaviais, a população assalariada.

Também Baccarin (1985: 81-82) verificou, em Jaboticabal, ser o emprego de "mineiros" generalizado, inclusive por pequenos fornecedores. "Os 'mineiros' são migrantes sazonais que provêm especialmente da região seca

---

87. Por exemplo, *O Estado de S. Paulo*, em edição de 18.08.1995, publica no artigo "Número de migrantes cai na região de Ribeirão Preto". "Baseado em informações dos sindicatos de trabalhadores rurais da área o grupo estima que apenas 20 mil dos 80 mil trazidos pelas usinas e empreiteiros para a safra da cana estão instalados na região", sendo que, em 1993, esta cifra era de 50 mil. A queda de quase 30% do número de migrantes, nos dois últimos anos, é atribuída, segundo a Pastoral dos Migrantes, à mecanização da lavoura".

88. Ver, a respeito, o trabalho de Silva (1993), cuja base empírica encontra-se amplamente respaldada em dados do Boletim da Pastoral dos Migrantes de São Paulo.

do norte de Minas Gerais, onde são pequenos produtores na sua maior parte. Premidos pelos baixos rendimentos na região de origem, associados aos problemas da seca, eles vêm *'fazer a safra'* na região de Ribeirão Preto. Uma parcela dessa mão-de-obra aloja-se nas cidades da região — Barrinha e Guariba especialmente — e suas relações com os empreiteiros e proprietários rurais se assemelham às de outros volantes da cidade. Outra parcela, que se quer aqui destacar, *aloja-se no interior das unidades produtivas*, em barracões improvisados com grande número de moradores, apresentando precaríssimas condições de higiene e conforto. Residentes nas propriedades e com pouco contato com o meio urbano e com outros trabalhadores, estes migrantes ficam sob forte controle dos proprietários, os quais descumprem grande parte das promessas feitas ao arregimentarem esse pessoal, além de exercerem fiscalização severa sobre seus serviços".

Estudando as lutas dos trabalhadores canavieiros na região de Ribeirão Preto, Alves (1991) recolhe observações sobre aqueles "andantes de outras caminhadas", que para ali afluem dada a impossibilidade de se reproduzirem nas suas regiões de origem, como produtores independentes, seja pela falta de acesso à terra, seja devido aos efeitos do processo de modernização conservadora nessas regiões, cujo resultado é a contínua criação de uma superpopulação relativa na agricultura. Contratados por intermédio de empreiteiros — que também atuam nas regiões de origem a mando dos usineiros — passam a morar em alojamentos, distantes da cidade, sujeitos a maior pressão de seus patrões, o que se expressa em limitações para a participação em movimentos grevistas. Apresentam reivindicações específicas, centradas *no preço e nas condições de alojamento e alimentação e contra as jornadas de trabalho abusivas.*[89] Na região de Ribeirão Preto além dos assalariados que se reproduzem exclusivamente da venda de sua força de trabalho, existe também

> o contingente de trabalhadores, que aflui à região apenas na safra dos principais produtos: cana, café e laranja. Estes trabalhadores migrantes vêm fundamentalmente do Norte de Minas Gerais, Sul da Bahia e Norte do Paraná. Nas regiões de origem, mantêm roçados ou produção de subsistência e, portanto, apenas se assalariam parte do ano, ou têm no assalariamento de parte dos membros da família a estratégia de sobrevivência. *Porém são pequenos produtores apenas nas regiões de origem. Na região canavieira de Ribeirão Preto, durante os*

---

89. As particularidades de suas reivindicações são também salientadas por Paixão (1994). Preocupado com a unificação nacional das lutas dos trabalhadores migrantes sazonais, entende que sua precondição seria o reconhecimento por parte do movimento sindical da existência real e efetiva deste tipo de trabalhador como uma categoria de canavieiro safrista.

oito ou mais meses, são trabalhadores assalariados rurais como os demais. Com a diferença de que uma parcela do salário recebido na cultura da cana é remetido para a região de origem, ou seja, o salário recebido na cultura da cana é utilizado para a sua reprodução na região, bem como para complementar ou manter a reprodução dos membros da família que permanecem na região de origem. (Alves, 1991: 289-290)

A presença de migrações temporárias de assalariados rurais oriundos de outros estados do país é também constatada por Ferreira (1983), em seu estudo sobre as políticas das relações de trabalho no setor agrícola canavieiro, nas regiões de Botucatu e Assis (SP), nos inícios da década de 80. A presença dos migrantes é explicada pela escassez cíclica de 'mão-de-obra braçal' nos 'picos' da safra, em regiões com alta concentração de usinas e mesmo em regiões policultoras, verificada desde meados da década de 1970. Assim, os barracões e alojamentos dos 'safristas' provenientes do Nordeste, Minas e norte do Paraná tornam-se uma característica comum das regiões de Ribeirão Preto, Piracicaba, Botucatu e Campinas (Ferreira, 1983: 185). Ao discutir a sazonalidade do 'trabalho braçal agrícola' do ponto de vista empresarial, a autora acentua as vantagens de seu emprego: redução do custo da folha de pagamento, devido ao rebaixamento do preço da diária, dos custos sociais indiretos referentes às obrigações trabalhistas e à manutenção de um setor administrativo. Anuncia a inviabilidade desse tipo de relações de trabalho sustentada em vínculos precários ante as exigências de uma estrutura administrativa mais racional no âmbito empresarial, o que vem sendo infirmado na atualidade.

Entretanto, a presença de operários migrantes sazonais *no trabalho industrial das usinas sucroalcooleiras* tem sido pouco tratada pela literatura especializada. A pesquisa pioneira de Leite Lopes (1976)[90] centra sua análise nas representações e comportamentos dos operários do açúcar a respeito do trabalho, atribuindo transparência às reinterpretações que fazem de noções que lhes são estranhas. Pauta-se pela compreensão da heterogeneidade interna de tipos de trabalhadores existentes no interior do processo produtivo, tendo por base a autoclassificação dos trabalhadores em *"profissionistas"*, *"artistas" e "serventes"* (Leite Lopes, 1976)[91]. Dentre os serventes ou ajudan-

---

90. Deve-se ter em mente que a coleta de dados efetuada é de 1972, antes, portanto, das profundas alterações verificadas no setor impulsionadas pelo Estado no amplo processo de modernização do setor, enfeixadas no Proálcool.

91. Sendo esta a pesquisa mais próxima à temática desenvolvida neste trabalho, há que demarcar algumas fronteiras necessárias, que as diferenciam. Em primeiro lugar, o lapso temporal e espacial é acompanhado de profundas diferenças quanto ao nível tecnológico e as relações sociais

tes, identifica a existência de "corumbas" ou *"curaus"*, isto é, *migrantes sazonais cíclicos*, oriundos do Agreste pernambucano, que se dirigem às usinas da Zona da Mata, no período de safra. Buscam uma renda suplementar, na medida em que sua atividade econômica central está na unidade familiar camponesa. Analisados como uma forma de *existência da superpopulação relativa latente nas áreas rurais*, são fonte de recrutamento de futuros trabalhadores estáveis por parte das usinas. Nos termos do autor:

> válvula de comunicação entre o trabalho agrícola e o trabalho fabril estável, o trabalho de servente representa um período de socialização às regras da produção fabril, assim como da cooperação e da disciplina regidas pela hierarquia da usina. Dedicam-se aos serviços mais pesados, na caldeira, no armazém, na enxada — *"serviços de curau"* (idem: 173).[92]

A absorção de migrantes sazonais nas atividades de fabricação de açúcar em São Paulo tem seu estudo germinal no trabalho de Ribeiro (1978).[93] Preocupa-se em articular os determinantes estruturais do processo migra-

---

constatadas na produção. Enquanto Lopes trabalha a heterogeneidade dos operários em função das diversas funções por eles exercidas no âmbito industrial, como o já salientado, o interesse aqui recai sobre o processo agroindustrial como totalidade, envolvendo *trabalhadores agrícolas e industriais* não qualificados e semiqualificados. Trabalhadores esses que, *mesmo exercendo a mesma função no trabalho industrial, são sujeitos sociais distintos: trabalhadores inteiramente assalariados e aqueles que vivem a dupla inserção na divisão social do trabalho como produtores familiares agrícolas e operários industriais.* Tal preocupação implica que a análise ultrapasse o universo fabril, na busca de responder à indagação: quem são esses indivíduos sociais? A análise capta ainda outras dimensões de sua vida social, mais além do trabalho industrial. No âmbito específico do processo de trabalho industrial e sua vivência pelos operários, algumas das categorias analíticas são comuns como, por exemplo, o salário, a jornada, a imobilização temporária da força de trabalho etc.

92. A mesma idéia é reposta no artigo "Açúcar Amargo", de 1985, nos seguintes termos: "Hoje o ingresso de uma pessoa no mercado de trabalho das usinas de açúcar ocorre geralmente através do preenchimento de uma vaga de servente ou ajudante. O novo trabalhador é quase sempre oriundo de família ligada ao trabalho rural, seja da própria região da cana, seja de regiões em que as famílias camponesas usam a migração de alguns de seus membros como parte de sua estratégia de sobrevivência. No caso de Pernambuco camponeses do agreste e das regiões sertanejas vêm uma vez por ano trabalhar nas usinas como serventes, voltando depois da safra para as regiões de origem". (Leite Lopes, 1985: 30)

93. A autora trabalha a migração sazonal a partir da teoria dos grupos de referência de Merton e propõe-se a focalizar a inserção de trabalhadores em estruturas produtivas distintas, na região de origem, a pequena propriedade e na região de destino, a agroindústria açucareira. Trata das formas de relações estabelecidas entre os migrantes, dos meios de recrutamento utilizados pelas agroindústrias, e descreve a atividade dos migrantes nas usinas considerando: a jornada de trabalho, a divisão do trabalho, sua intensidade e ritmo e o significado para os trabalhadores da participação em um regime de trabalho regulado por leis trabalhistas. *Muitas das constatações empíricas sobre a situação de vida e de trabalho recolhidas pela autora foram confirmadas na presente pesquisa, como será discutido no capítulo referente aos dados empíricos relativos ao trabalho industrial.*

tório com comportamentos, atitudes e valores dos indivíduos, a partir de pesquisa de campo realizada em três usinas do Grupo Ometto. Identificou, entre os mais velhos, histórias de mais de vinte viagens para São Paulo, remontando a meados da década de 1950 as primeiras contratações de turmas de sessenta a oitenta homens nas usinas citadas. A alcunha *queima lata*, para designar a categoria de migrante sazonal, generalizou-se na região devido ao fato de o próprio trabalhador preparar suas refeições. Conclui que:

> O trabalho sazonal dos "queima latas" pode ser visto dentro de uma dupla perspectiva. Para eles representa a forma mais rápida de conseguir recursos para suplementar a renda insuficiente auferida na região de origem e sua própria manutenção na categoria de trabalhadores independentes. Para as usinas, a garantia de uma parcela de mão-de-obra em disponibilidade, que enfrenta a extensão e a intensidade da jornada de trabalho, que impõem aos trabalhadores durante a moagem. A contratação de migrantes representa para estas a forma de extrair trabalho suplementar que maximize suas taxas de mais-valia, apoiando-se nas próprias motivações dos grupos". (Ribeiro, 1978: 166-167)

Os dados coletados na pesquisa supracitada sofreram novo tratamento em Höffling (1981). Esta autora pretendeu analisar os vínculos entre a pequena produção familiar e a reprodução do grande capital e conhecer representações ideológicas e práticas políticas dos trabalhadores estudados. Segundo a interpretação da autora, o assalariamento sazonal através da migração é uma *forma de resistência à expropriação do camponês de sua propriedade familiar*, à sua morte social como camponês. Embora do ponto de vista *econômico* seja trabalhador para o capital — mais próximo do operário do açúcar —, do ponto de vista político *é impedido de organizar-se por força da tradição camponesa que se erije como um freio á sua organização política como assalariado*. Pensa-se como um trabalhador 'por conta', conservando a 'ilusão da propriedade' e o trabalho por tempo determinado expressa sua obstinada resistência à total proletarização. O debate com esse foco analítico foi uma provocação fértil para a formulação das hipóteses analíticas sustentadas nesta pesquisa. Em Höffling, a 'tradição camponesa' é tida como o estorvo político-ideológico para os migrantes aliarem-se aos demais operários, um obstáculo à sua organização política. Atribui à 'cultura tradicional' a razão de ser da subserviência e da aceitação da exploração[94], deslocando sua raiz para o interior da própria classe trabalhadora.

---

94. Ilustra esta observação a conclusão da autora: "E para manter essa aparente liberdade (enquanto trabalhador 'por conta'), defronta-se estoicamente com uma situação social de rara ex-

A raiz da explicação parece ser mais fundamental porque *histórica*, referente aos limites da constituição desses indivíduos sociais na sociedade do capital. Em decorrência de suas inserções particulares no mundo do trabalho e da cultura, os assalariados, já constituídos como tais, e os operários de temporada, que se encontram em processo de proletarização, são indivíduos sociais diferentes. Vivenciam distintas *formas de propriedade, de exploração e alienação do trabalho, fruto de relações específicas estabelecidas com os empresários capitalistas e proprietários territoriais*. Em suas experiências sociais *partilham de tradições culturais herdadas heterogêneas, experimentam temporalidades de qualidades históricas diferentes*, construindo e reconstruindo específicas representações sociais, como a linguagem da vida real. Em outros termos, são pessoas distintas social e politicamente, que mobilizam diferentes formas de respostas prático-sociais às múltiplas esferas de vida e explicações sobre as mesmas também particulares.[95]

Os dois últimos estudos assinalados apontam questões fecundas a serem consideradas, como: a *tensão entre ser operário e pensar-se como trabalhador "por conta própria"*; a reivindicação de *manutenção da posse ou propriedade jurídica da terra como determinante de sua autonomia*, tal como expressa em sua consciência; o *ideal de liberdade* fundado no controle do tempo de vida e de trabalho por eles acalentado; a trama de relações que integra a produção agrícola familiar e a agroindústria canavieira. Resta ainda, das análises referidas, um tema não resolvido: o operário migrante sazonal também lavrador é reconhecido na ambigüidade de sua condição social e tratado como ser anfíbio "meio operário/meio camponês". Em outros termos, *constata mas pouco avança na explicação sobre quem é socialmente este indivíduo social: um produtor agrícola familiar minifundista (um "camponês") ou já essencialmente um proletário livre*. Este dilema encontra-se espraiado em várias interpretações encontradas na literatura especializada.

Extrapolando o universo da agroindústria canavieira, uma categoria específica de operários industriais e simultaneamente agricultores — um

---

ploração, de miséria moral e social, criada pela ideologia capitalista e ratificada pelos 'paulistas' — que introduz (o camponês) na usina na qualidade de figura inoportuna e caricata. E, por paradoxal que possa parecer, ele mesmo em alguns momentos de seu discurso, legitima sua inferioridade, acreditando-se naturalmente incapaz (sic) de fugir à condição de coadjuvante secundário na estrutura social de destino, pois é 'homem inferior e atrasado', homem de lavoura. Assim é que seu ideal de 'liberdade', de proprietário de terra, de 'trabalhador por conta' se opõe ao assalariamento definitivo, bem como a crença de que é 'homem fraco e atrasado' o impede de radicar-se em São Paulo. Essas as principais contradições que norteiam a vida do camponês". (Höffling, 1981: 43)

95. O desenvolvimento dos aspectos assinalados consta no segmento seguinte do presente capítulo.

caso de *"worker-peasants"* — vem sendo estudado por Seyferth (1987, 1993) em uma região de colonização alemã,[96] no Vale do Itajaí, em Santa Catarina. Desde a década de 1930, colonos alemães combinam o trabalho de operários têxteis com a pequena produção agrícola, exercendo uma agricultura de "tempo parcial", voltada à alimentação da família camponesa. Estabelece-se, assim, um sistema que *combina a pequena produção agrícola com o trabalho na indústria,* em que o produto da lavoura passa a complementar os rendimentos obtidos através da forma salarial, avaliado como indispensável à reprodução da unidade familiar. O esgotamento das terras, agravado pela pulverização das propriedades, através da herança, resultando em propriedades com menos de dez hectares, fez com que a minifundização não resultasse em êxodo rural, mas na "proletarização parcial do campesinato". São *"indivíduos nem bem camponeses, nem bem operários, que se identificam como colonos, mas são trabalhadores na indústria — eis a realidade. Parodoxalmente são ao mesmo tempo assalariados, por um lado, e donos dos meios de produção, por outro"* (Seyferth, 1987: 107). Entretanto, como demonstra a autora, a maior parte do tempo de trabalho desse segmento de trabalhadores é dedicada à fábrica, perfazendo uma jornada de oito horas, que acrescida do tempo de locomoção entre e cidade e o campo, além de quatro a cinco horas de trabalho diárias na lavoura, totaliza dezesseis horas. A atividade agrícola é representada pelos colonos como uma *segurança contra o desemprego,* além da propriedade da terra ser a base física da moradia, o que lhes permite desonerar-se do gasto com aluguel. Como constata a pesquisadora, se no plano ideológico o assalariamento é definido pelos sujeitos como uma atividade suplementar, na prática o salário é mais importante para a subsistência que a produção agrícola. *Estabelece-se, portanto, uma tensão entre a autoqualificação como colono e a realidade da condição assalariada, que absorve a maior parte do tempo de vida dos trabalhadores.* Embora o trabalho assalariado exerça um papel primordial em sua reprodução social, é apreendido como algo que "enfraquece o colono", não sendo vivido como uma escolha, mas uma "obrigação" ou "ilusão" (Seyferth, 1993: 40).

Um destaque privilegiado é fornecido ao trabalho de Martins (1973, 1986) e, em especial, aos seus estudos sobre migrações, devido à proximidade analítica com esta pesquisa. Para o autor, a imigração, mais do que passagem de uma localidade geográfica a outra, tal como tratada na ótica da *mobilidade espacial,* consiste na transição do sujeito de uma *sociedade a*

---

96. Dado o componente étnico, a autora atribui um especial destaque ao mesmo na discussão da identidade cultural desses colonos, o que aqui não foi salientado em função do interesse temático da presente pesquisa.

outra, no trânsito de um *tempo histórico a outro*, consubstanciado em *específicas relações sociais, nas quais se molda o sujeito*. A migração supõe uma ruptura de *vínculos do indivíduo* estabelecidos em suas relações com uma sociedade determinada, ao participar de sua cultura, que fornece normas de comportamento apoiadas em um sistema de valores que, interiorizados, tornam-se suas referências na construção da identidade. Introduz a dimensão do *tempo histórico* na análise das migrações. Este implica um *processo ressocializador* ao provocar rupturas na *identidade social do sujeito*. Isso ocorre quando resulta no trânsito de uma classe a outra, como ocorre com o camponês que, atingido pela pauperização, passa à condição de proletário real ou virtual.[97] Neste caso vive *uma "práxis inovadora"*, que altera o *alter* de referência no processo de constituição da identidade social do sujeito. Esse processo *socialmente inovador* pode entretanto ser vivido como *subjetivamente repetitivo*, à medida que, no *nível da consciência, nem todos os aspectos da situação são desvendados pelos personagens ante um processo que é social*, isto é, envolve a totalidade da dinâmica das relações entre os sujeitos. Não apenas as relações imediatas entre os indivíduos, mas as relações dos sujeitos com a produção da história, mediatizadas por condições sociais que requalificam aquelas relações. Instaura-se, assim, uma *tensão* entre as transformações históricas operadas e a interpretação pelos sujeitos dessas mesmas transformações: entre a redefinição objetiva da condição de classe e a forma de consciência dos indivíduos, ainda fundada em um modo de vida preexistente. Modo de vida este que operou decisivamente na elaboração de sua identidade, mas que já foi redefinido por mediações fundamentais da sociedade capitalista. Isto explica, por exemplo, a *utopia comunitária* que preside a consciência do imigrante camponês, a qual já foi redefinida pelas transformações econômicas, sociais e institucionais promovidas pela expansão capitalista, sendo a *renda territorial capitalizada determinante naquela redefinição*. O projeto de vida na utopia comunitária é o de preservação da comunidade camponesa referida a um contexto pré-capitalista, que não apreende os fundamentos concretos da gênese daquele projeto. Ainda que *intersubjetivamente* a utopia comunitária possa ser uma forma de *resistência* às *rupturas estruturais* da sociedade capitalista, *objetivamente* ela se expressa como uma resistência aos *efeitos* daquela transformação, invertendo o seu sentido. Aliena-

---

97. "Quando o camponês é alcançado pela pauperização passa para a *condição de proletário real ou virtual* e vive subjetivamente as transformações objetivas decorrentes da desagregação do campesinato por força mesmo do caráter ambivalente de sua existência na sociedade capitalista (ao mesmo tempo produtor de mercadorias de seus meios de vida). Aí o processo social é *inovador* e estabelece, portanto, as bases da ressocialização (ainda que, pois, não se trate do trânsito de uma sociedade a outra)". (Martins, 1973: 25-26)

damente, o camponês formula sua resistência conservadora aos efeitos daquelas transformações, uma vez que a viabilidade histórica de seu projeto comunitário requer a superação da mediação coisificadora da mercadoria na relação entre os homens e, portanto, na ultrapassagem da sociedade capitalista (Martins, 1973).

O desenvolvimento desigual que preside as relações sociais fundadas na forma mercantil e nos seus fetiches expressa uma tensão entre o ritmo das transformações societárias e o ritmo das formas sociais (jurídicas, políticas artísticas, culturais, ideológicas), através das quais os sujeitos apreendem aquelas transformações, que não são coincidentes no tempo. *Este fio condutor permite articular os processos sócio-históricos e sua vivência por parte dos indivíduos. Integra na análise as dimensões objetivas e subjetivas da vida social, o que norteia as hipóteses de análise aqui sustentadas.* É esse alicerce teórico que vem permeando o conjunto da produção do referido autor[98] e que sedimenta, ainda, sua provocativa análise das *migrações temporárias no país: o vôo das andorinhas* (Martins, 1986). Do ponto de vista sociológico, a particularidade da migração temporária é a concepção de *ausência*, em que o sujeito se percebe fora de "seu" lugar, de "suas" relações sociais. Dá origem a uma *cultura da ausência*, com forte componente nostálgico. A *ausência é o núcleo da consciência do migrante por tempo determinado*, porque ele não encerrou o ciclo migratório, que envolve a dessocialização e ressocialização. Permanece na *duplicidade de duas socializações e vive a marginalidade de ambas*: "É o que *vai voltar a ser* o que não *é*. A demora desse reencontro define a migração temporária" (idem: 50). É a *transição inconclusa* entre tempos históricos distintos: o tempo cíclico e ritmado pela natureza na produção direta dos meios de vida e o tempo linear do capital, universos estes que produzem padrões específicos de sociabilidade, que são vividos de forma incompleta e partida. A migração *cíclica*, com um tempo de saída e de retorno, combinando ciclos agrícolas distintos, ritmados pelas estações do ano — plantio, crescimento e colheita dos produtos agrícolas —, é o protótipo da migração temporária. Mas existem as *migrações não-cíclicas*, reguladas pelo calendário agrícola do migrante no seu lugar de origem, ainda que no lugar de destino o processo de trabalho já seja dominado pelo tempo linear subjugado pelo capital e não mais pelas estações do ano.

As migrações identificadas na presente pesquisa aproximam-se das migrações cíclicas. Entretanto, já não é mais o *ciclo agrícola da produção do*

---

98. Esta preocupação, no meu modo de ver, atravessa o conjunto da produção teórica do autor, ganhando uma clara visibilidade, em especial, em Martins (1993 e 1994).

migrante que atribui ritmo ao processo migratório, ainda que ele seja referência no desencadeamento da migração. O ciclo agrícola da produção de alimentos já foi subsumido pelo ciclo da produção capitalista canavieira, passando a duração do processo migratório a ser controlada pelo funcionamento sazonal da usina, que, inclusive, atribui elasticidade ao contrato por safra, mais além de sua definição legal. Esta estabelece uma duração de seis meses, todavia o tempo de permanência do migrante na usina fica condicionado às exigências da produção agroindustrial. A duração da safra depende da massa da produção da matéria-prima, do ritmo imprimido ao trabalho, da capacidade de moagem das usinas, a qual depende da composição técnica e de valor do capital empregado na lavoura e na indústria. Os requisitos de valorização do capital na produção agroindustrial invadem o tempo cíclico da produção no lugar de origem, imobilizando e capturando parte dos seus trabalhadores masculinos adultos, geralmente necessários à produção familiar nas épocas do plantio e da colheita.

A migração temporária, para Martins, cumpre uma dupla função contraditória. Em primeiro lugar, para o migrante, o trabalho assalariado é visto como uma forma de obter dinheiro que lhe permita reproduzir-se como camponês *e, portanto, complementar à sua reprodução e de sua família.* Como camponês já encontra-se no limite da mera subsistência, em conseqüência das pressões que lhe são impostas via deterioração dos preços agrícolas ou elevação do preço da terra. Assim, ao mesmo tempo que o salário recria no operário o camponês, este se recria como camponês para ser operário desonerando o capital do custo de formação da mão-de-obra de que necessita. A outra dimensão contraditória do trabalho migrante por tempo determinado identificada por Martins é que ao aceitar trabalhar com salários mais baixos — porque sua reprodução não passa inteiramente pela mediação do capital —,

> ele viabiliza, sobretudo na agricultura, *uma forma paradoxal de aumento da composição orgânica do capital* não pelo desenvolvimento das forças produtivas, mas pelo barateamento da mão-de-obra, pela disseminação da superexploração e da pobreza absoluta, pela redução dos salários a níveis extremamente baixos". (Martins, 1986: 55)

Esta afirmativa desdobra-se em outra: a migração temporária *recria a separação espacial entre produção e reprodução do capital e produção e reprodução dos meios de vida:* "a reprodução da força de trabalho não corresponde à recriação do capital variável e não se dá, em grande parte, no mesmo processo de trabalho e de valorização em que se reproduz o capital constante e se extrai mais-valia". Na raiz deste processo, para o autor, encontra-se *o avanço do capital sobre a renda fundiária,*[99] que provoca o deslocamento da agricultura de subsistência para fora das terras das fazendas e para terras menos férteis ou mais distantes dos mercados, criando uma forma singular de unidade entre esses dois tempos separados: tempo de trabalho necessário e tempo de trabalho excedente[100]. A visibilidade desses dois tempos é apreendida de forma *falsa* por parte dos trabalhadores: sentem repulsa pelas relações de trabalho capitalistas experimentadas nas fábricas e fazendas, por não dominarem o conjunto do processo produtivo, exaltando, em contrapartida, a produção familiar agrícola na qual têm maior controle de suas atividades. Mas desta, vêem apenas o aparente, ou seja, pensam que o produto de seu trabalho é o alimento para a família, e não percebem que, como migrantes sazonais, a produção real da família camponesa é a força de trabalho barata que alimenta a produção e reprodução do capital, nos empreendimentos capitalistas. Por outro lado, a destruição progressiva dos laços familiares, a incorporação da mulher e da criança na produção, as doenças, enfim sua pobreza, aparecem como resultados da insuficiência do trabalho agrícola familiar e não como produto de sua exploração pelo capital (Martins, 1986).

Uma particularidade constatada na presente pesquisa é a de que o trabalho assalariado não é mais *trabalho acessório ou complementar* para a recriação do migrante como *"camponês"* ou produtor mercantil simples; particularidade esta também identificada por outros pesquisadores: Sales (1982); Leite Lopes (1976); Seyferth (1987 e 1993), mas que contrasta com a interpretação predominante da literatura clássica[101] e contemporânea. O recurso

---

99. A renda fundiária parece-nos ser uma mediação fundamental, mas não a única. Ainda que o autor se refira à renda fundiária capitalista, que pressupõe a distribuição da mais-valia social, e, portanto o capital, ela não se confunde com ele. Deve, pois, ser também considerado o seu movimento de auto-reprodução na sua particularidade, distinto da renda. Portanto, a renda fundiária é *uma* das mediações a serem consideradas, impensável mais além do papel do *Estado* na regulação da economia, que interfere no movimento tanto do capital, como na valorização fundiária.

100. O autor apóia-se em Marx, para quem, na produção capitalista, os tempos de trabalho necessário e o excedente são momentos de um mesmo processo, sendo a linha divisória entre eles invisível, diferentemente do caso estudado em que, segundo o autor, aquela distinção aparece em grande parte visível. Como sustenta Marx: "Assim como para a noção de valor em geral é essencial concebê-lo como mero coágulo de tempo de trabalho, com o simples trabalho objetivado, é igualmente para a noção de mais-valia concebê-la como mero coágulo de tempo de trabalho objetivado. Apenas a forma pela qual esse mais trabalho é extorquido do produtor direto, do trabalhador, diferencia as formações macroeconômicas, por exemplo, a sociedade da escravidão da do trabalho assalariado" (Marx, 1985: 176-177, t. 1). A polêmica sobre "A última hora do Senior", no capítulo VII de *O Capital*, é ilustrativa do caráter invisível daquela distinção e das ilusões derivadas da idéia de que a mais-valia seria criada na "última hora de trabalho".

101. Conferir, no item relativo ao processo de proletarização, uma retrospectiva do tema na literatura clássica no âmbito da tradição marxista no século XIX.

ao trabalho assalariado não tem mais o caráter complementar, uma vez que o migrante já não mais pode prescindir do assalariamento ainda que sazonal para a reprodução da família, o que explica seu caráter reincidente. Os entrevistados desta pesquisa relataram trajetórias de migração temporárias que se repetem por mais de dez anos consecutivos. Significa que, na história recente do processo de proletarização no país, tem havido uma alteração do que é acessório: se em épocas anteriores tratava-se de um *campesinato pobre* para o qual o salário por tempo determinado tinha um caráter complementar à satisfação das necessidades básicas para a reprodução da família, hoje é a produção agrícola familiar que se torna *complementar, embora insuficiente*. Dizendo de outra maneira: *a produção do tempo de trabalho socialmente necessário à reprodução da família já não se faz sem a mediação da produção de um tempo de trabalho excedente para o capital*. Mais ainda: *nem a produção agrícola familiar é suficiente para a sobrevivência e nem o assalariamento por tempo determinado também o é, o que explica a recusa pela migração definitiva*. Os indivíduos que recorrem à migração sazonal são socialmente constrangidos a viver, ao longo do ano agrícola, como *seres "anfíbios"*: a maior parte do tempo como operários e outra parte como produtores agrícolas mercantis simples. Sua produção está imediatamente voltada à criação direta de meios de vida, e o dinheiro, quando obtido através da venda de eventual excedente da produção, exerce a função de simples *meio de compra e de circulação* voltado à aquisição de mercadorias não-passíveis de serem obtidas pelo trabalho direto da família na terra. Este deslocamento do trabalho assalariado por tempo determinado de acessório para essencial à reprodução familiar é *sintoma de uma provável alteração da condição social desses trabalhadores. No passado, foram fundamentalmente produtores mercantis simples ou camponeses. Hoje, já não mais o são, embora sua sociabilidade tenha sido forjada como lavradores e ainda se pensem como tal, como sugerem os dados coligidos. Em suas histórias de vida adquiriram valores, padrões de comportamento, maneiras de pensar e interpretar a vida referidas ao universo da produção mercantil simples. O avanço do processo de proletarização faz com que vivam a perda progressiva das bases materiais de sua auto-reprodução autônoma e do controle de suas próprias vidas, introduzindo também mudanças nos padrões de sociabilidade e na sua subjetividade.*

O processo migratório altera *a divisão de trabalho no interior da unidade familiar*. Os filhos, tão logo atingem dezoito anos, passam a experimentar a condição de trabalhadores livres, potenciais vendedores de força de trabalho no mercado. Como população sobrante, engrossam o movimento migratório, vivendo a insegurança do trabalho e a falta deste. Assim, o deslocamento para fora da unidade de trabalho familiar transfere a responsabilidade das fainas agrícolas para a mulher e filhos menores — crianças e adolescentes —, acompanhada de uma redução dos plantios. Esta alteração da divisão do trabalho doméstico mostra que o capital, mediatizado pelo mercado nacional de força de trabalho, modifica a dinâmica da vida familiar, através de fios invisíveis subordina indiretamente a lógica do capital.

A provocativa sugestão analítica de Martins sobre o trabalho migrante por tempo determinado como viabilizador de uma *elevação da composição do capital às avessas* nos empreendimentos capitalistas que absorvem essa força de trabalho — via rebaixamento do capital variável e não necessariamente via aumento do capital constante ou alterações técnicas no processo produtivo — merece considerações quanto às suas *implicações propriamente teórico-analíticas*. Para o *capitalista individual*, o baixo custo dessa força de trabalho em relação à intensidade do trabalho e extensão da jornada a que é submetida no funcionamento sazonal da usina é um dos atrativos da demanda do trabalho por tempo determinado de migrantes sazonais, tal como confirmado na pesquisa de campo efetuada. Mas se válida para o usineiro individual, aquela afirmativa tem outras implicações quando pensada no *conjunto da classe capitalista*. O perigo está em que sua generalização superestime o papel do trabalho dos migrantes sazonais na definição do *salário social médio*. Não resta dúvida de que a existência de uma superpopulação relativa sobrante, da qual fazem parte os migrantes sazonais, faz com que a intensificação da concorrência entre os trabalhadores por postos de trabalho permita um rebaixamento salarial. Assim, do ponto de vista social, não são a insuficiência da pequena produção familiar e a expulsão de parte de sua força de trabalho adulta os fatores de rebaixamento da taxa média de salário, e sim o *conjunto da oferta de força de trabalho relativamente sobrante*, que, ao gerar um descompasso entre oferta e procura, fragiliza a capacidade de organização e representação do trabalho na defesa de seus interesses, tema esse já largamente comprovado pela prática social. A elevação ou baixa do salário é uma função da acumulação[102] e não o contrário, o que na era monopolista é impensável sem a interferência do Estado, já ampliado nas funções reguladoras da economia e da sociedade, por meio das políticas públicas.

---

102. "São esses movimentos absolutos na acumulação do capital, que se refletem como movimentos relativos na massa da força de trabalho explorável e, por isso, parecem dever-se ao movimento próprio desta última. *Para usar uma expressão matemática: a grandeza da acumulação é a variável independente e a grandeza do salário a variável dependente e não o contrário*". (Marx, 1985: 192)

Silva (1981), ao estudar o progresso técnico e as relações de trabalho na agricultura paulista,[103] distingue o *assalariado "volante"* — um trabalhador inteiramente desprovido dos meios de produção que depende exclusivamente da venda de sua força de trabalho para sobreviver —, do *assalariado por tempo determinado*, o trabalhador rural que ainda detém acesso direto aos meios de produção, embora insuficientes à sua reprodução, fazendo com que se torne *"meio assalariado"*. "Este é o caso dos pequenos proprietários, parceiros e arrendatários que se assalariam temporariamente para complementar suas rendas" (idem, 1981: 132). Faz menção aos *"bóia-frias por tempo determinado"*, empregados especialmente por ocasião da safra, que alternam empregos rurais e urbanos, "personificando a unificação do mercado de trabalho da mão-de-obra não-qualificada", no qual os salários rurais e urbanos tendem a ser equiparados. Essas relações de trabalho permitem responder às variações sazonais de exigência de mão-de-obra, acentuadas com a modernização parcial da agricultura, em especial nas regiões monocultoras. A maior sazonalidade do trabalho agrícola acentua os períodos de descontinuidade da ocupação, ao mesmo tempo em que aumenta a intensidade do trabalho dos indivíduos ocupados. Para o autor, a sazonalidade do trabalho agrícola é tributária do processo de *modernização parcial da agricultura*, pensado a partir de seu *progresso técnico* (inovações mecânicas, físicas e biológicas). Este é entendido como um dos elementos de dominação do capital sobre o trabalho, meio pelo qual ultrapassa a barreira da propriedade fundiária e se opõe à lei da decrescente taxa média de lucro. Sustenta que "além do assalariado por tempo determinado ser um produto do desenvolvimento das forças produtivas na agricultura (enquanto embrião da formação do proletariado rural), ele é, ao mesmo tempo, *resul-*

---

103. Silva (1981). É impossível deixar de fazer referência aos trabalhos pioneiros que contribuíram para um debate teórico em torno do trabalhador rural "volante": D'Incao (1975); Brandt (1975: 111-118 e 1977: 37-92); Gonzales & Bastos (1977). A estas publicações se somam as iniciativas da Faculdade de Agronomia de Botucatu / Unesp na organização das "Reuniões Nacionais de Mão-de-Obra Volante na Agricultura".

104. É clara a influência de Lênin, que, ao criticar a tese dos populistas sobre o *"desemprego de inverno"* — ou seja, a incapacidade de a agricultura capitalista absorver trabalhadores ao longo de todo o ano agrícola, estimulando o trabalho temporário e o desemprego no inverno, argumenta que *este desemprego não depende tanto do capitalismo, mas de seu insuficiente desenvolvimento*. A grande indústria expressa tanto o papel *progressista* quanto *sombrio* do capitalismo. O papel progressista é resumido em poucas palavras: *"aumento das forças produtivas do trabalho social e socialização deste"*, que só se manifesta na época da grande indústria mecanizada. A produção para si se converte em uma produção para toda a sociedade e, quanto mais alto é o desenvolvimento do capitalismo, mais intensa é a contradição entre o caráter social da produção e o caráter privado de sua apropriação. Esse processo de transformação não pode ocorrer senão em *meio a uma série de desigualdades e desproporções*: a sucessão de períodos de crise e prosperidade, o desenvolvimento de um ramo

tado da insuficiência e da fraqueza desse desenvolvimento"[104] (Silva, 1981: 119), tanto do ponto de vista técnico quanto no sentido de expressar o trânsito da subordinação formal à subordinação real do trabalho ao capital. Revoluciona a produção agrícola em todas as suas fases,[105] o que supõe um desenvolvimento progressivo do capital no sentido da generalização da relação assalariada na sociedade. Ainda que sendo uma lei tendencial da expansão capitalista, essa generalização realiza-se por meio de inúmeras contratendências, que não são alvo da mesma consideração por parte do autor. Corre o risco de ser atribuída à sua análise um viés evolucionista, em detrimento da apreensão dos tempos históricos que coexistem e demarcam uma particularidade à modernidade arcaica na agropecuária do país.

A constituição dos complexos agroindustriais reduz a importância da pequena produção, no desenvolvimento capitalista, como produtora de bens e reserva de mão-de-obra, segundo Silva (1994). A partir de 1983, constata uma redução drástica da demanda de força de trabalho em culturas com maior nível de mecanização e uma diminuição da sazonalidade do trabalho, revertendo tendências observadas nas décadas de 1960-1970. Dada a grande oferta de mão-de-obra aglomerada nas periferias das cidades, o capitalista "não precisa depender mais daquele trabalhador por tempo determinado, do *corumba*, do *catingueiro*, do *pequeno produtor* que se assalariava temporariamente nas épocas de safra". A identificação de uma tendência de reversão do fluxo migratório intra-regional na década de 1980, em relação às duas décadas anteriores, não significou, todavia, a eliminação da contratação dos operários de temporada na agroindústria canavieira, como o constatado por Alves (1991) no âmbito nacional e pela presente pesquisa na microrregião açucareira de Piracicaba.

---

industrial provocando o declínio de outros, o desenvolvimento da agricultura afetando a economia rural de forma diferenciada segundo as regiões, o desenvolvimento da indústria e do comércio superando a agricultura etc. A *socialização do trabalho* se manifesta *na constituição do mercado nacional e mundial*; na substituição do caráter disperso da produção por uma concentração sem precedentes na agricultura e na indústria. A eliminação das formas de dependência pessoais, a redução da população ocupada na agricultura, acompanhada de um crescimento dos grandes centros urbano-industriais são outras expressões da socialização do trabalho que cria a mobilidade da população, provoca mudanças no seu estatuto moral, aumenta a necessidade de associação e atribui às suas organizações um caráter distinto dos períodos anteriores (Lênin, 1982).

105. Entre outros trabalhos do autor: Silva, apud Unesp (1982: 137); Silva & Gasques (1982: 85-126); Silva (1978, 1981). Dentre os seus trabalhos da década de 1990 interessa o debate sobre o complexo agroindustrial, em que se observa uma inflexão analítica em relação à sua produção anterior, ao introduzir de uma forma mais explícita a dimensão propriamente política em sua análise: Silva (1991: 5-34).

O foco da análise de Silva (1981) pondera a dimensão técnico-econômica das relações de trabalho na agricultura. Entretanto, em textos posteriores, assinala a decisiva ação do Estado na modernização conservadora da agropecuária, impulsionando tanto a agricultura quanto a indústria. Atribui saliência à "orquestração de interesses" envolvida nos complexos agroindustriais, tanto a ação do Estado via políticas públicas quanto a atuação das instituições e organizações representativas de interesses implicados. Considera que a política salarial posta em prática na década de 1980 converteu-se no carro-chefe das políticas agrícolas na falta de outras medidas mais consistentes. A ela debita o crescimento dos excedentes exportáveis para fazer frente à queda dos preços internacionais e a forte redução dos custos da força de trabalho, permitindo uma expansão da mão-de-obra contratada em um período recessivo agudo, como o final dos anos 80 (Silva, 1993: 5-16).

Apesar dos divergentes percursos analíticos da produção considerada, parece existir uma constante *que é o reconhecimento de que o assalariado por tempo determinado* — que mantém vínculos com a terra sob diferentes formas (parceiro, arrendatário, posseiro, proprietário minifundista) — *vive, em seu processo de pauperização, um trânsito inconcluso entre a condição de lavrador e de assalariado. Experimenta um processo de proletarização, enquanto parte de uma superpopulação relativa para as necessidades médias do capital. Sua conformação como indivíduo social envolve distintas relações sociais, simultaneamente presentes na vida dos sujeitos, tornando-os permanentes passageiros entre temporalidades históricas diferentes: a que preside a produção mercantil simples e a da empresa capitalista.* A literatura revisitada atesta a complexidade desse personagem e os dilemas de sua qualificação histórica e teórica.

2.3.3 Migrantes sazonais e processo de proletarização

A migração sazonal no âmbito das relações entre agricultura e indústria não é um fenômeno recente. Nos primórdios da industrialização já marcava presença, considerada em obras clássicas sobre o desenvolvimento do capitalismo no século XIX. Um olhar retrospectivo sobre essa literatura identifica nas obras de Kautsky (1968) e Lênin (1982) provocativas sugestões para análise dos fenômenos contemporâneos, desde que consideradas as inéditas condições históricas do presente.[106]

---

106. "Só se pode adquirir conhecimento do que caducou e do que deve ser conservado em determinado momento *pelas pesquisas com fundamento na realidade*. A fórmula da dialética somente

Kautsky preocupa-se com as transformações provocadas na agricultura pelo desenvolvimento industrial, buscando detectar tanto as *tendências gerais* de caráter *universal* da evolução da agricultura moderna, quanto as *particularidades* que apresenta nos vários países, tendo em vista nortear a *política prática*. Antes de iniciar suas pesquisas, partia da concepção de que aquele desenvolvimento conduziria à polarização entre proletarização e grande exploração capitalista. Mas os resultados obtidos, especialmente a partir do exame de estatísticas da Inglaterra, França, Alemanha, demonstraram não ser essa uma lei geral, não devendo esperar nem o fim da grande exploração nem da pequena exploração. Reconhecendo que a relação entre capitalistas e assalariado não esgota os antagonismos de sua época, um dos focos de sua atenção recai sobre o papel das formas pré-capitalistas e não capitalistas na agricultura. Coloca em evidência a industrialização da agricultura, objetivando pesquisar como o capital se apodera da agricultura, alterando antigas formas de produção e propriedade. Considera tanto as formas produzidas no processo de desenvolvimento, quanto aquelas residuais, que coexistem e se reproduzem ao lado das classes fundamentais, *sem coincidir inteiramente com os interesses* dos capitalistas e dos proprietários. Atribuem às *lutas políticas o seu caráter de incerteza, com surpresas as mais singulares*. O autor procura detectar o que está sendo negado e conservado com a industrialização da agricultura, o que requer a *pesquisa da realidade*.

O interesse aqui é coligir suas contribuições para a análise do processo de proletarização de trabalhadores rurais, nos marcos do que denomina "agricultura moderna", estabelecida pela propriedade individual da terra e pelo caráter de mercadoria dos produtos da lavoura, em que a *produção capitalista de mercadorias* — que contém lucro e renda territorial — tende a substituir *a produção mercantil simples*. Esta representa sua forma primitiva, caracterizada pelo fato dos trabalhadores serem não só livres e iguais entre si, mas ainda proprietários de seus meios de produção. O excedente porventura existente, não assume a forma de mais-valia, sendo apropriado pelo próprio produtor que produz para si mesmo. É neste contexto que analisa o processo de proletarização de pequenos produtores pauperizados. Sendo produtores de mercadorias pauperizados não empregam trabalho assalariado ou o empregam muito pouco, não se confundindo com o capitalista. Considera-o um trabalhador que vive do produto de sua própria atividade e não do produto de sua empresa.

é absolutamente incapaz de fornecer uma solução já pronta, de modo a dispensar essas pesquisas. Ela apenas nos proporciona o meio de as realizarmos com método, dando *acuidade ao olhar do pesquisador*. Nisto é que consiste o seu grande mérito. Mas ela não nos coloca na mão, sem mais nada, resultados finais". (Kautsky, 1968: 11)

Tem necessidade da terra como um meio de ganhar o pão, como um operário e não para dela tirar o lucro ou renda fundiária. Quando a venda de seus produtos, desfalcando-lhe a dispensa, lhe remunera o trabalho ele ainda consegue viver. Pode renunciar ao lucro e a renda territorial. (Kautsky, 1968, p. 185)

A pequena exploração condena o camponês e sua família ao excesso de trabalho, tornando suas vidas absorvidas pelo trabalho contínuo e extenuante: a "frugalidade do camponês é paralela à tenacidade de seu trabalho". Sua propriedade estimula-o a um esforço mais intenso que do assalariado não-proprietário, ao mesmo tempo que o leva a reduzir suas pretensões a um mínimo. Em outros termos, sua independência é mantida a custo de imensas privações. E quando a pequena exploração não chega nem mesmo a garantir a reprodução familiar, é necessário recorrer ao trabalho assalariado acessório para subsistir, tanto mais necessário quanto menores as áreas de exploração.

Assim, o camponês "enfrenta as suas *necessidades de dinheiro vendendo não o excesso de seus produtos, mas o excesso do seu tempo*. Representa, *no mercado*, o mesmo papel do proletário, que nada possui" (idem: 183). É parte de *um processo de proletarização*, que tem como critério a distribuição entre o trabalho assalariado e o trabalho doméstico na absorção do *tempo de trabalho da família camponesa* necessário à sua reprodução. Inicialmente as necessidades de sobrevivência da família são respondidas por meio do trabalho assalariado acessório, complementar à produção familiar. Com o tempo esse processo se inverte, fazendo com que o trabalho pago passe ao primeiro plano e o trabalho doméstico torna-se acessório na absorção do tempo da família. Às vezes isto acontece no momento exato em que seria preciso empregar toda a energia na exploração, como nas fainas da colheita (idem: 187). Do ponto de vista do camponês, o mais desejável são as ocupações nos momentos de menor faina agrícola. Faz referência às *refinarias de açúcar*, que, em função da sazonalidade de seu funcionamento, não lhes roubava o tempo requerido à agricultura.[107] Porém, quando o ciclo das culturas é coin-

---

107. Referindo-se às grandes explorações industriais, comenta: "Já a grande massa de capitais fixos nela aplicados, e que se tornam improdutivos quando não são movimentados, leva o empresário a evitar, tanto quanto possível qualquer interrupção mais ou menos longa de sua atividade. São raras as grandes empresas que só trabalhem uma parte do ano, precisamente durante as fases em que a faina agrícola se paralisa ou exige esforços menores. Tais são, por exemplo, as refinarias de açúcar, cuja *campanha* só começa no outono, depois das colheitas da beterraba, e dura todo o inverno, cerca de 4 meses. O serviço é ativado o mais possível, pois as beterrabas facilmente se estragam durante a primavera. O trabalho nas refinarias de açúcar, pois, não rouba aos operários agrícolas e aos pequenos proprietários o tempo necessário à agricultura". (Kautsky, 1968: 203)

cidente — e diante da necessidade de obter dinheiro —, negligencia sua propriedade, nas épocas de maior demanda de trabalho, no plantio e colheita, transferindo para a mulher e filhos os cuidados da terra. Sendo o trabalho na unidade familiar insuficiente para a reprodução familiar, requer a venda da força de trabalho de seus membros, o que os leva a identificarem-se no mercado com os interesses do proletariado. Uma das alternativas para o trabalho acessório, como meio de obter rendimentos monetários, *é a grande indústria localizada no campo*. Um dos fatores condicionantes dessa localização é a matéria-prima, que tendo um considerável peso quanto ao seu valor, não se adapta ao transporte a longas distâncias, tal como nas usinas açucareiras. O custo da força de trabalho no interior tende a ser mais barato, e os trabalhadores rurais mais submissos, menos exigentes, apresentando menor resistência ao capital: não raro concorrem para a baixa dos salários, a ruptura de greves e pouco participam dos sindicatos. Constata ser a situação dos operários fabris no campo pior que na cidade, com longas jornadas de trabalho, o trabalho noturno, a permanência de sistemas de multas e descontos, salários em média mais baixos, além de se observar uma degenerescência física mais acentuada (idem: 205), como o identificado no caso presente. Os trabalhadores referem-se à ausência de liberdade no trabalho fabril — comparado com a maior autonomia no controle do tempo de trabalho na produção familiar. Ao mesmo tempo, o trabalho coletivo da indústria permite estabelecer laços de identificação com o proletariado urbano.[108] Esse tipo *de integração entre o trabalho na grande indústria rural e o trabalho na pequena propriedade camponesa faz com que os camponeses tornem-se operários fabris sem serem expropriados de suas terras, o que* às vezes exige o *deslocamento periódico de trabalhadores mais aptos de sua terra natal para outros países — a emigração temporária e não-definitiva dos operários agrícolas em trânsito*. Este *trabalho de andejos* abrange também a indústria, o comércio, as cidades que lhes proporcionam melhor remuneração, sendo inúmeras as *modalidades de trabalho nômade* (Hobsbawm, 1977). Os *"operários de tempora-*

---

108. E precisamente porque o proletário fabril não é *livre*, porque não pode começar e acabar sua tarefa à vontade, por estar o seu trabalho regulamentado, como para todos, de maneira uniforme, ele movimenta em limites mais estritos que os da indústria a domicílio e é submetido mais facilmente ao controle e vigilância legais. De resto, a fábrica reúne operários dispersos, facilita um entendimento entre eles, liga mais estreitamente a aldeia em que moram ao mundo exterior, porque desenvolve os meios de comunicação e atrai os trabalhadores inteligentes da cidade. Estabelece, deste modo, um traço de aproximação entre uma parte da população agrícola e o proletariado urbano, fazendo-o compreender pouco a pouco a necessidade da luta pela sua emancipação e dela participar ativamente, quando as circunstâncias para tanto se apresentam". (Kautsky, 1968: 205)

109. A observação completa do autor é a seguinte: "Os operários de temporada retornam regularmente à região natal, onde consagram o produto de seu trabalho à atividade agrícola. É pois,

da"[109] remetem suas economias às respectivas famílias que não podem viver da exploração de suas terras e retornam regularmente às suas regiões de origem, estabelecendo-se uma complementaridade entre a grande e a pequena exploração.

Outra referência clássica para a análise do processo de proletarização encontra-se em Lênin (1982), em seu estudo sobre o desenvolvimento do capitalismo na Rússia e a formação de um mercado interno para a grande indústria, em um contexto inteiramente distinto da Europa, onde a produção capitalista já se consolidara.[110] Na sociedade russa eram profundas as marcas da feudalidade, com uma economia rural ainda fortemente assentada nas comunidades camponesas e um proletariado emergente carente de tradição política e organizativa. Assim a expansão do capitalismo defrontava-se necessariamente com os destinos do campesinato, fator fundamental na formação de um mercado interno para a indústria. Seu embate é com os populistas,[111] que repeliam o capitalismo ocidental e propugnavam a passagem para o socialismo assentada na economia e nas instituições camponesas, tidas como expressão da originalidade do processo russo. Na percepção de Lênin, o campesinato é idealizado pelos populistas, numa perspectiva romântica e regressiva, que dissimulava as contradições existentes próprias de uma economia mercantil e capitalista. Para os populistas a ruína da economia camponesa limitaria a expansão do mercado interno. É contra estas teses que se insurge Lênin, demonstrando que a desintegração do campesinato já era um fato (ao contrário de sua idealização pelos populistas) e o desenvolvimento das contradições nele presentes resultava em novas classes sociais: *a burguesia rural* ou campesinato rico, o *campesinato médio*, grupo menos desenvolvido, que tendia a ser eliminado, pois a cada colheita ruim era lançado nas fileiras do proletariado; *e o proletariado ou campesinato pobre*, a classe dos operários rurais que possuíam um lote de terra, tendo

---

ainda aqui, a grande exploração na cidade como no campo, na agricultura como na indústria, que dá novas forças à pequena. *Outras lhes advêm dos ganhos conseguidos pelo pessoal que emigrou durante certo tempo. Desses itinerantes, celibatários na sua maioria, nem todos voltam. Muitos se estabelecem definitivamente no seu novo centro de ação. Mas apesar disto, um grande número dentre eles remete suas economias como auxílio às respectivas famílias, que não podem viver da exploração de suas terras".* (Kautsky, 1968: 210)

110. Netto (1972) esclarece que, quando o livro de Kautsky sobre a questão agrária fora publicado, a referida obra de Lênin já estava em boa parte impressa. No Prefácio à 1ª edição o autor lamenta a impossibilidade de utilizar em seu trabalho "a magnífica análise do desenvolvimento do capitalismo na agricultura na sociedade capitalista, oferecida por Kaustky em seu livro *Die Agrarfrage* [A questão agrária] (Stuttgart, Dietz, 1889)".

111. Sobre as teses econômicas defendidas pelos populistas, no embate com as quais Lênin constrói sua pesquisa, ver a introdução de Netto à referida obra (Netto, 1982: VII-XXI).

como seu representante mais típico o assalariado agrícola. A partir desses elementos formula sua tese sobre o processo de proletarização. Este é entendido como *desintegração ou destruição do campesinato ("descamponização"): o campesinato antigo não apenas se diferencia, ele se destrói, deixa de existir, sendo substituído por novos segmentos da população rural supra-referidos, que são a base de uma economia dominada pela produção mercantil e capitalista.* Assim, a relação tradicional entre o camponês e o proprietário fundiário, embasada no direito consuetudinário, transforma-se em uma relação puramente monetária, fundada sobre um contrato, o que deriva na expropriação do antigo campesinato e no resgate pelo camponês de sua terra e liberdade (Lênin, 1982: 114-115).

Para o autor, a noção de *proletariado rural* inclui o campesinato pobre, embora seu representante típico seja o assalariado agrícola, o diarista, o peão, o operário da construção civil ou qualquer outro operário com um lote de terra:

> Eis os traços característicos do proletariado rural: possui estabelecimento de extensão ínfima, cobrindo pedacinhos de terra e, ademais, em total decadência (cujo testemunho patente é a colocação da terra em arrendamento); não pode sobreviver sem vender sua força de trabalho ('ofícios' do camponês sem posses); seu nível de vida é extremamente baixo (provavelmente inferior ao do operário sem terra). (Idem: 116)

A inclusão do grupo inferior do campesinato entre os assalariados agrícolas não é aleatória, mas orientada pelos seguintes critérios: as relações do camponês com outros grupos que o desalojam da agricultura; a pequena dimensão da unidade agrícola só passível de cobrir parte da manutenção da família; a origem dos meios de subsistência dependente da venda da força de trabalho e o nível de vida.

É importante salientar que o autor chama a atenção para a trivialidade das interpretações sobre a tese de que o capitalismo necessita de operários livres sem terra. Esta tese deve ser compreendida como *tendência básica,* sem desconsiderar entretanto *as diferentes formas e ritmos através dos quais se forja a expansão do capitalismo no campo nos distintos países, conforme os particulares regimes agrários e a específica história das relações agrárias.*[112] Contudo, apesar

---

112. "Acrescentamos, porém, que na nossa literatura, a tese segundo a qual o capitalismo necessita *de operários livres sem terra é freqüentemente compreendida de modo muito trivial.* Isso é perfeitamente verdadeiro enquanto *tendência básica, mas o capitalismo penetra de maneira particularmente lenta e toma formas muito variadas.* Aos proprietários rurais muito amiúde interessa que terras sejam distribuídas aos operários agrícolas; aliás o *operário agrícola dotado de um pedaço de terra é um tipo*

de acentuar as diferenças nacionais, identifica os camponeses pauperizados dotados de um pedaço de terra na condição de operários assalariados agrícolas e industriais.

Nessa medida dilui suas particularidades como indivíduos sociais. Em outros termos, ainda que ocupem, na produção, a função de trabalhadores rurais produtores de valor e de mais-valia, os trabalhadores que possuem um lote de terra e os inteiramente livres não são sujeitos sociais idênticos, mesmo que partilhem de interesses comuns — porque iguais na sua pobreza —, o que é secundarizado na interpretação do autor. Derivaram dessa análise inúmeras interpretações de caráter classificatório, como por exemplo assalariados puros e impuros, meio operário e meio camponês, assalariamento aberto e disfarçado. Tais classificações, ainda que permitam a sistematização de dados, pouco esclarecem sobre quem são socialmente os diferentes indivíduos sociais abrangidos no conjunto heterogêneo dos trabalhadores rurais, com necessárias conseqüências na prática política.

A expansão capitalista impulsiona a transformação da base técnica da agricultura, estimulando o emprego de máquinas e a elevação da produtividade do trabalho. Gera a concentração da produção, o trabalho coletivo e o desenvolvimento de relações capitalistas. Cria um mercado interno de meios de produção e de mão-de-obra, pois o emprego maciço de máquinas na agricultura exige um amplo contingente de assalariados. Nas regiões onde o desenvolvimento do capitalismo é mais consolidado, o crescimento do emprego de máquinas (a elevação da composição técnica e de valor do capital) reduz a demanda de força de trabalho. Favorece a utilização do trabalho feminino e infantil e dá um enorme impulso ao prolongamento da jornada de trabalho e à introdução do trabalho noturno no campo. Enfim, expande o processo de transformação de pequenos agricultores em traba-

---

próprio de todos os países capitalistas, variando conforme as condições nacionais: o *'cottager'* inglês não se identifica com o camponês parcelário da França ou das províncias renanas, nem este é igual ao *Bobyl* ou *Knecht* (servo) prussiano. Em cada um deles encontram-se *traços de regimes agrários particulares, uma específica história das relações agrárias. Contudo nada disso impede que o economista possa generalizar um tipo de proletário agrícola.* A base jurídica que funda o direito desse proletário a uma parcela de terra não importa para a classificação: que a terra lhes pertença inteiramente (caso do camponês parcelário), que ele a receba em usufruto de um nobre (*landlord*) ou de um senhor territorial (*Rittergutsbesitzer*) que ele possua enquanto membro de uma comunidade rural russa — nada disso afeta aquela classificação. Por outro lado, inserindo o campesinato pobre no proletariado rural não inovamos. A expressão já foi utilizada várias vezes por inúmeros escritores; mas apenas os economistas populistas se obstinam em falar no campesinato em geral, como de algo anticapitalista, recusando-se a ver que *a massa do "campesinato" ocupa hoje um lugar perfeitamente determinado no conjunto do sistema de produção capitalista — o lugar de operários assalariados, agrícolas e industriais.* (Lênin, 1982: 116-117)

lhadores assalariados. As migrações em massa de operários agrícolas oriundos das camadas mais pobres do campesinato evidenciam esse processo. Emerge um *"exército geral de reserva"*[113] *para a agricultura e para a indústria*, massa disponível para satisfazer as demandas máximas de trabalho, embora parcela desta permaneça em constante desemprego.[114] A formação de um exército capitalista de desempregados é um fenômeno próprio do capitalismo. As peculiaridades da agricultura apenas determinam *as formas específicas deste fenômeno*, dada a diferença que aí se observa entre *período de trabalho* (tempo durante o qual o produto sofre a ação do trabalho) *e tempo de produção* (aquele durante o qual o produto encontra-se na produção, incluindo o tempo em que não sofre a ação do trabalho).[115]

A combinação do trabalho agrícola e industrial, viabilizado pela grande indústria mecanizada, facilita a *passagem de um trabalho a outro e nivela as*

---

113. "O capitalismo distingue os operários habilidosos dos operários comuns, dos trabalhadores braçais, que transitam entre ocupações diferentes, ora absorvidos por grandes empresas, ora lançados no desemprego. Quanto mais intensamente o capitalismo e a grande indústria se desenvolvem, mais oscila a demanda de operários, tanto na indústria como na agricultura. Por isso supondo a mais alta fase do capitalismo, devemos admitir que os operários transitam mais facilmente dos trabalhos agrícolas aos não agrícolas, devemos admitir a formação de um *exército geral de reserva*, onde cada empresário busca a mão-de-obra que necessita". (Lênin, 1982: 207)

114. "Na realidade, porém, o capitalismo russo nunca poderia desenvolver-se e atingir o nível atual, não poderia existir nem um ano se a expropriação de pequenos produtores não criasse uma massa de milhões de operários dispostos a satisfazer, no primeiro apelo, a demanda máxima de empresários na agricultura, na indústria de madeira, da construção civil, na indústria de transformação mineira, de transportes etc. Falamos de *demanda máxima* porque o capitalismo só se desenvolve aos saltos e, por conseguinte, o número de produtores que precisam vender sua força de trabalho deve ser sempre superior à demanda média de força de trabalho do capitalismo. Ao estabelecer o efetivo total das diferentes categorias de operários assalariados, em hipótese alguma quisemos dizer que o capitalista está em condições de empregar permanentemente a todos. *Numa sociedade capitalista, essa permanência do emprego não existe nem pode existir para nenhuma categoria operária. Dos milhões de operários, nômades ou sedentários, há uma parte que sempre permanece desempregada.* Essa reserva, ora adquire proporções enormes nos anos de crise — ou durante o declínio de um outro ramo industrial ou certa região — ou quando o desenvolvimento muito rápido das migrações provoca demissões — ora cai para o nível mais baixo provocando até 'carência' de operários, de que não são raros se queixam os empresários de um setor da indústria em certos anos e regiões do país". (Lênin, 1982: 365-366)

115. Como já esclarecera Marx; "O tempo de trabalho é sempre *tempo de produção, isto é, tempo durante o qual o capital está confinado à produção. Mas, inversamente, nem por isso todo o tempo durante o qual o capital se encontra no processo de produção é tempo de trabalho. Aqui se trata de interrupções [no tempo de trabalho] independentes da duração do processo de trabalho, condicionadas pela natureza do produto e por sua própria fabricação, durante o qual o objeto de trabalho está sujeito a processos naturais de duração mais curta ou mais longa, tendo que passar por alterações físicas, químicas, fisiológicas nas quais o processo de trabalho está total ou parcialmente suspenso". (Marx, 1985: 179)

formas de contratação assalariada: "a grande indústria cria uma classe operária errante, que se forma entre a população rural, mas que se ocupa sobretudo de trabalhos industriais", já chamada por Marx de "infantaria ligeira do capital" (Lênin, 1982: 207). Os deslocamentos da população do campo para a cidade e o êxodo dos operários que passam a dedicar-se a ocupações não-agrícolas geram também *uma mudança cultural nos indivíduos*, ao lhes permitir 'mergulhar no turbilhão da vida moderna'. *Eleva o nível de instrução da população e seu grau de consciência, infundindo-lhes hábitos e necessidades culturais*, liberando o camponês do 'sorvedouro de relações patriarcais e pessoais de dependência', pois o êxodo valoriza a *personalidade civil do indivíduo* e provoca o aumento dos salários, tanto para os operários que migram, quanto para aqueles que permanecem (idem: 361-362).

Os elementos destacados nas duas obras clássicas apresentam inúmeras similitudes com a realidade identificada na pesquisa de campo, contribuindo para a formulação dos rumos da análise apresentada na abertura do presente capítulo.

Concluindo esse encontro com a literatura, é apresentada a concepção do processo de proletarização antes anunciada.

A heterogeneidade da condição operária na agroindústria canavieira paulista — tanto de assalariados já consolidados, quanto de migrantes sazonais em processo de proletarização — é a expressão de *formas particulares de constituição dos indivíduos sociais que protagonizam o trabalho nesse ramo de produção. Expressam a radicalidade de uma forma histórica de individualidade social típica da sociedade capitalista, em um contexto de desenvolvimento desigual que demarca a modernidade arcaica na sociedade brasileira na década de 1980.* Radicalidade essa materializada na pobreza desses operários e na luta determinada em favor de sua sobrevivência, expressa na busca do trabalho assalariado em outro espaço do território nacional. Condensam mediações históricas particulares que imprimem um ritmo próprio à expansão capitalista, afirmando e recriando contradições desse desenvolvimento e da carência do mesmo. *Os migrantes sazonais vivem o contínuo trânsito entre tempos, relações e contradições sociais diferentes, apoiadas em específicas formas de propriedade e de alienação coexistentes e integradas na experiência de vida dos mesmos indivíduos sociais, ingressando na formação da materialidade e subjetividade de suas vidas. Forjam também o terreno cultural no qual elaboram sua prática social — suas experiências, representações, sentimentos e lutas sociais.* Ainda que vivam experiências partidas, não são seres sociais partidos — meio operário, meio camponês —, mas trabalhadores partícipes de uma mesma superpopulação relativa, ainda que partilhando condições e relações sociais diversas, que imprimem suas marcas na vida desses sujeitos. Nem todas as determinações sociais que os constituem são por eles individualmente apreendidas, estabelecendo-se tensões entre o ser e o pensar-se, como é ilustrado nos relatos sobre a vivência do trabalho agroindustrial.

Essas diretrizes, já tratadas em suas múltiplas dimensões em momentos anteriores, são incorporadas na abordagem do processo de proletarização que abarca dimensões econômicas, políticas e culturais. A leitura desse processo foi construída no debate com a literatura a partir da realidade observada, pois as

> premissas são os indivíduos reais, a sua ação, as condições materiais de sua existência, quer se trate daquelas que já encontrou elaboradas quando de seu aparecimento, quer das que ele próprio criou. Estas bases são, portanto, verificáveis por vias puramente empíricas. (Marx, 1977a:15)

Uma primeira dimensão do processo de proletarização é o *trânsito entre duas formas de apropriação* ou entre dois *modos de propriedade privada*: a que se *funda na exploração e apropriação privada do trabalho alheio, formalmente livre* e cuja base repousa historicamente sobre a expropriação do produtor direto; e *a que se funda no trabalho do próprio produtor direto e pressupõe a fusão do trabalhador autônomo e do independente com suas condições de trabalho*.[116] Ambas são formas históricas de propriedade privada, ainda que de natureza inteiramente diferenciada. Respectivamente, *a propriedade privada capitalista* que rege o trabalho agroindustrial e a *propriedade mercantil simples* do migrante sazonal nas regiões de origem como produtor familiar pauperizado.[117] O *processo de proletarização* é, nessa dimensão, um pro-

---

116. No *Capítulo VI. Inédito*, Marx, ao analisar a formação do capital e o modo capitalista de produção, assinala que, em sua essência, não se fundam apenas na 'abolição do modo de produção feudal mas também sobre a "expropriação de camponeses e artesãos, em geral [sobre a abolição] *do modo de produção que se baseia na propriedade privada de suas condições de produção por parte do produtor direto*; ainda quando uma vez introduzido, o modo capitalista de produção se desenvolve na mesma medida em que suprime aquela propriedade privada e o modo de produção nela fundado em que se expropria por fim, sob o nome de concentração de capital (centralização), esses produtores diretos (...) também o capitalista gosta, em sua imaginação, de confundir *seu modo de propriedade e apropriação de trabalho alheio, cuja base repousa sobre a expropriação do produtor direto com respeito a suas condições de produção — uma pressuposição segundo a qual o modo capitalista de produção seria impossível na agricultura e na manufatura"*. (Marx, 1971: 161-164; grifos nossos)

117. A "propriedade privada, como antítese da propriedade social, coletiva, existe apenas onde os meios de trabalho e suas condições externas pertencem a pessoas privadas. Porém, conforme essas pessoas privadas sejam trabalhadores ou não trabalhadores, a propriedade privada assume *caráter diferente*. Os infindáveis matizes que a propriedade exibe à primeira vista refletem apenas situações intermediárias existentes nos dois extremos". (Marx, 1985: 292).

cesso de destituição de um tipo de propriedade fundada no trabalho direto do produtor. A propriedade das condições de trabalho tende a tornar-se apenas formal, porque o trabalhador já perdeu sua condição de produtor autônomo, porque incapaz de produzir os meios de subsistência necessários à sua reprodução e da família. Sendo a propriedade capitalista o poder de mando sobre o trabalho alheio, o trabalhador passa a vivê-la na condição de ser o outro, confrontando duas formas de apropriação que demarcam sua vida.

Uma segunda dimensão desse mesmo processo — e indissolúvel das formas de propriedade referidas — é *a experiência simultânea de duas formas de alienação no trabalho: o fetiche do dinheiro que mediatiza os vínculos sociais do produtor familiar na compra e venda de suas mercadorias e a mistificação do capital, que preside a inversão sujeito e objeto no processo produtivo industrial*. Nela o indivíduo é subordinado às coisas materiais nas quais o capital se expressa, como seu componente vivo, parte do trabalho coletivo. O que o trabalhador produz para si é equivalente aos meios de vida — o tempo de trabalho socialmente necessário expresso no salário, preço de sua força de trabalho, que lhe permite estabelecer os vínculos com o conjunto da produção social por meios dos produtos para a satisfação de suas necessidades sociais. O tempo de trabalho estendido, sua intensidade, a troca do dia pela noite ante uma produção ininterrupta fazem com que viva o martírio "das horas de trabalho". A jornada, ultrapassando as fronteiras do trabalho necessário, volta-se à produção de tempo de trabalho excedente transfigurado na lucratividade do empresário, em um ambiente onde tudo é alheio ao trabalhador. Mas é esse ambiente que, contraditoriamente, lhe possibilita vislumbrar outras explicações para o sofrimento do trabalho — que lhe absorve todo o tempo de vida no período da safra da cana e forjar sua rebeldia. Ela adquire mecanismos explícitos — as greves —, ao lado de muitas outras estratégias veladas por meio das quais canaliza a sua "revolta". O migrante sazonal experimenta, pois, a radicalidade da vivência simultânea de duas formas de alienação radicadas nas formas sociais do trabalho e da propriedade assinaladas.

Uma terceira dimensão do processo de proletarização, que se desdobra das anteriores, *é coexistência de temporalidades históricas diferenciadas*[118] *na vida dos indivíduos sociais, que se traduzem na maior ou menor possibilidade de controle do ritmo do trabalho e do tempo de vida*. Ou em outros termos, na

---

118. A análise do tempo e condição operária está calcada na seguinte literatura: Thompson (1979); Marx, (1985, 1982, 1974); Gramsci (1974: 135-186); Lefebvre (1961).

luta pela apropriação do tempo de vida para si e para outrem. *Temporalidade contrastada pelas formas históricas assumidas pelo tempo. De um lado, o "tempo cíclico da natureza"* (Lefebvre,1961) ou o *"tempo orientado para o fazer"* (Thompson, 1979), cuja contrapartida é a constrição do desenvolvimento social dos indivíduos. De outro lado, *o tempo social como medida de valor* (Marx, 1982, 1985), *que permite o desenvolvimento das forças produtivas sociais do trabalho — e, neste sentido, do gênero humano — em detrimento de seu usufruto por parte da grande maioria dos trabalhadores.* Embora diferenciadas, são a negação do tempo disponível como medida de riqueza social, como campo de desenvolvimento humano para todos. O processo de proletarização é apreendido *como um processo de inserção na temporalidade do capital e da tensa convivência com o tempo* por ele disciplinado e o tempo regulado pela necessidade do trabalhador — e não pelo dinheiro —, como preside a organização do trabalho na produção mercantil simples. Surgem expressões de resistência, práticas e simbólicas, contra o tempo do capital e (ou) sobre as horas — e não contra elas —, à medida que se impõe a disciplina do trabalho coletivo regulado pela empresa e nas denúncias quanto a extensão das jornadas, a intensidade do ritmo de trabalho, questionando o trabalho noturno, as horas extras e suas formas de pagamento, em um espaço onde todo o tempo de vida é absorvido pelo tempo de trabalho.[119]

Uma quarta dimensão do processo de proletarização é a de ser um processo tenso de transformação cultural que favorece a incorporação de normas de conduta e valores alheios ao universo dos trabalhadores, que se chocam tanto com sua experiência social pretérita quanto com o "instinto de classe", nos termos de Gramsci. Todavia impulsiona a resistência à destruição de padrões de convívio, modos de comportamento e visões de mundo a eles estranhas, na defesa de um modo de ser que se opõe, ainda que de modo fragmentário, à mercantilização do universo da vida, à despersonalização do humano, à reificação. Oposição essa ambígua e parcial, não se projetando, na maioria das vezes, em manifestações coletivas organizadas. Aparece, em certos momentos, encoberta na utopia comunitária, como "metáfora de outra vida" (Ianni, 1986) ou com forte tônus conservador. O trabalhador, ao negar de forma ambígua o mundo do capital, afir-

---

119. Como diz Thompson (1979: 219): "Os patrões ensinaram à primeira geração dos trabalhadores industriais a importância do tempo; a segunda geração formou comitês pela redução da jornada no movimento pelas 10 horas; a terceira fez greves para conseguir hora-extra e jornada média. *Haviam aceito a categoria de seus patrões e aprendido a lutar com elas.* Haviam aprendido muito bem a lição de que tempo é ouro".

ma simbolicamente o universo cultural do valor do uso. Este não é só um passado perdido, mas pode indicar a afirmação da humanidade, do poder criador do trabalho liberado das travas da alienação, a qual metamorfoseia o ato criador em agonia, em fadiga, em perda do domínio de tempo da vida. O processo de proletarização supõe, pois, *um processo contraditório de transformação cultural, pois o capital, ao revolucionar o universo do trabalho, produz mudanças políticas e culturais no conjunto da vida social dos trabalhadores. Entretanto, as mudanças materiais e subjetivas transcorrem numa temporalidade que não é idêntica nem linear, verificando-se um desenvolvimento desigual entre as transformações das forças produtivas, as relações sociais e as expressões culturais dessas mesmas transformações presentes na vida dos indivíduos sociais.*

3

A VIVÊNCIA DO TRABALHO NA AGRICULTURA E NA INDÚSTRIA

"A miséria ensina o povo a inventar, mas o que é mais importante a pensar e a agir". (Engels, 1975: 161)

3.1 As formas do castigo do trabalho

O propósito que vem movendo este trabalho é o de apreender o processo de constituição da condição operária na agroindústria canavieira paulista — região de Piracicaba — tanto em seus determinantes históricos sociais, como em sua vivência pelos indivíduos sociais, expressa em suas atividades e representações.

O presente capítulo, construído a partir da pesquisa de campo, busca salientar a *heterogeneidade interna da condição operária na agroindústria sucroalcooleira*, expressando as diferentes maneiras pelas quais os trabalhadores vivem a condição de assalariados. Sendo um setor produtivo que se estrutura historicamente através da *integração técnica e econômica entre as atividades agrícolas e industriais, sob o controle dos usineiros — o que atribui unidade ao heterogêneo universo dos trabalhadores —*, a análise abrange o trabalho da produção agroindustrial, considerando o conjunto do ciclo produtivo: do plantio da cana à sua transformação industrial em açúcar e álcool. Apreende o processo produtivo como *unidade de processos de trabalho distintos e particulares* sob a liderança do segmento industrial.

O objetivo é a *descrição e a análise do trabalho na agricultura e na indústria, do ponto de vista daqueles que nela se inserem como operários eventuais ou temporários nos canaviais e nas unidades fabris, empregados em atividades não-especializadas.* Considerando as formas técnico-materiais e sociais do processo de produção agroindustrial, *privilegia-se um de seus componentes: o próprio trabalho em seu processo de realização, como atividade do sujeito, fonte de conservação e ampliação do capital investido.*

A consideração do processo de trabalho como produção de produtos e de valor repõe aqui a tensão que permeia a inserção do trabalhador no processo produtivo, como "objeto do capital" e como "sujeito criativo vivo". Trazer o *trabalho* para o *centro da cena da análise*, considerando-o *em seu processo de realização*, significa captá-lo em seu *fluxo temporal*, como *desgaste das energias físicas e mentais do indivíduo e efetivação de sua capacidade criativa.* Em função das peculiaridades da mercadoria força de trabalho, inscrita na corporalidade física e mental do sujeito que a dispõe, seu consumo atinge todo o ser que trabalha. Para o trabalhador realizar trabalho significa, tanto física como subjetivamente, desgaste de suas forças e realização de suas faculdades, envolvendo a totalidade de seu ser: sua constituição física, razão e emoção. Mobiliza experiências presentes e passadas, ativa sua memória, motivações e aspirações; aciona conhecimentos e sentimentos acumulados, além do sentido de moralidade que norteia suas vidas. Nesse processo, ao mesmo tempo, se enriquece e se desgasta, recriando-se como indivíduo singular e como trabalhador para o capital. Devido às condições e relações sociais em que é realizada a atividade, ela torna-se meio de produzir riqueza para outro e de reproduzir a sua pobreza. O trabalho, condição fundamental de sobrevivência, tem uma *centralidade* na vida dos indivíduos nas particulares condições de assalariamento nesse setor produtivo.

A preocupação que constrói o terreno da análise é *compreender o significado do trabalho para os trabalhadores assalariados agrícolas e industriais temporários*, atribuindo visibilidade à *alienação do trabalho e à sua vivência.* O trabalho vivido como *sacrifício da vida* — mero meio de sobrevivência —, como desgaste máximo de tempo e forças vitais, condicionado pelas perversas condições materiais e sociais nas quais se realiza neste setor produtivo. Para os operários, a alienação — o trabalho como criação de valor excedente para outro, que, para si, é desgaste do tempo de vida — se revela tanto nos *sentimentos ante o trabalho*, quanto nas *explicações que constroem para a sua experiência.* Interessa atribuir transparência às *formas* particulares, através das quais se manifesta a alienação do trabalho na agricultura e nas unidades fabris, em decorrência da organização, gestão e remuneração do trabalho, distintas nas fainas agrícolas e industriais. Distintas em função das peculiaridades técnico-econômicas e sociais dos processos produtivos da matéria-prima agrícola e da indústria de transformação química. Colocam-se em relevo as *explicações e mistificações* construídas pelos indivíduos para justificarem o esforço criador, vivido como estranhamento, que captura parcelas expressivas do tempo do viver e da sociabilidade, restringindo-lhes a fruição de outras dimensões de vida e de suas relações sociais para além do espaço dos canaviais e das usinas. Mas importa, também, detectar as estratégias mobilizadas pelos operários para enfrentar o castigo do trabalho: seu *consentimento e rebeldia* perante as condições materiais e sociais que emolduram a experiência desse trabalho. Expressam o reconhecimento da exploração e a indignação contra o sofrimento vivido ao descreverem e interpretarem o seu trabalho e sua pobreza. Alienação que atinge o cerne da sua humanidade e contra a qual se rebelam sob formas diversas: do lamento à atividade coletiva grevista, da denúncia à revelação de sonhos e esperanças em um outro modo de viver, em que sejam reconhecidos na singularidade de suas pessoas e não apenas como força criadora de riqueza alheia. A esperança — essa rebeldia que recusa o conformismo e a derrota — é alimentada, ainda que saibam serem suas aspirações abortadas pela ação de forças sociais que vêm bloqueando as possibilidades de uma vida humana de qualidade distinta.

O que se encontra em jogo é a luta contínua e diária pela *defesa da vida — de sua sobrevivência e de sua humanidade —*, permanentemente ultrajada em sua dignidade no cotidiano das relações de trabalho e da falta de trabalho, demonstrando que a ordem econômica apresenta uma indissociável dimensão ético-política.

Para tanto, é necessário ingressar diretamente no cenário das usinas: as *condições* em que o trabalho é realizado, o *conteúdo material e as formas sociais que assume.* Salientar a *diversidade interna das formas de organização do consumo da força de trabalho* presentes no interior do processo produtivo agrícola e industrial, a partir dos seguintes aspectos aqui privilegiados: as *formas de divisão do trabalho e seu caráter cooperativo, a jornada de trabalho; as formas salariais, condicionadas pela composição técnica e de valor dos capitais empregados; e a presença dos direitos sociais e trabalhistas ou sua negação.*

No âmbito da produção da matéria-prima agrícola, o destaque é para o *trabalho na etapa da colheita da cana-de-açúcar,* momento em que se verifica absorção de maior massa e intensidade de trabalho em um tempo delimitado. É portanto a etapa em que há maior demanda de mão-de-obra em decorrência do precário nível de mecanização do corte da cana verificado na região, no final da década de 1980. Na colheita, toda a unidade agroindustrial encontra-se cooperativamente em pleno funcionamento (Paixão, 1994), exigindo um fluxo permanente de matéria-prima, em termos de quantidade e qualidade, condição para atender os padrões rígidos de uma indústria mecanizada de processo contínuo. O ritmo das atividades na agricultura e seu fluxo de operações — mesmo considerando-se seus específicos vínculos com a natureza — estão na estreita dependência da demanda de matéria-prima pela indústria e de seus requisitos técnico-gerenciais. A sazonalidade do funcionamento das usinas e destilarias, dependentes do ciclo produtivo da cana-de-açúcar, faz com que, na etapa da colheita, apareçam de maneira mais patente os laços que integram a esfera agrícola e industrial na produção técnico-material e em sua valorização.

Em síntese, a análise da vivência da alienação do trabalho constrói-se a partir das *explicações e do sentimento dos indivíduos frente ao trabalho, forjados nas particulares formas de organização, gestão e remuneração do trabalho em que participam. Ainda que diferenciados na agricultura e na indústria, têm em comum o trabalho apreendido como sacrifício da vida, condicionado pelas condições materiais e sociais nas quais se realiza.* O desgaste de energia vital atinge os limites passíveis de serem tolerados pelo corpo e pela mente, ante a máxima intensidade do trabalho e duração da jornada, que avança sobre o dia dos operários, absorvendo a maior parte de seu tempo de vida.

No entanto, o castigo do trabalho é elaborado sob *formas distintas* pelos operários canavieiros. Na *agricultura*, a *tônica* recai no *cansaço*, que atinge os limites toleráveis pelo corpo, invadindo outras dimensões do viver. Contraditoriamente existe uma *identificação dos sujeitos com o trabalho agrícola*, parte de seu processo de socialização ao longo da vida. Buscam atribuir sentido à atividade que realizam e recolhem os motivos de sua satisfação na *dimensão coletiva do trabalho*, no seu *caráter social*: uma oportunidade de convívio coletivo, enriquecedor de sua sociabilidade. O significado do trabalho é recriado, como *defesa da vida* e como *divertimento*. Satisfação, que convive *mesclada* com o sentimento de uma atividade *"cansativa"*, *"suja"*, *"dura"*, apreciação dirigida tanto ao conteúdo do trabalho, à forma do trabalho assalariado por tarefa, como às condições materiais e sociais que circunscrevem a realização do corte da cana no canavial. Se o *salário é o que os cortadores de cana e os operários industriais produzem para si* para suprir a sobrevivência familiar, sua contrapartida, para a grande maioria dos canavieiros, é a reafirmação de um ser *negado de direitos sociais e trabalhistas*, em uma esfera da produção em que ainda não se generalizou nem a esfera limitada da "cidadania regulada" (Santos, 1979).

Na *indústria*, o castigo do trabalho adquire outras cores e tonalidades nas ações, explicações e sentimentos dos operários industriais. Na grande indústria maquinizada em bases fordistas, cabe predominantemente aos trabalhadores o monitoramento e a alimentação das máquinas e equipamentos, através dos quais é operada a transformação química da matéria-prima em açúcar e álcool. No período da moagem da cana, em função do caráter sazonal dessa agroindústria, funciona dia e noite ininterruptamente. Em tais condições, o sacrifício do trabalho tende a ser elaborado como *"cativeiro", "prisão da vida pelo trabalho"* forjado pela disciplina e pelo horário do trabalho: as jornadas de doze horas, a ausência de descanso semanal, a inversão do dia pela noite, a violência ao ritmo biológico de vida mediante o trabalho noturno. Alia-se, como agravante, a permanência no alojamento da usina, como mecanismo de imobilização temporária da força de trabalho a custos ínfimos para o empregador, estabelecendo uma *unidade às avessas entre trabalho e vida: aprisionando, de fato, o tempo de vida exclusivamente ao tempo de trabalho.*

Não resta dúvida que os indivíduos singulares mobilizam o seu *consentimento* (Burowoy, 1990: 20-50) ante essa realidade, exercendo sua liberdade individual como livres proprietários de sua força de trabalho. Contudo, o consentimento é movido por *constrangimentos que são sociais*, a partir dos quais expressam a sua adesão às condições de trabalho oferecidas. Para os operários agroindustriais, é sua *pobreza* que circunscreve limites nos quais constroem suas escolhas individuais. A *pobreza é o móvel* determinante mas é também a *resultante* do trabalho, em suas dimensões materiais, *sociopolíticas e culturais*. Ela se expressa nos mínimos rendimentos auferidos e no caráter eventual e temporário do emprego; mas antes disso, na radical separação da *pessoa* do trabalhador de sua *capacidade de trabalho*, que faz da *insegurança na obtenção dos mínimos vitais sociais*[1] uma parceira permanentemente ameaçadora. O universo fabril é apreendido como um universo de ordens ao qual devem subordinar-se — que vêm de outros e de longe, *"lá da usina"* —, não dispondo de forças suficientes e de alternativas para enfrentar, em igualdade de condições, as relações de mando e de poder que se materializam na esfera da produção, apesar da revolta permanente.

Em um primeiro momento, focaliza-se a *vivência do processo de trabalho agrícola, na fase da colheita da cana,* considerando: a produção da matéria-prima agrícola em seus requisitos técnicos, as relações e organização do trabalho, a jornada, o salário por produção, a relação entre o trabalho agrí-

---

1. Considerando-a uma noção aproximativa, mais uma *imagem* que um conceito, Cândido afirma: "um grupo ou camada vive segundo *mínimos vitais e sociais*, quando se pode verossimilmente supor que com menos recursos de subsistência a vida orgânica não seria possível, e com menor organização das relações sociais não seria viável a vida social. Teríamos a fome no primeiro caso e a anomia no segundo". (Cândido 1971: 27)

cola e doméstico. Em um segundo momento, a atenção volta-se ao *trabalho industrial da usina*, realizado por operários, que trabalham no transporte da matéria-prima dos canaviais para a unidade fabril e na indústria química de transformação. Os sujeitos são os operários migrantes sazonais, do sexo masculino, residentes nos alojamentos de uma usina em que a pesquisa foi verticalizada.

3.2 O corte da cana na região de Piracicaba

O trabalho no corte da cana-de-açúcar depende do nível de desenvolvimento técnico da unidade agroindustrial sucroalcooleira. Como já foi salientado, é a *indústria* que detém a dominância do processo produtivo, condicionando o planejamento e a realização das atividades agrícolas, dentre as quais o corte da cana. A visão integrada do processo produtivo é requisito para dar transparência aos nexos técnicos, econômicos e políticos que soldam atividades aparentemente tão independentes nos processos de trabalho, na formalização jurídica das empresas — as usinas e as agropecuárias —, na seguridade social e filiação sindical.[2] Assim, por exemplo, a previsão do montante de cana a ser colhida, da massa de trabalho e do número de trabalhadores requeridos para o corte dentro de um dado padrão tecnológico é determinada pela massa de matéria-prima adequada à capacidade de moagem da indústria. É ela que condiciona ainda o *fluxo da entrega* da cana cortada e a *qualidade* da matéria-prima. Tais fatores dependem, por sua vez, do sistema de corte e de transporte, dos tipos de variedades de cana plantadas, das técnicas utilizadas na sua produção, dos efeitos da mecanização agrícola, dos sistemas gerenciais, além de fatores climáticos incidentes na agricultura.

Nas unidades pesquisadas, *o corte era totalmente manual*, dependente da habilidade, destreza e esforço do trabalhador no manejo de seu instrumento básico de trabalho, *o podão*. A fase de carregamento da cana colhida era mecanizada, tornando o trabalho vivo subsidiário e dependente do movimento mecânico dos tratores, carregadeiras e dos caminhões que recolhem e transportam a cana colhida para a moagem na usina. No período em que foi realizada a pesquisa de campo, a *maior usina da região detinha apenas*

---

2. Até a promulgação da Constituição de 1988, os trabalhadores das agropecuárias encontravam-se vinculados ao Funrural e os das indústrias tinham suas relações de trabalho reguladas pela CLT, daí decorrendo direitos sociais e trabalhistas também diversos. Importa salientar que os trabalhadores agrícolas e industriais têm filiações sindicais diferentes.

20% *do corte da cana mecanizado*, embora com previsão de seu aumento (Maluf, 1987). A mecanização do corte na região sofre limitações decorrentes da declividade e falhas do terreno e da descontinuidade das áreas de plantio, comuns na região de Piracicaba.[3] A área requerida para viabilizar o investimento da mecanização é de 1.050 hectares, o que permite um barateamento de 30% dos custos da colheita. Entretanto, a ausência de créditos subsidiados faz com que apenas as empresas que trabalham com reservas elevadas possam efetuar a compra de máquinas e implantar vultosas mudanças técnicas requeridas nas condições de plantio e na infra-estrutura de apoio no campo (Alves, 1991).[4] Para os usineiros, a mecanização está condicionada pelo diferencial entre os seus custos e o valor da força de trabalho que substitui. Mas a mecanização atribui um grande poder de barganha aos empresários para enfrentar a mobilização dos trabalhadores, uma vez que expulsa grande quantidade de mão-de-obra na etapa do processo produtivo em que há maior demanda. A mobilização dos canavieiros, em finais da década de 1980, tornou-se um dos fatores impulsionadores da mecanização da colheita da região de Ribeirão Preto e de redução da oferta de postos de trabalho (Alves, 1991). Como informa Paixão (1994: 136), unidades produtivas de Ribeirão Preto, que antes empregavam mais de 8 mil trabalhadores, passaram a empregar apenas 2. 500 após a introdução do corte mecânico. Máquinas operando em condições ideais de trabalho (terrenos planos, espaçamento adequado, cana mais ereta, infra estrutura de apoio) chegam a cortar sessenta a oitenta toneladas de cana por hora, executando em uma jornada de trabalho de dez horas/trabalhador o que cem a trezentos homens realizariam.

A cana-de-açúcar tem dois ciclos de plantio. A *cana de doze meses* é plantada de *setembro a novembro* e colhida no ano seguinte. A cana de ciclo mais

---

3. Um engenheiro agrônomo entrevistado informou que: "O corte mecânico é mais barato, além da questão estratégica de não depender de muita mão-de-obra. Mas a colhetadeira de cana não admite uma topografia inclinada. Assim, em 10% de declive ela já não tem bom desempenho. Então, a base é o corte manual mesmo. Nossa topografia é suavemente ondulada — como se classifica —, o que encarece bem a mecanização, com maior gasto de energia, combustível etc. A topografia, as condições do solo limitam a mecanização do corte e o carregamento. Isto vale para toda a *região*". (C. J., agrônomo da agropecuária X)

4. Como já o demonstrou Alves (1991), a mecanização do corte exige o redimensionamento dos talhões com aumento do cumprimento dos mesmos para evitar manobras e perdas de tempo; requer nivelamento do terreno e correção de suas falhas, pois as máquinas não trabalham em terrenos acidentados. Exige um espaçamento adequado (1,50 m) entre as fileiras de cana para que as máquinas trafeguem com as rodas entre as linhas de cana e não danifiquem as soqueiras; exige ainda o plantio mais raso para a cana crescer ereta, sem tombamento. Estas são condições necessárias ao aumento da produtividade da máquina e sua longevidade, requisitos para viabilizar o empreendimento.

longo — *dezoito meses* — vegeta mais e apresenta maior dificuldade para o corte. Seu plantio ocorre *nos meses de janeiro a março*, indicada para terras de menor qualidade ou "mais fracas". Existe ainda a cana *"bis"*, que fica dois anos sem ser cortada, sendo a remuneração do corte mais elevada que os demais tipos de cana.

Parte do plantio sobrepõe-se ao período da colheita da cana — *a safra* — que, na região, ocorre de *maio a dezembro*. Não pode estender-se por muito mais tempo em função do período das chuvas que compacta o solo e dificulta o transporte da matéria-prima.[5] No *período da safra*, a unidade agroindustrial encontra-se inteiramente vitalizada pelo trabalho coletivo, agrícola e industrial, verificando-*se uma ampla contratação de assalariados temporários para as fainas de corte e moagem da cana.*

O funcionamento sazonal dessa indústria rural, aliado aos elevados investimentos de capital circulante e capital fixo empregado em maquinaria e equipamentos — além da imobilização de capital em grandes extensões territoriais —, *requerem a máxima ampliação possível da capacidade produtiva da unidade agroindustrial na safra,* já que "na agricultura não há fator mais importante que o fator tempo" (Marx, 1985: 398, t. 1). *Isto se traduz na máxima extensão da jornada de trabalho na agricultura e na indústria, acompanhada da intensificação do trabalho, verificando-se uma perversa aliança entre mecanismos de extração de mais-valia absoluta e relativa.* A máxima ampliação da capacidade produtiva está voltada para assegurar os custos médios de produção, viabilizando a reprodução do capital investido.

Como se sabe, a maquinaria embora ingresse totalmente no processo de trabalho, só transfere parcialmente seu valor ao produto, o que ocorre progressivamente ao longo de sua vida útil. A produtividade da maquinaria é, pois, inversamente proporcional à grandeza de valor transferido ao produto. Ou seja, quanto mais longo o período em que funciona, tanto maior a massa de produtos sobre a qual se reparte o valor e tanto menor o valor que acrescenta à mercadoria individual. A reprodução do valor total da maquinaria depende do seu período de vida ativa em que transfere valor ao produto. Este período é determinado pela duração da jornada de traba-

---

5. O agrônomo entrevistado salientou ser a cana-de-açúcar uma cultura semiperene, que tem um ciclo que pode se estender de cinco a seis anos, dependendo da fertilidade do solo e das variedades plantadas. Quanto mais fértil o solo, maior a lucratividade do empreendimento, visto que da fertilidade da terra depende a "longevidade da soqueira". O solo da região é variável, constatando-se a presença de terras roxas e de terrenos arenosos. Não se verifica a prática da rotação de cultivos para o descanso da terra. Ela é substituída pela "aplicação de matéria orgânica e uma adubação mineral caprichada".

lho diária multiplicada pelo número de dias em que ela se repete. Quanto mais curto é o período em que seu valor é reproduzido, menores os riscos de sua depreciação "moral", decorrente do progresso técnico verificado na indústria de bens de capital, já que o valor da máquina é determinado pelo tempo de trabalho necessário à sua própria reprodução ou de uma máquina mais aperfeiçoada (Marx, 1985). Assim, a sazonalidade da produção voltada ao lucro pressiona o funcionamento diuturno dessa indústria, a ampliação da jornada e a intensificação do trabalho. O prolongamento da jornada de trabalho permite ampliar a escala da produção sem requerer igual investimento de capital em máquinas e instalações, possibilitando não só acrescentar a mais-valia, mas diminuir as inversões necessárias à sua obtenção. Exige uma produção de matéria-prima agrícola em escala suficiente para a alimentação da usina, o que torna o *trabalho* cooperativo *na agricultura e na indústria química, uma exigência técnica do próprio emprego capitalista da maquinaria e dos processos técnicos de transformação química.*[6]

A colheita da cana engloba diferentes atividades: geralmente a queima da cana, o corte propriamente dito, o carregamento da cana colhida e o transporte. O corte pressupõe freqüentemente a *queima da cana*, introduzida na década de 1960 e a motomecanização do carregamento da cana. Antes as folhas verdes eram utilizadas para o amarramento dos feixes de cana carregados manualmente. Além de evitar as limpas das palhas da cana, a queima teve amplas repercussões no aumento da produtividade do trabalho e na redução da mão-de-obra. Baccarin (1985) afirma que a produtividade no corte aumentou de 2,5 toneladas/dia de cana crua por trabalhador para 6 toneladas/dia com a cana queimada. Conforme o constatado na pesquisa de campo, *a queimada é um fator determinante das condições de trabalho no corte e nas formulações identificadas sobre o castigo do trabalho,* expressa na idéia de "trabalho sujo".

A polêmica instalada sobre a queima da cana é intensa. Defendida pelos usineiros e não havendo consenso no movimento sindical sobre a questão, é contestada por técnicos e entidades vinculadas ao meio ambiente em função de seus efeitos danosos à proteção do solo, à qualidade do ar e desperdício de energia. A palha da cana exerce uma ação protetora

---

6. "Na manufatura, *a articulação do processo social de trabalho é puramente subjetiva, combinação de trabalhadores parciais;* no sistema de máquinas, a grande indústria tem um *organismo de produção inteiramente objetivo que o operário já encontra pronto como condição da produção material.* A maquinaria só funciona com base no trabalho imediatamente socializado ou cooperativo. *O caráter cooperativo do trabalho* torna-se agora, portanto uma *necessidade técnica* ditada pela natureza do próprio meio de trabalho". (Marx, 1985: 17)

do solo, pois fornece uma massa orgânica que é a ele reincorporada, preserva microrganismos úteis ao solo e ao sistema radicular, além de impedir a ação de ervas daninhas[7] (Paixão, 1994: 193). A queimada afeta a pureza do ar, pois os gases liberados contribuem para a produção de ozônio, que a baixas altitudes tem efeitos danosos à saúde das plantas e animais, além de emitir partículas poluentes na atmosfera, a fuligem pós-queima conhecida como "nuvem negra" ou "birolo". Alves (1994) reconstitui esta polêmica do ponto de vista dos atores envolvidos. Salienta ser contraditório a produção de uma matéria-prima energética que desperdiça grande quantidade de calor com queimadas.[8] Para os empresários, existem também argumentos favoráveis à suspensão da queima da cana, considerando-se o maior aproveitamento do teor de sacarose da cana crua, a transformação da massa verde produzida em adubação orgânica nos canaviais. E ainda existe a possibilidade de moagem da massa verde junto à cana, ampliando a produção de bagaço, passível de aproveitamento econômico, para unidades que se utilizam da produção de calor, e na produção industrial (ração animal e celulose).

A queima da cana é uma prática generalizada nas usinas da região. O patronato paulista vem se posicionando a favor da queima por razões de ordem econômica. O custo do corte da cana crua é mais elevado — em geral 20% mais caro que a cana queimada —, exigindo uma ampliação do número de trabalhadores. A alternativa que vem sendo apresentada é a mecanização do corte da cana crua.[9]

Paixão (1994: 190) assume um ponto de vista polêmico, ao considerar ser possível a defesa da prática da queimada na ótica da *saúde e segurança do trabalho*, por reduzir os riscos mecânicos e biológicos da tarefa do corte.

Mecânicos porque o ambiente de trabalho passa a ter menos obstáculos, além de maior visibilidade da operação, reduzindo o potencial de cortes com o facão, com a folha — do tipo capim colonião — e com a própria palha da cana

---

7. Paixão (1994: 193) sustenta que, do ponto de vista técnico, a queima da cana é apenas justificável "em áreas de solo argilosos e densos, de drenagem e aeração insuficientes para facilitar o arejamento e ação da radiação solar, aumentando as perdas de água por evaporação e aeração do solo" e em casos de elevada infestação de insetos, "pois permite a eliminação de focos de pragas e doenças se feita no período adequado a esta finalidade".

8. "A cana produz de 40 a 150 toneladas por hectare de folha, enquanto outras culturas produzem de 1 a 4 toneladas. A quantidade de matéria seca queimada nos canaviais por ano, por unidade de área, é maior que na Amazônia (0,5 kg/m^2 contra 0, 03 kg/m^2), portanto a energia liberada após o fogo é enorme e de grande potencialidade". (Alves, 1993: 16)

9. *Folha de S. Paulo*, de 14.9.1993, citada em Paixão (1994).

sempre muito cortante. A redução dos riscos biológicos decorre do afugentamento de insetos e cobras do local de trabalho, o que reduz quase a zero a incidência de picadas e mordidas de animais.

Acrescenta-se a esta argumentação o fato de que, com o fim da queimada, os trabalhadores renderiam menos e obteriam menor remuneração em uma fase do processo na qual se esmeram para aumentar a produtividade e assegurar melhores salários. Apesar de tais vantagens, as indicações obtidas em campo, através dos depoimentos dos trabalhadores, revelam o ônus da queima da cana para os trabalhadores. O trabalho na queima da cana é considerado, por alguns entrevistados, como *"o que mais judia as pessoas"*, mesmo quando comparado ao corte.

O *trabalho no corte* — destaque neste capítulo, tratado adiante — envolve uma *seqüência completa de atividades*: demarcação da área a ser colhida por cada trabalhador — o "eito" de cinco ruas —; eventual despalho total ou complementar do colmo; corte do colmo rente ao solo; despontamento da extremidade superior e o enfeixamento das canas em montes adequados ao carregamento mecânico.

Já o *carregamento propriamente dito* é realizado por carregadeiras, acopladas a tratores com guincho mecânico — introduzido na década de 1970 — que recolhe as canas e enche os caminhões para o transporte. As sobras de cana espalhadas são amontoadas por uma turma de trabalhadores, *os bituqueiros* — de modo a não impedir o movimento da máquina e permitir o aproveitamento das canas que restaram no chão. Esta turma especial de trabalhadores faz a *"bituca de um talhão"*.[10] Recebe por dia e o ritmo de seu trabalho é subordinado ao funcionamento da motocarregadeira. O *transporte* da cana colhida para as usinas é realizado por caminhões a que se acoplam as carretas, denominados de *"Romeu e Julieta"*. A racionalização da atividade produtiva vem implicando em renovação das frotas das grandes usinas, mediante caminhões de maior capacidade de transporte, resultando na redução de mão-de-obra especializada.[11]

---

10. Como esclarece um fiscal de turma: *"Bitucar* é quando a carregadeira passa e sempre sobra cana no chão, um montinho para cá, umas canas espalhadas. Então o encarregado vem com a turma atrás, catando e fazendo os montes. Depois a carregadeira torna a voltar e pegar aquele lá. *Aqui fala "bituca".* Tem usinas, em Leme, que falam *"caroncho"* (F.D.).

11. A *Gazeta Mercantil,* de 18.09.1993, referindo-se a uma grande usina da região: "Esta reportagem em entrevista com um dos gerentes da Usina Costa Pinto levantou alguns dados importantes, gerados a partir do sistema de transporte da usina. A empresa havia adquirido recentemente 52 Scanias por US$ 4 milhões e havia vendido 93 caminhões por cerca de US$ 900 mil. Com esta redução em 41 unidades da frota total de 800 veículos, *foi possível o corte de 82 motoristas que trabalham em 2 turnos de 12 horas. Além disso, reduziu-se os números de mecânicos, de tratoristas para reboque de caminhões na lavoura e pessoal de assistência aos caminhões no campo.*

O conjunto da etapa da colheita congrega *diferentes formas de organização e divisão das atividades e sistemas distintos de remuneração da força de trabalho* — o salário por produção e por tempo. Os *contratos de trabalho são também diferenciados* — por tempo indeterminado e por tarefa, escritos e verbais, feitos pelas empresas e intermediários que terceirizam a contratação da mão-de-obra, com amplas repercussões nos *direitos sociais e trabalhistas*. Todavia, mantêm-se constantes as longas jornadas de trabalho e as variadas estratégias de intensificação do trabalho, tal como será demonstrado na seqüência. É neste quadro de desigualdades internas que se constrói a unidade da vivência do trabalho no canavial.

3.3. O trabalho na agricultura

3.3.1 O trabalho na colheita e sua dimensão cooperativa

Em certos momentos críticos, determinados pela natureza do processo de trabalho — como a colheita —, a brevidade do prazo que se requer para executar o trabalho é compensada pela grandeza da massa de trabalho lançada no campo da produção, no momento decisivo, o que é obtido pela articulação de muitas jornadas. A jornada de trabalho combinada permite produzir uma massa maior de valores de uso e reduzir individualmente o tempo de trabalho necessário para a produção de determinado efeito útil, porque amplia a força produtiva do trabalho, aumentando consequentemente o tempo de trabalho excedente. Permite, ao mesmo tempo, uma economia de meios de produção (carregadeira, tratores, caminhões) derivados do seu uso coletivo. Assim, "a força produtiva específica da jornada de trabalho combinada é a força produtiva do trabalho *social*"(Marx, 1985: 400, t. 1). Uma jornada de trabalho combinado permite criar uma força produtiva de massas, gratuitamente apropriada pelo usineiro, em decorrência do *caráter cooperativo do trabalho*: a reunião de grande quantidade de trabalhadores ao mesmo tempo e no mesmo espaço — no mesmo campo de trabalho — que atuam planejadamente no mesmo processo de produção ou em processos distintos mas conexos, voltados para a produção do mesmo tipo de mercadorias, sob o mando do mesmo capital. Permite colocar em movimento *trabalho social médio*, de modo que as operações individuais tornam-se parte contínua de uma operação total: *o trabalho coletivo agroindustrial.*[12]

---

12. "A produção capitalista só começa a rigor, ali onde o mesmo capital individual emprega simultaneamente uma quantidade de trabalhadores relativamente grande e, em conseqüência, o

O fato de participarem de uma produção que é coletiva, os trabalhadores associados pelo capital —, força social que a todos atinge e os une —, tem como resultado um produto que é *socializado no próprio ato de produzir*. Esta dimensão social do trabalho cria a possibilidade da convivência e de partilhar um empreendimento comum. Essa dimensão é capturada pelos sujeitos que trabalham como uma oportunidade de viver em coletividade com os companheiros de jornada a face prazerosa do trabalho:

> *O serviço da cana é um serviço divertido, um serviço alegre!* Na condução, bastante gente! Você olha aquela *multidão*, você nem sabe quem...Se você facilitar, você fica até perdida no meio de tanta gente... *Só que a gente tem que trabalhar mais, a gente cansa mais.* (Maria M., cortadora de cana)

> No serviço da cana a gente se *diverte muito: muita colega, muita conversa!* (Rosemary, 16 anos)

Na ótica dos trabalhadores, é a dimensão *coletiva* do trabalho — o sentir-se parte de uma multidão que faz o "serviço da cana" — a fonte da alegria e satisfação com o trabalho por parte dos indivíduos que o realizam. O convívio com os colegas estimula o desenvolvimento da sociabilidade e do espírito vital, permitindo fruir o caráter social do trabalho como motivo de prazer e antídoto ao máximo esforço dispendido. Mas essa dimensão coletiva é vivida com ambigüidade: ela também aparece no seu reverso, como concorrência entre os operários dos canaviais, em função da forma capitalista assumida pela cooperação. Como se fosse outra face da mesma moeda, *na ótica do responsável pelo controle geral do trabalho na frente de corte*, o trabalhador coletivo é reduzido a mero acionador dos instrumentos de trabalho, mera força de trabalho mercantilizada, fazendo submergir os indivíduos em favor das coisas, que parecem adquirir vida própria, "dançando por sua própria iniciativa", com se fosse um fetiche: "São dez turmas aqui cortando. Tem uma média de uns duzentos e pouco 'podão' cortando" (Dito, fiscal-geral da agropecuária da usina X).

No corte manual, a organização do trabalho se faz através de *turmas de trabalhadores*, que atuam simultaneamente, distribuídas nos lotes de cana —

---

processo de trabalho amplia seu volume e oferece produtos em uma escala quantitativamente maior. Operar com um número de trabalhadores relativamente grande, ao mesmo tempo, no mesmo espaço (ou, se preferir, no mesmo campo de trabalho) para a produção do mesmo tipo de mercadorias e sob o mando do mesmo capitalista, constitui o ponto de partida da produção capitalista". (Marx, 1985: 391)

os *"talhões* divididos por estradas ("carreadores").[13] A distribuição das turmas é feita segundo o planejamento previamente definido pela usina e coordenado pelo fiscal-geral da frente de corte. A cada trabalhador é atribuída uma *tarefa mínima diária* predeterminada — *um eito de cinco ruas de cana.* Esta divisão do trabalho faz com que a atividade coletiva *apareça como individual,* obscurecendo os nexos que articulam a atividade realizada pelo indivíduo ao conjunto da produção no seu fluxo de continuidade. Também afeta a consciência dos trabalhadores, como se os resultados dependessem exclusivamente de cada um, o seu rendimento pessoal e isolado no ato de cortar a cana e de forma independente dos demais. Embora espacialmente próximos, não trabalham juntos. Passam a comportar-se como concorrentes e não como companheiros da mesma labuta. Isto porque a cooperação do trabalho não é voluntária, mas organizada pelo capitalista: é ele quem realiza a associação dos trabalhadores, criando o modo de produzir que lhe é adequado. Em outros termos, é o usineiro que, ao comprar simultaneamente inúmeras forças de trabalho, faz com que os trabalhadores cooperem entre si, sendo o produto obtido resultante do trabalho de muitos. Como a unidade e conexão do trabalho que realizam não radica nos próprios canavieiros, *mas fora deles, no empresário* que os reúne e os mantém coesos, ela aparece idealmente como *plano* e praticamente como *autoridade* do usineiro, como poder de uma vontade alheia que os submete.

Porque a cooperação não é voluntária, mas imposta na prática pela autoridade da fiscalização, ela também aparece aos trabalhadores "pelo avesso", metamorfoseada em *processos competitivos que* pulverizam *o relacionamento social entre os trabalhadores, dilacerando a sua unidade. A forma capitalista de trabalho coletivo revela-se como* concorrência entre eles, no afã de obter maior produção e maior salário, o que mina o desenvolvimento da fraternidade e da união entre companheiros. Os processos competitivos geram um sentimento de isolamento no meio da turma, em que cada um cuida de si, não se importando com os demais. Os sentimentos e comportamentos por meio dos quais os trabalhadores apreendem tais processos são o *"ciúme", "que estraga com as pessoas no cortar cana",* as *"brigas na roça",* a *"intriga",* o *"temor do outro",* o *"medo de que o outro trabalhe mais",* o *"isolamento"* e a *"solidão",* como indicam os depoimentos a seguir:

> Sobre a *união na roça,* ninguém é unido. *Lá na roça dá medo. Você teme que eu trabalhe.* Ninguém é colega do outro. *Ninguém é assim colega do outro, unido com*

---

13. O fiscal-geral da frente de corte explica: "As estradas dividem os lotes. É o carreador, mas é uma estrada... *lá na usina, eles sabem a metragem inteira da área. Se der qualquer dúvida, engano da turma, então lá tem o balanço da cana contida no terreno: metragem e quantia".*

o outro, ninguém é. Cada qual senta no seu eito, come no seu eito, cada qual pega o seu eito e vai embora (trabalhar): se varou, varou (cortou). Aquele que varou, vai embora e te larga sozinha. Ninguém tem união. O que puder mais, toma o eito do outro. *O que puder mais, ferra mais.Quem puder cortar mais, corta mais. Cada qual quer ganhar mais. Quem não quer ganhar mais? Todo mundo quer!* (Maria)

Tem mulheres que têm *ciúme da gente,* porque a gente corta um pouquinho mais do que outras pessoas. *O ciúme estraga com as pessoas no cortar cana. Ele atrapalha.* Eu, quando tirava 200 metros, 300 metros e outras pessoas tiravam menos, *elas já ficavam bravas comigo. Já dava intriga.* (Rosemarie)

A organização do trabalho no corte da cana apresenta traços característicos da divisão manufatureira do trabalho, ainda que subsumida à aplicação da ciência no conjunto do processo produtivo agroindustrial, amplamente dominado pela maquinaria. Entretanto, no corte, o *trabalhador coletivo é o organismo vivo do trabalho,* constituído de *trabalhadores parciais com suas ferramentas,* que realizam operações sob o comando, fiscalização e controle do usineiro. Este, através de seus funcionários, representa a *autoridade* no âmbito da produção. Para imprimir um ritmo de trabalho médio por parte dos trabalhadores é fundamental a função de *direção, controle e supervisão,* para preservar a qualidade da matéria-prima, a maior produtividade do trabalho e o disciplinamento dos trabalhadores. Tais funções são delegadas aos *fiscais e turmeiros* que exercem o mando em nome da usina e, como contrapartida, exigem a obediência e a submissão dos trabalhadores:

(...) tem que obedecer às ordens. Primeiramente tem que obedecer às ordens que vêm dos fiscais. A ordem já vem lá da usina e vai para o fiscal. E tem que obedecer às ordens do fiscal. (Antonia)

No cotidiano dos canaviais, cada nova atividade é "imposta de repente, sem preparação, sob a forma de uma ordem à qual é preciso obedecer imediatamente e sem réplica. Quem obedece assim, se ressente então brutalmente por ver que está incessantemente à disposição de outrem", como um objeto inerte sempre pronto a ser trocado de lugar (Weil, 1979: 132).

A forma assumida pela autoridade é *despótica,* o que pode ser observado pela fala do *administrador* de uma agropecuária, no passado tratorista, promovido à condição *de fiscal-geral:*

Eu sou o fiscal-geral de toda turma aqui, certo? Sou o administrador. Movimento na roça aqui, o fiscal sou eu. Tem os outros: o medidor, o fiscal dessa turma aí (Turmeiro da usina). Chego, passo ordem para o turmeiro e ele passa para o medidor. Aqui nós trabalhamos em conjunto. Controlo todo trabalho e serviço. Então se a turma acaba aqui, para pegar aquele nível lá em baixo, sem ordem minha não pega. Quando chego eu autorizo: pode pegar! Mas pode cortar com a outra turma também. Ninguém fala nada! Pode cortar! É uma ordem já! (Dito)

Ao mesmo tempo que os fiscais assumem funções patronais, motivo de sua auto-afirmação e de prestígio frente aos cargos hierárquicos superiores, vivem contraditoriamente o ônus do prolongamento da jornada e do excesso de trabalho, comum aos demais trabalhadores:

Hoje durante o dia eu não parei entre o almoço e o café. Não parei nem 30 minutos. É das 6 às 6 horas. Pensa que chego em casa agora, quando largo a turma? Eu vou queimar cana ainda. Queimar cana para esse povão. Então chego às 8 e meia, 9 ou 10 horas da noite. (Dito)

O *controle do trabalho* implica uma série de funções: além dos *fiscais-gerais*, tem o *fiscal responsável pelo controle da produtividade* de cada trabalhador, que mede o que cada um cortou,[14] os *turmeiros da usina*, que geralmente são motoristas dos ônibus que transportam os trabalhadores para o canavial. Existem ainda os *"gatos"*, agenciadores de trabalhadores, que terciarizam a mão-de-obra, chamada de a *"turma de gato"*. Nas usinas pesquisadas, uma média aproximada de 70% da mão-de-obra empregada no corte da cana era vinculada a empreiteiros, enquanto 30% eram mão-de-obra própria das usinas, registrada em carteira e com acesso aos direitos trabalhistas e sociais.[15]

Na atividade do corte os canavieiros desenvolvem tarefas parciais, dependentes da sua força, habilidade, rapidez e segurança no manejo do podão. A habilidade manual é a base da atividade produtiva no corte da cana, o que exige esforço de aprendizado de gestos, movimentos, ritmos, posições e modos de usar as ferramenta (Fischer, 1983), assim como conhecimentos específicos sobre a cana-de-açúcar. Este aprendizado é obtido através da prática, da experiência acumulada ao longo dos anos da vida. Como demonstra o sr. Orlando, que *já se criou cortando cana e "ficou de viver de cana"*. É um dos melhores cortadores da usina X, mineiro do norte de Minas, *"lá onde não chove e o mato é verde"*:

Corto cana há mais de 20 anos. *Eu já (me) criei cortando cana.* Saí da escola para ir cortar cana. Eu era pequenininho assim. Eu via os outros receber, aí eu saí

---

14. Ver adiante o sistema de medição da cana cortada.

15. A questão do agenciamento da mão-de-obra será tratada na análise da formalização das relações de trabalho.

da escola e fui cortar cana. Não tive tempo para estudar, (porque) meus pais não podiam. *Aí eu fiquei de viver de cana.* (Sr. Orlando)

Segundo Valdomiro, um turmeiro da Usina X, a produtividade depende do treino e da prática, que exige maleabilidade do corpo, saúde e força física, pois é um "serviço duro", "serviço de saúde".

A organização das turmas de trabalho é presidida por critérios que favoreçam a *elevação da produtividade média do trabalho*: em geral as turmas são *mistas,* formadas por homens e mulheres, jovens e adultos, não tendo sido constatada a presença de crianças nos canaviais visitados. Não se verificou uma relação diferenciada entre sexo e produtividade no corte. Os depoimentos dos informantes são consensuais, no sentido de afirmar que a capacidade de corte está diretamente relacionada ao empenho, ao esforço, à habilidade, à velocidade, à experiência e ao tipo de cana a ser cortada, o que afeta indiscriminadamente homens e mulheres[16] nos canaviais:

> Quem corta mais? *Depende da mulher e do homem.* Porque o homem, se tiver *esforço e quiser,* ele tira mais. Mas se ele não tiver, a mulher pode até tirar mais do que ele. O homem quando está com mais *vontade,* ele pode tirar mais ou menos 400 metros, 500 metros, se a cana for boa. *Porque isto depende também do tipo de cana: se a cana tiver muito torta ou se tiver mais direita e pequena, a gente tem metragem mais alta ou mais baixa".* (Maria)

> *Puxa vida, tem mulher que não dá para trabalhar com qualquer homem não!* É que nem os dedos da mão da gente, não é tudo igual: tem o bom, tem o médio e tem o fraco. (Empreiteiro)

> Aqui é tudo misturado, homem e mulher! É tudo igual: se é preto, se é branco, aqui para nós é tudo igual o sangue deles. Não tem separação um com o outro! (Turmeiro)

A preocupação com a elevação da produtividade média do trabalho está presente nos critérios utilizados na formação das turmas, de modo a

---

16. Reportagem sobre o trabalho feminino no corte da cana, apresenta destaque para o desempenho de Maria Aparecida da Luz, trabalhadora de Serra Azul, a 35 quilômetros de Ribeirão Preto, considerada "campeã do corte de cana": "Na região de Ribeirão Preto (SP), o maior centro produtor de açúcar e álcool do mundo, Maria Aparecida da Luz, 43 anos, se destaca entre os 40 mil trabalhadores recrutados para a safra de cana: *é campeã do corte.* Cada trabalhador colhe de nove a dez toneladas de cana/dia, numa jornada de oito horas. Maria Aparecida chega a tirar, nesse período, 20 toneladas. Sua média diária é de 16 a 17 toneladas. Em qualquer talhão da usina na qual trabalha, a linha de corte mais avançada tem Maria Aparecida na frente, homens invariavelmente para trás. 'Cortar cana não é força, nem jeito; é rapidez'". O trabalho lhe pemite retirar R$ 500,00 a R$ 600,00 ao mês. Castro, M. "Ninguém corta cana com Maria". *O Estado de S. Paulo,* 6.9.1995, G12.

permitir que as diferenças e limitações do trabalhador individual sejam compensadas e ultrapassadas na coletividade de trabalhadores.[17] É o que indica a prática de um turmeiro, ao explicar como escala as turmas no eito:

> Sempre o melhor a gente põe junto com os fracos. *Por que põe os fracos no meios dos bons? Para ele trabalhar mais. Fica incentivado.* É porque se ficar só os bons (juntos) e o ruim tudo junto, então o ruim não vai. Então nos procura(mos) por ele no meio dos melhores. Assim ele incentiva e corta um pouco mais de cana.

A empresa em que a pesquisa foi verticalizada detinha o controle computadorizado da produção mensal de cada *turma,* englobando uma série de dados como incidência de faltas de cada trabalhador, quantidade de cana colhida (tonelada, homem/dia), acidentes de trabalho etc. Por exemplo, em uma turma, aleatoriamente escolhida, o melhor cortador obteve, em outubro de 1987, uma média ponderada de 211 toneladas de cana cortada ao mês, sendo que o rendimento total da turma foi de 3. 867 toneladas. A média foi de 4,22 toneladas/homem/dia, considerada baixa, já que para esta usina a média esperada era de 7 toneladas/dia por cortador(a).

Uma das iniciativas para estimular a elevação da produtividade média foi a *premiação dos dez melhores cortadores de cana*, realizada trimestralmente, no estilo "cortador de cana padrão". Eram distribuídos prêmios, tais como rádio portátil, relógio de pulso, despertador, água de barba, garrafa de água usada no canavial. Segundo informações obtidas na usina X, na entrega dos prêmios, um deles questionou a premiação. Dizia que, em vez de prêmio, queria salário no bolso, pois não lhe adiantava ganhar prêmio e o filho passar fome no fim do mês.[18] A necessidade de intensificação do trabalho é passada ao trabalhador como se fosse um interesse e vantagem para ele próprio e não um requisito para a obtenção de maior lucratividade para a empresa. A premiação, além de ser uma estratégia para ampliar a produtividade do trabalho, é um recurso para mobilizar o consentimento e a adesão dos operários às metas empresariais. Ao mesmo tempo, procura fragilizar os interesses comuns dos trabalhadores. Aciona a autoestima de alguns e a competitividade frente aos companheiros, através do fornecimento de "prêmios de consolação" por intensificarem o trabalho.

---

17. "Na cooperação planificada com outros, o operário se despoja de suas travas individuais e desenvolve sua capacidade como gênero" (...) "a unilateralidade ou mesmo a imperfeição do trabalhador parcial tornam-se sua perfeição como membro do trabalhador coletivo". (Marx, 1985: 276)

18. Informações obtidas em entrevista com a assistente social da Usina X.

O que não percebem os trabalhadores é que, sendo o aumento da produção condição para elevar os seus rendimentos auferidos (salário por produção), este mesmo aumento reverte em elevação da produtividade média em torno da qual são definidas as unidades de medida do salário. Quanto maior a média, menor a base em que se assentam os rendimentos. Ou seja, *a elevação da média da produtividade se reverte em redução da média salarial para a coletividade dos trabalhadores*, visto que o *tempo de trabalho socialmente necessário* para alcançar um determinado efeito útil, esperado por cada trabalhador individual, é fixado de acordo com a *experiência coletiva*. Mostra que, em um dado tempo de trabalho, é possível obter determinados resultados, exigindo que cada um empregue apenas o tempo de trabalho socialmente necessário à sua função, estabelecendo a continuidade e a regularidade requeridas no trabalho cooperativo para se alcançar o *trabalho social médio*.

Recurso semelhante utilizado por outra usina na região, constatado na pesquisa de campo, é a organização das *"turmas de elite"*, cujos membros são conhecidos como *"facões de ouro"*. São empregados fixos da empresa, trabalhadores com maiores regalias, diferenciados dos demais cortadores, que têm por tarefa provocar um "efeito demonstração" na elevação da produtividade média do corte da cana. A usina seleciona uma turma de bons cortadores, fisicamente bem-dotados para o corte, nas condições mais favoráveis para se obter uma alta produtividade do trabalho — terreno plano, cana "em pé" de doze meses, de mais fácil corte, possibilitando maior rapidez no trabalho. Os "facões de ouro" são utilizados pela usina para elevar a média da produtividade no corte da cana, estimulando todos a atingirem os padrões da "turma de elite" e as vantagens a ela atribuídas;[19] penaliza, simultaneamente, os cortadores que não conseguem atingir a média superestimada por aquele recurso.

Embora os (as) operários(as) agrícolas não detenham as decisões sobre o que fazer, onde trabalhar e como realizar a atividade, *requisitos técnicos e estratégicos, que são "exigências da usina", são parcialmente apropriados pelos trabalhadores, integrados ao seu modo de operar*, ao longo da experiência acumulada. Por exemplo, exige-se que o corte seja feito rente ao chão, porque na base da cana encontra-se maior concentração de sacarose; o desponte da cana é necessário à produção do açúcar, pois contém um tipo de açúcar — chamado açúcar redutor — que não se cristaliza. Mas o desponte é dispensável quando o visado é a produção do álcool, o que aumenta em

---

19. Informação obtida em entrevista com um engenheiro agrônomo, vinculado à Comissão Pastoral da Terra, em Piracicaba, que atuou no processo de mobilização dos canavieiros, por ocasião das campanhas salariais de 1985 a 1987.

20% o rendimento do corte, utilizado quando há falta de mão-de-obra.[20] Diz um técnico:

> O corte é feito em cinco linhas de cana, que é chamado *eito*. *Eito de cinco ruas e amontoado nas linhas centrais*. *A gente exige que se amontoe*, para diminuir o rastelamento da carregadeira de cana: para o rastelo tocar o chão o menos possível para diminuir a impureza, porque esta terra é muito abrasiva e vai comer os equipamentos. (C. T.)

Tais exigências reaparecem incorporadas nos relatos dos trabalhadores. Solicitados a dizer em que consiste o trabalho que realizam, os(as) canavieiros(as) demonstraram que a atividade por eles executada *é inteiramente submetida às exigências impostas pela usina*:

> "Emparreia" cinco ruas de cana. Você faz a *leira:* se é leira, é leira; se é monte é monte. *Tem diferença entre leira e monte*. Porque a leira é esparramada, todinha assim esparramada. É que nem você abrir uma roupa em cima de uma cama. Agora, monte é um amontoado de cana. *A usina sempre exigiu uns 5 metros entre um monte e outro, de jeito que dá para passar no meio. Mas só que "eles" não gostam de montinho pequeno. Tem que cortar bem baixo, com toco bem baixo como promete a usina. Pior ainda o sitiante. Gosta de toco bem rente a terra, nem que seja pedra. E a ponta...* Quando tira a ponta, é ponta bem tirada e afastada da leira. Porque se você encavala a cana entremeia outra rua. Você corta a ponta, depois recolhe, de modo que a ponta dessa cana vai ficar fora da leira ou do monte. Na hora que você corta a cana, já corta a ponta. Conforme o apuro, nem ponta está tirando mais. Quando tira a ponta o trabalho é maior. (Maria M.)

A autonomia que o cortador de cana detém no desempenho de suas funções é relativa, porque subordinada aos códigos técnicos e disciplinares da empresa, que norteiam a realização de suas atividades. Em outros termos, os cortadores de cana não detêm o controle sobre o *conteúdo* de seu

---

20. O engenheiro agrônomo de uma das empresas agropecuárias visitadas informa que: "O corte sem desponte aumenta em 20% o rendimento do trabalho. É uma solução para quando há falta de mão-de-obra, cortar só na base. Aqui na usina a gente tem uma média de seis toneladas por pessoa (com desponte), em turma mista de homens e mulheres. O corte na ponta favorece a produção do açúcar, porque não vai cristalizar. Já para o álcool, tudo bem: ele fermenta, destila e não tem problema. No começo da safra a gente pede para cortar na base o mais rente possível, porque a sacarose está na base da cana. Aí é maior a concentração tanto em termos de qualidade, como em peso. O 'filé mignon' está na base. *Então é exigido que se corte bem rente ao chão e se faça o desponte*. O desponte por quê? Porque no topo da cana tem um açúcar que não é extraído na produção do açúcar, que se chama açúcar redutor. Então se exige que seja cortada a ponta da cana. Agora no fim da safra não, porque a gente está produzindo só álcool".

trabalho, visto que quando começam a trabalhar já são partes de um mecanismo global da produção que lhes é externo. Ora, o que o usineiro comprou foi exatamente o direito de consumo da força de trabalho durante um certo período. Logo, quando o trabalhador aciona sua atividade, ela já não lhe pertence, passando a ser um modo de existência do capital. Dessa forma, a força produtiva derivada do trabalho combinado aparece como força produtiva do capital.[21] Converte os trabalhadores individuais e as turmas em órgãos particulares de um mecanismo global, do qual participam como fornecedores de sua energia vital, que só lhes pertence como esforço, que exige mobilizar a sua vontade, atenção, versatilidade e rapidez de movimentos, além de força física no trabalho repetitivo e fragmentado.[22]

A interpretação aqui assumida quanto a organização e divisão do trabalho no corte da cana é distinta daquela apresentada no trabalho pioneiro de Ferreira (1983).[23] A autora trata do processo de trabalho na agroindústria canavieira paulista do ponto de vista empresarial. Considera a organização do trabalho no corte da cana "simples e natural", "havendo um trabalho coletivo, mas não necessariamente cooperativo", porque o "trabalhador braçal" realiza seu trabalho solitário no eito, conforme sua capacidade e modo de executar.[24] Somente reconhece a cooperação na grande indústria

---

21. "O poder social, isto é, a força produtiva multiplicada que nasce da cooperação de muitos indivíduos, exigida pela divisão do trabalho, aparece a estes indivíduos, porque a sua cooperação não é voluntária mas natural, não como seu próprio poder unificado, mas como uma força estranha situada fora deles, cuja origem e destino ignoram, que não podem mais dominar, e que pelo contrário, percorre uma série particular de fases e estágios de desenvolvimento independentes do querer e do agir desses homens, que, na verdade, dirigem esse querer e esse agir". (Marx & Engels, 1980: 49-50)

22. É importante relembrar que grande parte do atual assalariado agrícola, sujeito às mais diversas tarefas exigidas pelas empresas, foi, no passado recente, um lavrador, que detinha o conhecimento e o controle de todas as atividades envolvidas no ciclo da produção agrícola, e que, ao perder o acesso à terra, desqualificou-se como lavrador, "parcializando-se". Sua capacidade de trabalho hoje resulta supérflua se não é empregada.

23. Refiro-me à tese de doutorado de Rosa Maria Fisher Ferreira intitulada *A política e as políticas das relações de trabalho* (IFCHL/USP). Trata-se do primeiro estudo que busca focar o processo de produção agroindustrial na sua globalidade, ainda que a ênfase recaia sobre o processo e as relações de trabalho agrícola, comparando duas regiões canavieiras do estado de São Paulo (Fischer et al., 1987), no qual se apóia Paixão (1994) para tecer suas reservas à noção de cooperação tal como empregada pela autora.

24. "A organização do trabalho na lavoura é considerada, como se viu, uma *forma espontânea, simples e natural (sic)* de dispor os homens em atividades sociais idênticas ou semelhantes, *gerando um trabalho coletivo que não é necessariamente cooperativo* (sic). O trabalho braçal agrícola é, na maioria das vezes um trabalho solitário, que o indivíduo realiza conforme sua capacidade e modo de executar". (Ferreira, 1983: 311)

maquinizada, em que o trabalho humano é determinado pelo ritmo de funcionamento da maquinaria. A naturalização da organização do trabalho, assim como a ênfase na dimensão solitária do trabalho na lavoura, parecem decorrer de um aprisionamento à aparência do fenômeno que também atinge os trabalhadores. Considera que:

> a *formação de turmas*, com metas de produção previstas e áreas de ação delimitadas, não é um sistema de organização do trabalho propriamente dito, mas um sistema de organização dos trabalhadores (sic), que possibilita um controle direto sobre a ocupação do tempo, durante o qual devem estar empregando sua força de trabalho para produzir, conforme taticamente estabelecido quando ele é alocado, pelo empregador, numa determinada atividade. (Ferreira, 1983: 311)

Na compreensão aqui assumida o emprego da força de trabalho é o próprio trabalho, não sendo possível separar artificialmente a organização de trabalhadores da organização do próprio trabalho. A posição defendida pela autora é simultaneamente negada pela própria argumentação que pretende sustentá-la.

3.3.2 O sofrimento do trabalho: a jornada e o salário por produção

A vivência do trabalho no corte da cana tem sido presidida por uma dupla característica: *as longas jornadas de trabalho e a máxima intensificação do trabalho, estimulada pelo pagamento à base da produção, isto é, da quantidade diária de cana cortada.* Este duplo mecanismo que media a obtenção do tempo de trabalho necessário à sobrevivência do trabalhador, traduzido no salário, *encontra-se na base do sofrimento do trabalho.*

A jornada de trabalho, incluindo o tempo de remoção para os canaviais, tende a atingir a média de onze a doze horas. Isso faz com que o trabalhador passe a relacionar a maior parte de seu tempo de vida, no decorrer da safra, como um tempo que não lhe pertence, dedicado ao trabalho para outrem; condição necessária para obtenção de seus meios de vida, limitando a fruição de outras dimensões da sua vida familiar e social.

A necessidade de imprimir uma intensidade crescente ao trabalho, condensando-o, supõe o dispêndio ampliado do trabalho no mesmo espaço de tempo — um maior esforço vital —, de modo que a jornada de trabalho se materializa em mais produtos no igual número de horas (Marx, 1985: 113-120, t. 1), do que depende a remuneração a ser obtida. A busca de preencher todos os poros da jornada para a obtenção de maior produtividade,

A VIVÊNCIA DO TRABALHO NA AGRICULTURA ...

atinge os limites máximos da resistência física, resultando no esgotamento das energias e no desgaste do corpo, traduzido no reclamo reincidente do *cansaço*, como a principal chancela do trabalho no corte. Até certa medida, o maior desgaste de energias, inseparável do prolongamento da jornada, é passível de ser compensado e restaurado. Além de certo limite, o desgaste tende a crescer em progressão geométrica, resultando na redução mesma da capacidade de trabalho ao longo do tempo de vida.

Segundo informações do *staff técnico* da usina,[25] a jornada *na lavoura formalmente* tem início às 7 horas da manhã, com um intervalo de meia hora para o almoço, das 9 h às 9h30, além de uma hora e meia para o café, das 12 h às 13h30. Como a permanência na lavoura é até as 17 horas, totalizaria as oito horas de trabalho legais. Não inclui o tempo de transporte estabelecido em uma hora rodoviária, a ser paga com acréscimo de 30%, equivalente ao salário ítinere, conquistado no acordo obtido na campanha salarial de 1987. Este resultado é aproximado àquele detectado por Maluf (1987), em pesquisa feita junto aos cortadores de cana de Piracicaba. Nele constatou uma jornada média de dez horas, (incluindo uma hora e meia de refeição), além de trinta a noventa minutos de translado.

Todavia esta não foi exatamente a realidade constatada nos canaviais, expressa tanto nos depoimentos dos trabalhadores quanto nos dos fiscais, o que coincide com o identificado por Baccarin (1985)[26], na região de Jaboticabal. Como esclarece uma trabalhadora e um turmeiro:

> Ah, eu levanto às 4 h da madrugada para fazer comida, porque nós saímos cedo, às 6 h. Nós estávamos na frente do portão da usina às 6h30. *E até lá (no canavial), gasta mais de uma hora e meia de viagem.* Nosso motorista corre pouco. A hora do almoço é 9 h, mas ninguém pára no horário certo. No horário certo só pára quando paga por dia. Na hora do almoço é só meia hora de descanso, mas só obedece essa ordem quem vai por dia. *Mas se está de empreita ninguém descansa* nem uma hora, nem meia hora. Cedo eu já como no ônibus. Então, chego na roça eu já pego, *porque cedo é melhor para cortar cana. Passou do meio-dia já não rende. O calor é muito, você não agüenta; se você esforça, você até desmaia na roça.* Eu deixo para descansar à 1 h, já descanso no horário certo. Chega em casa já de noite... (Trabalhadora)

---

25. Não é demais reafirmar que referências feitas à usina, no singular, dizem respeito àquela em que a pesquisa foi aprofundada, ainda que a coleta de dados tenha englobado visitas a outras usinas e canaviais da região, como o já esclarecido na introdução.

26. Pesquisa realizada na região de Jaboticabal constata que 29% dos entrevistados trabalhavam oito horas diárias, 51% de oito a nove horas e 20% mais de nove horas. *Incluindo o tempo de transporte a jornada se elevava para uma média de onze a treze horas, correspondente a 77% dos entrevistados.*

Estão trabalhando desde as 7 h e vão até 17 h às 16h30. têm que parar para medir (a produção). Porque se corta até às 17h até medir vai até às 18h. Então às 16h30 já começa a parar, porque na hora do café tem que descansar uma hora e tem gente que não descansa. Meia hora de descanso no almoço e uma hora no café. Mas se descansa uma hora no café *eles exigem* largar às 17 h. *Como agora é safra, tem muitos que comem e já trabalham. Não descansam nem 10 minutos; ou descansa 15 minutos, meia hora.* (Turmeiro)

Tais depoimentos indicam uma jornada aproximada de onze a doze horas, com máximo aproveitamento do tempo de trabalho e um pequeno interregno de repouso, fazendo com que os trabalhadores abram mão inclusive do tempo de refeição, feita durante o período de transporte. Como acentua Ferreira (1983), mais que um hábito cultural, a rotina de almoçar mais cedo expressa uma sabedoria, extraída da experiência, uma vez que os sintomas do esgotamento precoce, como fraqueza muscular e tontura, indicam a necessidade de repor energias para tornar possível o cumprimento da jornada.[27]

Segundo a interpretação do turmeiro, o interesse de prolongamento da jornada é transferido para o trabalhador — "são eles que exigem parar às 17 horas", envolvidos pelo fetiche do salário por produção. Ora, com a jornada prolongada o preço da força de trabalho pode cair abaixo de seu valor, ainda que o salário nominal permaneça constante ou mesmo se eleve. Isto porque o valor diário da força de trabalho é calculado sobre sua duração média, ou seja, sobre a esperança média de vida do trabalhador mediante o gasto normal de sua força de trabalho, ajustada à natureza humana, que o faz colocar em movimento sua substância vital (Marx, 1985: 118). Segundos cálculos da Fundação Josué de Castro, a esperança de vida de um cortador de cana em Pernambuco é de apenas 46 anos (Paixão, 1994).

O depoimento, carregado de emoção, de d. Antônia, cortadora de cana entrevistada, coloca a questão de forma clara:

Eu corto assim desde pequena, mas trabalho só na safra. Depois tem que ficar em casa, cuidar dos filhos. Só não dá pra ficar parada. Eu trabalho. *Cansa muito. Tem dia que eu chego em casa não tenho vontade nem de comer. Ainda tem que fazer jantar, lavar roupa suja de carvão.* Cansa muito sim, mas eu preciso. É que a

---

27. "(...) está clinicamente comprovado que, se não houver ingestão adequada de alimentos antes de um esforço físico intenso e, se este esforço for realizado durante certo tempo em jejum, o estado de exaustão provocado no indivíduo não poderá ser corrigido com nenhuma refeição posterior, por maior que seja. Isto é, o indivíduo não conseguirá recuperar a totalidade de suas forças físicas, nem mesmo com intervenções corretivas artificiais". (Ferreira, 1983: 276)

gente está ficando velha, cansada. Imagina, eu estou com 36 anos, mas estou velha. Estou velha com 36 anos. Velha, eu estou cansada. Tem dia que eu faço uma força para ver se eu ganho um pouquinho mais. Eu não ganho. Porque cana é assim: quanto mais a gente trabalha, mais a gente ganha. Que nem eu: deixo 6 filhos sozinhos. Os pequenos ficam na rua: um tem 7 e outro vai fazer 5 anos. Então se a gente vem para não fazer nada, aí não vale a pena deixar os filhos sozinhos. Para a gente vir para o campo e não ganhar o dia, filha, não compensa. *Mas que não é fácil, não é não! É difícil para nós. É difícil! Bom, a gente precisa trabalhar... Não é brincadeira!* Mas precisa, nós somos pobres. E, graças a Deus, nós temos (o necessário), para nós vivermos.

A sujeição ao prolongamento absoluto da jornada de trabalho, avalizada com a sua anuência, tem constrangimentos que são sociais, cujo móvel é a sua pobreza: "nós precisa(mos), nós somos pobres". A aceitação das condições de trabalho é pressuposto para obter o necessário para viver, mas traz o ônus do encurtamento do tempo de vida: "Estou velha com 36 anos. Velha, eu estou cansada".

À velhice precoce alia-se o trabalho na velhice, que também marca presença nos canaviais. Revela que o trabalho absorve toda a duração de vida dos indivíduos, condenada ao castigo do trabalho, tornando o direito à aposentadoria uma ficção como libertação do trabalho duro e cansativo. Foram identificados "bons cortadores de cana" até aos 74 anos de idade.

Cortador de cana há vinte anos, indagado como adquire forças, responde:

Há, Deus me dá forças! Agora já não corto bastante cana. Já cortei bem. Depois do meio da tarde eu não agüento fazer força, mas até o meio-dia ainda vai. Depois esquenta muito. Se eu suar dá cãibra, então eu controlo para não suar muito. É água toda hora. *Já estou com vontade de aposentar mas não tem jeito.* (Sr. Chico, 61 anos)

Tem pessoas mais velhas do que ele cortando cana. Seu Martins tem 74 anos. *Oh!, é bom de podão ainda!* É aposentado do Funrural. (Turmeiro)

O trabalho nos canaviais, sem vínculo trabalhista estável, torna-se uma alternativa àqueles que têm suas possibilidades de emprego bloqueadas pelo limite de idade.

Para o usineiro, a produção de tempo de trabalho excedente é condição para obter lucratividade no seu empreendimento. Contudo, para o trabalhador é gasto excedente de força de trabalho, traduzido no lamento doído do cansaço, a vivência do trabalho como castigo para quem o realiza:

Cortar é mais trabalhoso. Você trabalha mais. É mais cansado. (Trabalhadora)

A gente peleja com a vida. Porque nem que você não tem força, você tem que fazer um pouquinho. *Se você não "fizer opinião" você não faz nada.* Porque tem dia que eu chego em casa e dá vontade só de tomar banho. Deitar na cama e não fazer mais nada... *Mas não tem jeito de você não fazer nada.* Tem dia que dá coragem de lavar a roupa, limpar a casa. *Porque não é todo o dia que o corpo está bom, que nem hoje. Vamos supor: (com) aquele solão quente, você chega em casa e está mais cansada do que trabalhou. Você sua, você molha sua roupa todinha de suor...Sua roupa fica um peso de carvão, como se tivesse entrado dentro do forno.* (Maria)

O serviço é um serviço muito pesado! Serviço mais duro que eu acho na usina é o corte de cana. Não é só eu, é todo mundo que acha que o serviço mais duro na usina é o corte de cana. *O resto é tudo serviço bom:* adubar é serviço bom, carpir é serviço bom, no plantio é serviço bom. Os outros serviços é serviço bom! (Trabalhadora)

Você vê, do jeito que trabalha, tem que estar tudo morto de cansado! Eles ganham pouco. É trabalhador muito sacrificado. Sai de madrugada, chega de noite. Com esse calor é dureza. Serviço mais ruim que tem na vida é esse aí. (Turmeiro)

A *insalubridade* das condições de trabalho na agricultura sujeita às *condições climáticas e pluviais adversas*, aumenta o esforço necessário para a realização da atividade com sol, calor e chuva'. Induz os canavieiros a trabalharem mais intensamente no período da manhã, antes que os sintomas de esgotamento, somados à precária alimentação e às condições ambientais desfavoráveis, causem a inevitável queda do ritmo do trabalho, própria do turno vespertino. (Ferreira, 1983)

Muito pesado cortar cana. A gente que tem idade, *tem que trabalhar envergado...* Quando eu quisesse sair do sufoco, assim para "livrar" o dia, eu tinha que começar cedo e deixar para almoçar ao meio-dia. *Porque depois do almoço não dava para fazer nada de tanta dor!* E o usineiro chegava lá em cima de você pedindo outro serviço. Então eu achei melhor tirar as contas, porque a gente não agüentava. *Tinha dia que eu não conseguia levantar da cana. Eu levantava mancando por causa das* dores *nas cadeiras...* (Sr. José, ex-cortador de cana)

É duro na roça, sentindo cãibra por causa do calor. A gente tinha vontade de cortar cana e na mesma hora não tinha. Enfraquecia com o calor. (Trabalhadora)

A interrupção da jornada nos dias de chuva encontra-se na dependência da intensidade da chuva. É difícil precisar o limite exato em que o trabalho deve ser interrompido. Quando está garoando mantém-se o *"trabalho na chuva"*. Mas se a chuva é suficientemente forte, capaz de criar um consenso quanto à impossibilidade de trabalhar, expresso praticamente pelo abandono dos postos de trabalho, tem-se o *"ganho das horas de chuva"*. Este encontra-se, portanto, subordinado ao comportamento coletivo da turma. Os trabalhadores mostram sua sabedoria no uso do seu poder coletivo:

> Se estiver chovendo grosso, esconde da chuva e ganha as horas de chuva. Mas tiver aquele chuvisquinho fininho, corta assim mesmo. É assim: se todo mundo esconde, ganha as horas de chuva; mas se um esconde e outros ficam trabalhando não ganha. (Maria)

As condições insalubres são ainda condicionadas pela *queima da cana, responsável por outro estigma do trabalho no corte: a sujeira*. Ao cansaço se acopla o reclamo do *trabalho sujo*. O "melado" da cana queimada adere ao corpo e às roupas que devem protegê-lo ao máximo, aumentando o calor. Torna o vestuário pesado, gerando um profundo mal estar físico. No caso das mulheres, se acrescem outros elementos: *a apreciação estética, que afeta a sua vaidade pessoal*, além do aumento de seu trabalho doméstico na sua outra jornada complementar: *o lavar a roupa suja de carvão*.

> Eles põem fogo e queimam a cana, então corre aquele melado da cana. O pó da cana (fuligem) assenta nela e aquele melado da cana agarra em você, porque é tudo *cana queimada, cana preta*. Chega de tarde o seu corpo está da cor que está a sua roupa. O carvão da cana passa todo no seu corpo e, sem sabão, ele não sai. Enche tudo de carvão, sabe? Fica tudo igualzinho: a meia, a luva, o sapato até o chapéu da gente. Você lava o chapéu todo dia, porque tem que usar aquele chapéu grande. Você troca de chapéu todo dia. Para sair aquele carvão da roupa é duro. Você põe a roupa em pé e ela fica, de tão dura de carvão. E só foi usada hoje! (Trabalhadora)

> Todo dia eu tenho que fazer esta peleja: todo dia tem que lavar roupa de carvão, porque no outro dia você não agüenta vestir ela. Agora cana com palha não suja muito. A palha não suja porque é cana sem queimar. Agora, é só cana queimada! As casas, conforme queima a cana, ficam todas sujas daquele carvão. Você forra uma cama, você põe um lençol branquinho, você chega, está tudo cheio de carvão! Queima lá em Piracicaba, a cinza vem aqui em Rio das Pedras! (Trabalhadora)

> O pior de tudo é a roupa! Vem tudo sujo de carvão. E a unha, tudo suja! Tem gente que gosta de unha cumprida... Fica tudo sujo! O pior, é a sujeira! Deus me livre! Chego em casa, tenho que tomar banho, me lavar. Tem todo aquele carvão... E limpar as unhas. Tudo isso é ruim para a gente. Era bom para mim um servicinho que não precisasse sujar muito. E o carvão gruda no corpo da gente. Fica aquele calor. Suando, a gente não agüenta mais! Tempo de calor, essa gente 'morre' de cortar cana. É ruim! (Jovem trabalhadora)

O *vestuário* feminino usado no corte tem um sentido preciso: *a proteção do corpo, único patrimônio que homens e mulheres dispõem para a conquista de meios de sobrevivência, em um trabalho com alto índice de periculosidade.* As roupas usadas suprem precariamente a ausência de equipamentos de segurança, que, legalmente, deveriam ser fornecidos pelas empresas, o que raramente ocorre. Além do podão e da lima, as empresas deveriam fornecer as luvas e as perneiras, o sapato de segurança (dotado de biqueira de aço para impedir cortes nos dedos do pé), outros quesitos relativos à preservação das condições de saúde e higiene nos locais de trabalho.

> Porque é perigoso o serviço da cana. É perigoso, uma barbaridade! Se você facilitar você se corta todo aí! Olha, eu vivo toda "apepinada"[28] (Trabalhadora)
>
> *O podão bate na perna!* Eu uso duas calças compridas, duas meias e mesmo assim corta. E é meia grossa, que nem dessas meias de jogadores de futebol. Então, mesmo assim, ainda passa por cima e corta. Tem vez que dá brecha feia mesmo na perna! (Trabalhadora)

Mas se a quantidade de roupas usadas é motivo de desconforto, se agrava nas condições de calor acentuado. Todavia é uma forma de proteção, ainda precária ante o carvão da cana queimada e a lanugem da cana-de-açúcar em palha — *o jossá* —. Aderido ao corpo, espeta e provoca irritações e coceiras. É o que revela a depoente, ao ser indagada sobre o porquê das roupas normalmente usadas:

> Porque a cana tem jossá na folha dela. Enche o saco este negócio da gente ter que ir trabalhar com tanta roupa. Eu "ponhava" duas calças compridas, uma blusa de manga curta, uma cacharrel. "Ponhava" mais uma blusa aberta na frente, porque no calor a gente pode abrir ela. "Ponhava" dois lenços, boné, conga, porque assim o jossá não pinicava. Ele espeta e coça. Coça e o corpo da gente fica todo vermelho. "Ponhando" muita roupa ele não pega no corpo, porque ele fica só na roupa. Quando a cana era cortada em palha, nossa, era duro de pinicar. A gente não tirava (cortava) nada! (Trabalhadora)
>
> A quantidade de roupa protege a pele. *É por causa da poeira, sujeira, jossá.* Porque a cana tem jossá também. Tem cana que tem bastante jossá! *Pelinho que vai apanhando é jossá... Quanto mais bichinho, tem mais!* Então, a cana coça, passa na roupa, põe no corpo, dá coceira. *Já pensou se trabalhar sem proteção? A poeira, essa sujeira aí, carvão da cana...* Tempo de frio esse serviço é gostoso, mas tempo de calor é cansativo... (Trabalhadora)

---

28. Apepinar, em termos figurativos, segundo o *Dicionário Caldas Aulete,* significa ridicularizar, escarnecer, que parece ser o sentido aproximado aqui utilizado: o ridículo de apresentar-se permanentemente toda cortada, com machucados expostos.

A VIVÊNCIA DO TRABALHO NA AGRICULTURA ...

Algumas trabalhadoras ainda usam a saia sobreposta à calça comprida, o que, segundo informações obtidas em uma usina, funciona como proteção nos períodos de menstruação. As turmas fixas das usinas levam no ônibus uma barraca sanitária, montada pela turma de trabalhadores, além de água, conservada numa caixa no ônibus e abastecida nas minas e poços existentes nas terras da usina.[29]

É interessante observar que o discurso dos técnicos e administradores tende a *transferir para o trabalhador a responsabilidade pela recusa do uso de equipamentos de segurança*: culpa-os, como se fossem responsáveis pelas condições adversas de trabalho. Utilizam como subterfúgio a desqualificação do trabalhador, seu desconhecimento da necessidade e importância do uso de equipamentos, para encobrir a inobservância das prescrições legais relativas ao fornecimento gratuito dos equipamentos de proteção e dos meios de trabalho, por parte das usinas e agropecuárias. É o que se depreende da fala de um *administrador-geral de uma usina visitada*, ao mesmo tempo que faz denúncias importantes:

> Uma característica que vem provar a falta de qualificação da mão-de-obra agrícola é que eles teimam em não usar equipamentos de segurança: luva, perneira, eles não usam mesmo. O maior número de acidentes de trabalho que ocorre num canavial é na perna. O podão nas duas primeiras horas você controla, mas depois (o movimento) é tão mecânico e o podão deve ficar tão pesado na mão, que o trabalhador perde o controle. Por lei nós fornecemos — deveríamos fornecer — podão, lima de amolar, luva, caneleira ou perneira, sapato de segurança. Esse sapato tem uma biqueira de aço que impede, se o podão bater ali, de cortar o dedo ou tirar o dedo fora. Agora, tem usinas que fornece, mas cobra. Está burlando a lei, que obriga o fornecimento de equipamentos de segurança. Aí é que eu digo: o sindicato é muito sem-vergonha, porque ele sabe disso e não consegue acionar...atualmente nós temos recebido fiscalização do Ministério do Trabalho, a pedido do Sindicato dos Trabalhadores Rurais. Mas já começou um movimento das usinas para pressionar o sindicato. Por que? Por razões que a própria razão desconhece!

A trama que tece as perversas condições de trabalho nos canaviais conta com a participação — ou omissão — do Estado, dos empresários, dos sindicatos e da ação cotidiana dos trabalhadores. É uma arena de forças políticas

---

29. Desde 1985 constam, nos acordos coletivos de trabalho dos canavieiros, cláusulas relativas à saúde dos trabalhadores, tais como: fornecimento gratuito de equipamentos de proteção por parte das usinas, existência de caixas de medicamentos de primeiros socorros nos locais de trabalho, fornecimentos de sanitários, água potável e abrigo contra intempéries, condução para socorro imediato de acidentados.

em luta, da qual resultam as feições impressas no processo de trabalho, tanto em suas dimensões econômicas, quanto político-culturais. A vivência do trabalho como castigo é resultante dessas múltiplas determinações.

As *condições de transporte* dos trabalhadores para as lavouras passaram a ser regulamentadas nas convenções e acordos coletivos de trabalho, fruto de conquista dos canavieiros, apoiados inclusive nos inúmeros acidentes divulgados pela grande imprensa. É curiosa a forma de redação deste item: "Transporte gratuito e seguro, *próprio para o transporte de pessoas*" (Pancotti, 1986; Maluf, 1987). *O curioso é que seja necessário convencionar o reconhecimento formal dos trabalhadores como pessoas humanas, dignas de um transporte distinto daquele utilizado para animais ou de coisas.*

Tem procedência frente à precariedade das condições de transporte ainda vigentes,[30] feitas no improviso, em *veículos de carga*, destituídos das mínimas condições de segurança, apesar das várias regulamentações. Maluf (1987) registra: "em Piracicaba, mereceu inclusive a aprovação de uma Lei Municipal, em 3.11.1981, proibindo o transporte de passageiros em veículos de carga nas vias públicas, obrigando os turmeiros a adquirirem ônibus",[31] preceito legal este não respeitado por ausência de fiscalização. A pesquisa, coordenada pelo citado autor, constatou ainda que apenas 52% dos entrevistados não são onerados com transporte, sendo a gratuidade ou não uma livre decisão do transportador na prática cotidiana.

Sobre as condições de transporte, o relato é expressivo:

De primeiro e até hoje nas fazendas é assim, até hoje: sobe em cima do caminhão. Com tempo de chuva tem vez que tem encerado para cobrir, e tem vez que não tem. Conforme chove, você molha. Toma toda aquela chuva. Molha toda! Molha a cesta, molha a roupa. Não fica nada enxuto. Porque em cima do caminhão não tem jeito de você cobrir com plástico, não tem jeito de abrir uma sombrinha com o caminhão correndo, porque arrebenta tudo. Então você tem que se molhar. Quando eu mudei para cá era assim. Agora....tem dia que

---

30. Pancotti (1986: 69) analisando a convenção coletiva de 1985 para o setor canavieiro de São Paulo, informa que para fiscalizar o cumprimento da mesma o Ministério do Trabalho criou um "grupo especial de fiscalização". Diligências efetuadas nas usinas, destilarias, propriedades rurais e empresas prestadoras de mão-de-obra nas regiões de Ribeirão Preto, Campinas, São José do Rio Preto, Bauru e Marília *constataram, em maior proporção, o seu descumprimento.* Quanto ao aspecto de higiene e segurança relata: "o descumprimento é generalizado, não há fornecimento de luvas, polainas para os cortadores de cana e do macacão. Em muitos municípios, os veículos de transporte dos trabalhadores não preenchem os requisitos mínimos de segurança, quando a convenção exige mais: *comodidade própria para o transporte de pessoas*".

31. Notícia publicada no *Jornal de Piracicaba*, de 04.11.1981, p. 3.

nós continua(mos) assim. Conforme o ônibus que traz a turma de Piracicaba quebra, o nosso vai trazer a turma. Nós trocamos (o ônibus) pelo caminhão e muitas vezes tem que ir debaixo de chuva, com caminhão. (D. Maria)

Os relatos revelam que as pessoas vivem e sentem o castigo do trabalho, mas não explicam as suas razões: percebem a exploração por meio da reprodução cotidiana de sua *pobreza*, expressa não só nos baixos rendimentos, *mas também na falta de justiça e direitos à educação, à saúde, ao lazer, entre outros*. Percebem a exploração através da esfera da *distribuição* da riqueza, que dá concretude à acumulação da pobreza. Entretanto não identificam suas razões sociais, relacionadas à forma capitalista impressa na propriedade, da qual estão apartados. É neste sentido que o assalariado é um *pauper*, pobre potencial. Nos depoimentos, a pobreza é captada a partir de suas expressões fenomênicas, dos fatos visíveis da carência cotidiana.[32]

As condições de trabalho nos canaviais fazem com que os trabalhadores sejam levados a mobilizar a cada dia uma quantidade maior de energia que ultrapassa o desgaste médio normal. O excesso de trabalho, como condição para obter um salário nominal um pouco mais elevado, compromete a conservação do único patrimônio de que esses operários dispõem: o seu corpo, fonte de energia necessária ao trabalho.

A cana é uma coisa complicada, porque se você não trabalhar muito, você não "faz nada"; se você trabalhar normal, que nem por dia, você não faz nada. Tem que trabalhar muito. (Trabalhadora)

D. Antônia, ao reafirmar o sentimento de um *"serviço judiado"*, *"serviço cansado"*, traz uma metáfora forte de sua auto-imagem na frente de corte. A imagem de que ela nada mais é que uma coisa, um pé de cana que está sendo ceifado, e, com ele, sua própria vida. *Vida que sente pouco valer, não*

---

32. A base de tais reflexões encontra-se em Martins (1993: 146), que considera que a categoria pobre "abrange todo o tipo de pobreza — desde a miséria da fome, até a falta de direitos e de justiça, a desigualdade, a opressão, a falta de liberdade, o comprometimento da fé pela degradação do homem... A categoria pobre tem uma definição ética e histórica que implica em considerar os *resultados da produção, não só a acumulação do capital, mas também a acumulação da pobreza, que dela resulta*. A realidade social passa a ser considerada não a partir da igualdade jurídica que sustenta as ficções básicas sobre os direitos, mas a partir da desigualdade econômica e social, que desmascara e denuncia a falta de direitos. Corresponde àquilo que se apresenta de imediato na consciência dos pobres. Embora escondendo as *diferentes formas e fontes* da condição de pobre, abre uma ponte entre as classes e categorias sociais que as diferentes formas de produção separam. Ao mesmo tempo, coloca diante dos pobres os fatos visíveis da exploração, e, por meio deles, os processos invisíveis da acumulação capitalista: a pobreza é o lado visível da exploração capitalista".

mais do que um pé de cana, como milhares existentes no meio do canavial, que também estão sendo cortados, como a vida de todos. Em resumo, um trabalho que não é decente para um ser humano:

> A gente quer trabalhar num serviço mais decente e não dá. Porque pessoal que não tem instrução, minha filha, não é nada neste mundo. E eu quero fazer tudo para meus filhos estudarem, *para não serem um pé-de-cana igual a mim. É, eu sou pobre, mas vou lutar por isso. É um serviço muito judiado, muito cansado...* Nós começamos com 10 anos e chega agora nós estamos cansadas. Eu já falei para você, *eu não estou agüentando mais.* Se achasse um *servicinho leve...*

À idéia de um serviço *"cansado"*, *"duro"*, *"judiado"*, *"pesado"*, *"sujo"* expressando o trabalho vivido como castigo, contrapõe-se a do *servicinho "leve"*, *"bom"*, *"limpo"*.

O limite *máximo* da jornada de trabalho é determinado pela barreira física da força de trabalho: a quantidade de energia vital que o indivíduo pode gastar em um dia de 24 horas, a fora o tempo de repouso, alimentação e sono. Isto sem considerar o tempo para o preenchimento de carecimentos sociais e espirituais, que é reduzido pela absorção da vida no trabalho, dificultando cuidar do corpo e da mente, respeitar o descanso semanal, viabilizar o acesso à educação, ao lazer, restringindo o convívio social.[33] Esse quadro é ilustrado por d. Maria José:

---

33. Adquire a mais nítida atualidade o quadro traçado a partir das condições de vida e de trabalho da classe operária inglesa em sua luta pela jornada normal de trabalho. Ao se indagar o que é uma jornada de trabalho, por quanto tempo ela pode ser prolongada além do tempo necessário à reprodução da força de trabalho, a "essas perguntas o capital responde: a jornada de trabalho compreende diariamente as 24 horas completas, depois de descontar as poucas horas de descanso, sem as quais a força de trabalho fica totalmente impossibilitada de realizar novamente sua tarefa. Entende-se por si, desde logo, que o trabalhador, durante toda a sua existência, nada mais é que força de trabalho e, que, por isso, todo o seu tempo disponível é, por natureza e por direito tempo de trabalho, portanto, pertencente à autovalorização do capital. *Tempo para a educação humana, para o desenvolvimento intelectual, para o preenchimento das funções sociais, para o convívio social, para o jogo livre das forças vitais e espirituais, mesmo o tempo livre do domingo — e mesmo no país do sábado santificado — pura futilidade!* Mas em seu impulso cego, desmedido, em sua voracidade por mais-trabalho, o capital atropela não apenas os limites máximos morais, mas também os puramente físicos da força de trabalho. Usurpa o tempo para o crescimento, o desenvolvimento e a manutenção sadia do corpo. Rouba o tempo necessário para o consumo de ar puro e luz solar. *Escamoteia o tempo destinado às refeições para incorporá-lo onde possível no próprio processo de produção, suprindo o trabalhador, como mero meio de produção, de alimentos, como a caldeira, de carvão e a maquinaria, de graxa e óleo. Reduz o sono saudável para a concentração, renovação e restauração da força vital a tantas horas de torpor quanto a reanimação de um organismo absolutamente esgotado torna indispensáveis. Em vez da conservação normal da força de trabalho determinar o limite da jornada de trabalho, é, ao contrário, o maior dispêndio possível diário de trabalho que determina, por mais penoso e doentiamente violento, o limite do descanso do trabalhador".* (Marx, 1985: 212-213; t. 1)

Eu falei para a doutora que desde pequena eu tenho problema de sistema nervoso. Eu nunca tirei tempinho para tratar. Vai ficando velha, vai levando a luta, o sacrifício. O dinheiro não dá para nada. Quanto mais você ganha, mais você gasta, porque as coisas estão tudo mais caro. (Maria José)

O corte na perna é coisa do corte da cana mesmo. Esse aí eu corto sempre. Eu continuo cortando cana assim devagarinho... *Eu estava quase morrendo na safra passada — cólica no rim —, mas mesmo assim eu não parava não.* (Sr. Orlando)

A jornada de trabalho avança sobre os domingos e feriados, que passam a ter existência apenas quando decretados pelo usineiro, transfigurado num poderoso legislador no interior de seus domínios privados. As exigências da produção regulada pelo poder privado sobrepõem-se à ação normativa do Estado: *os feriados passam a existir quando "a usina dá".* Nos domingos e feriados o incentivo salarial é usado como meio de convencimento junto aos trabalhadores para que sacrifiquem o seu direito ao descanso semanal.

Trabalho sábado até meio-dia e meio. Quando é feriado que a usina dá, então a gente fica em casa e ganha. Mas quando é feriado e se ela falar assim que precisa trabalhar, precisa ir. Porque se é ordem que vem de lá tem que obedecer todas as ordens. Porque a usina sempre exigiu. Exige mais que obedeça as ordens, do que as coisas feitas. (empregada permanente de uma agropecuária)

O pagamento do repouso semanal remunerado é condicionado à ausência de faltas ao trabalho no decorrer da semana e à posse de documentos por parte do trabalhador.

Domingo é até uma hora (13 h). Eles pagam dobrado à turma: se a cana vale 2 cruzados, eles pagam 4, no domingo e feriado. Aí eles (os cortadores) ganham dinheiro. No feriado então só vem quem quer e eles pagam dobrado. (Turmeiro da usina)

Segundo o princípio taylorista, utiliza-se o salário como estímulo ao trabalho. Simultaneamente são introduzidas sanções sobre a remuneração em caso de ausência, falta de assiduidade ao trabalho, falta de documentos. São promulgados arbitrariamente "regulamentos internos" e seu estrito cumprimento por parte dos operários é condição de permanência no trabalho. A aplicação desses "regulamentos" é acompanhada de uma visão estereotipada do trabalhador e sua vida cotidiana. Perguntado a um dos turmeiros sobre a incidência de faltas ao trabalho e suas razões responde:

eles não explicam. A gente pede para eles (explicarem). Dizem: — Ah! Estou com parente doente ou perdi a hora, porque acabou o gás. *Sempre arranjam uma desculpa*. Joaquinzão este mês só trabalhou 15 dias. Nasceu uma criança na casa dele!

Aos olhos dos capatazes, doença, o nascimento de um filho tornam-se "desculpas" para faltar ao trabalho. É interessante o confronto com o trato da mesma questão na ótica de uma das trabalhadoras:

A gente vem trabalhar, os filhos ficam tristes. Ficam sozinhos em casa...Veja o que eles (da usina) disseram um dia: aquela vagabunda não veio porque não quis. Mas a gente tem bastante motivo! (D. Antonia)

O excesso de desgaste de energias afeta corpo, mente, emoções dos homens e mulheres que trabalham na colheita, atingindo seu universo familiar e social. As condições do trabalho assalariado nos canaviais fazem com que, para o operariado, a criação do tempo de trabalho necessário à sobrevivência passe necessariamente pela produção de um tempo de trabalho excedente. O trabalho "só lhes conserva a vida definhando-a" (Marx & Engels, 1980: 91). Mas a forma salário torna invisível toda divisão entre trabalho pago e não-pago, aparecendo como se todo o trabalho criado fosse trabalho pago, o que leva o trabalhador a crer que o salário remunera a totalidade do trabalho realizado, dependendo exclusivamente de seu empenho. O fetichismo da forma salário é reforçado pelo pagamento por produção.

A força de trabalho só existe como faculdade do indivíduo, presente no corpo e na personalidade viva do ser humano. Colocar em movimento a capacidade de trabalho — sua objetivação como trabalho — é consumir forças vitais de quem a realiza. A determinação do valor como "coágulo de tempo de trabalho" faz com que a mais-valia nada mais seja que "coágulo de tempo de trabalho excedente". O dispêndio do tempo de vida para os fins de acumulação é para o trabalhador o verso da medalha da reprodução do capital, que ocorre no processo capitalista de trabalho. Traduz-se em *absorção do tempo de viver, que é capturado pelas longas jornadas e pelo desgaste nelas experimentado*. Por mais que o trabalhador cuide de economizar sua força de trabalho e abster-se de todo o seu desperdício insensato, preservando a si próprio, as condições de trabalho na lavoura canavieira não permitem eliminar o emprego espoliativo de força vital. O trabalho vivo, em processo de realização, tem o poder de fazer migrar o valor solidificado nos meios materiais que ingressam na produção (trabalho pretérito), criar novo valor e mais-valia, expressos nos produtos. Mas esse poder criador não é vivido como prazer, metamorfoseando-se em sacrifício de quem o realiza. *Aparece invertido para o sujeito, como auto-sacrifício, à medida que a relação contratual envolve o consentimento do trabalhador individual, por falta mesmo de outras alternativas sociais.*

Como sustentava o sr. Chico: "estou com vontade de aposentar, *mas não tem jeito".* É lapidar a síntese expressa por d. Maria: *"Sacrifiquei-me na cana".* A inversão aqui é patente: o sacrifício das energias no "serviço da roça" desde a infância é lido como auto-sacrifício, autodestruição. Por meio de um mecanismo ideológico perverso atribui a si processos que são sociais e, nesta medida, ultrapassam em muito o poder decisório do indivíduo isolado ainda que nele incidam. Limitam seu campo de escolhas e fazem com que a relação contratual entre iguais permita ratificar mecanismos de exploração e dominação. Em vez de o limite máximo da jornada de trabalho ter como parâmetro a conservação saudável da força de trabalho, dá-se o contrário: é o maior gasto possível da força de trabalho que estabelece os limites do tempo restante ao operário para o seu descanso, como os depoimentos reproduzidos revelam. Este tempo que resta para o descanso é ainda mais comprimido para as mulheres, em função da sobrecarga das tarefas domésticas. Como já salientava Thompson (1979: 269), o trabalho mais árduo e prolongado da economia rural é o da mulher. Parte dele é assumido como *"tempo orientado para o fazer"*, isto é, subordinado à satisfação de suas necessidades, como o trato com as crianças, o cuidado das tarefas domésticas. Outra parte do *tempo é controlada pelo relógio* nas lides no campo, que estabelecem os limites do tempo restante para a mulher dedicar-se às atividades no lar. Apesar de as mulheres acumularem o "serviço na roça" com o "serviço em casa",[34] as cortadoras de cana os comparam, negando tanto a permanência exclusiva na casa, quanto o exercício do trabalho assalariado na condição de empregada doméstica:

> Eu gosto mais do serviço da lavoura do que de casa. Deus me livre de trabalhar de empregada doméstica. Porque o serviço da roça é uma coisa só: o que você faz, está feito. E o serviço de casa, você limpa uma casa e ela não pára limpa; lava uma coisa mexe com outras coisas e nada pára no lugar. E o serviço da roça não! *O serviço da roça do jeito que você fez está feito*: se você fizer mal feito, está mal feito; se você fizer bem-feito está bem-feito. *Você vê o resultado do serviço da roça. E outra (razão) é porque a gente sabe que a gente está ganhando.* E esse serviço de casa a gente não ganha mesmo, ainda mais pra nós chefe de família! (D. Maria)

---

34. Sobre o trabalho feminino assalariado temporário na agricultura, ver: Stolcke (1986); Martinez Alier (1975: 59-86) e Noronha (1986).

A gente enjoa só do serviço que a gente tem em casa. Cortar cana, a gente *tem um dinheirinho da gente*. (Trabalhdora)

Todavia o sacrifício que acompanha o trabalho assalariado no canavial restringe as possibilidades de ampliar o universo da sociabilidade, da cultura, do lazer, da mobilidade, da descoberta de novos mundos, da universalização das experiências, como ilustram as entrevistadas:

> *Eu vou só na Igreja, porque é o único lugar que eu tenho para ir.* Tem vez que vou ao *clube* no sábado. Quando eu saio, *saio para as fazendas*, porque eu tenho uns parentes lá. O lugar mais longe que eu fui, foi Minas. Depois que estou aqui no Estado de São Paulo (há mais de quinze anos) eu fui uma vez em Minas. Fazia 26 anos que eu não tinha notícia do meu pai. Então me deu saudade dele e eu fui procurar ele. Falei, vou aproveitar minhas férias e vou atrás do meu pai. Achei ele e trouxe ele comigo. Fui uma vez no Paraná porque minha avó estava doente e mandou me chamar. (D. Maria)

> Antes de namorar, eu vinha na Igreja, pra cantar. Eu vinha terça, quinta, sábado e domingo. Eu era crente, agora não sou mais. Agora me desviei por causa do meu namorado. Ele é católico. Então desviei. De vez em quando, nós damos um passeio: nós vamos na casa dele, nós vamos para Piracicaba. (Rosemerie)

Como a venda da força de trabalho dá-se sempre por um determinado período de tempo, *a hora de trabalho é a unidade de medida do seu preço*. O cálculo do preço médio do trabalho diário é dado pelo valor diário médio da força de trabalho dividido pelo número de horas da jornada *média*, estabelecida pela sociedade. Quando o trabalho é pago por dia, é medido por sua duração direta (horas trabalhadas). Já o *trabalho pago por produção é medido pela quantidade de produtos em que o trabalho se condensa durante determinado período de tempo*. O salário por produção é um *tipo de medida* do salário, uma forma metamorfoseada do salário por tempo. A mudança da forma de pagamento não altera a determinação do salário. Entretanto, o salário por produção *aparece* como se o preço do trabalho fosse determinado pela capacidade do produtor e não pela relação entre o valor diário médio da força de trabalho e o número de horas da jornada média, visto que a variação da capacidade de produção do trabalhador provoca alterações no montante de salário recebido. Essa forma de cálculo do salário permite levar em conta as variações na *intensidade do trabalho* (Aglietta, 1991: 112-128) e tem por base o rendimento médio, definido pela experiência, para realização de uma determinada tarefa. A partir dele se determina o número de unidades que é possível produzir em condições normais de trabalho — a força de trabalho com uma intensidade média requerida pela atividade desempenhada ao longo da jornada de trabalho de duração determinada. Assim, o salário por produção apóia-se no salário-base por hora, multiplicado pela norma de rendimento da tarefa desempenhada. Amplia as possibilidades de diferenciação dos salários individuais, tendo sido largamente impulsionado pelo taylorismo, como meio de incentivar a competição entre os trabalhadores:

> Na empreita, cada um quer cortar mais, porque se ele cortar mais ele ganha mais; se cortar menos, ganha menos. Por isto eles procuram trabalhar mais para ganhar mais. Quanto mais trabalha, mais metro faz, mais ele ganha. É por produção. (Turmeiro)
>
> Porque na cana é assim, quanto mais a gente trabalha, mais a gente ganha. (Trabalhadora)

Uma vez estabelecida esta forma de pagamento, torna-se interesse pessoal do trabalhador aplicar sua força de trabalho o mais intensamente possível, como a única possibilidade de ampliar os seus rendimentos. Facilita ao patronato elevar o grau normal de intensidade do trabalho, fazendo com que as diferenças individuais de habilidade, energia, força, velocidade, persistência, sejam um fator importante da definição do montante final do salário percebido. Do mesmo modo, o trabalhador adere ao prolongamento da jornada, como meio de elevar seu salário diário ou mensal.

A produtividade do trabalho no corte depende do tipo de cana a ser cortada, do tipo de corte — com ou sem desponte —, da idade da soqueira (cana de segundo, terceiro ou quarto corte), do tempo entre a queima e o corte — uma vez que afeta o peso da cana cortada, com repercussões sobre o salário do trabalhador. A articulação perversa entre o prolongamento da jornada e o fetiche do salário por produção faz com que, para a elevação da produtividade e o aproveitamento máximo do tempo de trabalho, vários recursos sejam mobilizados de parte dos trabalhadores: reduzir o horário de descanso e de refeição; amolar o facão a cada intervalo de quarenta minutos, como estratégia de descanso e de garantir a rentabilidade do corte; preencher todos os poros da jornada de trabalho, mantendo a sua continuidade, mesmo com pequenos ferimentos e dor; imprimir maior ritmo e velocidade possíveis ao trabalho, o que representa trabalhar além da média diária; trabalhar nos domingos e feriados.

O cálculo do pagamento é feito por tonelada da cana cortada, variando ainda em função do tipo de cana. Distingue-se a cana de dezoito meses de outros cortes, aos quais correspondem preços diferenciados. Na campanha salarial de 1987, o preço convencionado pelas entidades patronais e dos trabalhadores para o corte de cinco ruas, no estado de São Paulo, englobando a cana despontada, amontada ou esteirada, foi o seguinte: cana de 18 meses CR$ 29,59 / tonelada; outros cortes, Cr$ 28,59 / tonelada; *diária mínima* de CR$ 117,30, havendo um acréscimo de 30% para as duas primeiras *horas extras* e 75% nas demais. Para os bituqueiros, o pagamento previsto era a diária com acréscimo de 20%.[35] A política salarial, em função dos elevados índices inflacionários então vigentes, previa um reajuste em 1º de julho, com gatilho de 20%. Todavia a observância do acordo salarial depende da força política dos trabalhadores organizados e dos sindicatos locais.

Nos canaviais, as agropecuárias estabelecem preços os mais variados para o corte, introduzindo outros matizes na classificação dos tipos de corte de cana, conforme a interpretação dos trabalhadores: a "cana direita" (em pé); "a cana torta", mais difícil de cortar, de menor rendimento e melhor remuneração na colheita; "a cana verde ou em palha", cujo corte tem maior preço, pois é necessário limpar previamente as folhas; o corte com desponte e sem desponte (diferença de 20%). Assim, diariamente é estabelecido o preço básico para o corte, de acordo com o tipo de cana encontrada no canavial.

> O *preço da cana não é um preço geral*. Não é *um* preço. Falam assim: essa cana é uma quantia, ali é outra. Cada tabela de cana é um preço. Eles fazem o *campeão da cana* e conforme o peso eles pagam a cana. Eles calculam o preço da cana. Agora, se a cana é pequena, eles pagam uma mixaria; se uma cana grande eles pagam melhor. (Trabalhadora)

O eito de cinco linhas de cana, distribuído a cada trabalhador, é medido através de um instrumento assemelhado a um compasso, que tem uma abertura de dois metros lineares. O fiscal anota a produção global diária em metros de cada trabalhador, que é transformada em tonelada, tendo por

---

35. O acordo coletivo de trabalho previa, ainda, em suas cláusulas salariais mais importantes, o seguinte: o comprovante diário de produção; pagamento efetuado durante a jornada de trabalho até o 5º dia; folha de pagamento especificando a produção, preço e descontos; medição através de compasso de dois metros e conversão de metros em toneladas; pesagem da amostragem na presença do interessado, sem ônus para o empregador; hora rodoviária com acréscimo de 30%; pagamento de salário até trinta dias em caso de doença; pagamento ao trabalhador acidentado da diferença entre a remuneração devida e a previdenciária até sessenta dias e estabilidade de sessenta dias até o retorno ao trabalho; aceitação de atestados médicos e odontológicos justificando as faltas ao trabalho; estabilidade de sessenta dias para a gestante após término da licença legal; fornecimento gratuito dos instrumentos de trabalho; igual oportunidade para homens e mulheres acima de 50 anos; multa de 10% do valor de referência por infração por empregado em favor da parte prejudicada. Convencionou-se ainda evitar a contratação por intermediários, salvo empresas de trabalho temporário.

A VIVÊNCIA DO TRABALHO NA AGRICULTURA ...

base a relação metro/tonelada obtida em cada talhão. Para cada talhão é escolhida uma área, que servirá de padrão, constituída de cinco ruas de cana. A cana cortada nessa área é carregada no caminhão, cujo volume é conhecido, que é o *"campeão da cana"*. Esse caminhão é pesado na balança da usina. A tonelagem obtida, dividida pelos metros lineares já conhecidos — medidos através do compasso —, permite obter o peso por metro linear. Assim, o caminhão carregado vai para a balança na usina e é pesado. O resultado da pesagem de toda a cana cortada naquela área-padrão é informado ao chefe do transporte, que passa um rádio para os fiscais na roça comunicando a tonelagem obtida. Por exemplo, a pesagem total é igual a vinte toneladas (vinte mil quilos) que dividida pelo comprimento da área cortada — duzentos metros lineares — fornece a referência de cem quilos por metro linear de cana. Daí por diante não se fala mais em tonelada no canavial, mas em metro linear de cana cortada.

O sistema de pagamento por tonelada de cana, ao implicar a sua conversão para metro, através do sistema de amostragem de talhão, é causa de inúmeras dificuldades e prejuízos para os trabalhadores. Uma das reivindicações básicas da mobilização dos canavieiros paulistas na década de 1980 foi o pagamento por metro linear, em vez do sistema por tonelada de cana, com valores diferenciados para os diversos tipos de cana. Tal reivindicação enfrentou a permanente resistência dos usineiros. Além dos cálculos implicados, difíceis de serem dominados pelos trabalhadores, a definição do talhão amostrado é geralmente feita pelos fiscais e pode não ser representativa dos tipos de canas encontradas. Para o cortador, é impossível presenciar carregamento, transporte e pesagem da cana, pois teria que interromper o trabalho pago por produção. Na colheita, apenas as canas efetivamente entregues à usina são remuneradas e verificam-se perdas não desprezíveis de canas entre o carregamento e transporte até a pesagem. O operário agrícola vê-se impossibilitado de exercer o direito de fiscalizar e conferir sua própria produção (Alves, 1991).O cálculo da produção diária dos trabalhadores é fonte de inúmeras fraudes e confiscos salariais, voluntários ou não, a que Paixão (1994) denominou de "pulo do gato". O *Grupo Especial de Fiscalização do Ministério do Trabalho*, em visitas aos locais de trabalho, constatou, em São Paulo, o não-cumprimento da Convenção Coletiva de 1985, em proporção maior que sua observância.

> Havia relativo cumprimento quanto ao preço pago ao trabalhador, contudo constataram-se irregularidades na conversão da tonelada em metro; em muitos lugares não era fornecido o comprovante da produção diária, assim como o cortador não ficava sabendo diariamente o preço. O sistema de regulamen-

tação por tonelada, convertido em metro linear, permite manobras no cálculo da produção diária e no preço por metro. (Pancotti, 1986: 69)[36]

Como o controle da produção é de responsabilidade exclusiva dos fiscais e da administração da usina, eles passam a ter um poder absoluto sobre o montante da produção e do salário dos cortadores. Estes são informados apenas de sua produção diária.

Ele é que *mede,* porque ele tem prática. Ele cortava e passou a ser fiscal. Ele que *marca.* Ele faz tudo. Chega de noite na casa deles, os metros que estão aqui ele passa *na ficha de serviço de cada trabalhador. Tudo controladinho, certo? Depois vai para a usina, para o computador lá.* (Turmeiro)

E o fiscal-geral complementa os esclarecimentos:

Essa cana entra no lote 44. Lá na usina eles sabem a metragem inteira da área. Se der qualquer dúvida, engano da turma, lá já tem o balanço do que tem contido no terreno: metragem e quantia. *Eles tem tudo lá, no mapa da usina. Tem todo o controle deles lá. Nós faz(emos) o nosso controle aqui e passa(mos) para lá, onde fazem o controle* (Fiscal-geral)

É curioso constatar pontos de identidade *entre os itens da pauta de reivindicações atuais dos canavieiros paulistas,* (na segunda metade da década de 1980) *e as dos mineiros do norte da Inglaterra no século XIX.* O carvão era também vendido a peso e pago aos operários por medida,[37] fonte de fraudes e

---

36. Paixão informa que "Adissi et al. (1989) calcularam que as perdas dos canavieiros da Paraíba e Alagoas no anos de 1988 e 1989 com roubos e medições, tarefas e salários foram de *73,55% e 60,4%.* Somando o não-pagamento de direitos sociais (repouso remunerado, 13° salários e férias), este montante atingia, respectivamente, *81% e 71,8%.* O absurdo é que estes valores ainda são calculados por baixo, por não levarem em consideração o não-pagamento de faltas por motivos de doenças e feriados e os descontos diversos (EPI, instrumentos de trabalho etc.). Isto sem falarmos dos barracões e armazéns que pertencem aos gatos e que costumam vender mercadorias de primeira necessidade aos trabalhadores — basicamente aos migrantes alojados — por um preço sempre majorado. (Paixão, 1994: 264)

37. "A 31 de março de 1844, todos os contratos de trabalho dos mineiros de Northumberland e de Durham expiravam. Roberts (advogado cartista) estabeleceu para os mineiros um novo contrato no qual exigia: 1) o pagamento em peso e não por medida; 2) a determinação do peso através de báscula e de peso corrente, verificados pelos inspetores públicos; 3) contratações por seis meses; 4) abolição do sistema de multas e de pagamentos no trabalho real; 5) compromisso do patrão de empregar pelo menos quatro dias por semana todo o operário que se encontrasse exclusivamente ao seu serviço ou então garantir-lhe o salário de quatro dias. Este contrato foi dirigido aos 'reis do carvão' e foi nomeada uma comissão encarregada de negociar com eles; mas estes responderam que, para eles, a União não existia, que só se comprometiam com os operários tomados individualmente e que nunca reconheceriam a associação". (Engels, 1975: 336)

A VIVÊNCIA DO TRABALHO NA AGRICULTURA ...

rebaixamento salariais. É uma das expressões da *desigualdade de temporalidade histórica expressa nesse setor produtivo*, o que adquire maior relevância ao se evidenciar a precária formalização das relações de trabalho e conseqüentemente as limitações no acesso aos direitos trabalhistas e previdenciários.

3.3.3 As relações de trabalho e a negação dos direitos

Em plena década de 1980, prevalece no campo brasileiro a ausência de formalização do trabalho assalariado, destituído de garantias trabalhistas e direitos previdenciários. Guimarães et al. (1986: 123), trabalhando com dados do censo demográfico de 1980, constatam que 94,3% dos trabalhadores agrícolas "volantes" não realizam qualquer forma de contribuição para a previdência social, até mesmo os estados de agricultura mais avançada. Piracicaba não foge a esta realidade. Maluf (1987: 52), ao pesquisar as condições de trabalho na lavoura canavieira, constata que 74,7% dos trabalhadores não possuíam carteira de trabalho assinada, predominando os contratos informais e verbais, à margem das leis trabalhistas, embora nos dissídios constasse a obrigatoriedade de registro em carteira, na tentativa de regularizar essa relação de trabalho. Mas, efetivamente, isto não tem se concretizado, expressão viva de que a "cidadania regulada" (Santos, 1979) ainda não chegou para a grande maioria desses assalariados agrícolas.

A tardia regulamentação das relações de trabalho no campo, com a promulgação, em 1963, do Estatuto do Trabalhador Rural, não considerava o volante em regime de tarefas por empreitada como uma forma de trabalho assalariado. Os empresários eram liberados dos encargos trabalhistas, permitindo a redução dos custos no emprego da mão-de-obra. A contrapartida foi o agravamento das condições de vida do assalariado rural que, ao perder as garantias proporcionadas pela servidão patrimonialista, também não obteve o acesso aos direitos regulados pela legislação trabalhista (Ferreira, 1975; Singer, 1975). Foram as lutas sindicais e movimentos sociais, dos trabalhadores rurais na década de 1980, que passaram a incorporar as reivindicações específicas dos volantes nos acordos coletivos de trabalho, abrindo a possibilidade de extensão daqueles direitos a esta categoria de assalariados (D'Incao & Botelho, 1987), só legalmente generalizados na Constituição de 1988.

A contratação de trabalhadores realiza-se através de terceiros: turmeiros empregados regulares das usinas ou autônomos denominados de "gatos" ou ainda empresas contratantes de mão-de-obra. Estes intermediários têm a "função básica de auxiliar os fazendeiros a burlarem suas obrigações legais para com os trabalhadores, impostas pelas leis trabalhistas", fundamental para ampliar a apropriação de excedentes por parte das empresas agropecuárias (Stolcke, 1986). O turmeiro parece "ocultar" o vínculo contratual entre fazendeiros e trabalhadores, alargando os níveis de exploração econômica e dominação sociopolítica dos "trabalhadores eventuais".[38] Quando é a própria usina que assalaria os turmeiros — o caso dos *"turmeiros das usinas" ou "capatazes-turmeiros"* — fica ainda mais explícita a burla efetiva das obrigações trabalhistas e previdenciárias.

O ganho dos intermediários — caso da terceirização da mão-de-obra — decorre da diferença entre o preço da força de trabalho pago pelo usineiro e a parte desse dinheiro que realmente chega ao trabalhador. É interessante observar como um mecanismo "arcaico" de efetivação das relações de trabalho hoje se generaliza no trabalho no campo e na cidade. Arcaísmo no sentido de que apenas reconhece o direito ao salário, passando por cima de todos os direitos sociais conquistados na trajetória das lutas democráticas pela regulamentação dos direitos trabalhistas, sindicais e previdenciários. Tais traços arcaicos adquirem o "verniz" de modernidade ante o crescimento da precarização das relações de trabalho: o crescimento do trabalho temporário, subcontratado, do subemprego e do desemprego nos marcos da nova divisão internacional do trabalho: da "globalização" e do ascenso das orientações de cunho neoliberal. As heranças do passado se metamorfoseiam em estratégias modernas de contrato e gestão da força de trabalho.

Segundo informações coletadas, existiam em 1987 no município de Piracicaba quinze empreiteiros autônomos ("gatos"), dispondo cada um de dois ou três caminhões ou ônibus. A maioria não assinava carteira de trabalho e tinha sua fonte de renda na dedução dos rendimentos da produtividade dos trabalhadores, chegando a atingir um montante de 50% daquela produtividade. Alguns empreiteiros eram também donos de bares e armazéns que abasteciam os canavieiros por eles contratados através de "vales", meio de endividamento assemelhado ao tradicional "barracão". Um dos recur-

---

38. A pretensa ocultação dos vínculos trabalhistas, todavia, não se realiza, como o demonstram depoimentos recolhidos por Stolcke entre assalariados eventuais do café, que, apesar de não serem registrados, consideram ter "dois patrões". Vale reproduzir um desses primorosos depoimentos: "Vou contar um caso. Dona Amélia (outra trabalhadora) falou que *nós que trabalha na roça tem que tratar de quatro famílias: tem que dar um pouco de lucro para o patrão, para o administrador e para os fiscal. E pra nós o que sobra? O restinho para nós. E é verdade!.. Eu comecei a pensar na conversa dela e é verdade!.. Se for pensar bem o patrão, o administrador e o fiscal só olha. Que nem o turmeiro que falou que o trabalho dele é com os olhos. O administrador dá ordem para ele e ele dá para nós. (D. Antonia)". (Stolcke, 1986: 201)

A VIVÊNCIA DO TRABALHO NA AGRICULTURA ...

sos de exploração e domínio da força de trabalho familiar por parte do turmeiro era tornar o chefe de família *"pulga de cabine" ou "peão de cabine"*. Tratava-se de uma troca de favores com o "gato" e o trabalhador transportado na cabine do caminhão, junto com o motorista. Em troca de registro em carteira de trabalho e à diária integral, ele aceitava que fosse paga meia diária atribuída à mulher e aos filhos menores. Em contrapartida, o gato assumia os "cuidados" da família, como atendimento em casos de doenças, emergências e outras iniciativas paternalistas.[39] Lembra mecanismos coercitivos de escravização de trabalhadores,[40] acobertada por procedimentos protetores clientelistas.

Já o "bom turmeiro" exercia um controle mais sutil, ao estimular o "espírito de equipe" entre os "seus" contratados e criar o consenso necessário à legitimação à forma de arregimentação adotada. O turmeiro recebia da usina "por cabeça" contratada, sem qualquer regulamentação formal das relações de trabalho. Um dos turmeiros que monopolizava a oferta de trabalho em uma grande usina da região, exercia liderança entre os canavieiros e dispunha de ampla interferência na vida privada dos "seus" cortadores, ameaçando, inclusive, as incipientes mobilizações dos trabalhadores a partir dos locais de moradia. Assim, além da ampliação das margens de lucro que oferecia à usina, exercia um controle sobre o exercício da cidadania dos trabalhadores, tolhendo e fiscalizando suas iniciativas políticas em favor dos interesses empresariais.

Coriat (1994: 20) identifica como uma das primeiras políticas burguesas sistemáticas de administração da força de trabalho operária aquela centrada na figura do *"destajista"* ou subcontratante de mão-de-obra. Administrava, em nome do empresário que o empregava, todas as questões relativas à mão-de-obra: contratação, pagamento, organização do trabalho e vigilância. Permitia, assim, que a empresa se desvencilhasse de qualquer relação com os trabalhadores contratados, o que é recriado na lavoura canavieira no final do século XX. Como informa um funcionário técnico-especializado:

---

39. A identificação desses mecanismos econômicos e extra-econômicos de domínio dos trabalhadores foi obtida em entrevista realizada com um informante qualificado, vinculado ao processo de mobilização dos trabalhadores, sobre as estratégias de arregimentação da força de trabalho vigente na região.

40. Lembra a clássica passagem, que poderia parecer descabida quando referida nos tempos atuais: "Custou séculos para que o trabalhador 'livre', como resultado do modo de produção capitalista desenvolvido, consentisse voluntariamente, isto é, socialmente coagido, em vender *todo o tempo ativo de sua vida, até sua própria capacidade de trabalho, pelo preço dos meios de subsistência habituais, e seu direito de progenitura por um prato de lentilhas"*. (Marx, 1985: 215)

A mão-de-obra de terceiros é arrumada pelos "gatos" mesmo. Eles trazem, fazem o transporte do pessoal e todo o pagamento é feito pelo empreiteiro. Os trabalhadores cortam a cana, o empreiteiro mede, passa para tonelada e paga. A gente só tem contato com o empreiteiro. O pessoal do corte "se vira" com o empreiteiro. (J. P.).

No caso de ações trabalhistas movidas contra os "gatos", os advogados dos sindicatos têm acionado diretamente as próprias usinas, responsabilizando-as por entenderem que os canavieiros são seus empregados, seja qual for a forma de intermediação. As empresas têm sido obrigadas a arcar com as responsabilidades e indenizações, forma de pressão utilizada na década de 1980 pelos Sindicatos de Trabalhadores Rurais e pela Federação dos Trabalhadores Agrícolas do Estado de São Paulo (Fetaesp) para eliminação da figura do "gato". As usinas vêm preterindo o intermediário, visto que tira vantagens de ambos os lados: "pressiona os patrões para aumento de salários através do monopólio das turmas e "rouba" nos salários dos volantes (Maluf, 1987: 60). A preferência vem se deslocando para as "empresas de transporte" ou "capataz-turmeiro",[41] além de algumas estratégias para a ampliação da mão-de-obra estável. Uma relativa estabilidade da mão-de-obra, em certos segmentos de trabalhadores, torna-se oportuna dada a crescente mecanização do processo produtivo, que requer níveis de qualificação mais elevados. A isto se somam as inovações organizacionais na gestão do trabalho e pressões decorrentes do processos de organização e mobilização dos trabalhadores na década de 1980.

3.4 O trabalho na indústria

3.4.1 Peão: a metáfora do assalariamento

Antes de ingressar diretamente no cenário fabril, no processo de trabalho propriamente dito, é necessário considerar os *sujeitos que protagonizam*

---

41. Maluf (1987: 59) estabelece a seguinte distinção: "*capatazes turmeiros* são contratados pelas usinas e/ou fornecedores como empregados das mesmas. Suas funções são a arregimentação, o transporte dos trabalhadores ao local de trabalho e a fiscalização do trabalho. Os trabalhadores são contratados pelas usinas ou fornecedores havendo vínculo empregatício entre eles. Nas *empresas de transporte de empregados*, a relação de trabalho é selada através de contrato de prestação de serviços. Os turmeiros são constituídos em empresas de transporte. Suas funções são o transporte, a fiscalização e a arregimentação de boa parte dos candidatos à empresa, porque não têm relações empregatícias com os trabalhadores que são empregados das usinas. O pagamento do turmeiro tem como parâmetro o frete por transporte de empregados, conforme quilometragem diária percorrida".

A VIVÊNCIA DO TRABALHO NA AGRICULTURA ...

o trabalho nesse universo. São os assalariados migrantes sazonais, trabalhadores masculinos, residentes no alojamento da usina, no decorrer da vigência de um contrato formal de trabalho, de caráter temporário, que vigora no período da safra da cana. A abordagem aqui efetuada apreende o *ponto de vista dos sujeitos quanto à condição operária e as particularidades que assume no contexto agroindustrial, tendo como referência a usina pesquisada*. Este propósito requer apresentar suas *trajetórias, os motivos que os levam a buscar esse tipo de trabalho — e seus empregadores a adotá-lo —, o significado do processo migratório no percurso de suas vidas. Instiga ainda abordar a vida no alojamento da usina e suas derivações na apreciação das condições e relações de trabalho que se encontram envolvidas*. Em outros termos, como o processo de proletarização adquire tonalidades especiais para os trabalhadores considerados.

Caminhar nos rumos aludidos exige extrapolar o processo imediato de produção, ampliando o horizonte para identificar, por intermédio dos sujeitos, os elos encobertos da trama de relações entre a agroindústria canavieira paulista e a produção mercantil simples em outros espaços do território nacional. Esta trama é tecida pelo mercado de trabalho, que torna possível a mobilidade dos lavradores e sua metamorfose temporária em operários industriais safristas, acumulando, em um mesmo ano agrícola, a condição de produtores familiares e operários fabris. Torna-os distintos, tanto em termos de sua reprodução material e subjetiva, daqueles já consolidados na condição operária, destituídos de quaisquer vínculos com a propriedade da terra e com o trabalho familiar na produção direta de parte de seus meios de vida. Essa diversidade enriquece a unidade que os identifica no ambiente empresarial como *peões, a metáfora do assalariamento*. Ao experimentarem a condição operária, têm olhos e percepções diferenciados na sua leitura e nos sentimentos que evoca, quando comparados à "vida no trecho" ou à "vida lá do norte". Vidas semelhantes na pobreza e na fibra expressa na luta pela sobrevivência. São, entretanto, organizadas sob distintos parâmetros que fundam a sociabilidade, os sonhos, as labutas do dia-a-dia na relação direta ou não com a natureza, no trabalho para criar os "meios de viver". A vida dos "nortistas" distingue-se daqueles andantes de outras caminhadas que há muito "trabalham com variedades", indiferentes ao conteúdo de seu trabalho, porque não podem escolhê-lo e o que deles se apropriam são os meios para a sua reprodução.

As múltiplas trajetórias acumuladas pelos indivíduos sociais informam a leitura feita do presente partilhado em comum, sendo, portanto, necessário explicitá-las previamente ao ingresso no universo fabril. Este lhes atribui uma unidade vinda de fora, do usineiro, que os reúne como parte de uma coletividade de trabalhadores e os aloca no interior da sua propriedade, absorvendo todo o seu tempo como tempo de trabalho. Faz desaparecer os sábados, domingos e feriados, as festas, o lazer, o convívio familiar — acompanhado da repressão à sexualidade —, experimentado como castigo e revolta. Ainda que a esse estranho "viver de horas", "sob os olhos duros do patrão", os indivíduos mobilizem constrangidos o seu consentimento. Subjetivamente resistem ao assalariamento e à alienação que o envolve, mas a ele se submetem na defesa da sobrevivência, no âmbito do leque de escolhas que lhes é dado socialmente.

A sabedoria revelada por esses trabalhadores está, como diz o poeta Manoel de Barros (1999), em "esconder-se por traz das palavras para mostrar-se". E o desafio é decifrar alguns *flashes* desse enigma que os *peões* da agroindústria canavieira são mensageiros.

Como parte da superpopulação relativa, sob formas distintas, o grupo estudado pode ser caracterizado em dois segmentos: os *"peões de trecho"*, inteiramente desprovidos das condições necessárias à materialização de sua força de trabalho, parte da superpopulação intermitente ou fluente, que figuram como *contraponto* desta análise, porquanto minoritários no universo pesquisado. E os *lavradores, produtores familiares, que mantêm o trabalho na terra, alternando-o com a inserção na esfera industrial*. Partícipes da superpopulação latente alocada no interior das propriedades agrícolas, periodicamente vendem o "excesso de seu tempo" requerido pela produção familiar de subsistência e têm centralidade nesse enredo.

O primeiro grupo de peões exerce as funções de motoristas no transporte da matéria-prima dos canaviais para a usina — ironicamente se autodenominam *"choffeur de cana"*, o último serviço para um motorista; de atendentes nos postos de abastecimento de combustível e também no controle e vigilância da maquinaria na esfera da produção propriamente dita. São trabalhadores dotados de maior qualificação profissional — motoristas, mecânicos, operadores de equipamentos de usinas e de sua manutenção —, portadores de múltiplas inserções profissionais nos mais variados estados do país. Suas trajetórias de trabalho vão desde o trabalho escravo nas fazendas pecuárias do Norte do país, à destilação de vinho no Rio Grande do Sul; de motoristas em empresas de transporte de passageiros interestaduais à indústria metal-mecânica, produtora de equipamentos para usinas, entre inúmeras outras. Já rodaram todo o país e condensam uma rica experiência de trabalho, que lhes permitiu acumular maior conhecimento dos direitos trabalhistas e sociais, dispondo de amplo acervo de informações. Aprenderam as "manhas" para enfrentar as relações e adversidades do trabalho.

Segundo suas palavras:

"Peão somos nós, *que somos trabalhadores*, que não temos muito estudo".

"A gente trabalha com uma variedade de serviços, não tem lugar fixo e nem um negócio fixo".

"Faz variedades, porque a gente não tem escolha" e "nem parada, porque se parar, não trabalha".

Quando desempregados têm que "cair no mundo". Não têm um "lugar certo, nem endereço fixo: a gente compra jornal e onde tiver emprego, a gente vai". Não "dá para ter sossego em nenhum lugar, trabalha demais". "Somos *turistas forçados*: quando a gente sai de um lugar para trabalhar noutro, vai para trabalhar e aproveita um pouquinho". A vida é "hotel/alojamento, alojamento/hotel. Depois de acostumar a viver essa *vida de retorno*, é tudo uma coisa só". Já perderam a referência do *seu lugar*: "se eu pudesse falar, chega de andar agora, vamos trabalhar num só lugar... mas não posso". Consideram não existir "lugar ruim nem lugar bom", "mas *lugar onde a gente pode viver*", "*Peão mora mesmo é no mundo, em casa é visita! Peão mora no trecho e visita em casa*". Vive como "*peão alongado*, que não tem família e faz de tudo". Porque no meio do mundo "é bicho feio... pega muita *boca quente no trecho*".

> Peão de trecho é o seguinte — porque ele chama peão eu não sei — mas de trecho, é porque ele corre o trecho. Ele vive correndo o trecho, conhece o Brasil quase inteiro. O peão de trecho legítimo é esse: de tudo ele conhece um pouco. É bom porque a gente conhece muita coisa. Igual fala aquela música: feliz é aquele que tem coisa para contar!... O peão tem que fazer de tudo. Lava, remenda, passa, faz comida, faz tudo!. É igual a mulher mesmo, tem pouca diferença! Mas o ruim é não estar na terra da gente. A gente sente saudade quando a pessoa fala. (José Luiz)

Esses extratos de depoimentos[42] expressam o *desenraizamento dos operários*, já identificados por Weil (1979) entre os trabalhadores migrantes, duplamente exilados: em sua própria terra e na fábrica, terreno estranho, lugar do qual não se apropriam, porque pertencente a outro. Expressa uma situação-limite na produção capitalista: dos efeitos da alienação que conduz à indiferença em relação ao conteúdo do trabalho, forjada pela impos-

---

42. Entrevistas com Wilson, casado, mineiro de Três Pontas; José Carlos, casado, paranaense residente em Pederneiras no interior de São Paulo; José Luiz, motorista, mineiro; Carlão, paulista; Antônio, baiano, portador de larga história de migrações desde 1973.

sibilidade de escolha do tipo de trabalho útil a realizar. O que buscam é o valor de troca de sua força de trabalho. Uma vez esvaziado o trabalho de sentido humano, também esvazia o sentido das lembranças e aspirações. Manifesta a separação entre formação pessoal e biográfica e a natureza da tarefa, entre vida e trabalho, vizinhança e cidadania. Demarca a *cultura do povo migrante*, onde o desafio "não é mais buscar o que se perdeu, mas o que pode renascer numa terra de erosão" (Weil, 1979: 17). O enraizamento é "um direito humano esquecido: todo homem tem uma raiz de participação numa coletividade, que conserva vivos tesouros do passado e outros pertencentes ao futuro:

> O enraizamento é talvez a necessidade mais importante e mais desconhecida da alma humana. É uma das mais difíceis de definir. O ser humano tem uma raiz na participação real, ativa e natural na existência de uma coletividade que conserva vivos certos tesouros do passado e certos pressentimentos de futuro. Participação natural, isto é, que vem automaticamente do lugar de nascimento, da profissão, do ambiente. Cada ser humano precisa ter múltiplas raízes. Precisa receber quase que a totalidade de sua vida moral, intelectual, espiritual, por intermédio dos meios de que faz parte naturalmente". (idem: 349)

Como resume o sr. Antônio: "ser peão é danado de sério. É muito sério". E nessas circunstâncias a *condição operária é vivida com revolta interior*, ainda que *não se tenha como agir* ante uma realidade percebida como desumana, porque tem que assegurar o salário no decorrer do período da moagem da cana. O longo depoimento que se segue *é primoroso na identificação da revolta que, não tendo como se expressar, fica aprisionada dentro do indivíduo, como parte de seu sofrimento.* Os sentimentos do trabalhador não contam no universo fabril, também árido no reconhecimento das leis, submetidas ao arbítrio dos encarregados. Por tudo isto reconhecem a importância de se ter uma *reportagem sobre o trabalhador: como vive, como age, sendo importante sua difusão, maneira pela qual interpretaram a pesquisa efetuada e dela participaram.*

> O trabalhador, principalmente na nossa área, ele pode ser um revoltado, mas revoltado consigo mesmo. Muitas vezes ele se retrai, porque não tem como agir, não tem uma ação... E o cara revoltado é um leão. Tem muitas vezes que o trabalhador abaixa a cabeça para o cara ali (encarregado). Mas na maior parte das vezes, em função dele receber uma mixaria no fim do ano, você entende? Porque o cara está aqui e não tem uma reportagem a respeito do trabalhador. Não sei se alguém falou a respeito disso: pai de família, que tem seus filhos e sua esposa está aqui. Está machucado, retraído consigo próprio. Nós até que estamos comunicando, mas tem muita gente mais retraída do que

nós. Tem um pessoal muito mais magoado. Eles fazem o que fazem, porque precisam mesmo. Se o cara falar que paga o seu ordenado agora, se você quer ir embora, se ele tiver condições, ele vai para a casa dele!..Porque a firma não leva em consideração o que o cara está sentindo. Uma usina só interessa em moer a quota (de cana) dela. Tem que ter leis, leis do trabalhador, leis trabalhistas...Eles vêm agredindo. Então o cara revoltado, de resposta na boca, é mandado embora por justa causa. Eu nunca ouvi falar de ninguém que agredisse algum encarregado aqui..Então é bom que tenha pessoas igual a vocês interessadas em saber como vive, como age o trabalhador e contar isto para frente. Dar uma força mesmo para a gente, porque já estamos dando, mas se não tiver gente igual a vocês seremos escravos aqui dentro... (José Carlos)

Ser peão é interpretado de maneira diferente por aqueles que são os atores centrais desse cenário: os produtores familiares e, na usina, operários fabris. A identidade de peão lhes é estranha e não se pensam como tais. Vivem a tensão entre as condições objetivas — já não conseguem viver sem o salário, revelado em suas histórias de migrações cíclicas — e a interpretação subjetiva que fazem de sua condição. Subjetivamente resistem ao assalariamento, pensado e lido a partir da condição de lavradores — "estou ligado no Nordeste no modo do meu pensamento" —, com a qual se identificam, mas dela não podem mais viver. Como assinala Weil (1979), quando duas culturas se defrontam, como diferentes formas de existir — e não como predador e presa —, *uma é para outra como uma revelação, ainda que raramente ocorra fora dos pólos de submissão-domínio.*

Em São Paulo, *são chamados de peões.* Então, "a gente próprio se chama de peão". A metáfora é tida como estranha, ora associada ao peão de montaria, ora associada ao brinquedo das crianças — o peão —, uma vez que são meros joguetes nas mãos do empresariado. Os trabalhadores vivem "jogados no trecho".

A turma chama de *peão porque ele não pára.* Hoje está aqui, amanhã em Salvador, depois em Itapecerica da Serra. *Ele é jogado...* Desde 1961, *ando pelo mundo.* Passo vida boa, passo vida ruim. (Raimundo, trabalhador do armazém da usina)

Os migrantes sazonais tendem a *interpretar o "viver de horas" como uma prisão, uma forma de sujeição,* ao que contrapõem a *vida liberta no Nordeste,* como será desenvolvido a seguir. Nas regiões de origem, têm roça e plantam arroz, feijão, milho e mandioca, em geral em terra da família ou do patrão. Vivem da lavoura: na época do plantio quando não se pode realizá-lo, não há o que fazer. Tem lugar uma ausência de trabalho forçada, em que "a gente fica só olhando para o tempo". Cada um faz a sua vida, *mas o dinheiro é pouco e os riscos são grandes.* O dilema com que defrontam é que "lá quase não tem salário", isto é, não se paga nem o equivalente ao salário mínimo. E aqui o salário é maior, tendo que "viver nessa vida de emprego", para fugir da pobreza sentida como humilhante.

> Trabalho em sítio próprio. Planto lavoura. Tem jaca, laranja, bananeira, até vaquinha boa. A gente vende o que sobra. Eu tenho de tudo, mas não deu nada este ano. Já está com uns três anos que não dá nada. Comprei semente cara e plantei feijão e quebrou tudo. O pessoal (a família) ficou tocando a roça lá. As terras da gente são pequenas. *Só dá mesmo para viver se tiver bom tempo, mas no tempo que não dá bom tempo, a gente é obrigado a cair fora para trabalhar, para poder viver.* (Antônio, baiano)

Sua sobrevivência depende da política econômica — em especial das políticas agrícola e agrária —, da oferta de empregos e do piso salarial, da seca e da chuva, de um mar de incertezas. Enquanto *lá* eles se preocupam com a chuva, *aqui* se preocupam com *o dia do pagamento do salário.* Este, embora pequeno, é garantido, restando muitas lutas a enfrentar, "porque aqui estamos numa cadeia, não temos liberdade". Os depoimentos contrastam duas demarcação do tempo, diferenciadas em suas vidas: o regido pela natureza — o inverno ou tempo das chuvas, a seca —, que molda a sensibilidade e os desafios a enfrentar; e o tempo do relógio, do calendário no "viver de horas do assalariado", em que não se pode "perder tempo"

> Aqui é um lugar que o cara sofre, quebra a cabeça, *mas é um lugar que não se preocupa muito com a chuva, não é? Ele se preocupa com o dia 10* (dia de pagamento). No dia 10, faça chuva ou sol, a gente está com a grana. A gente batalha, briga, porque ganha muito pouco. Mas que jeito a gente pode fazer? Tem que lutar, empurrar a vida. Enquanto a gente estiver vivo, tem que estar lutando... (Antônio, pernambucano)

> Dá uma recordação... se eu pudesse ir embora agora. Eu gosto de viver lá. Vem uma imaginação da família... Aproveitar a chuva. *Sou amante da chuva.* Sou tão amante da chuva que se eu pudesse, quando está chovendo, eu ficava dentro da lama, vendo ela cair no chão... Eu acho bonito isso, todo mundo deve achar... Estou por aqui, mas a lembrança está lá, vem de lá, daquela liberdade de nascer e de viver, daquela liberdade!. *Aqui nós estamos numa cadeia, não temos liberdade.* A vida aqui é uma tristeza. É uma tristeza! É uma tristeza para mim falar da liberdade, que nós temos lá. Sol...sol... tempo...tempo... (Trabalhador, poeta)

Candido (1971), na sua clássica pesquisa sobre os parceiros do Rio Bonito, estado de São Paulo, chama a atenção para o fato de que o ritmo da

A VIVÊNCIA DO TRABALHO NA AGRICULTURA ...

vida encontra-se estreitamente relacionado ao ritmo do trabalho, que observa distintas medidas de tempo. Para o trabalhador rural, as medidas do tempo são o dia, a semana, o ano agrícola, as diferentes estações. O ano agrícola é a grande e decisiva unidade de tempo que define a orientação da vida do caipira: o ano começa com o preparo da terra, o plantio e termina com a colheita, marcado por festas religiosas, exprimindo a certeza do que foi e a incerteza do que virá. Para o trabalhador urbano, com jornada fixa, a hora, e freqüentemente o minuto, assumem relevo marcado, indicando o rendimento imediato do esforço e os elementos temporais em que se decompõe uma operação. Para o assalariado, o *mês* é a unidade fundamental que regula o recebimento do dinheiro.

Dispor de terra para plantar, assegura ter o que comer — "lá a gente pode-se ficar trinta, sessenta dias sem trabalhar, que come do mesmo jeito" — diferentemente do "paulista" (neste contexto o assalariado) que, se não trabalhar, não come.[43] O depoimento que se segue é representativo, ao identificar o que move a migração temporária:

> Tenho mulher e dois filhos. *A gente vem mesmo porque se vê obrigado, para ganhar o pão.* Porque lá é fraco. É difícil arrumar um serviço na base do salário e a diária é quase nada, quando você acha por aquele interior. Na cidade ainda acha uma diariazinha, mais um pouco. Ah! Resolvi! Vou caçar um jeito de viver porque aqui está ruim. Vou ver se lá está melhor. Se estiver mais ruim do que está aqui, eu volto pra traz de novo. *Me mandei na lata do mundo...* Aqui, em São Paulo, o trabalho pesa. *Posso voltar para cá. Depende da precisão. Hoje a gente não pode nem dominar a vida da gente. Porque a gente fica assim: não tem condições de viver lá e aqui é melhor. A gente não pode dizer, não pode descarregar a consciência e dizer: eu fico aqui.* (Antônio, baiano)

---

43. Engels, ao confrontar a situação dos camponeses alemães com a dos operários de seu tempo, fazia ponderações que podem trazer luzes para a leitura da diferencialidade da condição operária em discussão, ainda que aqui se trate de frações distintas de um mesmo proletariado: "Os nossos camponeses da Alemanha são também, na sua maioria, pobres e necessitados, mas dependem menos do acaso, e pelo menos, possuem qualquer coisa de sólido. Mas o proletário que só tem seus braços, que come hoje aquilo que ganhou ontem, que depende no mínimo do acaso, que não tem a garantia de que terá capacidade de adquirir os bens mais indispensáveis. A cada crise ou a cada capricho do patrão pode transformar-se num desempregado. O proletário está colocado na situação mais desumana que um ser humano pode imaginar. A existência do escravo é pelo menos assegurada pelo interesse do patrão para mantê-lo apto ao trabalho: o servo tem pelo menos um palmo de terra que o faz viver e ambos têm a garantia de poder subsistir. Mas o proletário está reduzido a si próprio e impossibilitado de usar suas forças de forma a contar permanentemente com ela. É um *joguete passivo* de todas as combinações possíveis e imaginárias das circunstâncias e pode considerar-se feliz se salvar, pelo menos temporariamente a pele. *E como é fácil, seu caráter e seu estilo de vida têm a marca destas condições de existência*". (Engels, 1975: 164)

Porque o mundo é uma bola, sabe? Então a gente não pode falar mal, porque sabe lá, um dia a gente volta novamente. *Vai retornando a bolinha e a gente volta para o mesmo lugar.* (Migrante, que trabalha na portaria da usina, com dez anos de migrações para usinas)

Parte da superpopulação sobrante tem que ir ao encontro dos postos de trabalho, ofertados pelo capital, onde eles existam, em busca dos meios de viver. É significativo o depoimento de que "a gente já não pode dominar a vida da gente", demonstrando a radicalidade da alienação a que se encontram submetidos.[44] Os fios que tecem a alienação e fundam sua explicação são invisíveis para os sujeitos, que, ainda que a percebam, recusam-na. Esta recusa é traduzida na denúncia do sofrimento perante as condições de trabalho a que têm que se submeter. E na rebeldia ante a perda de controle sobre o tempo de suas próprias vidas, que passa a ser submetido ao controle de outrem, na relação assalariada. Como sustenta Shakespeare, "Tirais minha vida, quando tirais os meios de que vivo" (Marx, 1985: 89, Livro 1, v. 2, nota 307).

As razões da não-migração definitiva são várias: o ganho é pouco para pagar o aluguel, o custo de vida é mais alto em São Paulo onde "tudo depende do dinheiro", não sendo possível trazer e manter a família. Além dessa impossibilidade objetiva, o que mais estimula o retorno aos locais de origem são as *raízes da sociabilidade,* fundadas na *"terra da gente"* e no *"pessoal da gente".* São as relações familiares e afetivas que contam e a *"saudade é demais":* pai, mãe, esposa, filhos, namoradas. A relações entre os familiares, companheiros, amigos e parentes, em um universo em que os laços pessoais são mais fortes, reforça a identidade. Contrasta com o lugar onde vivem durante seis a sete meses, distanciados e circunscritos ao alojamento na usina, em uma cidade onde não conhecem ninguém e 'só pensam no serviço, na hora de trabalhar". Desenvolve um sentimento de profunda solidão, em que as pessoas vivem de *'mal-amor consigo próprias', de tristeza e raiva.*

---

44. Lembra a clássica análise de Engels sobre a classe trabalhadora na Inglaterra: "O proletário está completamente desprotegido. Não tem para si um dia que seja. A burguesia arrogou-se o monopólio de todos os meios de existência no sentido mais amplo do termo. Tudo aquilo que o operário necessita só pode obter através dessa burguesia, cujo monopólio está protegido pelo poder de Estado. O proletário é tanto na lei, como na realidade, escravo da burguesia que pode dispor de sua vida, como de sua morte. Ela oferece-lhe meios de subsistência, mas em troca de um "equivalente", em troca de seu trabalho. A burguesia vai mesmo ao ponto de conceder-lhe a ilusão de que age livremente, de que faz um contrato livremente, sem qualquer constrangimento, como titular de seus direitos. Bela liberdade que não deixa ao proletário outra condição que não seja subscrever as condições impostas pela burguesia ou morrer de fome e de frio, vivendo nu entre os animais do bosque. Belo 'equivalente' cujo montante é deixado ao arbítrio da burguesia". (Engels, 1975: 112)

Indagados como vivem essa vida de ir e vir, dois jovens trabalhadores expressam com limpidez a tensão e a ambigüidade com que experimentam essa realidade.

A gente quando está aqui, acha que lá está bom. Quando a gente está lá, acha que aqui está melhor. Então *a gente fica naquela ilusão, naquela ilusão de ir e vir!* Vamos supor, hoje estou aqui. Mas aqui não dá, eu trabalho muito e não tenho liberdade. Vou embora. Quando chego lá eu falo: está ruim, acho que não dá certo, eu vou voltar para lá. *Então fica naquela ilusão: indo e voltando, indo e voltando...* Quando a gente chega lá tem saudade e quando a gente chega aqui tem saudade de lá também. *É a mesma coisa.* A gente tem que acostumar. (Trabalhador, na sua terceira viagem para São Paulo).

É nítida a consciência de que a busca de alternativas para viver melhor, traduzida no reiterado fluxo migratório, é uma ilusão. Mas uma ilusão que carrega esperança de ser diferente, ainda que reconheçam no ir e vir variações de um mesmo tema ou uma mesma condição de vida, cujo poder de alterar foge ao seu controle: é igual, "a mesma coisa" —, apesar de diferente. Ou, em outros termos, diferenças no interior de uma mesma unidade.

O conjunto dos depoimentos assinala a *simbologia da vida liberta*, assentada na posse da terra e no trabalho familiar "por conta própria" nas regiões de origem, em contraste com a "prisão", o "cativeiro" da vida na usina, ao qual se sentem sujeitados. O desafio é decifrar, nesse contraponto, o *fetiche da vida liberta*, atribuindo visibilidade à complexidade da problemática — não apenas falsa — que se encontra subjacente a esse discurso.

Por meio de metáforas e parábolas, relacionadas às condições de vida, vão revelando sua compreensão das relações sociais de produção, nas quais estão inscritos como assalariados temporários. Percebem que no universo da usina não são reconhecidos naquilo que pensam e sentem, pouco importando para o "patrão" suas próprias vidas, mas sim o trabalho que executam em condições as mais adversas.

O mais vantajoso no trabalho das usinas é para os donos da usina, mas para os que trabalham não tem vantagem nenhuma. (Xavier, pernambucano)

Para o patrão o funcionário não tem valor. Ele tem valor só quando está dando duro, trabalhando. Mas na hora que ele saiu daquele lugar é logo esquecido. O funcionário não tem valor para o patrão: ele lida com 1000, 2000, 3000, depende do número que tiver. Um machucou, ele traz outro de outra seção e põe naquele lugar: se ficar bom, ficou, se morrer, morreu. Ele pode pagar o seguro e está tudo certo. Ele não diz assim fulano era um cara assim, assim, tão bom! Ele nunca dá esse tratamento ao funcionário. *Agora a gente pensa que tem valor.*

Você está fazendo um esforço, e seu chefe chega e vê o seu serviço. Você acha que está fazendo uma grande vantagem, mas para ele você não está fazendo nada! No dia que você perde o emprego existe outro cara para substituir... (Antônio, pernambucano)

Se o patrão fosse menos ambicioso e pensasse numa margem menor de lucro, talvez pensasse mais no ser humano que está trabalhando para ele... (José Carlos, mineiro)

Os trabalhadores têm clareza de que são substituíveis — "no meu emprego eu sou bilhete" — e que o que interessa é o máximo de trabalho que deles possa ser extraído: "meu negócio é só trabalhar" Outra imagem que lançam mão para representar o que significam para o empresariado é do *jumento de carga.*

Você conhece o jumento? Nós somos igual o jumento. O dono do jumento trabalha o dia inteiro com aquele jumento. É igual a nós! Ele trabalha o mês inteiro, a semana inteira e o dono não está nem aí..O coitado está com aquela carga nas costas, vamos supor, 100 quilos, 120 quilos... Então os usineiros fazem assim: eles têm aqueles nortistas. Eles vão, mas eles voltam... Nós podemos sair dizendo: no ano que vem eu não venho mais aqui! Mas no ano que vem nós estamos aqui outra vez! *Nós somos os jeguinhos de carga deles, mas de todos os usineiros, não só daqui.* (Trabalhador do armazém, que carrega sacos de açúcar)

Marx (1985: 99, Livro 1, v. 1) já sustentava que:

a angústia do trabalho, a transformação do trabalhador em uma *besta de carga,* constitui um meio para acelerar a valorização do capital, a produção da mais-valia. Como o trabalhador passa a maior parte de sua vida no processo de produção, as condições em que ocorre são, em grande parte, as condições de sua vida ativa. E economia destas condições de vida — expressa na economia do capital constante — é um método de elevar a taxa de lucro. Essa economia se traduz no confinamento dos trabalhadores em locais inadequados à saúde ao poupar custos nas edificações, na concentração de máquinas perigosas sem a preocupação devida com a segurança no trabalho, na omissão de medidas preventivas.

Ao recusar "essa vida de presidiário", que causa "angústia de viver" as interpretações dos migrantes sobre o período da permanência na fábrica são inspiradas no confronto com a outra realidade que partilham na condição de produtores diretos no trabalho "por conta própria". Ali não se percebem mandados por outro, porque sua subordinação ao capital passa por vias indiretas, pela mediação do mercado, não-dotada de igual transparência, dando margem à construção da noção de "vida liberta". Como demonstra esses extratos de depoimentos recolhidos:

> *Aqui não temos liberdade. Aqui nós somos sujeitos.* Lá nós temos liberdade, porque a gente é liberto: *a gente trabalha o dia que quer, a gente tem comunidade* (solidariedade). E aqui o dia que não trabalhar passa necessidade, passa apertado, não tem comida, porque ninguém tem o que dar. Então, *tem que trabalhar, não trabalha porque quer...* (Sr. João, baiano)

> *Lá ninguém me manda. Eu vivo por minha conta.* Às vezes, trabalho com gente que eu pago. *Aqui eu não sou livre. Lá eu não trabalho para ninguém.* Trabalho muito, mas em todo canto que a pessoa está, se quiser viver, tem que trabalhar. (Trabalhador migrante, piauiense)

> É *outra* a liberdade lá. Trabalha o dia que quer. Aqui não tem liberdade Trabalha de aluguel. Nossa liberdade é lá. Aqui, se não for trabalhar, leva "gancho". Lá, não existe "gancho".[45] (Raimundo, pernambucano)

> Eu acho que para quem é empregado, a liberdade é totalmente diferente (José Hilton, baiano)

> A liberdade que ele quer falar é que ele é dominado por ele mesmo. Ninguém manda nele. Ele vai trabalhar o dia que quer. Ninguém manda nele e aqui a gente é mandado por outros. (Arraildo, mineiro)

É importante salientar que a recusa dos migrantes em ter seu trabalho — ou uma parte significativa de seu tempo — mandado por outro é a contestação da exploração, tal como tratada por Marx. Esta refere-se à renúncia do trabalhador ao controle sobre seu poder criador — o trabalho, que se transforma em poder alheio, que não o enriquece, mas ao capital, ampliando o poder que domina o trabalho. A exploração configura o fenômeno da alienação, tal como tratada nos *Grundrisse* (Nicolaus, 1980). A recusa assinalada pode ser lida como a recusa ao fenômeno da alienação, em defesa da auto-regulação do tempo da vida.

Na fala dos migrantes a liberdade "lá" (no norte) representa maior possibilidade de *controle do tempo da vida expressa na margem maior de autonomia do indivíduo na deliberação quanto ao uso de seu tempo.* Materializa-se no respeito aos domingos e feriados, na possibilidade de definir a duração da jornada de trabalho, na possibilidade de não trabalhar nos dias de festas. Mas essa autonomia é subvertida pela falta de dinheiro, como sintetiza um depoimento:

---

45. Os trabalhadores explicam o "gancho": se faltam um dia de serviço perdem quatro de salário.

Lá tem liberdade, mas não tem salário; aqui tem salário, mas não tem liberdade. (Antônio, migrante)

Aí está o dilema por eles vivido.

A exaltação da "vida liberta" emerge no confronto com o trabalho na indústria canavieira, que subordina todo o tempo de vida do indivíduo, transformando-o em tempo de trabalho para o capital (jornada de doze horas, revezamento de turnos diurno e noturno, trabalho nos feriados, sábados e domingos, com apenas duas folgas ao mês, de doze horas cada). São freqüentes as reduções de número de trabalhadores, mantendo-se a mesma carga de trabalho, assim como as decisões arbitrárias por parte do usineiro — e seus prepostos —, estabelecendo punições e premiações. As exigências da intensificação do trabalho na safra, acopladas à extensão da jornada, fazem com que a usina absorva o máximo possível de energia vital dos operários no período de moagem da cana. É nesse contexto que o "tempo livre" no "Norte" aparece no contraste com a enorme ampliação do tempo de trabalho excedente no "Sul".

Mas o que é ser "liberto"? O que é a "vida liberta" ou o "tempo livre" na produção mercantil simples? Não é, certamente, o tempo livre para o livre desenvolvimento das necessidades e capacidades do indivíduo social. É *tempo de não-trabalho forçado*, de não-trabalho imposto pelas intempéries da natureza, pela concentração da propriedade, pela política agrícola que desconsidera a produção familiar, entre outros fatores.

> No verão, a gente fica "brincando", olhando o tempo passar. A terra é pouca, não tem trabalho para todos. (João, de Itaberaba, Bahia)

A redução da oferta de trabalho nas conjunturas recessivas choca-se com o enorme contingente de população sobrante, gerando a impossibilidade de o próprio trabalhador produzir o tempo de trabalho necessário à sua sobrevivência na própria região de origem, passando necessariamente pela mediação da produção de tempo excedente na subordinação direta ao capital. Nesse contexto, o excesso de tempo livre na produção familiar é expressão de que a expansão capitalista, a concentração fundiária e a crescente pauperização dos produtores já lhes subtraiu a possibilidade de colocarem em ação sua capacidade criadora — sua força de trabalho — tornando-os formalmente proprietários de suas condições de produção. É *"tempo livre" para a penúria do indivíduo e não para o seu livre desenvolvimento: o indivíduo impedido de prover sua própria subsistência. Em função disso, tem que se livrar desse "tempo livre" para subsistir.* Resulta numa individualidade com muitas limitações — que se restringe à satisfação das necessidades sociais básicas.

A idéia da "vida liberta" está matrizada pelo trabalho familiar "autônomo". Nele não é preciso trabalhar "vigiado", "sob os olhos duros do patrão". Não é preciso "viver de horas" e preocupar-se em não perder tempo: o relógio é o ciclo da natureza, o canto dos pássaros. Seu trabalho não pertence a outro que o administra. Ele pode gerir o seu tempo de vida, embora sua contrapartida seja a impossibilidade de produzir a própria subsistência da unidade familiar. Premido pela necessidade, mais além de seu desejo ou vontade individual, é constrangido a ir em busca da negação dessa liberdade em nome do dinheiro, expresso no salário. A noção de liberdade transparece, no discurso dos agentes, com um colorido romântico. Eles fantasiam sua própria penúria, como defesa, acentuando o lado humano — que não é menos real — da vida "lá no Norte": a festa, a solidariedade, a vizinhança, o aconchego da família. Esse destaque espelha outra realidade em que essas dimensões da vida são negadas no trabalho industrial. Permite salientar ângulos que se ocultam àqueles que já tendem a naturalizar a condição operária, já distanciados da posse da terra, em que se funda a concepção de autonomia que subjaz à noção de vida liberta. Mas aquela face da humanidade presente nas relações sociais convive contraditoriamente com a sua negação objetiva: a coerção das necessidades vitais, de habilidades e capacidades. Assim, os produtores familiares têm que se *livrar* daquela liberdade — ainda que temporariamente — para poderem subsistir.

O tempo aparece ora como um dado da natureza, ora travestido de uma linguagem ambígua, que aponta para uma temporalidade socialmente determinada. Um exemplo é dado pela parábola sobre a crise, ao tratar das relações entre tempo e liberdade. Relata o trânsito do tempo da fartura, da alegria da festa — o tempo bom —, ao tempo de crise — o tempo ruim — em que impera a pobreza, a fome e a morte. E "se o tempo está ruim, ninguém tem liberdade, porque não dá liberdade". Ainda que tenha liberdade, não tem condições de usufruí-la, pois "na terra vale o dinheiro". Como um vínculo social objetivado, expresso na dependência mútua e generalizada dos indivíduos reciprocamente indiferentes, o dinheiro caracteriza um tipo histórico de relação social entre os homens, materializando o poder social sob a forma de coisa. Esse significado do dinheiro na sociedade é intuído nos diversos depoimentos, que acentuam o poder do dinheiro:

> "o dinheiro é violência", "o homem mata por dinheiro", "é uma coisa boa, mas ao mesmo tempo não é uma coisa boa", "o dinheiro faz bem e faz mal",

"traz felicidade e infelicidade". Com dinheiro, "você compra a sobrevivência e você perde a vida". "Não se vive sem dinheiro e se trabalha por dinheiro."

Um trabalhador entrevistado apresenta sua hierarquia de prioridades, situando a importância do dinheiro, não como fim em si, mas como meio de sobrevivência, depois da saúde, já que depende da venda de sua força de trabalho para subsistir — único patrimônio de que dispõe —, à qual alia a presença da mulher.

> A saúde em primeiro lugar. A saúde é importante para nós. Mas quando tem saúde e o bolso cheio de dinheiro renasce o sol. Depois do dinheiro, mulher. Para mim, com essa três coisas eu posso até subir nas estrelas. O mundo sem mulher não vale, sem saúde ninguém vive, sem dinheiro é pior. (José Carlos)

Em síntese, a noção de vida liberta no reverso da condição operária veicula uma exaltação do universo do valor de uso, da fartura — materializado na produção familiar voltada à produção de alimentos — concomitante à sua implosão pela expansão capitalista. Em outros termos, seu definhamento estimula defensivamente sua exaltação, condensando a recusa dos indivíduos tanto às perdas progressivas que vem presenciando em suas condições de vida na produção familiar, quanto à alternativa do assalariamento, nas condições em que ele se apresenta na agroindústria canavieira. Ianni (1986) sugere que o imaginário da comunidade, traduzida na "utopia camponesa", pode ser uma invenção do futuro, além de nostalgia do passado. Essa afirmativa requer muitas mediações históricas. Os depoimentos coligidos *nesta pesquisa* sugerem uma tensão entre a exaltação subjetiva de um universo em decomposição que convive com a negação subjetiva da alienação vivida no trabalho industrial. Contém elementos de contestação da organização social instituída. Entretanto, a projeção do futuro voltado à ruptura da alienação — a comunidade constituída pela livre individualidade social — supõe a existência de um tempo livre de outra natureza. Tempo livre estreitamente articulado à expansão das forças produtivas sociais do trabalho — função civilizatória do capital —, que permita a generalização da produção de excedentes, passíveis de serem apropriados como patrimônio comum. São uma comunidade e um tempo livre não mais presididos pela restrição das necessidades e nem pelo valor de troca. O tempo disponível — e não mais o tempo de mais trabalho — torna-se medida da riqueza social, o que colide com a "qualidade" da individualidade social passível de ser cultivada na sociedade capitalista, ainda que ofereça o solo histórico para a sua construção (Marx, 1980a).

A VIVÊNCIA DO TRABALHO NA AGRICULTURA ...

A explicação da presença do migrante na usina se complementa com a visão da administração quanto à preferência por esse tipo de mão-de-obra, contraposta aos "paulistas", trabalhadores da própria região. Os migrantes são chamados de "mineiros", "baianos", nortistas ou "queima latas".[46] Os "paulistas", comparativamente aos migrantes, são mais qualificados e se negam a suportar o trabalho árduo da usina. São mais "manhosos", porque têm mais noção dos direitos trabalhistas e do significado do sindicato. Na ótica empresarial, o emprego dos migrantes é vantajoso porque eles "têm mais fibra", são "pessoas mais sofridas e mais pobres, acostumadas com dificuldades, a obedecer ordens sem reclamar, além de serem mais assíduos, porque não têm família na região". E completa o depoimento:

> "Eles agüentam os trabalhos mais pesados das usinas, porque não se formaram como cidadãos. Talvez estejam mais próximos do antigo escravo. "Os migrantes assumem as funções de maior insalubridade e periculosidade na usina. *Só é possível sair uma safra, graças ao trabalho do migrante*". (Administrador A. F.)

Na mesma linha de argumentação, o encarregado da usina em que a pesquisa foi verticalizada, salienta, dentre as qualidades dos nortistas, a "firmeza, pois ele já vem determinado a fazer a safra. Vêm para trabalhar, cumprir a sua obrigação e não ficam enrolando". Na maioria é "gente sadia e forte". São "mais fáceis de trabalhar, mais humildes", pois "os que se julgam sabidos são mais difíceis de lidar". Salienta a motivação para assumirem a jornada de doze horas — dois turnos que se revezam noite e dia, sábados, domingos e feriados, uma vez que o salário oferecido é maior que nas regiões de origem, além de contarem com as horas extras. Mostram-se mais firmes no trabalho e faltam menos, uma vez que se encontram alojados na usina. Já os "paulistas" só vêm para a usina preencher o tempo em que se encontram desempregados. Não agüentam a longa duração da jor-

---

46. Segundo explicação do administrador de uma usina da região, este apelido surgiu por causa de um migrante dessa mesma usina, que morava na favela da periferia. Na falta de melhores condições resolveu usar uma lata de cera para fazer a comida. De tanto queimar lata teve uma violenta intoxicação, a ponto de o médico responsável pelo hospital de Piracicaba censurar a empresa, que estava deixando seus trabalhadores se envenenarem. Este episódio redundou na construção de um restaurante na empresa, de boa qualidade, passando esta a oferecer um serviço de alimentação, financiado com a verba da assistência social. Diz o informante: "Conseguimos provar o aumento da produção com o trabalhador bem alimentado. Ele passa a render mais e, em troca de um prato de comida, se interessa mais pela empresa. O migrante estando bem alimentado, ele trabalha 24 horas se você quiser, entendeu? Então dá para tirar bastante rendimento dos trabalhos deles".

nada: não suportam o "horário pesado", uma vez que "o pesado não é o trabalho, é o horário". A jornada de doze horas é justificada devido a "sobra de gente", ou seja, a oferta de força de trabalho é grande, o que permite à empresa "endurecer" as condições de trabalho.

Segundo informação de um técnico da usina, os operários que têm faltas reincidentes ou criam muitos problemas para a empresa entram na *lista negra* e deixam de ser contratados na próxima safra.

Assim, na perspectiva do empregador, são inequívocas as vantagens do emprego dos migrantes, gerando uma economia de capital variável além da esperada submissão às normas e regulamentos fabris. Mas o seu emprego traz, contraditoriamente, óbices ao processo produtivo. Dentre eles podem ser citados: a rotatividade da mão-de-obra; a dificuldade de adaptação à cadência e ao horário que se impõe ao trabalho industrial considerando as origens agrárias dos migrantes; a falta de experiência no trabalho fabril por parte daqueles que são iniciantes na aventura da migração, com efeitos na conservação dos equipamentos, na elevação do índice de acidentes de trabalho e na qualidade dos serviços executados. A tendência que se aponta com o modernização tecnológica do setor é a redução relativa da dependência desse tipo de mão-de-obra e o crescimento da demanda de trabalhadores de maior nível de qualificação. Todavia, a construção civil e a agroindústria canavieira mantêm-se como celeiros de absorção da força de trabalho não-qualificada de origem rural, no desempenho das funções de maior insalubridade e periculosidade atribuídas aos "serventes de usina".

3.4.2 A imobilização temporária da força de trabalho pela moradia

A existência de alojamentos no interior das usinas para os migrantes, trabalhadores industriais, é um dos recursos utilizados pelas empresas para *assegurar a imobilização temporária da força de trabalho, flexibilizando o seu emprego*, na vigência do contrato de trabalho de safra.[47]

Provavelmente inspirado nas vilas operárias ou nas colônias das fazendas, o alojamento é simbólico da *institucionalização da migração sazonal* e da *preferência na ótica do empresariado desse tipo de mão-de-obra*. Indica que o recurso aos migrantes no trabalho das usinas possivelmente não tenha um horizonte passageiro, ainda que seja mão-de-obra temporária. A sazonalidade do funcionamento dessa indústria rural exige uma expansão

---

47. Sobre a cessão de casas em usinas e as vilas industriais ver: Leite Lopes (1976 e 1988).

A VIVÊNCIA DO TRABALHO NA AGRICULTURA ...

do contingente da força de trabalho apenas durante uma etapa da produção industrial: a moagem da cana para a produção de açúcar e álcool. A demanda de força de trabalho se reduz na entressafra, quando a manutenção dos equipamentos requer trabalhadores especializados.

O alojamento enquadra-se nas normas vigentes na década de 1980, para a prestação de assistência social aos trabalhadores, conforme determinação da Lei n. 4.870, de 1965, e Resolução n. 07/80, de 18/07/1980, do Instituto de Açúcar e Álcool.[48] Determina a contribuição obrigatória dos usineiros para o Plano de Assistência Social (PAS). *Não representa custo extra para a empresa*, já que financiado integralmente pelos consumidores, embutido no preço da cana, açúcar e álcool e recolhido como contribuição obrigatória para esse fim, com multa instituída aos sonegadores: 50% sobre os valores retidos até o prazo de trinta dias e mais 20% sobre esse montante por mês excedente, índice sobre índice.

Até 1980, 185 fiscais do IAA percorriam as 346 usinas e as 40 associações de fornecedores de cana do país, protagonizando uma fiscalização precária para o universo dos produtores, mantendo um mínimo de controle sobre o repasse do plano. Com a extinção do IAA em 1990, pelo governo Collor, o pagamento da contribuição deixou de ser fiscalizado. Se antes a sonegação já era um fato rotineiro, a partir de então passam os usineiros a sonegar totalmente esta contribuição, criando falsas contabilidades para apresentar ao governo, privando os trabalhadores rurais do direito à assistência social. Coube ao Ministério da Indústria e Comércio, a partir de 1995, receber as atribuições do Instituto e seu acervo. Matéria publicada no *Jornal do Brasil*, em março de 1996, — em que se apóiam os dados supra-citados — , denuncia que nessa data, "além de deverem 4 bilhões ao Banco do Brasil, as usinas de açúcar e álcool deixaram de recolher, nos últimos 6 anos, cerca

---

48. Na citada Resolução, consta no seu Art. 1º: "Ficam os produtores de cana, açúcar e álcool obrigados a aplicar, em benefício dos trabalhadores industriais e agrícolas das usinas, destilarias e fornecedores, em serviços de assistência médica, hospitalar, farmacêutica e social, importância correspondente no mínimo às seguintes percentagens: (a) de 1% (um por cento) sobre o preço oficial do saco de açúcar de 60 quilos, de qualquer tipo; (b) de 1% (um por cento) sobre o valor oficial da tonelada de cana entregue, a qualquer título, às usinas, destilarias anexas ou autônomas, pelos fornecedores ou lavradores da referida matéria; (c) de 2% (dois por cento) sobre o valor oficial do litro de álcool, de qualquer tipo, produzido nas destilarias. E os recursos previstos neste artigo poderão ser aplicados diretamente pelas usinas, destilarias e fornecedores de cana, individualmente ou através das respectivas associações de classe, mediante plano de sua iniciativa, submetido à aprovação e fiscalização do IAA. Os serviços habitacionais são incluídos no art. 3º dentre os serviços e auxílios previstos, explicitando em seu parágrafo único que obedecerão a programas elaborados de acordo com as normas do BNH. (Instituto do Açúcar e do Álcool, Resolução nº 07/ 80 de 18.07.1980)".

de R$ 650 milhões" (Fortes, 1996), relativos à contribuição obrigatória ao PAS, deixando de dar apoio a 1,5 milhão de trabalhadores do setor em todo o país, como pode ser observado na tabela a seguir.

O alojamento ocupa um pequeno território dentro das usinas, próximo à área da administração, não obstaculizando a produção canavieira. Representa um atrativo para a força de trabalho empregada ao figurar como um tipo de salário indireto, ao lado de outros, como o subsídio à alimentação, a assistência médica e odontológica etc. Ao dispensar o trabalhador dos gastos com moradia, permite uma oferta de salário menor, reduzindo o salário real. Se em tempos anteriores, o usineiro utilizava-se da disponibilidade de terras para imobilizar a força de trabalho, hoje pela mediação da propriedade da terra utiliza-se dos recursos dos consumidores, viabilizados pelo poder estatal e pelas políticas públicas para os idênticos fins, ante as novas condições históricas que perfilam o mercado de trabalho.

Verba do Plano de Assistência Social — (PAS)
— Safras 1990/1991 a 1995/1996

Produtos	1990/91	1991/92	1992/93	1993/94	1995/96
Cana produzida milhões de tonelada	222,1	228,7	223,9	240,8	240,9
PAS	29,9	30,8	30,2	32,4	33,7
Álcool produzido bilhões de litros	11,8	12,4	11,1	12,6	12,0
PAS	103,8	109,1	97,6	110,8	105,6
Açúcar produzido bilhões de quilos	7,3	8,6	9,2	11,6	11,6
Milhões de sacos	121,6	143,3	153,3	193,3	193,3
PAS	18,02	21,2	22,7	28,6	28,6
PAS (Total em milhões)	151,7	161,1	150,5	171,8	167,9

Fonte: Ministério da Indústria e Comércio e da Agricultura

A imobilização temporária da força de trabalho apresenta inúmeros benefícios para o empregador, dentro das condições então vigentes de organização do trabalho fabril. Torna a força de trabalho disponível para a jornada extensa, diurna e noturna, facilita a observância do horário de trabalho e elimina os custos de transporte de trabalhadores para o local de trabalho. Trata-se de um mecanismo eficiente para a redução dos índices de absenteísmo, à medida que mantém seus funcionários na propriedade territorial da usina e os distancia do envolvimento emocional familiar, tornando-os disponíveis integralmente para o trabalho. Atribui maior flexibilidade à alocação dessa força de trabalho não-qualificada nas várias etapas e funções do processo produtivo industrial. Permite, inclusive, a intensificação do ritmo/intensidade de trabalho, no caso de falta e/ou redução do contingente de empregados.

De outro ângulo, trata-se de um recurso que facilita um controle extra-econômico sobre a vida privada desse contingente operário. Cria obstáculos à vida cultural e associativa autônoma, ao instituir a vigilância na convivência que atinge os diálogos e conversas, o controle dos conflitos, o lazer, a moralidade e a sexualidade. Previne eventuais iniciativas de organização operária. Nessa perspectiva o isolamento dos operários no alojamento afasta-os de seus pares que atuam em outras usinas, assim como distancia das ações coletivas mais amplas levadas a efeito pelo movimento sindical. Contraditoriamente, ao viabilizar a reunião e convivência diuturna do mesmo grupo de trabalhadores, cria um terreno favorável à sua articulação local para enfrentarem as condições adversas do trabalho, burlando os mecanismos de controle.

Thompson (1979), discutindo a apologia à economia de tempo, mostra que a sociedade industrial realiza uma investida contra a ociosidade das massas. Considera que a perda de tempo embota o espírito com a indolência e dela só se pode esperar a pobreza como recompensa. *O tempo tem que ser gasto, utilizado. O tempo já não passa, porque é dinheiro.* A apologia à *economia do tempo* resulta na ênfase na pontualidade, na regularidade da sincronização do trabalho, na impessoalidade, na administração metódica das energias. Implica a repressão ao descanso, à sexualidade, às manifestações festivas, aos prazeres da vida. Os homens são levados a desaprender as "artes de viver", o cultivo de relações pessoais mais ricas e tranqüilas. O controle do tempo, como salienta o autor, tem uma dimensão de violência contra a vida.

A permanência dos trabalhadores no alojamento é indissociável do contrato por safra, legalmente instituído, que prevê ao seu final o pagamento dos direitos trabalhistas pertinentes. Este período é oficialmente de seis meses, mas sua duração efetiva depende da capacidade de moagem das usinas, muitas vezes estendendo-se até dezembro. Na usina de referência, a safra teve início em meados de abril e terminou na primeira quinzena de dezembro, totalizando quase oito meses. O retorno dos trabalhadores às suas regiões nesse período é dificultado pela proximidade das festas natalinas. A pressão para o retorno é também decorrente da necessidade de "tocar a lavoura" nas épocas de colheita e plantio, que demandam maior quantidade de mão-de-obra, uma vez que o ciclo agrícola no Norte/Nordeste não coincide com o do Sudeste.

Ante a insatisfação dos operários quanto ao prolongamento do período de permanência, a empresa oferece condução para levar os migrantes às suas regiões de origem, facilitando o seu regresso, como um recurso para "acalmá-los", diante da ampliação do tempo de moagem da cana.

> Quem é mandado por outros nunca tem sossego na vida. É sempre desassossegado: ganha pouco e só agüenta amolação. Chega a época de ir embora, não vai. Fica passando raiva aqui. Eu já estou, que só Deus sabe... Já estou sem paciência, vontade de largar isso aí e ir embora. O cara vai ficar aqui sem passagem e eles empatando o tempo da gente. É triste! O ônibus da usina vai para Juazeiro da Bahia. E quando chega em Feira de Santana tenho que comprar outra passagem na linha de Paulo Afonso. É bicho feio! (João, de Cícero Dantas, Bahia)

O alojamento da indústria comporta 120 operários industriais, sendo considerado um dos melhores da região. Os operários são distribuídos em quartos e tendem a se reunir segundo os laços de parentesco, amizade, de acordo com as suas "nacionalidades" (baianos piauienses, pernambucanos, mineiros, paranaenses etc.), aproximando-se de seus conterrâneos. Tentativas de distribuí-los segundo os turnos de trabalho noturno e diurno foram infrutíferas, tendo prevalecido as afinidades em suas escolhas. Reeditam aqui os elos que os unem nas regiões de origem.

A convivência no alojamento não é simples. Existe "o amigo de verdade e o amigo da falsidade", que é amigo para ver a miséria do outro:

> Conviver com bastante gente é difícil. Às vezes um não vai com a cara do outro, vai criando bronca e partindo para a ignorância. Aqui moram 120 peões! E não têm uma natureza igual. Um é diferente de outro. É difícil conviver! Muitos reclamam porque é gente nova no trecho. O cara que é corrido, vivido no mundo, ele amarga muita coisa!. Viveu no alojamento é peão! *Não tem peão bom! Peão bom é aquele que concorda com tudo o que vier para ele! Mas esse não tem não! Não tem peão bom, não!* (João, pernambucano)

De um outro ângulo, é ressaltada a união e a solidariedade entre eles e a honestidade:

A VIVÊNCIA DO TRABALHO NA AGRICULTURA ...

Aqui todo mundo se trata que nem irmão. Somos todos irmãos! Ninguém briga, são todos colegas, todo mundo se conhece. Todo mundo se trata como irmão. Então, não tem confusão! (José Raimundo, baiano)

Ser trabalhador, para mim, significa conviver com pessoas honestas, porque o povo trabalhador é honesto. (José Luiz, mineiro)

A vida no alojamento, para aqueles que nem dizem sempre sim — não são exemplos de "peão bom" —, é parte e expressão das condições de trabalho, potenciando suas tensões, derivadas das longas jornadas, do trabalho pesado e do desrespeito ao descanso semanal. O tempo para lazer é praticamente inexistente. Reclamam da falta de tempo livre para ir à cidade, da carência de alternativas para ocupação do estreito tempo de descanso: uma televisão comum, um jogo de futebol — que já existiu —, jogo de sinuca, entre outras possibilidades perfeitamente viáveis.

A ausência da convivência com a esposa e a família é uma das dimensões desse tipo de trabalho mais difíceis de suportar, o que afeta o convívio entre os colegas. A relação com a família no tempo em que trabalham na usina se resume à correspondência, para os que moram distantes. Eventuais visitas, quando residem em cidades mais próximas — o que é uma exceção —, exigem prévia autorização do empregador, uma vez que supõe uma redistribuição das tarefas no processo de trabalho fabril.

Eu sou casado e tenho 3 filhos. Imagine bem! Como a gente está se sentindo. Tem dia que o cara está de mal-amor com ele mesmo! O outro pode falar: fulano tem duas caras, um dia ele está bom, outro dia está mal. Ninguém sabe como ele é! Às vezes a pessoa está com a cabeça fria, mas tem dia que está pensando na família, se tranca no quarto. Acende um cigarro e só fica pensando na família...Quando o cara é solteiro ele tem o pai, a mãe, os irmãos para ele pensar. Mas o cara que é casado tem o pai, a mãe, os irmãos, mais os filhos e a mulher que é mais importante na vida dele. Às vezes o cara fica de mal-amor! Passar 7, 8 meses sem ver a família, dá dia que fica meio bravo com ele mesmo! (Francisco, baiano)

Gramsci, em sua análise sobre o "Americanismo e fordismo" (1974: 392) acentua o interesse dos industriais pelas famílias e a sexualidade de seus dependentes. Sustenta "não ser possível desenvolver o novo tipo de homem, solicitado pela racionalização da produção e do trabalho, enquanto o instinto sexual não for absolutamente regulamentado, não for também racionalizado", o que tem lugar nas condições de trabalho ora relatadas.

Se não tiver um *melzinho* para o cara tomar, o que é que faz? Tem que sair para ver o movimento! Se não sair a cabeça vai pirando e a pessoa fica louca. Para quem mora na cidade é gostoso! Quem tem dinheiro para ir a um cinema... E quem mora aqui no alojamento? Aqui tem som (alto) som... som direto e, *se o cara não tiver a cabeça boa, ele fica louco*. (Joaquim, pernambucano)

O alojamento reforça a sensação de *solidão*, de *monotonia*, de *estar "muito cativo"*, que pode levar à loucura, estimulando o alcoolismo. "Aqui é só canavial" e se escuta durante as 24 horas do dia o barulho da usina. Barulho que se prolonga após permanecerem doze horas no seu interior. Têm clareza que interessa ao empresário deter os trabalhadores no alojamento, pois "moram perto do trabalho", "não faltam", "não tem farra". A permanência em uma pensão na cidade não é viável para os operários, visto ser muito dispendioso e não haver transporte, uma vez que se trata de uma indústria rural, situada distante da sede do município.

O alojamento permite, assim, a imposição de um *disciplinamento e moralização da força de trabalho,* alargando o controle empresarial sobre a vida privada de seus trabalhadores. Este se materializa em visitas inesperadas do encarregado a qualquer momento do dia ou da noite, além da vigilância noturna realizada por um ex-migrante contratado para esta função, com larga trajetória de trabalho na empresa e acesso junto aos trabalhadores. A autoridade patronal é reforçada com a eventual presença da polícia no alojamento.

> O peão briga. Quando tem *pingão* no meio é pior... O cara brigou, aconteceu qualquer coisa tem o centro médico aí encostado... À noite é mais difícil, porque está tudo fechado, não tem saída para o cara. É obrigado a chamar o guarda e a polícia vem pegar peão! Cada ralada! (Extratos de vários depoimentos)

No caso específico relatado nos depoimentos subseqüentes, a resposta policial foi a um boicote que os trabalhadores fizeram à pensão que fornecia alimentação, fonte de inúmeras insatisfações e inclusive uma greve — tratada na seqüência —. O boicote consistiu no "roubo de marmitas":

> A polícia veio aqui ontem à noite. Os "homens" aí não deram mole não! Chegaram tudo de *bereta* na mão... *A polícia veio buscar faca, revólver e marmitas.* Revólver eles não levaram porque não tinha. Arma mais pesada também não. Mas faca e canivete levaram tudo. Só levaram arma de bêbado!... Porque roubaram marmita da pensão! Tinha mala que estava coberta: quando o guarda abriu a mala era só marmita que voava para cima (risos)... Tinha mala que estava lisa, era só marmita! O nêgo queria montar uma pensão lá!... *Vai ver que é um cara esperto que está bolando um plano para falir a pensão. Daí entra outra pensão no ar e melhora o refrão... A sorte é que não é confusão. Aqui é plano! A gente vem junto e quando vai, sempre vai tudo junto.* (Depoimentos de vários peões)

A contestação às condições de trabalho organizada com originalidade, expressa no *roubo das marmitas*, mostrou ser possível burlar, pela sua união, os esquemas de vigilância instituídos. Foi uma resposta à precariedade da alimentação, essencial para preservar a capacidade física necessária ao enfrentamento do esforço e da longa duração do trabalho.

O capital agroindustrial canavieiro historicamente vem se utilizando de uma articulação com produção familiar para diminuir parte dos custos monetários da reprodução da força de trabalho, transferindo ao trabalhador a produção direta de parte dos seus meios de vida. No processo histórico de *formação desse capital, o recurso acionado foi o colonato. A migração sazonal de produtores familiares para a trabalho industrial temporário é um outro recurso para aquela articulação na atualidade, mediada pelo mercado de compra e venda da força de trabalho.* Sob condições e tempos históricos diferenciados, são duas formas distintas de o capital fixar a mão-de-obra no lapso de tempo que dela necessita e manter o salário-base abaixo do custo de reprodução da força de trabalho, articulando mecanismos monetários e não-monetários. Traz para as determinações de seu tempo, relações e formas de sociabilidade que dele se distinguem, metamorfoseadas em elementos vitalizadores da reprodução capitalista.

Os migrantes sazonais, nas condições aqui relatadas, permitem uma redução do dispêndio de capital variável, traduzido nos baixos salários e no emprego intensivo e extensivo da força de trabalho. Martins (1986) sugere a existência de *uma elevação da composição orgânica do capital às avessas: não via elevação do capital constante, mas via redução do capital variável.* Este é um elemento importante para explicar a preferência do empresariado por este tipo de mão-de-obra, porque permite um aumento da taxa e massa da mais-valia. Este aumento é obtido ao reduzir o número de empregados permanentes, aumentar a massa de trabalho no período da safra, o que representa aproximadamente o dobro de trabalhadores nas empresas. Estas se desvencilham de qualquer responsabilidade — e ônus correspondentes — junto a esse segmento de operários ao término do contrato temporário. Paga-se um salário-base inferior à média do ramo industrial, encoberto pelo fetiche das horas extras, que permite um montante absoluto de dinheiro maior, o que se revela atraente aos trabalhadores.[49]

Todavia a apreensão do movimento da produção e do ciclo do capital na sua totalidade traz outras luzes à análise. Articulando a divisão do trabalho na produção e na sociedade, as condições atuais apontam para *a vi-*

---

49. Este aspecto é tratado no item subseqüente.

gência de uma ampla superpopulação relativa para a capacidade de absorção da dinâmica econômica capitalista, em dimensões não verificadas no passado. Alia-se um mercado de trabalho nacional unificado, que acompanha a absorção pelo capital de todo o espaço nacional, como território de seu crescimento. Os elevados índices de concentração da propriedade, riqueza e poder fazem com que o monopólio da terra torne a disponibilidade de terras artificialmente escassa. Soma-se o abrangente e decisivo papel do Estado na regulação dessa agroindústria até o final da década de 1980, e a alocação do fundo público para subsidiar os grandes empreendimentos econômicos e financeiros.[50] Assim, ao mecanismo assinalado de redução do capital variável, o conjunto dos subsídios estatais à agroindústria canavieira permite também uma elevação do capital constante em condições muito favoráveis aos empresários, por meio do crédito, favorecendo a taxa de lucro. Não se pode esquecer ainda que o Estado sempre acionou mecanismos protetores do mercado do açúcar e do álcool, seja ante a competição no mercado internacional, seja forjando a ampliação do mercado interno, cujo exemplo mais emblemático foi o Proálcool. Oferecia assim garantias ao processo de realização da taxa média de lucro no setor e eventuais lucros extraordinários. Essas são algumas das mediações históricas que atribuem novidade à imobilização temporária da força de trabalho dos migrantes sazonais na sede das usinas. Ela é inteiramente diversa do colonato, ainda que apresente um elo comum sediado na propriedade territorial e em mecanismos extra-econômicos — em especial a moradia — como meio de tornar "cativa" a força de trabalho necessária ao funcionamento, a pleno vapor, das usinas e destilarias. No passado, a imobilização não-temporária da força de trabalho no interior da propriedade requeria a cessão do sítio para a produção de alimentos, a construção de casas individuais, além dos encargos de luz e outras despesas necessárias para manutenção do colono e de sua família todo o ano agríccla. Com os migrantes, não é preciso subtrair terras da atividade produtiva — hoje muito mais valorizadas — para a produção familiar, uma vez que esta se realiza fora das fronteiras da propriedade. Também são dispensados gastos com a construção das vilas operárias. Um único alojamento é necessário, cuja edificação é custeada com verbas dos consumidores e

---

50. Nesse setor, na esfera da produção, o Estado marca presença com subsídio à indústria produtora de bens de capital, à produção da matéria-prima, à indústria de transformação química do açúcar e álcool, além do apoio no campo científico, na produção de ciência e tecnologia a serviço desse ramo de produção. No nível da circulação, interfere nas condições de comercialização e regula a exportação, além da garantia de preços. Com tais "braços" o poder estatal favorece a realização do valor e da mais-valia criados e acelera o processo de rotação do capital alocado nesse ramo industrial.

deduções fiscais. O empregador é dispensado de preocupar-se com a reprodução da família do trabalhador, já distanciada do local de trabalho. Sua reprodução passa a depender tanto do tempo de trabalho necessário e excedente produzido na usina durante parte do ano agrícola, quanto do tempo de trabalho da unidade familiar no plantio de alimentos, ou em empregos intermitentes e eventuais nas regiões de procedência dos migrantes. Os empregados são liberados das preocupações domésticas cotidianas, tomando-os como pura força de trabalho a ser consumida em um período condensado. Os dias de descanso são metamorfoseados em tempo de trabalho assalariado para o empregador, uma vez que os trabalhadores têm que "congelar" temporariamente sua convivência familiar, afetiva e seu tempo de descanso. Como já foi destacado também existem desvantagens: a rotatividade da mão-de-obra, as dificuldades de adaptação à indústria, a falta de experiência no trabalho fabril, a falta de instrução, a possibilidade de organização dos operários, entre inúmeros outros aspectos.

3.4.3 A vivência do processo de trabalho industrial

O cenário da produção de açúcar e álcool é revelador das condições materiais e sociais em que se realiza o trabalho. O mecanismo automatizado enche todo o espaço fabril, atribuindo-lhe um caráter imponente e misterioso com suas escadas de ferro elevadas, esteiras, moendas, caldeiras, filtros, evaporizadores, turbinas centrífugas e equipamentos para a fermentação e a destilação do álcool. Um ruído ensurdecedor, altas temperaturas, uma névoa de vapor e um odor particular impregnam todo o ambiente. Evoca um inferno dantesco, a que Leite Lopes (1976) identificou como *vapor do diabo*.[51]

O caráter pioneiro da produção açucareira em Piracicaba traz na arquitetura das usinas a expressão condensada dos tempos históricos diferenciados que a constituem, tanto na sua aparência física, quanto na paradoxal integração entre equipamentos modernos automatizados e um trato do trabalho, que convida a uma viagem de retorno aos primórdios da in-

---

51. É patente a descrição da fábrica efetuada por Marx nesse contexto: "Enquanto sistema organizado de máquinas de trabalho que recebem seu movimento de um autômato central, por meio da maquinaria de transmissão, a indústria maquinizada reveste sua figura mais desenvolvida. A máquina individual é substituída por *um monstro mecânico cujo corpo enche fábricas inteiras e cuja força demoníaca, oculta à princípio pelo movimento quase solenemente compassado de seus membros gigantescos, irrompe a dança loucamente febril e vertiginosa de seus inumeráveis órgãos de trabalho*" (Marx, 1985: 464; grifos nossos).

dustrialização. O contraste arquitetônico é expresso nas tradicionais fachadas de tijolos e chaminés verticais das fábricas, convivendo com gigantescos e modernos depósitos de álcool. Enormes galpões abrigam máquinas automatizadas, contrastando com os homens que nela trabalham em um terreno de insalubridade e periculosidade. Os trabalhadores se tornam relativamente reduzidos ante o tamanho dos equipamentos e ferragens, revelando a materialização do domínio poderoso das coisas sobre os homens, em um cenário exemplar da modernidade arcaica expressa nesse ramo de produção.

O detalhamento do fluxo da produção industrial, efetuado por um técnico químico,[52] dá vida às coisas — às etapas que percorre o processo produtivo de transformação da matéria-prima — e silencia os sujeitos que as impulsionam. Os migrantes sazonais encontram-se presentes em todas as atividades que formam o processo de trabalho industrial, animando-o naquelas funções que não requerem trabalho especializado.

O processo de fabricação do açúcar inclui as seguintes etapas: (a) *pesagem da cana*, (b) *amostragem para determinação do teor de sacarose*, no laboratório da usina — o preço da cana depende do teor de sacarose, ou seja, da quantidade de açúcar por tonelada de cana, o que varia de acordo com a qualidade e os cuidados técnicos do corte;[53] (c) *descarregamento da carga no depósito de cana* — o caminhão entra no depósito, a carga é amarrada com cabo de aço, suspensa por um balanção e colocada na esteira; (d) *lavagem*, para retirada das impurezas (especialmente terra) da cana, indo para uma caixa de decantação. A matéria-prima é colocada em um equipamento chamado "banca de 45°" e lavada. Entra em um circuito fechado, lava, vai para a decantação e retorna. As bancas jogam a cana na esteira que é recolhida pela garra da ponte volante. Da esteira passa nos picadores e desfibradores, seguindo para a (e) *moagem*. A moenda separa o caldo do bagaço. Enquanto este é utilizado na alimentação das caldeiras, enviado por meio da esteira da moenda,[54] o caldo é peneirado e levado para a *fabricação de açúcar e do álcool*.

---

52. A descrição que se segue é uma síntese das explicações sobre o processo de produção do açúcar e do álcool fornecida por um técnico químico de uma das indústrias pesquisadas.

53. O preço da cana na safra de 1987/1988 era de 575 ou 580 cruzados por tonelada, equivalente à quantidade de 94 quilos de açúcar. Acima dessa quantidade sofria ágio, e abaixo, deságio. As usinas que não tinham laboratório próprio eram obrigadas a pagar o preço da tonelada/cana pela maior média do Estado.

54. Existiam dois tipos de caldeiras na usina pesquisada: algumas dotadas de "variador de bagaço", com um controle quase automático do bagaço de cana e outra de controle manual do fogo e da pressão da caldeira por meio de correntes.

A produção do açúcar requer o *tratamento do caldo*, após sair da moenda. Esse tratamento é feito com cal — para a corrreção do pH — e enxofre, submetido ao aquecimento de 110°. Segue para a *decantação*, que é o processo de clarificação do caldo, efetuado através de filtros ("tortas"). A *evaporação* do caldo é feita através de evaporadores, que aumentam a concentração de sólidos, reduzindo a água e formando um xarope que vai para a *cristalização*, na produção do açúcar, ou para a destilaria, na produção do álcool.

A produção do açúcar segue com a *fase de cristalização*, mediante o cozimento do xarope tem-se a drenagem do açúcar e o xarope é engrossado por meio de mexedores. O mel é separado dos cristais através de turbinas centrífugas, que isolam o líquido do sólido. Finalmente o açúcar segue para *ensacamento e armazenagem*.

A *fabricação do álcool* nas destilarias, a partir de caldo, xarope e méis, desdobra-se em dois momentos: *fermentação e destilação*. No primeiro, com o xarope se faz o preparo do *mosto*, que é fermentado, durante dez ou onze horas. O fermento sai das dornas, é turbinado e volta ao pé de cuba. É feito o tratamento com ácido sulfúrico. Ao fermento adiciona-se o mosto, solução açucarada para fazer a passagem do açúcar para álcool, resultando no vinho, composto de água, álcool e fermento. A *destilação* ocorre através de centrífugas, que separam o vinho do fermento. O vinho passa em duas colunas: a primeira de graduação de 50°gl e depois pela coluna de retificação de 96°gl e, finalmente, o álcool é armazenado.

No percurso do processo de fabricação, a maquinaria exerce um papel ativo ante o trabalhador, adquirindo materialidade a subordinação do trabalho vivo ao trabalho passado, corporalizado nas máquinas e equipamentos, emancipados das barreiras inerentes à força humana. Desaparece o princípio subjetivo da divisão do trabalho, apoiado no trabalho vivo, tal como ocorre predominantemente na agricultura, em que se observam traços da divisão manufatureira do trabalho. A cooperação dá-se agora entre as máquinas, que se movimentam a partir de uma força motriz central.[55] Estas só funcionam à base do trabalho coletivo, tornando o caráter cooperativo do trabalho a elas subordinado uma necessidade técnica ditada pela natureza dos meios de trabalho. A inversão fetichizada do sujeito em objeto — a

---

55. Na fábrica — oficina fundada no emprego da maquinaria —, a cooperação simples reaparece como conglomeração espacial de máquinas de trabalho similares que operam simultaneamente, como uma unidade técnica, visto que são órgãos de um mesmo mecanismo motor. A cooperação é uma combinação de máquinas parciais, que funciona como um grande autômato, tanto mais perfeito quanto mais substitua a mão humana na passagem da matéria-prima de uma fase a outra. (Marx, 1985; cap. XIII)

reificação — torna-se visível: os meios de produção empregam os trabalhadores e o trabalho vivo é meio de valorização dos valores existentes. Esta faculdade de transformar os meios de produção em meios de direção e exploração do trabalho aparece como algo inerente a esses meios, às coisas, obscurecendo o fato de que elas expressam uma relação social de produção historicamente determinada. Na realidade, a dominação do capitalista é o domínio das condições de trabalho sobre os trabalhadores, incluindo tanto as condições objetivas do processo de produção quanto dos meios de subsistência, isto é, de reprodução do trabalhador. Essa relação só se realiza em *um processo que é social*, voltado à produção de produtos e de valor (Marx, 1974 d). Nesse universo,

> o trabalhador tanto mais empobrece quanto mais riqueza produz. Com a valorização do mundo das coisas aumenta, em relação direta, a desvalorização do mundo dos homens. O objeto produzido pelo trabalho, seu produto, enfrenta-o como um ser alheio, como um poder independente frente ao produtor. (Marx & Engels, 1975: 63)

Uma descrição das condições de trabalho no ambiente fabril do século XIX parece ressurgir nas usinas sucroalcooleiras pesquisadas.

> Todos os órgãos dos sentidos são igualmente lesados pela temperatura artificialmente elevada, pela atmosfera impregnada de resíduos de matéria-prima, pelo ruído ensurdecedor etc., para não falar do perigo de vida sob a maquinaria densamente amontoada que, com a regularidade das estações do ano, produz seus boletins da batalha industrial. A economia dos meios sociais de produção, artificialmente amadurecida apenas no sistema de fábrica, torna-se, ao mesmo tempo, na mão do capital, roubo sistemático das condições e vida do operário durante o trabalho, roubo de espaço, de ar, de luz, e de meios de proteção de sua pessoa física contra condições que oferecem perigo de vida ou são nocivas à saúde no processo de produção, isso sem sequer falar das instalações para a comodidade do trabalhador. Será que Fourier era injusto em chamar as fábricas de *"bagnos mitigados"* (prisões brandas)? (Marx, 1985: 45-46, t. 1, v. 2)

Os migrantes operários exercem as funções de monitoramento e alimentação dos equipamentos, de complementação das atividades mecanizadas, impedindo interrupções no fluxo da produção, além de atividades de limpeza de um ambiente a eles hostil. Leite Lopes (1976: 53) também constata que o "servente" na usina ocupa as tarefas mais pesadas ou secundárias em relação à produção, mudando com freqüência de tarefas, indiferente ao conteúdo de seu trabalho. Considera-o em transição entre o trabalho rural e o trabalho na usina. A maioria dos operários migrantes varia de atividades e não tem seção certa na fábrica. Algumas funções exigem maior experiência, como o trabalho na ponte rolante, o painel de comando da moenda, as caldeiras. Setores da destilaria também requerem prática anterior, além do trabalho no armazém do açúcar: pesagem, ensacamento, costura e empilhamento da sacaria.

Existe um relativo consenso de que uma das piores atividades da usina é a *limpeza de caldeira*: além de pesada, é quente. Como diz o encarregado, "reclamar, eles reclamam... *A pessoa que não tem opinião, não faz esse serviço*". O operador controla o bagaço, a chama e a pressão da caldeira não-automática, além de limpar a fornalha uma vez ao dia com a enxada. O trabalhador, ao relatar sua atividade, acentua o perigo da função e a responsabilidade que tem com a segurança dos demais companheiros, perante o risco de uma explosão. Enfrentar o serviço pesado e a "quentura" é assumido como um autodesafio, uma prova de resistência. Este é complementado com a intensificação do trabalho mediante a redução de pessoal, ou seja, produzir mais em menos tempo e com menor número de trabalhadores, comprimindo os custos salariais.

> A gente *só prova que é bom* quando consegue fazer esse serviço aqui! Todos que chegam, só trabalham um dia e não vêm mais. É muito pesado e quente. Pelo serviço, deveríamos ganhar um pouquinho mais! Eram quatro trabalhando e agora só tem dois. Estamos fazendo o serviço de quatro... É serviço pesado, mas a gente tem que enfrentar tudo... Serviço para gente achar bom, gostar dele, é preciso leitura. É preciso que a gente seja muito sabido, formado. Aí pega um serviço mais maneiro. (Sr. José, do Piauí, que há três safras exerce a mesma função)

A limpeza da esteira da moenda é outro serviço dos "mais pesados": "sujo" e "quente", vulgarmente denominado de "péla-porco". Fere a auto-estima do trabalhador, que afirma ter certeza de "merecer algo melhor". Experimenta o trabalho como algo degradante, que lhe repugna, mas não tem alternativa, pois "trabalha por dinheiro".[56] É silenciado pela autorida-

---

56. Engels, referindo-se aos *condenados ao trabalho*, registra: "Se a atividade livre e produtiva é o maior prazer que conhecemos, o trabalho forçado é a tortura mais cruel, mais degradante. Nada é mais terrível do que ser obrigado a fazer de manhã à noite algo que nos repugna. E quanto mais sentimentos humanos tem um operário, mais ele deve detestar o seu trabalho, pois sente o constrangimento que ele implica e a inutilidade que representa para si mesmo. Por que trabalha então? Por amor ao trabalho? Por um impulso natural? De modo algum. *Trabalha por dinheiro, por algo que não tem nada a ver com seu próprio trabalho; por outro lado, o trabalho prolonga-se tanto, é tão monótono, que só pode ser para ele um suplício, admitindo que ainda tenha alguns sentimentos humanos*" (Engels, 1975: 165).

de coercitiva "do homem", percebendo que "tem que agüentar e ficar onde está", pois "não se pode falar nada, pedir para mudar, senão *eles* ficam zangados".

Outra atividade das mais estafantes é o trabalho no armazém: ensacamento, pesagem, costura, amarração e empilhamento da sacaria. Com a máquina, um operário costura cinqüenta sacos em seis a sete minutos. Os saqueiros carregam de 3 mil a 4 mil sacos de cinqüenta quilos de açúcar — por trabalhador — durante uma jornada, dependendo da produção noturna, razão pela qual essa seção tem funcionamento exclusivo diurno. Para os operários é tida como uma "seção limpa", que "não tem lama", ainda que tenha o "pozinho do açúcar". E o que conta é o "talento do corpo". E é possível conversar — "se não fosse possível a gente não estava em reunião"[57] —, porque "não tem chamego de nenhum encarregado".

O operário que controla o painel da moenda sente a responsabilidade de realizar várias operações e controles simultâneos, em decorrência da necessidade de condensar o trabalho, levando-o a liberar mais força de trabalho em um tempo dado — um dos meios para reduzir custos —. Tem que ligar as turbinas, verificar as bombas de óleo impedindo interrupções no sistema e deterioração das peças, verificar possíveis entupimentos da moenda que impedem a moagem, zelando pelo fluxo contínuo do processo de fabricação.

Uma atividade que, sendo parte do processo de produção industrial, realiza-se fora do espaço fabril é a de manutenção da bomba que puxa o restilo da usina para adubar a lavoura. É uma tarefa penosa, de um trabalhador solitário e isolado no meio do mato, onde permanece durante toda a noite. Embora seja um "serviço bruto", *"faz mais tempo e meu pagamento dá mais"*, ou seja, aumenta o rendimento mensal, com o adicional noturno e as horas extras.

> Eu tomo conta do motor do canhão, aí de noite, na roça. O motor fica na roça. É para puxar o restilo da usina e jogar no mato. *Eu só olho o canhão.* Eles me levam, me entregam lá "no motor", *eu tomo conta e amanheço o dia com ele lá. Eu fico olhando, ele trabalhando, fica rodando!* (...) Trabalho de noite *porque faz mais tempo. Não perco dia, não perco hora, trabalho o mês direto.* Os outros folgam, eu não...Não tem lugar para divertir aqui também. *É muito esquisito este lugar aqui. A gente fica aqui só olhando o tempo, olhando a usina, o ar e pronto.* (Antônio, baiano)

---

57. Parte das entrevistas foram realizadas no interior da fábrica, durante a realização do trabalho.

O relato do migrante fornece transparência à inversão sujeito/objeto antes assinalada. Identifica seu trabalho como o de "tomar conta do motor", olhar enquanto ele trabalha, estando a seu serviço. E considera muito estranha essa tarefa de vigiar as coisas e o tempo.[58]

No trabalho fabril, os equipamentos e máquinas empregados no processo produtivo não criam qualquer valor, como parte do capital constante. Apenas transferem seus próprios valores aos produtos. Em outros termos, a maquinaria encarece os produtos na proporção de seu próprio valor. Embora ela ingresse totalmente no processo de trabalho — na produção de açúcar e álcool —, só parcialmente transfere seu valor aos produtos: aquela porção de valor que perde, em média, pelo seu desgaste. Verifica-se, portanto, uma diferença entre o valor dos meios de produção empregados e a massa de produtos criados. Quanto mais se reparte entre eles o valor adicionado pelos meios de produção, menor o encarecimento da mercadoria individual. De outro lado, além do desgaste material decorrente do uso intensivo dos equipamentos, existe a necessidade de contrarrestar o seu desgaste "moral". Isto porque o valor dos meios de produção empregados não se determina pelo tempo de trabalho neles objetivado, mas pelo tempo de trabalho necessário à sua reprodução ou à reprodução de similares mais aperfeiçoados e desenvolvidos tecnicamente. O período em que permanecem ociosos pode ser reduzido com o prolongamento da jornada de trabalho, aumentando a escala da produção.

Esse fato adquire especial importância na produção de açúcar e álcool, em função do elevado custo de seus equipamentos e do reduzido tempo em que a fábrica se encontra em plena produção, decorrente da sazonalidade de seu funcionamento. Assim, quanto mais longa a jornada de trabalho, maior a compensação da defasagem entre tempo de produção e tempo de trabalho. Embora a mecanização seja um meio de reduzir o tempo de trabalho necessário para a produção de uma mercadoria, sob a órbita do capital ela se torna um poderoso meio de prolongar a jornada de trabalho para além de todo limite natural. Ultrapassa as barreiras físicas e sociais (ou morais) da força de trabalho,[59] ocupando as vinte e quatro hora do dia,

---

58. "As palavras de um livre cambista otimista, citadas por Marx, são reveladoras desse trabalho de vigilância das máquinas: "Um homem se desgasta mais rapidamente vigiando durante 15 horas por dia a movimentação uniforme de um mecanismo que exercendo sua força física no mesmo espaço de tempo. Este trabalho de vigilância, que serviria talvez de ginástica útil ao espírito se não fosse tão prolongado, destrói com o tempo, por seu excesso, o espírito e corpo ao mesmo tempo". (Marx, 1985: 43, t. 1, v. 2)

59. O limite máximo da jornada de trabalho envolve barreiras físicas, visto que o trabalhador durante um dia de 24 horas só pode gastar uma quantidade determinada de sua energia vital. E

270   TRABALHO E INDIVÍDUO SOCIAL

viabilizada pela jornada coletiva, por meio do revezamento de turnos diurno e noturno de trabalho. Permite não só uma ampliação da mais-valia,[60] mas uma redução das inversões de capital necessárias à sua obtenção, diminuindo o número de trabalhadores empregados e as instalações e equipamentos.[61]

Para assegurar o funcionamento ininterrupto, a usina mantém apenas dois turnos com jornada de doze horas cada, destruindo as barreiras do dia e da noite, da natureza e da moralidade. É importante lembrar que no nascimento da indústria a jornada de doze horas passou a ter vigência em 1832 na Inglaterra. Longas lutas foram necessárias até a conquista da jornada de oito horas: uma guerra civil camuflada, de larga duração, entre a organização dos trabalhadores e os capitalistas, até a conquista da legislação estatal pertinente na segunda metade do século XIX. No país, conforme reza a Consolidação das Leis Trabalhistas (CLT) — a jornada regulamentar é de oito horas, sendo permitida sua extensão em "regime de urgência". A recomendação legal é de apenas duas horas extras ao dia, as quais multiplicam-se nas usinas, que "institucionalizam a urgência e a emergência", em nome da perecibilidade da matéria-prima (Leite Lopes, 1976). Assim, o tempo concernente às horas extras é tido, de fato, como parte da jornada efetiva de trabalho de doze horas. Como lembra o autor supracitado, com a jornada prolongada o usineiro consegue extrair em oito meses o equivalente ao trabalho de um ano no padrão médio.

> Manter as 12 horas, como dois horários *para a usina é mais vantagem do que ter 3 turnos. Precisaria do dobro de empregados aqui.* Se não fosse tão pesado (economicamente) eles não iam tocar só dois turnos. Mas que é difícil do pessoal agüentar, é! A pessoa trabalha 15 dias, (durante) 12 horas direto. No fim desses 15 dias ainda tem uma dobra de 24 horas para todo mundo que trabalha à noite.

---

durante a outra parte do dia tem que repousar, dormir, alimentar-se etc. Mas existem também barreiras morais, pois o homem necessita de tempo para satisfação de suas necessidades espirituais e sociais, que variam ao longo da história.

60. A mais-valia é condicionada tanto pela taxa de exploração quanto pelo número de trabalhadores empregados simultaneamente. A taxa de exploração ou taxa de mais-valia expressa a relação entre o trabalho excedente (ou mais-valia) e o capital variável.

61. "Com a introdução da máquina, a atividade do operário fica facilitada, o esforço muscular é poupado, mas o próprio trabalho torna-se insignificante e monótono. Não oferece ao operário qualquer possibilidade intelectual e no entanto absorve sua atenção a tal ponto que para executar sua tarefa não pode pensar em outra coisa. E ser condenado a executar tal trabalho, um trabalho que ocupa todo o seu tempo disponível, deixando ao operário apenas tempo para comer e dormir, que não lhe permite sequer um pouco de exercício ao ar livre, gozar a natureza, sem falar da atividade intelectual". (Engels, 1975)

A VIVÊNCIA DO TRABALHO NA AGRICULTURA ...

Você já pensou pegar o serviço às seis da amanhã, largar na segunda-feira às 6 da manhã e às 6 horas da tarde ter que voltar outra vez? Acho que o corpo humano não agüenta. Ficar 6 meses trabalhando assim, só num balde desse aí. Tem que ser caboclo muito resistente! (Wilson, mineiro)

Trabalha 12 horas, todo o dia. Praticamente o cara perde 15 horas. Ficam 9 horas para ele descansar, arrumar alguma coisa para ele. Ele não faz nada, não brinca nada! Precisa muita coragem para levar uma vida dessas: se não tiver, não faz! Só isso mesmo que eu tinha para dizer! (Luciano, 18 anos, baiano)

As 12 horas não são tão bravas assim para a gente fazer! Mas as 24 horas, é duro! Para a gente entrar as 6 horas da manhã no domingo e sair na segunda feira... *Esgota mesmo!* Está melhorando, mas os usineiros tratavam os funcionários deles como se fossem cachorros! A questão é tratar um ser humano! (Xavier, pernambucano)[62]

Além da dobra de vinte e quatro horas de trabalho a cada quinzena, que ocorre na troca de turnos, os empregados só têm uma folga de doze horas ao mês. Ou melhor, *"folga não, uma ilusão"*, como esclarece um migrante, pois saem ao meio-dia e, mortos de sono, vão dormir. A noite passa e às seis horas da manhã têm que estar na fábrica de novo. O mais difícil na avaliação dos operários é o *trabalho noturno*. Durante o dia, o sono não refaz o desgaste do corpo e da mente, porque sofre interrupções, o horário das refeições tem que ser observado, além do desconforto do tempo de calor e da poluição sonora do ambiente. Como resume um dos entrevistados: "trabalhar de noite para mim é uma doença muito grande". De fato, o prolongamento desmesurado do tempo de trabalho produz o esgotamento e atrofia a força de trabalho humana. Conduz à morte prematura, ao prolongar e intensificar, durante um dado período, o tempo de produção, reduzindo, a longo prazo, a duração de vida dos operários individuais, que se submetem a tais condições de trabalho.

Do ponto de vista dos migrantes, *o paradoxo vivido é o seguinte*: *"doze horas não dá, mas oito horas não compensa"*. A chave do enigma são os baixos

---

62. É impressionante a similitude desses depoimentos com o relato dos inspetores de fábrica, datado de dezembro de 1841, de igual jornada de trabalho, recolhido por Marx: "É por certo muito lamentável que qualquer classe de pessoas seja obrigada a se esfalfar 12 horas diariamente. Adicionando-se as horas das refeições e o ir e voltar da fábrica, elas totalizam, de fato, 14 das 24 horas por dia. Abstraindo a saúde, ninguém hesitará, espero, em admitir que do ponto de vista moral essa absorção do tempo completo das classes trabalhadoras, sem interrupções, desde a idade de 13 anos e desde muito antes nos ramos industriais 'livres' é extremamente nefasta e um mal terrível. No interesse da moral pública, para a formação de uma população apta e a fim de proporcionar à grande massa do povo razoável gozo da vida, é necessário que em todos os ramos de atividade seja reservado uma parte do dia para descanso e lazer". (Marx, 1985: 220, nota 131, t. 1, v. 1)

salários, inferiores ao valor da força de trabalho, o que é claramente apresentado pelo encarregado de pessoal. Todavia ele transfere aos próprios operários a justificativa da ampliação da jornada de oito para doze horas, como se esta fosse de seu agrado ou uma livre escolha possível.

> A usina tem que trabalhar 24 horas. Se o funcionário faz 8 ou 12 horas, a usina tem que trabalhar. Se trabalharem 8 horas, tem que fazer três turnos. Só que 8 horas eles (trabalhadores) não querem porque ganham pouco. A não ser que "eles" (os empresários) pagassem um salário equivalente dentro das 8 horas. Mas isso não vai acontecer nunca! Quando eles chegam para a safra perguntam se são 8 ou 12 horas. Eles querem fazer 12 horas, porque eles vêm para ganhar dinheiro. Eles deixam três ou quatro filhos para traz e a mulher. O ano passado foram três horários, tinha bastante gente daqui de Piracicaba, mas foi difícil. Igual eu falei para você, para fazer uma safra com paulista só, não faz! Este ano, duas turmas — 70 pessoas —, entrou e saiu. Vieram para trabalhar dois meses, pediram a conta e foram embora. (Ermínio, paranaense)

Os migrantes vêm *"em busca das horas"*, pois o "negócio aqui é ganhar dinheiro". Mas "é trabalho dia e noite, noite e dia" e não se "pode perder tempo, pois é pior para nós". Aqui a *"gente é forçado: queira ou não tem que trabalhar"*, como ilustra um migrante que trabalha fora das dependências da usina: "*Se tivesse recusa e a gente pudesse (recusar) ia trabalhar no meio do tempo, com a chuva caindo? Não ia não, ia arrumar outra coisa para fazer!*" (Antônio, baiano)

Na indústria vigora o trabalho por hora e o montante do salário varia de acordo com a duração da jornada. É fato conhecido que, quanto mais longa a jornada de trabalho num ramo industrial, tanto menor é o salário. Embora considerem o salário/hora muito baixo — quando comparado ao salário do ajudante na indústria metalúrgica —, as horas extras aumentam o salário total auferido. Como a força de trabalho é paga abaixo de seu valor médio, o tempo extraordinário torna-se exigência para ampliar os rendimentos. Trata-se de uma artimanha para a extração do trabalho excedente, contribuindo para manter rebaixado o preço da força de trabalho.

Para alguns operários "é um serviço que não compensa. A gente trabalha só seis meses e paga muito pouco!". Para outros, a vantagem é que embora o *dinheiro seja pouco, é certo*, comparado à imprevisibilidade dos resultados no trabalho agrícola "por conta própria", em que ora se ganha e ora se perde tudo!

Aos baixos salários acrescem os vários descontos e as dúvidas dos operários quanto a sua procedência. Existe uma permanente desconfiança de que a usina "errou" no cálculo do salário, sendo difícil, entre os empregados, compreender a variação salarial totalmente fora do controle por parte dos mesmos. Os extratos de depoimentos que se seguem ilustram o tema, objeto de um caloroso debate:

Nego falta cinco dias, dez dias, outro trabalha o mês completo e aquele tira mais do que outro. Por quê? Estou há seis meses aqui e nunca tirei um salário de 6 mil. Nunca tirei e não perco dia nenhum, não perdi hora nenhuma. Uns tiram mais, outros tiram menos". Por quê?

Nunca perdi um dia de serviço e trabalho junto com outros. Eles conseguem tirar mais e eu pego menos. Eu vou lá no escritório e falam que está certo. Você vai falar o quê? Vai ficar quieto e voltar para trás...

Eu perdi dois dias (24 horas) e descontaram 48 horas. O certo é descontar 32 horas por causa do domingo. Descontaram 16 horas a mais..

Eu perdi dois dias no mês passado e descontaram 48 horas; de 24 virou 48 horas. Eles dobraram por conta deles.

Você deve saber que em toda firma o trabalhador tem direito a 30 dias de trabalho e se fez um mês completo são 240 horas normais para o acerto do salário. E aqui no dia do pagamento recebemos 100, 180 horas normais. Tem gente aí com 120, outros com 220, 205, 210 horas. Mas são poucos com as 240 horas. Eu fico revoltado por causa disso. Porque o cara fez um mês de 30 dias completo, deve marcar 240 horas normalmente. Porque o legal são 8 horas: é o normal.

Reconhecem que a firma pode eventualmente equivocar-se. Mas errar todo mês o cálculo do salário "já é malandragem". Enquanto os trabalhadores denunciam os descontos arbitrários no salário, aquele que se auto-intitula "encarregado do patrão" debita as dúvidas quanto ao pagamento à ignorância dos migrantes (a maioria só sabe escrever o nome) e às dificuldades de entenderem os contracheques.

Muitas vezes eles recebem o pagamento e os *hollerits* são complicados, saem direto do computador. E eles não conseguem entender, porque eles não marcam nada. Essa hora é duro de lidar com eles. Acham que estão roubando... A gente tem que explicar que a usina não tem intenção de roubar nada de peão, que no mês passado pode ter trabalhado um domingo mais. Você só tem medo daquilo que não sabe: se você conhece uma coisa, você não tem medo. Esse é o problema. Depois eles vão acostumando, ambientando com a gente...Tem uns que é preciso levar no Departamento de Pessoal e pedir para eles explicarem direitinho. Mas nem todos saem convencidos... (Ermínio, paranaense)

Eventuais interrupções do contrato por tempo determinado, fora do prazo estabelecido, por parte dos empregados, compromete o saque do

Fundo de Garantia de Tempo de Serviço (FGTS), os direitos de férias com um terço constitucional e o 13° salário proporcional. O contrato por safra faz com que os migrantes permaneçam até o final do período, de modo a assegurar os direitos trabalhistas:

> Eu fico até o fim, porque o que é da usina eu não levo, mas o que é meu, eu levo! Não vou levar nem um parafuso, nem uma ruela, nem uma porca... *O que é deles eu não quero. Eu quero o que é meu, quero os meus direitos e só saio com eles.* (João baiano)

Os trabalhadores reclamam que a usina não fornece roupas e sapatos apropriados para o trabalho e nem equipamentos de segurança, ante as condições insalubres e perigosas, como o fazem outras empresas. As roupas se desgastam durante o período de trabalho, porque fazem um "serviço sujo", representando gasto extra para os operários.

A alimentação, sendo vital para a preservação da energia gasta no trabalho estafante e nas longas jornadas, é foco de maior tensão. Questionam a qualidade e o tipo da alimentação fornecida, que se choca com os hábitos culturais dos trabalhadores. Apesar de subsidiada com verbas do Plano de Assistência Social, cerca de dois terços do custo das refeições eram repassados aos empregados, descontados em folha salarial. Esse serviço é terceirizado e a usina faz um controle do número de refeições fornecidas por meio de um sistema de vales, que se transformam em artifício para ampliar os descontos, denunciados pelos trabalhadores. Os vales que sobravam do mês — que em alguns casos correspondia ao salário de dois a três dias de trabalho —, se não fossem devolvidos até a data prevista, eram efetuados os descontos, apesar de não terem sido utilizados. Outros operários devolveram os vales no prazo estabelecido e também não houve ressarcimento do dinheiro. Como atesta um trabalhador: "Se a gente comer paga, se não comer paga a mesma coisa! É que nem INPS essa pensão aqui: se usar paga, se não usar paga também".

O debate sobre quem paga a pensão, conveniada com a usina — se a empresa ou os operários —, indica a *origem* dos recursos acionados pela empresa para tal fim: o trabalho excedente apropriado e não-pago dos próprios trabalhadores.

> Como é que a usina paga a pensão? Ela tira nosso dinheiro do serviço para pagar a pensão. Ela não paga um tostão. Ela tira o nosso dinheiro para pagar a pensão. Não tira nada da usina. Tira só do nosso serviço para pagar a pensão. (Sr. Adão, baiano)

A controvérsia sobre a alimentação redundou em uma greve do conjunto dos operários industriais, que interrompeu o fluxo da produção durante quase 24 horas. A paralisação foi motivada por insatisfações quanto à qualidade das refeições fornecidas pela firma contratada e um reajuste significativo no seu custo, descontado na folha salarial, sem qualquer comunicação prévia aos operários. Eles se mobilizaram, decidiram não iniciar o turno da noite e a usina parou completamente às dezoito horas. O diretor presidente, que se encontrava em viagem, foi imediatamente chamado para negociar com os trabalhadores. Os operários apresentaram uma proposta que condicionava o retorno ao trabalho à devolução do valor debitado até o dia seguinte às quatorze horas. Foi selado um compromisso com a direção da empresa que o desconto seria devolvido aos operários no prazo estabelecido. E às 11:30 da manhã do dia seguinte houve o retorno ao trabalho.

O relato desse episódio, por parte do encarregado que mediou a negociação entre os diretores da fábrica e os operários na volta ao trabalho, destaca outros aspectos:

> A greve, eles tinham razão, *mas não deixa de ser uma greve!* Aumentou a alimentação e o patrão não me comunicou. Se ele tivesse comunicado, eu conversaria com o pessoal. Quando eles receberam o pagamento com um desconto a mais, pararam o trabalho. Mas antes de parar eles vieram falar comigo e eu não sabia o porquê do desconto. Eu falei para esperar que ia conversar com o patrão e depois dava um toque para eles. Conforme eu responder, se quiserem parar, vocês param. *Mas dá um tempo para a gente (para a empresa). Eles não tiveram cautela. Pararam. À tarde não veio ninguém trabalhar. A usina parou. Os patrões foram negociar com eles e não conseguiram. Aí eu consegui negociar com eles, consegui que eles viessem trabalhar.* O patrão mesmo garantindo que ia devolver o aumento da alimentação, eles não queriam trabalhar. Aí eles fizeram uma média: a gente vai porque você está prometendo. Não sou eu que estou prometendo. É o patrão que está prometendo. Assim como eu estou dizendo para vocês que ele vai dar, quando ele disse, vocês deveriam ter acreditado... Eles acreditam, porque a gente conversa mais, está sempre convivendo com eles. Assim a gente vai fazendo um ambiente bom... Eles pegam confiança com a gente!

O encarregado é responsável pelo recrutamento e gestão da força de trabalho. Também migrante, que se estabeleceu em São Paulo, tem maiores facilidades de relacionar-se com os trabalhadores que vivem no alojamento, conhecendo cada um pelo nome. Entretanto, na sua função identifica-se com a administração da usina — "a sua gente" —, como preposto do patrão ou "seu encarregado".

Outros ângulos de leitura da mesma realidade são apresentados por parte dos operários, cuja avaliação sobre o episódio é diferenciada:

O pessoal ganhou a reivindicação e não soube o que fazer com ela! Eu gosto de fazer de uma vez, de uma só viagem, todos os mandados que precisam. No caso, todo mundo já tinha mobilizado, parado mesmo. Então tinha que ter pedido mais um pouco. Mas ninguém fez nada! Ficaram revoltados dos dois lados, porque não vinha aumento e depois veio aquele reajuste da pensão. Se eles tivessem pedido mais um pouco, os homens teriam dado também. Na hora que pára, o *pessoal* (direção) vem na maior imploração. Aquele tempinho que parou deu prejuízo para eles. No caso de ficar um ou dois dias parado, era um desfalque na empresa. (Adão, baiano)

A reunião tem muita força. Uma firma destas aí e nós paramos a usina! Os homens vieram chorar nos pés da gente, porque a turma não quis trabalhar. Queria acertar tudo, combinar tudo. Mas paramos! Todo mundo parou! Ninguém foi mesmo! As duas horas os homens vieram. Eles decidiram na firma que iria tirar o aumento da pensão e dar para nós o aumento. Tirou e nunca mais aumentou a pensão, porque a união faz a força". (João, baiano)

O relato da greve salienta tanto o reforço da organização, quanto os ganhos materiais obtidos. É interessante registrar que o autor do último depoimento tem uma experiência sindical prévia em sua região de origem, com expressão nas mobilizações relatadas no interior da usina. Revela que a mobilidade da força de trabalho traz o intercâmbio das lutas e experiências de organização dos trabalhadores, que são socializadas e partilhadas. Descobrem-se como força coletiva nas iniciativas voltadas para fazer valer seus interesses comuns na relação com o empresariado. É este um dos *flashes* do aprendizado de seu processo de constituição como classe.

Subjacente às mobilizações, existe uma percepção do capital como relação social, apoiado no trabalho assalariado e no lucro como seu móvel. Esta percepção é construída tanto na experiência do trabalho coletivo, quanto no contraste com a produção familiar, voltada à satisfação das necessidades do produtor direto. É acompanhada da recusa subjetiva do regime do trabalho assalariado e da produção voltada para o lucro:

Não quero que a família renuncie da gente não e nem ser trancado aqui em São Paulo. Aqui é trancado. Por que lá está desmantelado assim? Porque o pessoal largou a roça. Cai todo mundo no emprego e aí infesta o mundo de conta. Só tem carestia e ninguém quer trabalhar na roça: 90% é empregado. E do governo para baixo, ministro, todo mundo tem que comer da roça! Eles fazem indústria, fazem avião, mas uma coisa eles não fazem não: o arroz e feijão. *O negócio de empregado, empregado a vida inteira, aí a desgraça toma conta. Agora só tem valor, quem tem o capital.* Todo mundo come, mas serviço pesado ninguém faz. Quantas pessoas trabalham? Eu acho que um quarto da população ou menos trabalha para manter a produção (de alimentos). Você olha em Piracicaba e só vê cana. Quem estava chupando cana, comendo cana na hora do almoço? Tem que ter feijão, arroz e isso sai da roça. *Não sai daí não. Isso daí só dá lucro para o patrão. Aproveita até o bagaço!* (João, baiano)

O trabalhador anuncia o confronto entre dois mundos: a produção para a satisfação das necessidades e para o lucro; o universo do valor de uso e do valor. E o contraponto entre duas formas históricas de propriedade privada: a propriedade privada do produtor direto para a criação de seus meios de vida e a propriedade privada capitalista que se valoriza, por meio do trabalho assalariado, tendo na renda territorial e no lucro o dinamismo da produção. Denuncia a generalização do assalariamento, passando a reger o *reino do dinheiro,* da "carestia", onde "todo mundo se infesta de conta". Ele cria laços de dependência materiais entre os indivíduos, não imediatamente visíveis, porque tecidos por meio de coisas sociais, como o dinheiro. Nesse universo só vale quem tem capital e não os trabalhadores que produzem alimentos voltados à satisfação de necessidades essenciais para todos. Na ótica do entrevistado, o trabalho assalariado na usina é identificado a uma prisão, onde se "vive trancado" por outro e para outro. Será este discurso, portador de um colorido romântico, apenas voltado para o passado? Ou, ao mesmo tempo, por meio desta "cultura tradicional e rebelde" (Rudé, 1982) tem-se a crítica da mercantilização universal das necessidades sociais e a condenação da sociabilidade do capital ou da forma de individualidade social por ele instaurada?

Este capítulo, ao sistematizar e analisar os dados coligidos na pesquisa de campo, permitiu demonstrar a vivência do trabalho como castigo e rebeldia por parte dos operários canavieiros, que aqui tiveram voz, *"escondendo-se por detrás das palavras para mostrar-se".* A tarefa de elaborar uma "reportagem sobre o trabalhador da agroindústria canavieira" está concluída, restando a certeza da dúvida nessa travessia perigosa da vida. Como diz o personagem Riobaldo, de Guimarães Rosa, em *Grande sertão: veredas:*

"Viver — não é? é muito perigoso. Porque ainda não se sabe. Porque aprender a viver é o viver, mesmo...Travessia perigosa, mas é a da vida".

O esforço efetuado foi o de procurar olhar e ver, além das neblinas do dia-a-dia, o avesso do mundo. Ver o que está encoberto na superfície da vida, nas amarras das falsas ilusões, que aprisionam o pensamento e a ação. E abrir os horizontes a novas rotas para a vida, uma vez que "cada instante é diferente e cada homem é diferente e somos todos iguais". (C. D. de Andrade)

Cabe a outros pesquisadores o desafio de identificar as novas figurações que assume a condição operária nesse setor, na década de 1990, nos marcos da reestruturação produtiva e da Reforma do Estado sob os preceitos neoliberais no circuito da mundialização do capital, que vêm redundando em um agravamento da questão social, potencializando suas contradições. E uma longa luta se avizinha nesses tempos difíceis para todos, porque:

"Primeiro é preciso
transformar a vida
para cantá-la
em seguida...
É preciso
arrancar alegria
ao futuro."
(Maiakowiski)

CONSIDERAÇÕES FINAIS

O fim perseguido nesta obra foi o de apresentar a realidade dos operários canavieiros no processo de produção agrícola e industrial paulista, no final da década de 1980, tendo como centro o trabalho em sua vivência pelos indivíduos sociais, que atinge a totalidade de suas vidas.

O texto discute *a alienação do trabalho e a rebeldia contra ela, na soldagem entre teoria e vida*, o que exigiu trazer os sujeitos para o centro do debate. Enfrenta o *enigma de um processo de proletarização inconcluso de migrantes sazonais cíclicos*, tecido pela história de nossa sociedade em seus ritmos e compassos desiguais entre desenvolvimento econômico e desenvolvimento social, que faz crescer as forças produtivas sociais do trabalho e o esvaziamento da humanidade dos homens e mulheres que criam a riqueza para outros. A insegurança e a incerteza de conseguir prover seus meios de subsistência tornam-se as parceiras permanentes desses trabalhadores, dificultando a projeção de horizontes para além do tempo imediatamente presente. O trabalho nas condições aqui expostas aprisiona o tempo de vida, encurta-o, rouba dos operários o tempo de lazer, de fruição dos convívios e afetos, capturando as possibilidades de traçarem seus próprios destinos. Como partes da população sobrante encontram-se à mercê de alternativas improváveis para a sua reprodução em lugares distantes, onde se sentem cativos e "trancados", o que é motivo de sofrimento e dor.

A relação do capital ao protagonizar tais condições sociais metamorfoseia-se, para os indivíduos singulares, em algo que os ultrapassa e sobre o que não têm controle, ainda que dela não possam se livrar. Como uma força superior — apreendida como o destino — passa a reger suas vidas e rouba-lhes as condições sociais que tornariam possível o exercício da liberdade de escolha e a projeção de alternativas de mais largo alcance, porque premidos pelas necessidades imediatas de subsistir. Viver a condição operária nos termos aqui relatados exige *coragem e "opinião"* para enfrentar as condições adversas: os perigos, os acidentes, a insalubridade do ambiente de trabalho, o poder dos "homens" e da polícia, a alimentação que não é capaz de repor as energias consumidas no trabalho "pesado" e ininterrupto.

Os sujeitos aqui apresentados são parte e expressão desta brava gente brasileira que resiste, luta, inventa formas inéditas de burlar o poder, organizando-se para fazer valer o seu poder coletivo por meio da sua união. E faz greve, pára a usina, brinca com repressão num jogo de "roubo de marmitas". E esse povo vai levando a vida, construindo seus sonhos de um dia ser diferente: ser reconhecido no seu valor, tratado com humanidade, poder trabalhar, exercer sua cidadania, ter saúde, estudar, caçar passarinhos, montar a cavalo, olhar as estrelas e ouvir o canto dos pássaros. E viver o tempo da fraternidade, do trabalho digno para todos, da fartura, das festanças e do forró com muita moça bonita, os filhos fortes, ao lado da mulher (ou do marido), acompanhados dos "amigos de verdade". *A festa de um novo tempo.*

BIBLIOGRAFIA

A Gazeta Mercantil, 18. 9. 1993.

AFFONSO, R. de B. & SILVA, P. L. B. (orgs.). *Federalismo no Brasil. Desigualdades regionais e desenvolvimento*. São Paulo, Fundap/Unesp, 1995.

AGIER, M. & GUIMARÃES, A. S. A. Técnicos e peões na petroquímica da Bahia. *Revista Brasileira de Ciências Sociais*, n. 13. Rio de Janeiro, Anpocs, jul. 1990, pp. 51-68.

AGLIETTA, M. Transformaciones del proceso de trabajo. In: *Regulación y crisis del capitalismo*. 5ª ed. México, Siglo XXI, 1991.

ALVES, J. F. C. *Modernização da agricultura e sindicalismo: lutas dos trabalhadores assalariados rurais da região canavieira de Ribeirão Preto*. Campinas, 1991. Tese (Doutoramento) — Instituto de Economia, Universidade de Campinas.

_____. Greves nos canaviais e agricultura modernizada: novos desafios. *São Paulo em Perspectiva*, n. 3, v. 7. São Paulo, Fundação Seade, jul./set. 1993, pp. 133-137.

_____. Talvez haja luz no meio da fumaça: o corte da cana na região canavieira de Ribeirão Preto. In: BLASS, L. S. (org.). *Temas*. Programa de Pós-graduação em Sociologia. Araraquara, Unesp, 1994, pp. 11-28.

ANDERSON, P. Balanço do neoliberalismo. In: SADER, E. & GENTILI, P. (orgs.). *Pós-neoliberalismo. As políticas sociais e o Estado democrático*. Rio de Janeiro, Paz e Terra, 1995.

ANDRADE, M. C. *A terra e o homem no Nordeste*. São Paulo, Brasiliense, 1974.

_____. *Modernização e pobreza. A expansão da agroindústria canavieira e seu impacto ecológico e social*. São Paulo, Unesp, 1992.

ANTUNES, R. *Adeus ao trabalho? Ensaio sobre as metamorfoses e a centralidade do mundo do trabalho*. São Paulo, Cortez/Unicamp, 1985.

_____. *Os sentidos do trabalho*. São Paulo, Boitempo, 1999.

ARAÚJO, T. M. Nordeste, Nordestes: que nordeste? In: AFFONSO, R. de B. & SILVA, P. L. B. *Federalismo no Brasil. Desigualdades regionais e desenvolvimento*. São Paulo, Fundap/Unesp, 1995.

AULETE, C. *Dicionário contemporâneo da língua portuguesa*. Rio de Janeiro, Delta, 1958, v. 5.

BACCARIN, J. G. *Trabalhadores rurais volantes na região de Jaboticabal*: Crescimento, características e aspectos organizacionais. Piracicaba, 1985. Dissertação (Mestrado em Economia Agrária) — ESALQ — Universidade de São Paulo.

_____. & GEBARA, J. J. Guariba e Bebedouro: marco na luta dos trabalhadores volantes no Brasil. *Reforma Agrária* n. 15, vol. 4. Brasília, Abra, jan./mar. 1986, pp. 82-88.

BALANDIER, J. *La désordre. Éloge du mouvement*. Paris, Fayard, 1988.

BARROS, M. *Matéria de poesia*. 3. ed. Rio de Janeiro, Record, 1999.

BASTOS, E. R. *As ligas camponesas*. Petrópolis, Vozes, 1984.

BERMUDO, M. *El concepto de praxis en el jovem Marx*. Barcelona, Península, 1975.

BERTERO, J. F. *Estado, agricultura e agroindústria*: estudo da base paulista da economia canavieira no Brasil entre 1948 e 1990. São Paulo, 1991. 4 v. Tese (Doutorado em Economia) — FFCHL — Universidade de São Paulo.

BITTAR, J. O álcool como alternativa de petróleo. E os trabalhadores? *Boletim da ABRA*, n. 1, ano 10. Campinas, ABRA, jan./jun. 1980.

BORGES, U. et al. *Proálcool: Economia política e avaliação sócio-econômica do programa brasileiro de combustíveis*. Aracaju, UFSe, 1988.

BORTOLOTTI, M. R. S. *Transformações das relações de trabalho: o caso dos trabalhadores residentes permanentes de uma agroindústria canavieira paulista*. Piracicaba, 1980. Dissertação (Mestrado) — ESALQ — Universidade de São Paulo.

BRANDT, V. C. Desenvolvimento agrícola e excedentes populacionais na América Latina (Notas teóricas). *Cadernos Cebrap*, n. 14. São Paulo, Brasiliense/Cebrap, out./dez. 1975, pp. 111-118.

_____. Do colono ao bóia-fria: transformações na agricultura e constituição do mercado de trabalho na Alta Sorocabana de Assis. *Estudos Cebrap, n. 19*. São Paulo, Cebrap, jan./mar. 1977.

BRASIL. Constituição da República Federativa do Brasil. 1988. Cap. III, art. 189-196.

BRAVERMAN, H. *Trabalho e capital monopolista: a degradação do trabalho no século XX*. Rio de Janeiro, Zahar, 1977.

BUROWOY, M. *The Politics of production*. London, Verso, 1980.

_____. A transformação dos regimes fabris no capitalismo avançado. *Revista Brasileira de Ciências Sociais*, n. 13, ano 5. São Paulo, Anpocs, jun. 1990, pp. 29-50.

CAMARGO, A. A questão agrária, crise de poder e reformas de base (1930-1964). In: FAUSTO, B. *O Brasil Republicano III. Sociedade e Política (1930-1964)*. Col. História Geral da Civilização. São Paulo, Difel, 1983, cap. III, pp. 121-224.

CANABRAVA, A. & MENDES, M. T. A região de Piracicaba. *Revista do Arquivo Municipal*, n. 45. São Paulo, Arquivo Municipal, 1938, pp. 275-238.

CANDIDO, A. *Os parceiros do Rio Bonito (Estudo sobre o caipira paulista e a transformação de seus meios de vida)*. 2. ed. São Paulo, Duas Cidades, 1971.

CARDOSO, F. H. *Empresário industrial e desenvolvimento econômico no Brasil*. São Paulo, Difel, 1972.

CARON, D. *Heterogeneidade e diferenciação dos fornecedores de cana de São Paulo*. São Paulo, 1986. Tese (Doutorado) — IFCHL — Universidade de São Paulo.

CARONE, E. *A Terceira República (1937-1945)*. São Paulo, Difel, 1976.

BIBLIOGRAFIA

CASTEL, R. *As metamorfoses da questão social: uma crônica do salário*. Petrópolis, Vozes, 1999.

CASTRO, M. Ninguém corta cana como Maria. *O Estado de S. Paulo*, 6. 9. 1995.

CASTRO, N. A. & GUIMARÃES, A. S. A. Além de Braverman, depois de Burowoy: vertentes analíticas da sociologia do trabalho. *Revista Brasileira de Ciências Sociais*, n. 17, ano 6. Rio de Janeiro, Anpocs, out. 1991, pp. 44-52.

CASTRO, N. C. & LEITE, M. P. Sociologia do trabalho industrial: desafios e interpretações. *BIB*, n. 37. Rio de Janeiro, Anpocs, 1994, pp. 39-60.

CEBRAP. *Proálcool. Agricultura e emprego*. São Paulo, Cebrap, 1983 (mimeo).

CERQUEIRA, E. & BOSHI, R. Elite industrial e Estado: uma análise da ideologia do empresariado nacional nos anos 70. In: MARTINS, C. E. (org.). *Estado e capitalismo no Brasil*. São Paulo, Hucitec/Cebrap, 1977, pp. 167-190.

CHAUÍ, M. *Cultura e democracia: o discurso competente e outras falas*. 3. ed. São Paulo, Moderna, 1982.

_____. *Seminários. O nacional e o popular na cultura brasileira*. 2. ed. São Paulo, Brasiliense, 1984.

_____. *Conformismo e resistência: aspectos da cultura popular no Brasil*. São Paulo, Brasiliense, 1986.

COLBARI, A. L. *Ética do trabalho: a vida familiar na construção da identidade profissional*. São Paulo, Letras e Letras, 1995.

CONTAG. *4º Congresso Nacional dos Trabalhadores Rurais: Conclusões*. Brasília, 25-30 maio, 1985.

CORIAT, B. *El taller y el cronometro. Ensayo sobre el taylorismo, el fordismo e la producción de masa*. 1. ed. México, Siglo XXI, 1994.

COSTA, M. C. S. Entre o rural e o urbano. Construção de tempo e espaço entre trabalhadores rurais temporários. *Travessia. Revista do migrante*, n. 15, ano 6. São Paulo, Centro de Estudos Migratórios (CEM), jan./abr. 1993, pp. 5-7.

COSTA, S. Sociedade salarial: contribuições de Robert Castel e o caso brasileiro. *Serviço Social & Sociedade*, n. 63. São Paulo, Cortez, 2000, pp. 5-26.

COUTINHO, C. N. *O estruturalismo e a miséria da razão*. Rio de Janeiro, Paz e Terra, 1972.

_____. Prefácio à edição brasileira. In: MARKUS, G. *Teoria do conhecimento no jovem Marx*. Rio de Janeiro, Paz e Terra, 1974.

_____. A democracia como valor universal. In: *A democracia como valor universal e outros ensaios*. 2. ed. ampl. Rio de Janeiro, Salamandra, 1984.

_____. As categorias de Gramsci e a realidade brasileira. In: COUTINHO, C. N. & GARCIA, M. A. (orgs). *Gramsci e a América Latina*. Rio de Janeiro, Paz e Terra, 1988.

_____. *Gramsci. Um estudo sobre seu pensamento político*. Rio de Janeiro, Campus, 1989.

_____. *Gramsci e as Ciências Sociais. Serviço Social e Sociedade*, n. 34, ano 11. São Paulo, Cortez, dez. 1990, pp. 21-40.

_____. *Democracia e Socialismo. Questões de princípio e contexto brasileiro*. São Paulo, Cortez, Autores Associados, 1992.

_____. & NOGUEIRA, M. A. (orgs.). *Gramsci e a América Latina*. Rio de Janeiro, Paz e Terra, 1988.

D'INCAO, M. C. *Qual é a questão do bóia-fria?* São Paulo, Brasiliense, 1984.

D'INCAO, M. C. *Bóia-fria: acumulação e miséria*. Rio de Janeiro, Vozes, 1975.

_____. & BOTELHO, M. R. Movimento Social e Sindical entre os Assalariados Temporários da Agroindústria Canavieira do Estado de São Paulo. In: SADER, E. (org.). *Movimentos sociais na transição democrática*. São Paulo, Cortez, 1987, pp. 53-81.

DAVATZ, T. *Memórias de um colono no Brasil (1850)*. Belo Horizonte, Ed. Itatiaia/Edusp, 1980.

DE CARLI, G. *Gênese e evolução da agroindústria açucareira de São Paulo*. Rio de Janeiro, Irmãos Pongetti, 1943.

DE DECCA, E. *1930. O silêncio dos vencidos*. São Paulo, Brasiliense, 1981.

DEAN, W. *Rio Claro: um sistema brasileiro da grande lavoura. 1820-1920*. Rio de Janeiro, Paz e Terra, 1977.

DELGADO, G. C. *Capital financeiro e agricultura no Brasil: 1965-1985*. São Paulo, Ícone/Unicamp, 1985.

DEPARTAMENTO DE ECONOMIA RURAL. FCA/Botucatu. *A mão-de-obra volante na agricultura*. São Paulo, CNPq/Unesp/Pólis, 1982.

DINIZ, E. *Empresariado e Estado no Brasil (1930-1945)*. Rio de Janeiro, Paz e Terra, 1980.

_____. O Estado Novo: estrutura de poder e relações de classes. In: FAUSTO, B. (org.). *O Brasil Republicano 3. Sociedade e política (1930-1964)*. São Paulo, Difel, 1983, pp. 76-120.

DUARTE, J. C. & QUEDA, O. Agricultura e acumulação. *Debate e Crítica* n. 2. Jan./jul. 1974, pp. 90-97.

DURAND, PONTE, V. M. Estrutura e sujeitos na análise da América Latina. In: LARANJEIRAS, S. (org.). *Classes e movimentos sociais na América Latina*. São Paulo, Hucitec, 1990.

EISENBERG, P. Da agricultura de subsistência à lavoura de exportação: açúcar e sociedade em São Paulo. In: *Homens esquecidos. Escravos e trabalhadores livres no Brasil. Séculos XVII e XIX*. Campinas, Ed. da Unicamp, 1989.

ENGELS, F. *A situação da classe trabalhadora na Inglaterra*. Lisboa, Presença/Martins Fontes, 1975.

_____. Ludwig Feuerbach e o fim da filosofia clássica alemã. In: MARX, K. & ENGELS, F. *Textos 1*. São Paulo, Ed. Sociais, 1977, pp. 81-17.

EVANGELISTA, J. E. *Crise do marxismo e irracionalismo pós-moderno*. São Paulo, Cortez, 1992. (Questões da Nossa Época: 7)

FERNANDES, F. *A revolução burguesa no Brasil. Ensaios de interpretação sociológica*. Rio de Janeiro, Zahar, 1975.

FERREIRA, R. M. F. *A política e as políticas das relações de trabalho*. São Paulo, 1983. Tese (Doutorado em Ciência Política) — IFCHL — Universidade de São Paulo.

FETAESP/ABRA/SINDIPETRO. Fórum dos não consultados para análise do Programa Nacional do Álcool. *Boletim da ABRA* n. 1, ano 10, Campinas, Abra, jan./jun. 1980.

FISCHER, R. et al. O trabalho na agroindústria canavieira paulista: um processo em mudança. In: FISCHER, R. & FLEURY, M. (orgs.). *Processo e relações de trabalho no Brasil*. São Paulo, Atlas, 1987.

FITOUSSI, J. P. & ROSANVALLON, P. *La nueva era de las desigualdades*. Buenos Aires, Manantial, 1997.

FORTES, L. Usineiros sonegam R$ 650 milhões. *Jornal do Brasil*. Negócios & Finanças, 31.5.1996, p. 3.

GARCIA JR., A. F. *Terra de trabalho: trabalho familiar de pequenos produtores*. Rio de Janeiro, Paz e Terra, 1983.

_____. Libertos e sujeitos: sobre a transição para trabalhadores livres no nordeste. *Revista Brasileira de Ciências Sociais*, n. 7, vol. 3. Rio de Janeiro, Anpocs, 1988, pp. 5-14.

_____. *Sul: caminho do roçado (estratégias de reprodução camponesa e transformação social)*. Rio de Janeiro, Marco Zero/UNB/CNPq, 1990.

GNACCARINI, J. C. A. *Estado, ideologia e ação empresarial na indústria açucareira do Estado de São Paulo*, 1972. Tese (Doutoramento) — FFLCH/Universidade de São Paulo.

_____. *Análises da produção sociológica; 1960-1980. A questão agrária*. São Paulo, IFCH-DCS/Unicamp. Ciclo de debates e conferências sobre Sociologia Brasileira, out. 1980a (mimeo).

_____. *Latifúndio e proletariado. (Formação da empresa e relações de trabalho no Brasil Rural)*. São Paulo, Pólis, 1980b.

_____. & MOURA, M. M. Estrutura agrária brasileira: permanência e diversificação de um debate. *BIB* n. 15. Rio de Janeiro, Anpocs, 1983, pp. 5-52.

_____. & QUEDA, O. A falência do Estado fautor e o setor agropecuário. *São Paulo em Perspectiva: O agrário paulista*, n. 3, v. 7. São Paulo, Fundação Seade, jul./set. 1983, pp. 94-99.

GONZALES, E. & BASTOS, M. I. O trabalhador volante na agricultura brasileira. In: PINSKY, J. *Capital e trabalho no campo*. São Paulo, Hucitec, 1977.

GORENDER, J. Gênese e desenvolvimento do capitalismo no campo brasileiro. In: STÉLIDE, V. P. *A questão agrária hoje*. Porto Alegre, Ed. da Universidade, UFRG/Anca, 1994, pp. 15-44.

GRAMSCI, A. *Obras escolhidas*. Lisboa, Estampa, 1974, 2 v.

_____. Americanismo e fordismo. In: *Obras escolhidas*, v. 2. Lisboa, Estampa, 1974, pp. 135-186.

_____. Alguns temas sobre a questão meridional. *Temas de Ciências Humanas*, n. 1. São Paulo, Grijalbo, 1977, pp. 19-46.

_____. A formação dos intelectuais. In: *Os intelectuais e a organização da cultura*. 2. ed. Rio de Janeiro, Civilização Brasileira, 1978a.

_____. *Literatura e vida nacional*. Rio de Janeiro, Civilização Brasileira, 1978b.

_____. *Maquiavel, a política e o Estado moderno*. 3. ed. Rio de Janeiro, Civilização Brasileira, 1979.

_____. *A concepção dialética da história*. Rio de Janeiro, Paz e Terra, 1981.

GRZYBOWSKI, Cândido. *Caminhos e descaminhos dos movimentos sociais no campo*. Petrópolis, Vozes/Fase, 1987.

GUEDES, L. C. P. *Notas sobre a política agrícola e crédito rural: versão preliminar*. Campinas, Unicamp, 1980.

GUIMARÃES, A. S. et al. *Imagens e identidades do trabalho*. São Paulo, Hucitec/Orstom, 1995.

GUTKOSKI, C. Comida é salário de trabalhadores no MA. *Folha de S. Paulo*, 10.7.1995, p. 8.

HARVEY, D. *Los límites del capitalismo y la teoria marxista*. México, Fondo de Cultura Económica, 1990.
_____. *A condição pós-moderna*. São Paulo, Loyola, 1993.
HELLER, A. *O quotidiano e história*. Rio de Janeiro, Paz e Terra, 1972.
_____. *Sociologia de la vida cotidiana*. Barcelona, Península, 1977.
_____. *O homem do renascimento*. Lisboa, Presença, 1982.
HIRATA, H. Trabalho e família e relações homem/mulher. *Revista Brasileira de Ciências Sociais*, n. 2, v. 1. São Paulo, Anpocs, 1986, pp. 5-12.
HOBSBAWM, E. J. *A era do capital (1848-1875)*. Rio de Janeiro, Paz e Terra, 1977.
_____. Notas sobre sobre a consciência de classe. In: *Mundos do trabalho. Novos estudos sobre história operária*. Rio de Janeiro, Paz e Terra, 1987, pp. 35-56.
_____. Barbárie: o guia do usuário. In: SADER, E. (org.). *O mundo depois da queda*. Rio de Janeiro, Paz e Terra, 1995, pp. 15-30.
HÖFFLING, I. *O eterno retorno. Um estudo do operário camponês do açúcar*. Piracicaba, 1981. Dissertação de Mestrado — ESALQ/Universidade de São Paulo.
HOFFMAN, R. (org.). *Relatório de pesquisa: Inovações tecnológicas e transformações recentes da agricultura brasileira*. Piracicaba, Finep/USP/Esalq/Departamento de Economia e Sociologia Rural/Fundação de Estudos Agrários "Luiz de Queiróz", v. 1, dez. 1985.
IAMAMOTO, M. V. & CARVALHO, R. *Relações Sociais e Serviço Social no Brasil*. São Paulo, Cortez, 1982.
IAMAMOTO, M. V. *Renovação e conservadorismo no Serviço Social. Ensaios críticos*. São Paulo, Cortez, 1992.
_____. *O Serviço Social na contemporaneidade: trabalho e formação profissional*. São Paulo, Cortez, 1998a.
_____. O debate contemporâneo da reconceituação: aprofundamento e ampliação do marxismo. In: *O Serviço Social na contemporaneidade: trabalho e formação profissional*. São Paulo, Cortez, 1998b, pp. 201-251.
_____. Transformações societárias, alterações no mundo do trabalho e Serviço Social. *Revista Ser Social*, n. 5. Brasília (DF), UNB, 2000, pp. 45-70.
IANNI, O. *Estado e capitalismo. Estrutura social e industrialização no Brasil*. Rio de Janeiro, Civilização Brasileira, 1965.
_____. *Estado e planejamento econômico no Brasil (1930-1970)*. Rio de Janeiro, Civilização Brasileira, 1971.
_____. *A classe operária vai ao campo*. Cadernos Cebrap, n. 24. São Paulo, Brasiliense, 1976.
_____. A revolução burguesa. In: *O ciclo da revolução burguesa no Brasil*. Petrópolis, Vozes, 1984a.
_____. *As origens agrárias do Estado brasileiro*. São Paulo, Brasiliense, 1984b.
_____. A utopia camponesa. *Ciências Sociais Hoje*. São Paulo, Anpocs/Cortez, 1986.
_____. A crise dos paradigmas na sociologia. *Revista Brasileira de Ciências Sociais*, n. 13, ano 5. São Paulo, Anpocs, jun. 1990, pp. 90-100.
INSTITUTO DO AÇÚCAR E DO ÁLCOOL. I. A. A. Resolução n. 07/80, de 18.7.1980.
JAMESON, F. *Espaço e imagem. Teorias do pós-moderno e outros ensaios*. Rio de Janeiro, UFRJ, 1994.

BIBLIOGRAFIA

KAGEYAMA, A. Alguns efeitos sociais da modernização agrícola em São Paulo In: MARTINE, G. & COUTINHO, R. (orgs.). *Os impactos sociais da modernização agrícola*. São Paulo, Caetés, 1987, pp. 99-123.

_____. et al. *O novo padrão agrícola brasileiro: do complexo rural aos complexos agroindustriais*. Campinas, Unicamp, 1987 (mimeo).

KAUTSKY, K. *A questão agrária*. Rio de Janeiro, Gráfica Ed. Laemmert S/A, 1968.

KURZ, R. O torpor do capitalismo. *Folha de S. Paulo*, 11.2.1996, Caderno Mais, p. 14.

LAMBERT, J. *Os dois brasis*. São Paulo, Companhia Editora Nacional, 1967.

LÁPINE, N. *O jovem Marx*. Lisboa, Ed. Caminho, 1975.

LEFEBVRE, H. *Critique de la vie quotidienne* — II. Paris, L'Arche, 1961.

_____. Estrutura social: a reprodução capitalista das relações sociais. In: FORACCHI, M. M. & MARTINS, J. S. *Sociologia e sociedade. Leituras de introdução à sociologia*. Rio de Janeiro, Livros Técnicos e Científicos, 1977, pp. 219-254.

LEITE LOPES, J. S. *O vapor do diabo: o trabalho dos operários do açúcar*. Rio de Janeiro, Paz e Terra, 1976.

_____. Açúcar amargo. *Ciência Hoje*, n. 20, v. 4. Rio de Janeiro, SBPC, set./out. 1985, pp. 26-32.

_____. *A tecelagem dos conflitos na cidade das chaminés*. Brasília, Marco Zero/Ed. UNB/CNPq, 1988.

LEME, M. S. *A ideologia dos industriais brasileiros. 1919-1945*. Petrópolis, Vozes, 1978.

LÊNIN. V. I. *O Programa agrário da social-democracia na primeira revolução russa de 1905-1907*. São Paulo, Livraria Ciências Humanas, 1980.

_____. *O desenvolvimento do capitalismo na Rússia: o processo de formação do mercado interno para a grande indústria*. São Paulo, Civita, 1982.

LÖWY, M. *Para uma sociologia dos intelectuais revolucionários*. São Paulo, Livraria Ciências Humanas, 1979.

_____. & SAYRE, R. *Revolta e melancolia*. Petrópolis, Vozes, 1995.

LUKÁCS, G. *Ontologia do ser social: os princípios ontológicos fundamentais de Marx*. São Paulo, Livraria Ciências Humanas, 1972.

_____. *História e consciência de classe*. Porto, Publicações Escorpião, 1974.

_____. As bases ontológicas da atividade humana. *Temas de Ciências Humanas*, n. 4. São Paulo, Livraria Ed. Ciências Humanas, 1978, pp. 1-19.

MALUF, R. (coord.). *Aspectos da constituição do mercado de trabalho em Piracicaba* (Relatório de pesquisa). Piracicaba, Unimep/Finep, 1984.

_____. (coord.). *Evolução recente das condições de trabalho urbano e rural em Piracicaba*. Relatório final de pesquisa. Convênio Npar/Unimep/Finep. Piracicaba, jul. 1987.

MANNHEIM, K. *Ensayos de sociología y psicología aplicada*. México, Fondo de Cultura Económica, 1963.

MARCUSE, H. *Razão e revolução*. Rio de Janeiro, Paz e Terra, 1978.

MARKUS, G. *Marxismo e "antropología"*. Barcelona, Grijalbo, 1974a.

_____. *Teoria do conhecimento no jovem Marx*. Rio de Janeiro, Paz e Terra, 1974b.

MARTINE, G. Êxodo rural, concentração urbana e fronteira agrícola. In: MARTINE, G. & COUTINHO, R. (orgs.). *Os impactos sociais da modernização agrícola*. São Paulo, Caetés, 1987, pp. 19-40.

MARTINE, G. A trajetória da modernização agrícola: a quem beneficia? *Lua Nova,* n. 23. Revista de Cultura e Política. São Paulo, Cedec, mar. 1991, pp. 7-38.

_____. A evolução espacial da população brasileira. In: AFFONSO, R. de B. & SILVA, P. L. B. *Federalismo no Brasil. Desigualdades regionais e desenvolvimento,* São Paulo, Fundap/Unesp, 1995, pp. 61-91.

MARTINE, G. & BESKOV, P. R. O modelo, os instrumentos e as transformações na estrutura de produção agrícola. In: MARTINE. G. & GARCIA. R. C. (orgs.). *Os impactos sociais da modernização agrícola.* São Paulo, Caetés, 1987, pp. 19-41.

MARTINEZ ALIER, V. As mulheres no caminhão de turma. *Debate e Crítica,* n. 5. São Paulo, Hucitec, 1975, pp. 59-86.

MARTINS, H. S. & RAMALHO, R. (orgs.). *Terceirização. Diversidade e negociação no mundo do trabalho.* São Paulo, Hucitec/Cedi/Nets, 1994.

MARTINS, J. S. *Imigração e crise do Brasil agrário.* São Paulo, Pioneira, 1973.

_____. Modernização agrária e industrialização no Brasil. *Capitalismo e tradicionalismo.* São Paulo, Pioneira, 1975.

_____. *O cativeiro da terra.* São Paulo, Hucitec, 1979.

_____. *Expropriação e violência (A questão política no campo).* São Paulo, Hucitec, 1980.

_____. A sujeição da renda ao capital e o novo sentido da luta pela reforma agrária. *Encontros com a Civilização Brasileira,* nº 22, v. 3. Rio de Janeiro, Civilização Brasileira, abr. 1980b.

_____. *Os Camponeses e a política no Brasil.* Petrópolis, Vozes, 1983.

_____. O vôo das andorinhas: migrações temporárias no Brasil. In: *Não há terra para plantar neste verão.* Petrópolis, Vozes, 1986, pp. 44-61.

_____. *Caminhada no chão da noite.* São Paulo, Hucitec, 1989a.

_____. Dilemas sobre as classes subalternas na idade da razão. In: *Caminhada no chão da noite (Emancipação política e libertação dos movimentos sociais no campo).* São Paulo, Hucitec, 1989b, pp. 97-137.

_____. *Expropriação e violência.* 3. ed. ver. e ampl. São Paulo, Hucitec, 1991.

_____. *A chegada do estranho.* São Paulo, Hucitec, 1993.

_____. *O poder do atraso. Ensaios de sociologia da história lenta.* São Paulo, Hucitec, 1994.

MARX, K. *A questão judaica.* São Paulo, Ed. Moraes, s.d.

_____. *El capital.* Libro I. *Capítulo VI. Inédito.* México, Siglo XXI, 1971.

_____. Introdução à crítica da economia política (1857). In: *Marx.* São Paulo, Abril Cultural, Col. Os Pensadores, 1974a, pp. 107-138.

_____. Manuscritos Econômico-Filosóficos de 1844. In: *Manuscritos econômico-filosóficos e outros textos escolhidos.* São Paulo, Abril Cultural, 1974b.

_____. *El capital. Libro I. Capítulo VI. Inédito.* Argentina, Siglo XXI, 1974c.

_____. Teses sobre Feuerbach. In: MARX, K. & ENGELS, F. *Textos 1.* São Paulo, Ed. Sociais, 1977a, pp. 118-120.

_____. Prefácio à contribuição à Crítica da Economia Política. In: MARX, K & ENGELS, F. *Textos 2.* São Paulo, Sociais, 1977b.

_____. O 18 Brumário de Luís Bonaparte. In: *O 18 Brumário e cartas a Kugelmann.* 4. ed. Rio de Janeiro, Paz e Terra, 1978, pp. 17-126.

MARX, K. *Elementos fundamentales para la Crítica de la Economía Politica. (Grundrisse).* 1857-1858. 12. ed. México, Siglo XXI, 1980a, 2 vols.
_____. *Teorias sobre la plusvalia. Tomo IV de El Capital.* México, Fondo de Cultura Económica, 1980b.
_____. *Miséria da filosofia.* São Paulo, Livraria Ciências Humanas, 1982.
_____. *O Capital. Crítica da economia política.* tomos 3. São Paulo, Nova Cultural, 1985.
_____. & ENGELS, F. *Manuscritos econômicos vários.* Barcelona, Grijalbo, 1975.
_____. *A ideologia alemã (Feuerbach).* Barcelona, Grijalbo, 1977a.
_____. O Manifesto do Partido Comunista. In: MARX, K. & ENGELS, F. *Textos III.* São Paulo, Sociais, 1977b.
_____. *A ideologia alemã (Feuerbach).* São Paulo, Livraria Ciências Humanas, 1980.
_____. *A ideologia alemã.* Lisboa, Ed. Presença Livraria Martins Fontes, 1985, v. I e II.
MATTOSO, J. *A desordem do trabalho.* São Paulo, Unesp, 1995.
MELLO FRANCO, M. S. *Homens livres na ordem escravocrata.* São Paulo, Ática, 1976.
MELO, F. H. & FONSECA, E. G. *Proálcool, energia e transportes.* São Paulo, Fipe/Livraria Pioneira, 1981.
MERCADANTE, P. *A consciência conservadora no Brasil. Contribuição ao estudo da formação brasileira.* Rio de Janeiro, Sagra, 1965.
MILLIET, S. *Roteiro do café e outros ensaios.* 4. ed. São Paulo, Hucitec/Instituto Nacional do Livro e Fundação Pró-Memória, 1982.
MORAES, M. A. F. D. *A desregulamentação do setor sucroalcooleiro do Brasil.* Americana (SP), Caminho Editorial, 2000.
MOTA, A. E. (org.). *A nova fábrica de consensos.* São Paulo, Cortez, 1998.
MÜLLER, G. Agricultura e industrialização no campo brasileiro. *Revista de Economia Política,* 2/2. São Paulo, Brasiliense, abr./jun. 1982.
_____. Insistindo na recência do complexo agroindustrial brasileiro. *Revista de Economia Política,* 8/2. São Paulo, Brasiliense, abr./jun. 1983.
_____. *Complexo agro-industrial e modernização agrária.* São Paulo, Hucitec, 1989.
MUSEMECI, L. *O mito da terra liberta. Colonização espontânea, campesinato e patronagem na Amazônia Oriental.* São Paulo, Vértice/Revista dos Tribunais/Anpocs, 1988.
NAPOLEONI, C. *Lições sobre o capítulo inédito de "O Capital".* São Paulo, Livraria Ciências Humanas, 1981.
NETTO, J. P. Introdução. In: LÊNIN, V. I. *O desenvolvimento do capitalismo na Rússia. O processo de formação do mercado interno para a grande indústria.* São Paulo, Victor Civita, 1982, pp. VII-XXI.
_____. A propósito da crítica de 1843. In: *Escrita Ensaio. Marx Hoje,* n. 11-12, ano 5. São Paulo, Escrita, 1983a, pp. 177-196.
_____. *Lukács.* São Paulo, Ática, 1983b.
_____. *Crise do socialismo e ofensiva neoliberal.* São Paulo, Cortez, 1993.
NEVES, M. A. *Trabalho e cidadania. As trabalhadoras de contagem.* Petrópolis, Vozes, 1995.
NICOLAUS, M. El Marx desconocido. In: MARX, K. *Elementos fundamentales para la Crítica de la Economía Politica. (Gründrisse). 1857-1858.* México, Siglo XXI, 12. ed., 1980, v. 1

NORONHA, O. *De camponesa a "madame": trabalho feminino e relações de saber no meio rural*. São Paulo, Loyola, 1986.

NOVAES, J. R. P. Cana-de-açúcar e Estado: novos elementos de uma velha amizade. In: *Tempo e Presença*, 243, ano 2. Rio de Janeiro, Cedi, jul. 1989, pp. 21-23.

OFFE, C. *Trabalho e sociedade. Problemas estruturais e perspectivas para o futuro da sociedade do trabalho. v. 1. A crise*. Rio de Janeiro, Tempo Brasileiro, 1989.

OLIVEIRA, F. A economia brasileira e a crítica da razão dualista. *Seleção Cebrap*, n. 1, 2. ed. São Paulo, Cebrap, 1976, pp. 5-78.

_____. Anos 70: Hostes errantes. In: *Novos Estudos Cebrap*, n. 1, v. 1. São Paulo, Cebrap, dez. 1981, pp. 20-24.

_____. Além da transição, aquém da imaginação. *Novos Estudos Cebrap* n. 12. São Paulo, Cebrap, jun. 1982.

_____. Neoliberalismo à brasileira. In: SADER, E. e GENTILI, P. (orgs.). *Pós-neoliberalismo. As políticas sociais e o Estado democrático*. Rio de Janeiro, Paz e Terra, 1995, pp. 24-28.

OLIVEIRA, C. A. *et al.* (orgs.). *O mundo do trabalho: crise e mudança no final do século*. São Paulo, MTb/Cesit/Scritta, 1994.

ORTIZ, R. *A consciência fragmentada. Ensaios de cultura popular e religião*. Rio de Janeiro, Paz e Terra, 1980.

PAIVA, V. (org.). *Igreja e questão agrária*. São Paulo, Loyola, 1985.

PAIXÃO, M. J. P. *No coração do canavial: estudo crítico da evolução do complexo agroindustrial sucroalcooleiro e das relações de trabalho na lavoura canavieira. (Estudo comparativo de 12 Estados do Brasil)*. Rio de Janeiro, 1994. Dissertação de Mestrado — Universidade Federal do Rio de Janeiro/COPPE.

PALMEIRA, M. Casa e trabalho: notas sobre a *plantation* tradicional. *Contraponto* n. 2, ano 2. Niterói, Centro de Estudos Noel Nutels, nov. 1977, pp. 103-114.

PANCOTTI, J. A. A convenção coletiva de 1985 para o setor canavieiro de São Paulo. *Reforma Agrária*, n. 4, ano 15. Especial: Os volantes. São Paulo, Abra, Ed. Joruês, jan./mar. 1986, pp. 68-70.

PAOLI, M. C. Os trabalhadores urbanos na fala dos outros: tempo, espaço e classe na história operária brasileira. In: LEITE LOPES, J. S. (org.). *Cultura e identidade operária. Aspectos da cultura da classe trabalhadora*. Rio de Janeiro, UFRJ/Marco Zero/Proed, 1987.

_____. & SADER, E. Sobre as classes populares no pensamento sociológico brasileiro. In: CARDOSO, R. (org.). *A aventura antropológica*. Rio de Janeiro, Paz e Terra, 1986, pp. 39-86.

PELIANO, J. C. *Acumulação de trabalho e mobilidade do capital*. Brasília, Ed. UNB, 1990.

PESSANHA, E. G. & MOREL, R. L. Gerações operárias: rupturas e continuidades na experiência dos metalúrgicos do Rio de Janeiro. *Revista Brasileira de Ciências Sociais*, nº 17, ano VI. Rio de Janeiro, Anpocs/Relume Dumará, out. 91.

PESSIS PASTERNAK, G. (org.) *Do caos à inteligência artificial: quando os cientistas se interrogam*. São Paulo, Unesp, 1993.

PETRONE, M. T. *A lavoura canavieira em São Paulo. Expansão e declínio. (1765-1851)*. São Paulo, Difel, 1968.

QUEDA, O. *A intervenção do Estado na agroindústria açucareira paulista.* Piracicaba, 1972. Tese de Doutoramento — ESALQ/Universidade de São Paulo.

_____. et al. *Contribuição ao estudo do trabalho volante no Estado de São Paulo.* Piracicaba, Departamento de Economia e Sociologia Rural. Ajuste MA-Esalq-Usp, 1977 (mimeo).

QUEIROZ, M. V. *Messianismo e conflito social.* 2. ed. São Paulo, Ática, 1977.

RAMALHO, J. R. Controle, conflito e consentimento na teoria do processo de trabalho. *BIB/Anpocs* n. 32. Rio de Janeiro, Relume/Dumará, 1991, pp. 31-48.

RAMOS, P. *Um estudo da evolução da agroindústria açucareira em São Paulo (1930-1982).* São Paulo, EAESP/FGV, 1983.

_____. *Agroindústria canavieira e propriedade fundiária no Brasil.* São Paulo, 1991a. (Tese de doutorado) — EAESP/Fundação Getúlio Vargas.

_____. A propriedade fundiária e agroindústria canavieira no Brasil. *Reforma Agrária,* n. 3, v. 21. Campinas, Abra, set./dez. 1991b, pp. 35-52.

RIBEIRO, M. J. *O "queima lata": migração sazonal nas usinas açucareiras paulistas.* Piracicaba, ESALQ/USP, 1978.

ROMEIRO, A. R. Reforma agrária e distribuição de renda In: STÉLIDE, V. P. (org.). *A questão agrária hoje.* Porto Alegre, Ed. da Universidade, UFRG/Anca, 1994, pp. 105-136.

ROSANVALLON, P. *A nova questão social.* Brasília, Instituto Teotônio Villela, 1998.

ROSDOLSKY, R. *Genesis y estructura de El Capital de Marx (Estudios sobre los Grundrisse).* 3. ed. México, Siglo XXI, 1983.

RUBIN, I. I. *Teoria marxista do valor.* São Paulo, Pólis, 1987.

RUDÉ, G. *Ideologia e protesto popular.* Rio de Janeiro, Zahar, 1982.

SÁ, Jr. F. O desenvolvimento da agricultura nordestina e a função da agricultura de subsistência. *Seleção Cebrap,* n. 1. São Paulo, Brasiliense, 1974, pp. 79-134.

SADER, E. *Quando novos personagens entram em cena. Experiências e lutas dos trabalhadores na Grande São Paulo. 1970-1980.* Rio de Janeiro, Paz e Terra, 1988.

SALES, M. T. *Agreste, agrestes (Transformações recentes na agricultura nordestina).* Rio de Janeiro, Paz e Terra/Ed. Brasileira de Ciências, 1982.

SALLUM, Jr. B. *Capitalismo e cafeicultura. Oeste paulista 1888-1930.* São Paulo, Livraria Duas Cidades, 1982.

SANTOS, B. de S. *Pela mão de Alice: o social e o político na pós-modernidade.* São Paulo, Cortez, 1995.

SANTOS, W. G. *Cidadania e justiça.* Rio de Janeiro, Campus, 1979.

SARTRIANI, L. M. L. *Antropologia cultural e análise da cultura subalterna.* São Paulo, Hucitec, 1986.

SCHAFF, A. *Marxismo e indivíduo.* Rio de Janeiro, Civilização Brasileira, 1967.

_____. *A sociedade informática. As conseqüências sociais da segunda revolução industrial.* São Paulo, Brasiliense/Unesp, 1990.

SCHWARZ, R. *Ao vencedor as batatas (Forma literária e processo social nos inícios do romance brasileiro),* 2. ed. São Paulo, Livraria Duas Cidades, 1981.

SCOPINHO, R. & VELARELLI, L. (org.). *Modernização e impactos sociais. O caso da agroindústria sucroalcooleira na região de Ribeirão Preto (SP).* Rio de Janeiro, Fase, 1995.

SERRA, J. Ciclos e mudanças estruturais na economia brasileira do pós-guerra. In: Depto. de Economia da Unicamp (org.) *Desenvolvimento capitalista no Brasil. Ensaios sobre a crise.* São Paulo, Brasiliense, 1982, pp. 56-121.

SÈVE, L. *Marxismo e teoria da personalidade.* Lisboa, Novo Horizonte, 1979, 3 v.

SEYFERTH, G. Aspectos da proletarização do campesinato no Vale do Itajaí (SC): os colonos operários. In: LEITE LOPES, J. S. (coord). *Cultura e identidade operária.* Rio de Janeiro, Marco Zero/Ed. UFRJ, 1987, pp. 103-120.

_____. Identidade camponesa e identidade étnica. (Um estudo de caso). In: *Anuário Antropológico/91.* Rio de Janeiro, Tempo Brasileiro, 1993, pp. 31-63.

SIGAUD, L. *Os clandestinos e os direitos. Estudo sobre os trabalhadores da cana-de-açúcar de Pernambuco.* Rio de Janeiro, Livraria Duas Cidades, 1979.

_____. *A greve dos engenhos.* Rio de Janeiro, Paz e Terra, 1980.

SILVA, G. J. Complexos agroindustriais e outros complexos. *Reforma Agrária,* n. 3, v. 21, Campinas, Abra, set./dez. 1991, pp. 5-34.

_____. (coord.). *Estrutura agrária e produção de subsistência na agricultura brasileira.* São Paulo, Hucitec, 1978.

_____. *O que é questão agrária.* São Paulo, Brasiliense, 1980.

_____. *A modernização dolorosa: estrutura agrária, fronteira agrícola e trabalhadores rurais no Brasil.* Rio de Janeiro, Zahar, 1981a.

_____. *Progresso técnico e relações de trabalho na agricultura.* São Paulo, Hucitec, 1981b.

_____. O "bóia-fria" entre aspas e com os pingos nos is. In: Unesp/Depto. de Economia Rural/FCA/Botucatu (org.). *A mão-de-obra volante na agricultura.* São Paulo, CNPq/Unesp/Pólis, 1982, pp. 137-176.

_____. Por um novo programa agrário. *Reforma Agrária* n. 2, v. 23: Programa Agrário em Debate. Brasília, ABRA, maio/ago. 1993, pp. 5-16.

_____O desenvolvimento do capitalismo no campo brasileiro e a Reforma Agrária. In: STÉLIDE, J. P. (org.). *A questão agrária hoje.* Porto Alegre, Ed. da Universidade (UFRGS)/ANCA, 1994, pp. 137-143.

_____. & GASQUES, J. G. Diagnóstico inicial do volante em São Paulo In: UNESP/Depto. de Economia Rural/FCA/Botucatu (org.). *A mão-de-obra volante na agricultura.* São Paulo, CNPq/Unesp/Pólis Ed., 1982, pp. 85-126.

_____. & QUEDA, O. Distribuição da renda e da posse da terra e consumo de alimentos. In: PINSKY, J. (org.). *Capital e trabalho no campo.* São Paulo, Hucitec, 1977, pp. 127-146.

SILVA, M. M. Trabalhadores e trabalhadoras rurais. A condição humana negada. *São Paulo em Perspectiva: o agrário paulista,* n. 3, v. 7. São Paulo, Fundação Seade, jul./set. 1993, pp. 116-124.

_____. *Errantes do fim de século.* São Paulo, Fundação Editora da Unesp, 1999.

SILVA, R. A. A. A Sociologia do trabalho frente à reestruturação produtiva: uma discussão teórica. In: *BIB* n. 42. Rio de Janeiro, Anpocs, 1966, pp. 41-58.

SILVA, S. *Valor e renda da terra: movimento do capital no campo.* São Paulo, Pólis, 1981.

SINGER, P. Os novos nômades. *Jornal Movimento* n. 18. São Paulo, 31.11.1975.

SORJ, B. *Estado e classes sociais na agricultura brasileira.* Rio de Janeiro, Zahar, 1980.

_____. O processo de trabalho na indústria: tendências de pesquisa. *BIB* n. 15. Rio de Janeiro, Anpocs, 1983, pp. 53-55.

BIBLIOGRAFIA

SOUZA, P. R. Salário e mão-de-obra excedente. *Estudos Cebrap* n. 25. (Valor, força de trabalho e acumulação capitalista). Petrópolis, Vozes, s.d., pp. 67-112.

_____. *A determinação dos salários e emprego nas economias atrasadas.* Campinas, 1980. Tese de doutorado — Unicamp.

STEIN, L. O trabalho volante: indicações para a caracterização do debate: In: *Contraponto,* ano 1, n. 1, Niterói, Centro de Estudos Noel Nutels, nov. 1976, pp. 72-85.

STOLKE, V. *Cafeicultura: homens, mulheres e capital (1850-1980).* São Paulo, Brasiliense, 1986.

SUAREZ, M. T. S. *Cassacos e corumbas.* São Paulo, Ática, 1977.

SZMRECSÁNYI, T. *O planejamento da agroindústria canavieira do Brasil (1930-1975).* São Paulo, Ed. Hucitec/Unicamp, 1979.

_____. Nota sobre o complexo agroindustrial e a industrialização no Brasil. *Revista de Economia Política.* 2/8. São Paulo, Brasiliense, abr./jun. 1983.

_____. Crescimento e crise da agroindústria açucareira no Brasil (1914/1939). *Revista Brasileira de Ciências Sociais* n. 7, v. 3. Rio de Janeiro, Anpocs, jun. 1988, pp. 42-68.

TAPIA, J. Corporativismo societal no Brasil. In: DAGNINO, E. (org.). *Anos 90. Política e sociedade no Brasil.* São Paulo, Brasiliense, 1994.

THOMPSON, E. P. *Tradición, revuelta y consciencia de clase (Estudios sobre la crisis de la sociedad industrial).* Barcelona, Ed. Crítica, 1979a.

_____. La sociedad inglesa del siglo XVIII: lucha de clases sin clases? In: *Tradición, revuelta y consciencia de clase. Estudios sobre la crisis de la sociedad industrial.* Barcelona, Crítica, 1979b.

_____. *A formação da classe operária inglesa.* Rio de Janeiro, Paz e Terra, 1987, 3 v.

UNESP/Depto. de Economia Rural/ FCA/Botucatu (org.). *A mão-de-obra volante na agricultura.* São Paulo, CNPq/Unesp/Pólis Ed., 1982.

VELHO, O. G. *Capitalismo autoritário e campesinato (Um estudo comparativo a partir da fronteira em movimento).* São Paulo, Difel, 1976.

VIANNA, L. W. *Liberalismo e sindicato no Brasil,* 2. ed. Rio de Janeiro, Paz e Terra, 1978.

VIOTTI DA COSTA, E. *Da Monarquia à República. Momentos decisivos.* São Paulo, Grijalbo, 1977.

_____. Estrutura *versus* experiência. Novas tendências na história do movimento operário na América Latina: o que se perde e o que se ganha. *BIB,* n. 29. São Paulo, Anpocs/Vértice, 1990, pp. 3-16.

WANDERLEY, L. E. Os sujeitos em questão. *Serviço Social e Sociedade,* n. 40. São Paulo, Cortez, dez. 1992, pp. 141-156.

_____. et. al. *Desigualdade e questão social.* São Paulo, Educ, 1997.

WANDERLEY, M. N. Capital e propriedade fundiária na agricultura brasileira. In. ARAÚJO, B. J. (coord.). *Reflexões sobre a agricultura brasileira.* Rio de Janeiro, Paz e Terra, 1979, pp. 15-40.

_____. Planejamento e intervenção do Estado: análise da experiência histórica da economia açucareira de Pernambuco. In: *Simpósio: Planejamento urbano dirigido para a área rural.* Brasília, 29ª Reunião da Sociedade Brasileira para o Progresso da Ciência, 4-7 jul. 1976.

WEIL, S. Experiência de vida na fábrica. In: *A condição operária e outros estudos sobre a opressão*. Seleção e apresentação de Ecléa Bosi. Rio de Janeiro, Paz e Terra, 1979.

WOOD, S. *The degradation of work? Skill, deskilling and labour process*. London, Hutchinson Group, 1982.

_____. O modelo japonês em debate: pós-fordismo ou japonização do fordismo? *Revista Brasileira de Ciências Sociais*, n. 17, ano 6. Rio de Janeiro, Anpocs, out. 1991, pp. 28-43.